U0508768

"社会工作硕士专业丛书"学术顾问委员会

主 任：王思斌

副主任：谢立中　陆士桢　张李玺　徐永祥　关信平　史柏年

学术顾问委员会成员（按音序排列）：

蔡　禾　陈光金　陈树强　陈　涛　高鉴国　顾东辉　雷　洪

林　卡　刘　梦　马凤芝　彭华民　钱　宁　沈　原　史铁尔

隋玉杰　田毅鹏　田玉荣　王　婴　向德平　熊跃根　薛新娅

张　曙　张文宏　张友琴　钟涨宝　朱眉华

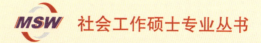

MSW 社会工作硕士专业丛书

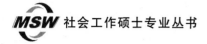

社会工作硕士专业丛书

残疾人社会工作

Social Work With Disabled People

周 沛 曲绍旭 张春娟 等 著

社会科学文献出版社
SOCIAL SCIENCES ACADEMIC PRESS(CHINA)

第一章　残疾人及残疾人社会工作

　　残疾人是指在心理、生理、人体结构上，某种组织、功能丧失或者不正常，全部或者部分丧失以正常方式从事某种活动能力的人。残疾包括视力残疾、听力残疾、言语残疾、肢体残疾、智力残疾、精神残疾、多重残疾和其他残疾。国家和社会在保障残疾人基本物质生活需要的基础上，为残疾人在生活、工作、教育、医疗和康复等方面提供设施、条件和服务。[①] 关心残疾人、做好残疾人社会工作，是社会文明进步的重要标志，也是构建社会主义和谐社会的重要环节。

第一节　残疾与残疾人

一　残疾与残疾分类

　　有人类就有残疾，有残疾就有残疾人。残疾的概念具有相对性，残疾人的范畴也随着残疾标准的变化而变化。

（一）残疾的概念

1. 残疾概念的界定

　　残疾现象和残疾问题由来已久，古今中外对此均有所论及。从字义上看，"残"意为"伤"或"废"，而"疾"为"病"也。顾名思义，残疾的意思是因伤病而残废，即因伤或因病而导致器官缺损或功能缺失。由于文化和认识的差

---

　　① 参考《中华人民共和国残疾人保障法》第二条，1990 年 12 月 28 日通过。

异，残疾的定义也多种多样。国外学者汤逊德（Toashsent）曾将全世界 23 种残疾的定义归纳为 5 大类。①

（1）畸形或损失：可以是解剖的、身体的或心理的损失；可能是损失某一肢体、某一部分神经系统或某一部分感觉器官。

（2）临床症状：这与改变生理过程、阻碍生理过程或者改变心理过程的疾病有关。关节炎、癫痫、支气管炎、精神分裂症等都属此类。

（3）日常活动功能限制：这与无能或至少与能力受限有关，如不能正常地完成本人的活动或社会工作。

（4）由于异常而造成的残疾：主要包括两个方面，第一，与公认的生理标准和健康标准不符；第二，在行为上与某特定的人物身份不符，或与特定集团社会地位不符。

（5）由于不利条件而造成的残疾：在等级制社会的某些地方，在分配物资时，残疾人得到的份额经常少于与他对等的正常人，这就使残疾的概念扩大了。

目前，最权威的"残疾"概念是由联合国世界卫生组织（World Health Organization，WHO）在 1980 年提出的。根据 WHO1980 年发布的《国际损伤，残疾与残障分类标准》（International Classification of Impairment，Disability and Handicap，ICIDH），残疾的概念分为缺陷、残疾和障碍三层含义。

（1）缺陷（impairment）：是指心理上、生理上或人体结构上，某种组织或功能的任何异常或丧失。

（2）残疾（disability）：是指由于缺陷而缺乏作为正常人以正常方式从事某种正常活动的能力。

（3）障碍（handicap）：由于缺陷或伤残，个体处于某种不利地位，以至限制或阻碍其发挥与本身年龄、性别、社会与文化等因素相符的正常作用。

其中，缺陷是因意外伤害或疾病后遗症而导致人体结构或功能异常，这是残疾的机能损伤要素；残疾是上述病理要素导致的躯体生理功能或精神心理功能的低下或丧失，这是残疾的生理功能障碍要素；而障碍是因机能损伤和生理功能障碍两要素造成的社会角色扮演上的困难，这是社会功能障碍要素。上述三个基本要素相互关联、相辅相成，共同构成了"残疾"的完整含义。

---

① 迈克尔·奥利弗：《残疾人社会工作》，谢子朴、谢泽宪译，华夏出版社，1990，第 40～42 页。

值得注意的是，作为"残疾"概念第一要素的缺陷，其成因包括遗传、疾病、创伤等。如果缺陷较轻微、不影响个人日常活动，不构成残疾；而如果缺陷较严重（如类风湿性关节炎），即便四肢健全也妨碍个人正常生活的，则视为"残疾"。① 所以，在西方一些发达国家，因疾病造成内脏损伤而植入人工器官的，如人工心脏、人工膀胱等，也列为残疾。而在我国，这类特殊的对象并未纳入残疾的范畴。根据 2008 年 4 月 24 日修订通过的《中华人民共和国残疾人保障法》，残疾人是指在心理、生理、人体结构上，某种组织、功能丧失或者不正常，全部或者部分丧失以正常方式从事某种活动能力的人。从这一定义中，我们可以解读出两层含义：一是心理、生理或躯体的残缺或损伤，即个体层面的功能缺失；二是全部或部分丧失以正常方式应对生活的能力，即社会层面的功能缺失。从这个意义上看，我国政府对"残疾"的界定与世界卫生组织的界定在框架上是一致的，但双方在具体规定上存在着某些差异。出于社会工作实务操作的需要，本书将采纳《中华人民共和国残疾人保障法》中关于"残疾"的界定。

2. 残疾概念的演变

人们对于残疾概念最初的认识仅停留在病理损害与生理功能缺失这一层次上，并将两者直接等同起来。因此，我国早期把残疾人称为"残废"者，意思是社会的"废弃者"，是无用之人。20 世纪 80 年代，我国残疾人事业得到迅猛发展，广大民众意识到残疾人残而不废，逐渐摒弃"残废"的叫法，② 对残疾概念片面的认识也慢慢得以纠正。国外有学者将人们对"残疾"概念的认识过程分为以下三种模式。③

（1）医疗模式（medical model）

"医疗模式"仅将残疾视为疾病，认为只要通过医疗手段或辅助医疗器械，就可以解决病者的困难。在这种模式指导下，社会工作者需要对现代医疗科技的进展有基本的认识，并在适当情况下协助残疾人取得合适的服务，包括转介病人前往有关的医疗机构，在病人有需要时帮助申请经济援助等。但是，单纯的医疗康复显然存在弊端，部分手术成功的康复者，因心理上不能适应残疾引起的限制，可能采取比较极端的方式加以应对，比如自杀。因此，社会工作者不能过分

---

① 周永新：《社会工作学新论》，商务印书馆，1994，第 216 页。
② 马洪路：《残障社会工作》，高等教育出版社，2007，第 4 页。
③ 彭晓霞、王岷：《残疾概念框架演变对残疾调查的影响》，《残疾人社会保障与服务国际论坛暨第三届中国残疾人事业发展论坛论文集》，2010 年 6 月。

关注临床医疗而忽视康复过程中个体的其他需要。

(2) 个人模式 (individual model)

"个人模式"将残疾视为个人的不幸,认为应把康复的重点放在改善或恢复个人状况上,关注因伤病引起的功能性限制和因缺陷引起的心理效应。在这种模式的指导下,社会工作者应致力于协助个人从心理方面接受残疾的现实,并重新适应环境。个人模式的缺陷在于它将个人置于被动位置,把病人对残疾的反应必然化和固定化,忽视了具体的环境因素。倘若社会的文化和价值观念接纳残疾并提供充分保障,病人对残疾的反应便会缓和。

(3) 社会模式 (social model)

"社会模式"将残疾视为"社会问题"而非个人问题,将残疾问题的焦点由临床诊治或个人调适,转移到客观的物质环境和社会环境。在这种模式的指导下,康复工作的重点在于改善残疾人的周围环境;而社会工作者的任务除了要帮助残疾人恢复功能外,还要致力于消除限制残疾人的外在环境和社会因素,协助残疾人获得与其他公民平等的权利和发展机会,以达到自强和自主的境界。

上述三种模式分别代表了从低到高水平不同的三种认识,这一认知过程本质上就是对"残疾"概念不断澄清的过程。通过简单梳理,我们得出表 1 - 1。

表 1 - 1　残疾概念的构成

概念界定	构成要素	认识模式	认知水平	处理手法
缺陷	机能损伤	医疗模式	疾病/创伤	药物、手术等
残疾	生理功能障碍	个人模式	个人不幸	康复护理、辅助器械
障碍	社会功能障碍	社会模式	社会问题	心理辅导、社会康复

(二) 残疾的分类

残疾的分类是一个动态的过程,随着经济、社会及科学文化的发展而变化。目前,世界卫生组织和我国,都对残疾的分类做出了新的调整。

1. 世界卫生组织的分类

根据 WHO1980 年发布的《国际损伤,残疾与残障分类标准》(ICIDH),世界卫生组织将残疾概念分为缺陷、残疾和障碍三层含义,将残疾分为以下三类:第一类是功能、形态残疾,一般为伤病后遗症而使人体结构或功能发生缺陷或异常;第二类是丧失功能残疾,即个体因身体的结构缺陷和功能障碍而丧失与其性别、年龄、文化程度和职业等相对应的能力;第三类是社会功能残疾，主要指个体因身体形态和功能缺陷、异常，影响参加社会活动的能力，或虽具备参加社会活动的能力，但因受歧视而被迫脱离社会（具体的分类见表1-2）。

表1-2 世界卫生组织关于残疾的分类标准（1980）

残疾概念	残疾类别	残疾的种类	
缺陷	功能、形态残疾 （痛损分类）	（1）智力病损 （2）心理病损 （3）听力病损 （4）语言病损	（5）视力病损 （6）内脏病损 （7）骨骼病损 （8）多种综合病损
残疾	丧失功能残疾 （失能分类）	（1）行为失能 （2）语言交流失能 （3）个人生活自理失能 （4）运动方面的失能 （5）身体姿势和活动方面的失能	（6）精细活动方面的失能 （7）环境适应方面的失能 （8）特殊技能方面的失能 （9）其他活动方面的失能
残障	社会功能残疾 （残障分类）	（1）识别（人、地、时）残障 （2）身体残障（生活不能自理） （3）运动残障	（4）职业残障 （5）社会交往残障 （6）经济上自给残障

资料来源：根据《国际损伤，残疾与残障分类标准》整理。

随着残疾人事业的不断发展，人们对残疾概念的理解也不断深入，原先制定的《国际损伤，残疾与残障分类标准》（ICIDH）暴露出诸多问题，迫切需要根据变化的形势做出相应调整。从1993年起，WHO着手建立新的残疾分类标准，并定名为《国际残损活动和参与分类》（ICIDH-2）。ICIDH-2从身体健康状态（Impairments）、个体活动（Activities）和个体的社会功能（Participation）三个维度去考察残疾的概念，还加入了社会情境这一考量因素，为残疾人工作提供了一个新的理论视角。与ICIDH相比，ICIDH-2对有关残疾性的信息和社会对残疾性的反应做出了更好的说明，从而为残疾人提供了更多平等参与的机会，使残疾人能最大限度地参与社会生活。[1]

2001年5月22日第54届世界卫生大会正式通过了《国际功能，残疾和健

---

[1] 邱卓英、董红、吴弦光：《新国际残疾分类系统研究》，《中国康复》1999年第4期。

康分类》（International Classification of Functioning, Disability and Health, ICF），要求中国在内的 190 个会员国结合本国国情酌情使用这一新标准。ICF 从功能、残疾和健康的角度，评估身体结构（body structures）、身体功能（body functions）、活动和参与（activities and participation）、环境因素（environmental factors）以及个人因素（personal factors）五项（见图 1-1），并应用字母数字编码系统对每一项进行编码，字母 b、s、d 和 e 分别代表身体功能、身体结构、活动和参与以及环境因素。首字母 d 代表活动和参与。根据使用者的情况，可以用 a 或 p 替代首字母 d 以分别代表活动和参与。

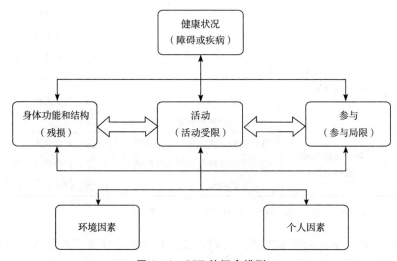

图 1-1　ICF 的概念模型

在 ICF 的概念模型中，有几个重要的概念需要澄清[①]。

（1）身体功能和结构（body function and structure）：身体功能是指身体各系统的生理或心理功能，而身体结构是指身体的解剖部位，如器官、肢体及其组成部分。它们是两个不同但又平行的部分，有着各自无法取代的特征。

（2）活动（activity）：即个体执行一项任务或行动。活动受限是指个体在完成活动（如生活自理能力、学习和应用知识的能力、完成一般任务和要求的能力、交流的能力等）时可能会遇到的困难，它具体指向个体整体水平上的功能障碍。

---

① 张霞、励建安：《国际功能、残疾和健康分类及核心组合》，《江苏康复医学通讯》2011 年第 1 期。

（3）参与（participation）：即个体参与相关社会活动。参与限制是指个体在参与相关活动如人际交往、接受教育、工作就业、家庭生活、社区参与时可能碰到的困难，它指向个体的社会功能障碍。

（4）关联因素：在 ICF 概念模型中，还包括环境和个人两个背景因素。其中，环境因素包括某些产品、工具和辅助技术，其他人的支持和帮助，社会、经济和政策的支持力度，社会文化等。有障碍或缺乏有利因素的环境将限制个体的活动表现，如没有无障碍设施的超市使肢体残疾者无法购物；有促进作用的环境则可以提高其活动表现，如盲道的铺设扩大了盲人的活动范围。个人因素包括性别、种族、年龄、健康情况、生活方式、习惯、教养、应对方式、社会背景、教育、职业、过去和现在的经验、总的行为方式、个体的心理优势和其他特征等。

随着 ICF 概念框架的广泛使用，ICF 逐渐成为描述功能、残疾和健康状况的国际通用标准。我国作为世界卫生组织的会员国，ICF 的理念也逐步融入我国残疾的概念之中。

2. 我国对于残疾的分类

1987 年我国进行了第一次全国性的残疾人抽样调查，同时制定了《中国残疾分类标准》。该标准将残疾分为视力残疾、听力语言残疾、肢体残疾、智力残疾和精神残疾等五大类。

然而，随着时间推移和残疾概念的不断演变，上述标准已不合时宜。2006年，我国举行了第二次全国残疾人抽样调查并重新制定了残疾的分类标准，2008年重新修订了《中华人民共和国残疾人保障法》，并从 2011 年 5 月 1 日起开始实施《残疾人残疾分类和分级》国家标准。《中华人民共和国残疾人保障法》（2008）第一章第二条规定，"残疾人包括视力残疾、听力残疾、言语残疾、肢体残疾、智力残疾、精神残疾、多重残疾和其他残疾人"。

（1）视力残疾

各种原因导致双眼视力低下并且不能矫正或双眼视野缩小，以致影响其日常生活和社会参与。视力残疾包括盲及低视力。

（2）听力残疾

各种原因导致双耳不同程度的永久性听力障碍，听不到或听不清周围环境声及言语声，以致影响其日常生活和社会参与。

（3）言语残疾

各种原因导致的不同程度的言语障碍，经治疗一年以上不愈或疾病程度超过两年，而不能或难以进行正常的言语交流活动，以致影响其日常生活和社会参与（3 岁以下不定残）。包括：失语、运动性构音障碍、器质性构音障碍、发声障碍、儿童言语发育迟滞、听力障碍所致的言语障碍、口吃等。

（4）肢体残疾

人体运动系统的结构、功能损伤造成的四肢残缺或四肢、躯干麻痹（瘫痪）、畸形等导致人体运动功能不同程度丧失以及活动受限或参与的局限。肢体残疾主要包括：a. 上肢或下肢因伤、病或发育异常所致的缺失、畸形或功能障碍；b. 脊柱因伤、病或发育异常所致的畸形或功能障碍；c. 中枢、周围神经因伤、病或发育异常造成躯干或四肢的功能障碍。

（5）智力残疾

智力显著低于一般人水平，并伴有适应行为的障碍。此类残疾是由于神经系统结构、功能障碍，使个体活动和参与受到限制，需要环境提供全面、广泛、有限和间歇的支持。智力残疾包括在智力发育期间（18 岁之前），由于各种有害因素导致的精神发育不全或智力迟滞；或者智力发育成熟以后，由于各种有害因素导致智力损害或智力明显衰退。

（6）精神残疾

各类精神障碍持续一年以上未痊愈，由于存在认知、情感和行为障碍，以致影响其日常生活和社会参与。

（7）多重残疾

同时存在视力残疾、听力残疾、言语残疾、肢体残疾、智力残疾、精神残疾中的两种或两种以上残疾。

与 1987 年的残疾分类标准相比，2011 年 5 月 1 日起开始实施的《残疾人残疾分类和分级》国家标准的变化主要体现在以下两方面：一是残疾种类增加，从原来的 5 种扩大到 7 种，即传统的"聋哑人"被细分为听力残疾和言语残疾两种，并增加了多重残疾这一新类型；二是残疾标准的调整，如将"脑或发音器官的结构、功能轻度损伤，能进行简单会话，但用较长句表达困难"也纳入言语残疾的范畴。虽然这一变化并不十分明显，也未能将许多发达国家已明确列为残疾的不可逆慢性病如内脏缺损、长期失眠等可能带来适应性障碍的致残因素列入其中，但它充分考虑了我国残疾人工作的实际情况，同时借鉴了目前国际通行的分类分级方法，既符合国情，又与国际接轨，具有较强的科学性与可操作性。

二 残疾人与残疾人事业

残疾是人类社会发展过程中必然的社会现象。残疾人是社会弱势群体中最为特殊的一类人，需要国家和社会给予更多的关爱和照顾，而残疾人事业的发展程度，代表着一个国家的文明程度，尤其在构建"和谐社会"、"民生社会"的时代背景下，更要加快残疾人事业的发展。

（一）残疾人

残疾人是指在心理、生理、人体结构上，某种组织、功能丧失或者不正常，全部或者部分丧失以正常方式从事某种活动能力的人。

1. 我国残疾人的构成

根据国家统计局 2006 年 12 月《第二次全国残疾人抽样调查主要数据公报》，我国残疾人占全国总人口的比例为 6.34%，总数约为 8300 万。根据残疾的分类标准，各类残疾人的人数及各占残疾人总人数的比重如表 1-3 所示。

表 1-3　我国残疾人的类型及构成

残疾类型	人数（万）	比重（%）
视力残疾	1233	14.86
听力残疾	2004	24.16
言语残疾	127	1.53
肢体残疾	2412	29.07
智力残疾	554	6.68
精神残疾	614	7.40
多重残疾	1352	16.30
合　　计	8296	100.00

资料来源：根据《第二次全国残疾人抽样调查主要数据公报》（2006）具体数据整理所得。

按照性别、年龄、地区分布、受教育程度等要素分类，残疾人所体现的人口学特征包括以下几个方面。[1]

（1）残疾人口的性别构成

全国残疾人口中，男性为 4277 万人，占 51.55%；女性为 4019 万人，占48.45%。性别比（以女性为 100，男性对女性的比例）为 106.42。

---

[1]　国家统计局、第二次全国残疾人抽样调查领导小组：《第二次全国残疾人抽样调查主要数据公报》，2007 年 5 月 29 日。

（2）残疾人口的年龄构成

全国残疾人口中，0～14 岁的残疾人口为 387 万人，占 4.66%；15～59 岁的残疾人口为 3493 万人，占 42.10%；60 岁及以上的残疾人口为 4416 万人，占 53.24%（65 岁及以上的残疾人口为 3755 万人，占 45.26%）。

（3）残疾人口的城乡分布

全国残疾人口中，城镇残疾人口为 2071 万人，占 24.96%；农村残疾人口为 6225 万人，占 75.04%。

（4）残疾人口的受教育程度

全国残疾人口中，具有大学程度（指大专及以上）的残疾人为 94 万人，高中程度（含中专）的残疾人为 406 万人，初中程度的残疾人为 1248 万人，小学程度的残疾人为 2642 万人。15 岁及以上残疾人文盲人口（不识字或识字很少的人）为 3591 万人，文盲率为 43.29%。

（5）残疾人口的婚姻状况

全国 15 岁及以上残疾人口中，未婚人口 982 万人，占 12.42%；在婚有配偶的人口 4811 万人，占 60.82%；离婚及丧偶人口 2116 万人，占 26.76%。

（6）残疾人口的残疾等级构成

全国残疾人口中，残疾等级为一、二级的重度残疾人为 2457 万人，占 29.62%；残疾等级为三、四级的中度和轻度残疾人为 5839 万人，占 70.38%。

从上述数据可以得出以下结论：其一，农村残疾人数量占全国残疾人口的 3/4，应着力推进农村残疾人工作；其二，残疾人受教育程度普遍偏低，大学及大学以上文化程度的仅占残疾人口总数的 1.13%，应加快推动残疾人的常规学校教育；其三，中轻度残疾人占残疾人口总数的 70% 以上，应大力拓展对中轻度残疾人的服务，防止其"被边缘化"。

2. 残疾人的需要

残疾人普遍经受着生理、心理和社会问题的困扰。根据马斯洛的需要层次理论，残疾人的需要主要包括以下几个方面。[①]

（1）治疗康复的需要

无论是先天残疾还是后天致残，许多残疾人都表现为身体组织构造或生理、

---

① 全国社会工作者职业水平考试教材编写组：《社会工作实务》（中级），中国社会出版社，2007，第 224～225 页。

心理功能方面的缺损和丧失，需要生理、心理或精神层面的治疗和康复。

（2）基本生存的需要

许多残疾人或残疾人家庭，因高额的康复治疗费用，加之就业困难，往往处于贫困边缘，需要社会保障体系的救助以维持基本生存需要。

（3）接受教育的需要

教育既是包括残疾人在内的公民的基本权利，又是减轻因残疾带来的社会功能障碍影响的重要途径，因此需要关注并着力解决残疾人的教育康复问题。

（4）职业发展的需要

现代社会中，人的职业发展是人的生涯发展中最核心的内容，关系到社会地位、经济收入、家庭生活、价值实现等诸多问题。而在现实生活中，残疾人的就业机会、工作条件、收入水平等都不容乐观，需要予以关注和改善。

（5）家庭生活的需要

许多残疾儿童从小遭到父母抛弃，成为社会孤儿；有些残疾青年，因为残疾而无法恋爱结婚；有些残疾夫妻，家庭生活困难重重。这些残疾人对幸福生活的渴望往往超出常人的想象，需要社会的关注和他人的关爱。

（6）社会交往的需要

人是群居动物，尽管部分残疾人因为躯体、生理、心理等功能缺失而导致人际沟通困难，但是这并不能阻止残疾人与他人交往、参与社会活动、和被社会接纳的渴望。

（7）价值实现的需要

多数残疾人只是身体、生理某一部分的功能缺失，但这并不妨碍个人基本功能的发挥。事实证明，很多残疾人的残疾部位因为长期行使着替代功能，所以能力往往超过常人，很多人在各自的舞台上取得了非凡的成就。这足以说明残疾人的潜能是巨大的，残疾人工作者要协助其实现个人的人生价值。

总之，残疾人的需要是多方面、多元化的。治疗康复的需要可以通过物理训练、心理辅导等方式来满足；基本生存的需要可以通过劳动就业、社会保障等途径来实现；接受教育的需要可以通过特殊教育、常规教育等渠道来满足；职业发展的需要可以通过就业辅导、职业训练等措施来满足；家庭生活的需要可以通过社区照顾、社会支持等手段来实现；社会交往的需要可以通过邻里互动、社会参与等方式来实现；而价值实现的需要则可以通过制度设计、环境改造等方法来实现。

（二）残疾人事业

我国有 8300 万残疾人，涉及 2.6 亿家庭人口。党和政府历来十分关心残疾人，高度重视发展残疾人事业。"十一五"时期是我国残疾人事业发展最快、残疾人得到实惠最多的五年。五年间，残疾人生存和发展状况明显改善，残疾人社会保障和服务体系建设扎实推进，残疾人事业发展的社会环境更加和谐、国际影响日益扩大，为改善民生、保障人权和加强社会建设做出了突出贡献，也为"十二五"残疾人事业发展纲要的实施奠定了良好基础。①

1. "十一五"期间我国残疾人事业取得的成绩

（1）残疾人康复服务受益面加速扩大

"十一五"期间，我国残疾人康复服务总量大幅增加，通过实施重点康复工程，1037.9 万残疾人得到不同程度的康复，残疾人康复服务受益面较快扩大。传统的康复项目扎实推进，新的康复服务领域不断拓展，孤独症儿童康复、白内障无障碍建设、社会化综合性开放式康复、盲人定向行走训练、辅助器具适配等业务成为富有特色且有较大社会影响的康复业务。

（2）残疾人受教育权利得到更好保障

"十一五"期间，我国残疾人受教育权得到了更好保障，进一步提高了残疾人素质和平等参与社会的能力。截至"十一五"末，全国为盲、聋、智残少年儿童兴办的特殊教育学校发展到 1705 所，普通学校附设特教班 2775 个，在校盲、聋、智残学生达到 51.9 万人。

（3）残疾人就业状况得到进一步改善

"十一五"期间，残疾人就业工作在应对国际金融危机影响，努力保持就业局势稳定的基础上取得新进展。残疾人就业促进和就业保护法规政策日趋完善，就业规模总体稳定，就业服务网络逐步健全，多元化的就业格局初步形成。

（4）残疾人社会保障进一步加强

"十一五"期间，残疾人社会保障坚持普惠加特惠、一般制度与专项制度安排相结合的原则，采取优先纳入、应保尽保、分类救助等形式，有效保障了城乡贫困残疾人的基本生活；通过政策优惠、资金扶持等措施，帮助残疾人积极参加

---

① 新华网：《为了 8300 万残疾人的福祉》，2011 年 6 月 8 日，http：//news.jschina.com.cn/system/2011/06/08/010976175.shtml。

各类社会保险，残疾人病有所医、老有所养等基本保障需求的制度建设初显成效。

（5）残疾人扶贫开发工作取得新进展

"十一五"期间，农村残疾人扶贫开发取得显著成效，贫困残疾人口大幅减少，残疾人家庭收入水平稳步提高，生活状况明显改善。五年间，各级政府安排扶贫专项资金21.6亿元，中央安排康复扶贫贴息贷款40亿元，贴息1.5亿元，累计扶持贫困残疾人932.2万人次，其中618.4万贫困残疾人通过扶贫开发实际脱贫。

尽管我国残疾人事业取得了可喜的成绩，但我国残疾人事业基础还比较薄弱，仍滞后于经济社会发展；残疾人社会保障和服务政策措施还不够完善，稳定的制度性保障还需要进一步推进；残疾人总体生活状况与社会平均水平存在较大差距，在基本生活、医疗、康复、教育、就业、社会参与等方面存在诸多困难；农村残疾人的社会保障与服务亟待改善，残疾儿童在接受教育、抢救性康复等方面仍面临一些问题；歧视残疾人、侵害残疾人权益的现象仍时有发生①。

2. "十二五"期间我国残疾人事业发展展望

"十二五"时期，残疾人事业要按照"政府主导、社会参与，国家扶持、市场推动，统筹兼顾、分类指导，立足基层、面向群众"的要求，建立残疾人社会保障体系和服务体系的基本框架，加强残疾人组织和人才队伍建设，系统地开展残疾预防，为残疾人平等参与社会生活、共享经济社会发展成果创造更加有利的环境，使其生活水平总体达到小康。为实现上述目标，残疾人事业发展要坚持下列六个指导原则。

（1）坚持以残疾人为本。将切实改善残疾人民生、促进残疾人全面发展作为发展残疾人事业的根本出发点和落脚点。激励残疾人自尊、自信、自强、自立，创造社会财富、实现人生价值。

（2）坚持以加快发展为主题，以残疾人社会保障体系和服务体系建设为主线。将残疾人事业纳入国民经济和社会发展大局，立足国情、讲求实效、加大投入、加快发展，缩小残疾人生活状况与社会平均水平的差距，促进残疾人事业与经济社会协调发展。

---

① 《中国残疾人事业"十二五"发展纲要》，国发〔2011〕13号。

（3）坚持党委领导、政府负责的残疾人工作领导体制。将残疾人工作纳入政府重要议事日程和目标管理，建立稳定增长的残疾人事业经费投入保障机制。充分发挥残疾人和残疾人组织的作用，支持残联依法开展工作，参与残疾人事业社会管理和公共服务。

（4）坚持社会化工作方式。鼓励和引导社会各界参与、支持残疾人社会保障和服务，培育理解、尊重、关心、帮助残疾人的社会风尚。

（5）坚持统筹兼顾和分类指导。政策、资金、项目重点向中西部地区、革命老区、民族地区、边疆地区、贫困地区、农村和基层倾斜，促进区域和城乡残疾人社会保障和服务均衡发展，增强基层为残疾人服务的能力。

（6）坚持解决当前问题与完善制度体系相结合。优先解决残疾人反映突出、要求迫切的实际困难。加强制度建设，完善运行机制，提高服务能力，依法发展残疾人事业。

在上述基本原则的指导下，残疾人工作要着力加强在社会保障、康复、教育、就业、扶贫、托养、文化、体育、无障碍环境、法制建设和维权、残疾预防、残疾人组织和工作队伍建设、科技信息化和基础设施建设、统计监测和政策研究、社会环境和残疾人慈善事业、国际交流与合作等方面的投入，以实现残疾人事业向纵深发展。

三 残疾人观与社会文明

现代国家和社会的文明程度不是看其上层人士的生活状况，而应当是看社会弱势群体的生活状况。残疾人作为社会弱势群体中最困难的群体，其生活状况的好坏能直观地反映出一个国家或社会的文明程度。

（一）残疾人观的历史变迁

"残疾人观"是指人们对残疾人和残疾人问题的总看法和基本观点，是一定历史时期内社会主流意识对残疾人的认识和态度。如何认识和对待残疾人与残疾人问题，是衡量社会文明进步程度的重要标准之一。

1. 西方残疾人观的演变

西方社会对残疾和残疾人的态度可分为三个不同的历史阶段。①

---

① 李志明、徐悦：《树立新型残疾人观，促进残疾人社会参与和融合》，《社会保障研究》2010年第1期。

（1）第一阶段：将"残疾人"视为正常人的对立面

在西方社会早期，残疾人被视为病态的、不能独立的、需要被"治疗"和救济的群体，他们不能以有意义的方式贡献社会，并且个人应该对残疾与障碍负责。社会公共设施与服务都是为满足非残疾人的需求而设计的，残疾人要么通过自身的努力适应社会的要求，要么被安置到单设的机构或者为其提供替代性服务。社会不是改变设施或调整服务以适应残疾人，而是通过医疗卫生服务、社会福利和慈善救助等项目尽力帮助残疾者重建身体功能，以使他们适应"正常的"社会机制。

在这个阶段，社会是本着人道的考虑，将残疾人作为福利与慈善的对象，通过救济与施舍使残疾人的生活状况有所改善。虽然一些国家也通过了针对残疾人的福利立法，但是这些立法并没有根本上改变残疾人受救济甚至受施舍的地位，残疾人的价值仍然是被忽视甚至是被否认的。

（2）第二阶段：将残疾人视为受社会功能障碍困扰的正常人

伴随着人类社会的发展和文明的进步，人们逐渐认识到残疾人所遭遇的困难并非残疾本身所致，而是社会造成的，是不健康的残疾人观念与社会政策共同造成了对残疾人普遍的社会排斥与隔离。在这一阶段，残疾人也被视为社会财富的创造者，社会主张通过改变设施和环境来适应残疾人，主张通过辅助手段帮助残疾人补偿部分缺失机能，消除物质和环境给残疾人造成的各种限制和障碍，促进残疾人参与和融入社会生活。

在这个阶段，社会对残疾问题的处理主要注重消除残疾人融入社区与社会普遍面临的各种障碍，致力于通过改变社会态度和消除环境障碍等支持措施，保障残疾人平等地参与社会生活的机会。

（3）第三阶段：将残疾人视同为健全人

现代西方残疾人观认为，残疾人作为社会的一部分，与健全人一样应当享有与生俱来的基本人权，不仅是社会的参与者，而且也是各种权利的享有者。残疾人是公民权利主体，国家理应在立法中明确残疾人在教育、就业、选举、文化生活等方面的权利以及这些权利被侵犯后的救济途径和措施。联合国在 2006 年通过的《残疾人权利公约》反对将残疾定义为隔离的少数人群的特征，致力于"促进、保护和确保所有残疾人充分和平等地享有一切人权和基本自由，并促进对残疾人固有尊严的尊重"。

在这一阶段，处理残疾问题的方法是授权以及促进全人类的机会均等，即在法律上确认残疾人是公民权利主体，他们能够而且应当像其他社会成员一样决定自己的生活，国家应该采取各种措施促进残疾人各项权利的实现。

从救济对象到权利主体，这是社会对残疾人认识上的一个质的飞跃，是一个不断去机构化（deinstitutionalization）、正常化（normalization）和回归主流（mainstreaming）的过程。[①]

2. 我国残疾人观的演变

我国对残疾人的观念和态度也经历了诸多变化，具体可归纳为三个阶段。[②]

（1）视残疾人为"残废人"的阶段

新中国成立之前，残疾人始终处在社会的最底层，被认为是家庭和社会的包袱。在一个依靠体力劳动来维持生存的社会中，健壮的体魄是最有价值的"资本"。残疾人由于其缺陷或特定方面的劣势而不可能成为这场竞争中的胜者，并由此被认为是无能的、是废人，被当成家庭和社会的累赘排斥在主流社会生活之外。尤其是在遇到灾荒、战乱或是政治动荡的时候，残疾人更是首当其冲。在相当长的历史时期内，残疾人一直处于自生自灭的状态。

（2）将残疾人视为社会弱者的阶段

新中国成立之后，残疾人的整体生存状况得到了改善，由沿街乞讨、流离失所进入了由政府收养救济的阶段。农村的残疾人分到了土地和生产工具，参加了互助组、合作社。城市的残疾人在政府支持下组织起了生产自救，举办了小型多样的手工业合作社、合作组，后来发展成为福利工厂。一些无依无靠的残疾人、残疾孤儿和残疾老人，分别被安置在陆续建立的社会福利院、儿童福利院和敬老院。虽然这一时期残疾人的境遇已有了很大转机，但社会并没有形成对残疾人的正确认识，始终抱持着一种同情和怜悯的态度，更多地把残疾人事业看成是慈善事业。因而，在很大程度上残疾人仍然是社会中的"边缘人群"，被国家和社会救济或收养。

（3）将残疾人视为平等社会成员的阶段

随着对残疾人的认识逐步深化，我国在接受联合国《关于残疾人的世界行动纲领》的同时，也引进了"平等·参与·共享"的思想。这一理念要求首先将残疾人视为平等的社会成员，这样才能真正给残疾人以参与社会生

---

① 万育维：《社会福利服务——理论与实践》，三民书局，1997，第227页。

② 冬雪：《试论新残疾人观及其对残疾人工作的启示》，《中国特殊教育》2005年第7期。

活的机会和空间，而后，以"平等"的资格公平"参与"，使"共享"成为可能。在此理念的影响下，我国的残疾人事业发生了质的改变。工作内容从单纯的收养救济发展到康复、教育、就业、体育、扶贫、法律服务、无障碍环境、用品用具服务等多个领域。残疾人已不再将温饱作为自己的生活目标，而是作为一个正常的普通人，不断提高自己的生活质量，实现自己的人生价值。

从上述历史沿革看，中外残疾人观都将残疾人从最初的"不正常人"过渡到正常人，两者基本是一致的；而随着"平等·参与·共享"这一人权思想被广泛接纳，残疾人观日趋融合。

（二）新残疾人观

新残疾人观的出现是社会进步的必然，它是先进文化的组成部分，能有效促进残疾人事业的持续健康发展。新残疾人观阐明了残疾人事业与社会环境的关系，将人们对残疾和残疾人的认识提高到一个新的水平，有助于残疾人与健全人建立新型人际关系，有助于残疾人平等、充分地参与社会生活的各个方面，有助于增强残疾人社会工作者的服务意识，更好地为残疾人服务。

1. 新残疾人观的主要内容

新残疾人观是残疾人工作长期实践经验的总结，它包括以下七方面内容。[①]

（1）残疾人和健全人一样具有与生俱来的公民权利，包括生存的权利、受教育的权利、康复的权利、劳动的权利、娱乐的权利、爱与被爱的权利以及得到各种社会补偿的权利，并尽自己应尽的义务。

（2）通过现代社会提供的各种补偿条件，残疾人能够以适合自己的方式认知世界，掌握知识与技能，在不同层面上达到与健全人一样的认知广度与深度。

（3）残疾人在现代社会的条件下不再是社会的负担而是社会物质与精神财富的创造者，推动社会前进不可缺少的力量。

（4）"残疾"不是造成残疾人问题的根本原因，主要是为残疾人提供的条件不够，而使残疾成为一个问题。为此，为残疾人提供各种补偿条件，使残疾人无障碍地接受教育，参加生产劳动，参与社会生活，在事实上享有公民权利，是政府及社会的责任。这是社会文明进步的标志，是我国人权普遍化原则

---

① 丁启文：《新残疾人观（下）》，《中国残疾人》2000年第7期。

的重要体现。

（5）残疾是人体的一种遗憾，所以要加强残疾预防，但残疾并不构成人性的差异，奋斗精神的差异，为人类做贡献的差异。相反，由于残疾的磨炼，残疾人往往具有更加坚强的意志，更加宽容的胸怀；他们更加渴望社会祥和、稳定、繁荣。

（6）残疾人的残疾是为人类文明和社会进步付出的代价。要善待残疾人，建立残疾人群体与其他社会群体相互融和的关系，做到人人平等，人人参与，人人共享，这是我国社会发展的方向。

（7）实现"平等充分参与"的局面是政府、社会及残疾人双向的责任。残疾人要发扬自尊、自信、自强、自立精神，在社会实践中创造自己，发展自己，实现自己的人生价值、社会价值。

这七个方面回答了两个基本问题：一是现代社会应当为残疾人做些什么，二是残疾人在现代社会是怎样一种人。这七条内容密切联系，互为前提，不可取代，一项不能少，构成新残疾人观的基本框架。

2. 新残疾人观的启示

新残疾人观为我国提供了一种认识残疾的全新视角，带给我们一种全新的理念。

（1）将残疾视为个人生命历程的一部分以及人类社会中的常态化现象。在现代社会，残疾作为一种健康的减损和社会排斥的结果，已成为个人生命历程的一部分以及人类社会中的常态化现象，而非隔离的少数人群的特征，是个人与社会环境之间动态互动的结果，需要全体社会成员共同去面对、去承担。

（2）将残疾人视为人类多样性的表现。残疾人与非残疾人除了机体与功能的差别之外，并无二致，就像男女两性差异一样，残疾人与非残疾人构成了人类的多样性。因为，缺陷和差异也是一种美。

（3）尊重和接纳残疾人的尊严和价值。与非残疾人相比，残疾人处于相对劣势，他更需要保有自己的尊严、渴望获得他人的尊重；与此同时，要尊重和接纳残疾人的价值，不要将自己的价值强加于他人，也不要以自己的价值来妄加评判。

（4）平等享有与非残疾人一样的公民权利。残疾人和非残疾人一样，享有平等的公民权利而不受歧视。这一权利是与生俱来的，它不是恩赐和被施舍的，而是法律赋予的。

上述四点新理念，已经非常接近和契合社会工作的专业理念价值。从这个意义上讲，新残疾人观为传统残疾人工作和残疾人社会工作的有效对接扫清了障碍，为两者的最终融合提供了可能。

第二节　残疾人社会工作定义及原则、特征

我国有 8300 万残疾人，能否做好残疾人工作将直接影响社会稳定，影响和谐社会的实现。然而，由民政、卫生、教育等政府部门承担的传统的残疾人工作存在内容单一、质量不高等问题，急需专业社会工作者的介入。

一　残疾人社会工作的定义

残疾人社会工作是以残疾人为对象的社会工作实施，它是社会工作者运用社会工作方法帮助残疾人补偿自身缺陷，克服环境障碍，使他们平等地参与社会生活、分享社会发展成果的专业活动。[①]

残疾人社会工作包括以下四个构成要素。

一是社会工作者，即残疾人社会工作的主体，主要是指在社会工作价值理念的指导下，受过社会工作相关训练，持有社会工作职业资格证书的专业人士。

二是残疾人，即残疾人社会工作的案主，也即服务对象。这里的残疾人，不仅仅指残疾人个体，也包括残疾人家庭和残疾人群体。

三是专业手法，即残疾人社会工作的手段，主要包括个案工作、小组工作和社区工作三大直接手法以及社会工作行政与研究两大间接手法。

四是具体服务，即残疾人社会工作的内容，具体包括康复、教育、就业、心理援助、社会关怀等。

与其他群体的社会工作相比，残疾人社会工作具有特殊性，这种特殊性表现在以下三方面。[②]

一是服务对象的特殊性。除了受社会或者自然条件的限制而使自己生活在困境之中外，残疾人及其群体更由于自己的身心缺陷或损伤而难以像健全人一样生

---

① 王思斌：《社会工作概论》，高等教育出版社，1999，第 249 页。
② 马洪路：《社会康复学》，华夏出版社，2003，第 59 页。

活，他们所遭受的痛苦和不幸是双重的。

二是服务需求的多样性。一方面，我国残疾人数量庞大，因而残疾人社会服务需求的总量巨大；另一方面，残疾人面临着生理、心理和社会三重压力，因而其需求的范围十分广泛，涉及医疗康复、文化教育、劳动就业等。

三是工作过程的艰难性。大多数情况下，残疾人社会工作者通常都是身心健全者，他们一般很难具有与残疾人相似的生活经历或创伤遭遇。因此，社会工作者在具体的实务过程中，对服务对象的"同理心"的表达以及服务需求适切性的考虑，远远比对其他群体的社会工作服务要困难得多。如在工作中处理失当，对残疾人所造成的伤害也更加严重。

正由于上述特殊性的存在，残疾人需要政府和社会的帮助，更需要专业社会工作者的介入。

二 残疾人社会工作主客体系统

残疾人社会工作是以残疾人为对象的社会工作实施，它秉承社会工作的价值和理念，运用社会工作的专业手法，为残疾人提供在生理、心理和社会层面的相关服务。

（一）残疾人社会工作主体要求

要做好残疾人工作，除了要秉持社会工作的理念和新残疾人观，社会工作者还应当扩大自身的知识储备、提高自身的实务技巧，具体体现在以下三个层面。

1. 秉持正确理念

在这里，正确的理念主要涉及三个方面的内容：一是社会工作的专业价值，如案主自决、助人自助、知后同意等；二是新残疾人观，如与健全人平等的公民权、都是社会财富的创造者等；三是社会工作伦理操守，如隐私权与保密、价值中立等。

2. 增加知识储备

作为一名残疾人社会工作者，务必要掌握以下知识：知晓法律规章和政策精神，如《中华人民共和国残疾人保障法》、《残疾人就业条例》等；熟悉与残疾人相关的社会工作理论，如社会排斥理论、社会网络理论等；了解与残疾人相关的专业知识，如医学护理常识、心理学知识等。

3. 掌握科学方法

残疾人社会工作非常重视实务能力，社会工作者应学会熟练运用以下技能和技巧：一是生理层面的，如医疗护理、康复训练等基本技能；二是心理层面的，如心理辅导、社会支持等；三是社会层面的，如资源联结、社会行动等。

除了上述理念、知识和技巧之外，残疾人社会工作者在实务工作中还应特别注意以下三个问题。[①]

（1）价值观导致的反移情

受社会上普遍存在的价值观影响，社会工作者可能会对残疾人产生移情反应，导致排斥、拒绝残疾人或过度保护残疾人而不能恰当地给残疾人提供适宜的帮助。因此，社会工作者在实际工作中要反思自己对残疾人的看法，要敏锐地意识到自己的反应是否会伤害服务对象。

（2）文化差异与特定技能

社会工作者与残疾人之间的文化差异可能会给工作带来巨大挑战，尤其是当社会工作者对残疾人的生活缺乏了解时更是如此。此外，与残疾人沟通需要特定的技能和工具，如手语、盲文等，需要社会工作者付出更多。

（3）职业倦怠

从事残疾人社会工作，需要付出比其他社会工作更大的精力和更多的努力，但难以立竿见影，结果导致社会工作者感觉自身工作没有价值甚至怀疑自己的职业抱负。这是职业倦怠的典型症状，工作者应该敏锐地觉察自己的工作状态，多学习，多与督导交流。

（二）残疾人社会工作客体需求

残疾人社会工作对象是指包括残疾人、残疾人家庭、残疾人群体及其所在社区等在内的客体系统；当然，最重要的客体是残疾人。残疾人最大的愿望就是希望能够实现"正常化"，像健全人一样学习、生活和工作。但因为残疾，他们在人生不同阶段都会产生一些特殊需要，面临一些特殊的问题和挑战（表1－4）。

---

① 全国社会工作者职业水平考试教材编写组：《社会工作实务》（中级），中国社会出版社，2007，第 227～228 页。

表 1 - 4　残疾人的生命周期与个体需要及其问题

人生阶段	残疾人的需要	可能遇到的主要问题
0~3 岁	(1) 稳定情绪的需要 (2) 得到父母的接纳 (3) 需要得到父母的正确对待	(1) 父母不接受残疾孩子 (2) 父母不知道该如何对待和帮助残疾孩子 (3) 父母过度保护残疾孩子
3~6 岁	(1) 掌握沟通技巧 (2) 改善生存环境 (3) 接受早期康复	(1) 沟通障碍 (2) 小伙伴的歧视与排斥 (3) 意外伤害
6~12 岁	(1) 适应学校生活 (2) 身份认同 (3) 危机处理	(1) 受教育、学校生活适应困难 (2) 难以接纳身体形象 (3) 意外伤害
12~18 岁	(1) 独立生活 (2) 接受角色文化 (3) 接受性别角色教育 (4) 协助危机处理	(1) 脱离父母、建立个人身份 (2) 无法接受残疾身份、缺乏角色榜样 (3) 性别角色上的困惑 (4) 意外伤残
18~35 岁	(1) 接受职业教育或高等教育 (2) 恋爱、生殖与亲子教育 (3) 就业与社会参与 (4) 协助危机处理	(1) 继续教育障碍 (2) 恋爱婚姻障碍、生儿育女困惑 (3) 就业压力 (4) 意外伤残
35~60 岁	(1) 婚姻家庭和谐 (2) 亲子教育 (3) 缓解情绪与压力 (4) 协助危机处理	(1) 婚姻冲突 (2) 亲子冲突 (3) 工作压力与自我实现 (4) 意外伤残
60 岁以上	(1) 社区照顾与社会支持 (2) 社区康复与环境改善	(1) 多重残疾、社会隔离 (2) 各种丧失

资料来源：根据《全国社会工作师职业水平考试辅导》（中级），第 255~256 页略作调整。

　　从表 1-4 可以看出，残疾人因存在机能损伤、失能和社会功能等障碍，所以在生理、心理和社会各个层面上产生了一些特殊需求。为了满足这些需求，社会工作者必须在康复治疗、文化教育、心理辅导、劳动就业、社会支持等领域提供相应的服务。除了残疾人个体，社会工作者还应做好以残疾人家庭为对象的个案工作、以残疾人群体为对象的小组工作以及社区工作，它们共同构成了残疾人社会工作的客体系统。但不管残疾人的工作对象是残疾人个体及其家庭，还是残疾人群体或是其社区，最终目的是一样的，即要在维护残疾人合法权益的基础上，努力提升他们的生活品质，提高他们的社会地位，挖掘他们的潜能，发挥他们的创造性。

三 残疾人社会工作的特征

传统的残疾人工作是由民政、卫生、教育等相关部门和各级残疾人联合会共同实施的，行政色彩浓厚、服务手段单一。与传统残疾人工作不同，由专业社会工作者实施的残疾人社会工作呈现以下几个特征。[①]

（一）崇尚专业的社会伦理精神

残疾人社会工作是以社会工作价值理念为指导、以残疾人为对象的助人自助服务。在为残疾人、残疾人家庭和残疾人群体服务的过程中，应遵循下列基本的道德理念。

（1）与其他服务对象不同，残疾人需要更长时间的护理和照料；

（2）残疾人康复服务需要多部门的共同参与；

（3）残疾人康复需要多领域专家的共同努力；

（4）残疾人服务需要专业社工和残疾人社会支持网络的共同参与；

（5）残疾人关心的是外观形象、残存功能和社会角色；

（6）倡导勇于奉献的敬业精神。

残疾人不同于一般的社会弱势群体，他们由于身体的残缺而存在形象不好、交流困难和自卑感强等问题。需要社会工作者特别耐心、细心、贴心；加上社会工作者没有经历残疾，很难实现感同身受，这就更需要社会工作者具有坚韧不拔的毅力和乐于奉献的精神。

（二）善于利用社会支持网络

对于残疾人来说，常见的困难包括经济、教育、就业、医疗、交通等问题。然而经常困扰他们的是行动不便、听力视力障碍以及由此引发的社会交往困难。因此，残疾人需要比其他弱势群体更多的关心和帮助，这就要求社会工作者要善于挖掘社会资源、善于利用残疾人社会支持体系，以满足残疾人多元化、长期性的服务需求。

---

① 马洪路：《残障社会工作》，高等教育出版社，2007，第26~28页。

（三）有效利用民间调解方式

虽然我国建立了人民调解员制度和相关工作体系，但人民调解员多关心比较重大的、涉及司法问题的调解，而在社会工作领域内的大量社会问题不能都靠人民调解员介入，社会工作者应充分利用本土的社区调解方式加以解决。中国文化历来强调"以和为贵"的思想，这使得民间调解成为解决大量民间纠纷的有效方式。当然，社会工作者除了可以利用社区调解的方式，也可以由自己进行调解。

（四）善于营造有利的社会环境

作为社会工作者，要善于利用宏观社会工作的方法营造有利于残疾人生活的社会环境。一方面，工作者可以利用现有的法律法规、政策精神来保障残疾人的合法权益；另一方面，工作者可以通过提供政策建议间接影响社会立法，可以通过社会倡导实现社会整体关怀，从而使得残疾人获得更多的政府关怀和社会关爱。

四　残疾人社会工作的原则

残疾人社会工作是以残疾人为对象的社会工作实施，它不仅要解决残疾人个体、家庭和群体的问题，还要解决残疾人在社会生活中面临的诸如教育、就业等问题，甚至还要去探究残疾这一社会现象引发的社会问题。为了更好地服务于残疾人，社会工作者在残疾人社会工作实践中应遵循以下原则。[1]

（一）相信残疾人的能力或潜质

人都是有能力或者有潜力的，"相信案主的能力"这一理念要求社会工作者充分相信残疾人的能力或潜质。但社会作者不应该站在健全人的角度看待残疾人的能力，而应该从残疾人本身的视角看待其能力和潜质。

（二）多从社会层面介入残疾人问题

残疾是一种社会现象，要反对将残疾视为病态、等同残废。残疾人的问题不是其自身的问题，而是由社会造成的问题。社会工作者应多从社会角度看待残疾，将残疾视为一种社会建构。因而解决残疾人问题也应多从社会层面入手，让"社会去适应残疾"，通过消除社会障碍营造良好的社会环境。

（三）多从历史和文化角度理解残疾人

社会工作者多是健全人，很难以常规手段如同理心对残疾人感同身受。因

---

[1]　全国社会工作者职业水平考试教材编写组：《社会工作实务》（中级），中国社会出版社，2007，第 234 页。

此，作为专业人士，社会工作者应多从历史和文化角度理解残疾人，去体会和感受残疾人群体的社会经历，并且还应通过社会倡导让更多的人理解、善待残疾人。

（四）相信残疾人有自身的幸福感

虽然残疾人会遭受歧视和不公平对待，但是残疾人依然乐观向上、热爱生活并努力追求自身的幸福。残疾人社会工作者必须坚信这一点，并尽力协助残疾人去发现人生的快乐、实现人生的幸福。

（五）确信残疾人有权掌控自己的生活

"案主自决"的社会工作理念要求社会工作者坚信残疾人有权掌控自己的生活。残疾人有权选择自己的人生、有权安排自己的生活、有权决定与自己相关的一切事宜，这是残疾人自由选择的权利，社会工作者不能包办代替。

第三节　残疾人社会工作与相关学科的关系

残疾人面临的是生理、心理和社会等多方面的问题，需要多学科、多领域的专家共同参与。因此，作为残疾人社会工作者，不仅要精通本专业的知识和技能，还应当了解与残疾人问题处理相关的其他学科。换言之，残疾人社会工作应以自身理论和方法为基础，借鉴并吸收伦理学、心理学、康复学等相关学科内容，实现残疾人的全面发展。

一　残疾人社会工作与伦理学的关系

从长期的实务工作中，专业人士越来越意识到许多问题并非科学所能解答，它们更多属于伦理学议题。因此，20世纪70年代应用性的专业伦理开始兴起，医学、护理学、社会工作等都将伦理这一主题纳入专业训练中。[1] 由于残疾人在生理、心理和社会三个层面上的限制和障碍，残疾人社会工作往往涉及诸多伦理学议题，如医学伦理学、社会工作伦理学、社会伦理学等。

在对残疾人的医学治疗和护理过程中，通常会碰到如下一些伦理问题。一是肢体切除或器官移植与残疾人的心理意愿，如残疾人担心残缺的身体会受人歧

---

① Frederic G. Reamer：《社会工作价值与伦理（第二版）》，包承恩、王永慈译，洪叶文化事业有限公司，2000，第16~17页。

视，宁可忍受病痛折磨而不让医生切除；二是辅助器械的配置与医生的医德，如医生为了获取高额回扣，会选择价格最贵的假肢义腿而不考虑残疾人的经济承受能力；三是护理人员的照顾不周与残疾人的心态不佳，如护理人员对残疾人的照料多集中于躯体和生理，无法顾及残疾人在日常康复中的心理和情绪困扰。

在残疾人社会工作实务中，往往会碰到一些伦理的两难困境：一是案主自决与案主的最佳利益，如残疾人有自我选择、自我决定的权利，而这一决定却不符合自身的最佳利益；二是知后同意与善意欺骗，如为了能使残疾人安心治疗，其家人要求工作者谎称整个康复过程是免费的并隐瞒举债治疗的事实；三是保密原则与保密例外，如考虑到家庭的经济承担能力，残疾人不愿拖累子女而选择放弃康复治疗，但他要求医务社工替其保密。

残疾人最希望的是能实现"正常化"，像健全人一样生活、学习和工作，然而现实并不如人所愿。在观念上，残疾人仍遭受社会偏见，他们被视为另类；在制度上，福利立法被弱化或虚化，残疾人的合法权益无法得到有效保障；在生活中，无障碍设施建设严重滞后，残疾人无法正常出行；在工作中，残疾人备受歧视，无法享受平等的国民待遇。作为社会弱势群体中最特殊、最困难的一类，残疾人却没有得到社会应有的尊重和关爱，这不仅仅是道德与伦理问题，更是国民素质和社会文明的问题。因此，残疾人社会工作尤其要重视伦理问题。

二　残疾人社会工作与心理学的关系

残疾人以其躯体损伤为起点，引起了生理、心理和行为上的一系列问题。其中，躯体损伤和生理问题可以通过医学手术、医疗护理加以解决，而由此引发的心理和行为问题却非药物、手术或辅助器械所能解决的，需从心理学寻求处方。

心理学是研究心理现象发生、发展和活动规律的科学，而残疾人心理学主要是通过研究残疾人的心理现象，掌握其特殊的心理和行为规律，引导和培养残疾人的健康心理和行为的一门科学。因为残疾人的心理直接影响到他们的日常交往、行为习惯、生活信念和人生价值观，所以心理上的康复往往比生理上的康复更重要，但也更复杂。由于生理缺陷，残疾人有一些特殊的心理特点：情绪上易消沉悲观、焦虑忧郁，心理上自卑孤独、自尊心强，在行为反应上敏感多疑、易抱怨。此外，不同类型的残疾人也有不同的性格特征，如盲人性格内向、温文尔雅、有丰富的内心世界，情感体验深沉而含蓄；聋哑人性格豪爽耿直，情感反应强烈、频度高但持续时间短；而肢体残疾者则多表现出倔强和自我克制。① 了解和掌握残疾人一般的心理特征和性格特点，有助于残疾人社会工作者与残疾人更好地沟通、更快地建立专业关系、更好地提供专业服务。

在心理学的分支学科中，与残疾人社会工作最为密切的主要是医学心理学和社会心理学。医学心理学是1970年代在我国开展的现代医学与心理学相结合的新兴学科，其内容包括在影响人的心理、生理、社会三种因素的相互关系和相互作用中去探讨健康的本质、健康的维护和促进，探讨身心疾病的发生、发展以及治疗、康复。它研究人们从健康到疾病，又从疾病到健康的过程中，个人心理现象的变化及活动规律，是一门实践性很强的学科。② 社会心理学则是研究个体和群体的社会心理现象的心理学分支，研究范围包括个体过程、人际过程和团体过程三个领域。其中，个体过程主要涉及与个体有关的心理与行为研究，如自我认知、态度改变、人格发展等；人际过程涵盖了人与人相互作用的所有领域，如人际吸引、性别角色、社会交换等；而团体过程则从宏观环境与团体的角度研究人类心理与行为问题，如组织行为、社会偏见、健康心理学等。总之，医学心理学处理的是在残疾人医学治疗和康复护理过程中碰到的心理问题，而社会心理学处理的多是残疾人在日常生活中碰到的心理问题，两者虽各有侧重，但都与残疾人实务工作密切相关。因此，社会工作者不仅要学习心理学的基本理论知识，而且要努力掌握医学心理学、社会心理学的方法和技巧。

三　残疾人社会工作与康复学的关系

康复学是一门综合学科，它主要研究如何综合地、协调地应用医学、教育、社会、职业的方法恢复和重建伤、病、残者的身心和社会功能，使其得到全面康复而回归社会。残疾人康复是康复学中一个最重要的分支，它是在专业人员的指导和服务下，通过各种方法，帮助残疾人改善生理、心理和社会功能，以达到回归社会生活主流的目的。由此可知，残疾人康复就是通过医疗、教育、职业和社会等方法实现残疾人的整体康复，从而，它依次对应于四个不同的康复领域。③

（1）医学康复。通过医学治疗和辅助器械，改善或恢复残疾人的身体功能，

---

① 朱本浩：《关注残疾人心理健康》，2005年5月13日第4版《中国劳动保障报》。
② 马洪路：《残障社会工作》，高等教育出版社，2007，第14页。
③ 王辅贤：《残疾人社会工作》，北京大学出版社，2008，第39~42页。

减少他们的能力障碍，使他们最大限度地获得日常生活能力，为他们重新参与社会生活提供身体方面的必要条件。

（2）教育康复。通过普通教育和特殊教育相结合的方式，为残疾人参与社会生活提供文化教育方面的支持。教育康复从生理和精神两个层面对残疾人实施援助。在生理方面，它补偿残疾人生理机能的缺陷，促进他们的全面发展；在精神层面，它为残疾人增长知识、开阔视野，弥补他们在生理和心理上的双重缺陷。

（3）职业康复。以职业训练为中心，通过咨询服务、职业评估、教育、培训和就业安置等措施，协助残疾人获得适当的职业适应能力，进而实现劳动就业。

（4）社会康复。通过动员各种社会力量、构建社会支持网络，为残疾人创造良好的社会环境，消除社会对残疾人的歧视和不平等待遇，使他们能够平等地参与社会生活并充分发挥他们的潜能，享有与健全人同样的权利和尊严。

这些领域与残疾人的多种需要和康复的目标相对应，是现代康复学多学科协同工作的体现，社会工作者在其中发挥着重要作用。

除了上述几个学科外，残疾人社会工作的理论与实践还与医学、社会学、人类学等学科有着密切的联系。在与这些相关学科的交互影响中，残疾人社会工作的理论得到了不断充实，残疾人社会工作的方法得到了不断的提高。

 案例分析

帮助残疾人恢复生活信心

一　基本资料

案主姓名：L 女士

性　　别：女

年　　龄：40 多岁

跟进社工：李

二　接案

（一）接案来源：工作者家访了解服务需求后主动跟进

接案原因：工作者在家访中，通过与案主交谈，了解到案主的家庭生活不开心；工作者通过与案主家人沟通交流，观察案主的家庭关系，了解到案主在家庭中的地位低下，所有的事情都需要通过家人的批准才能做，导致了案主经常封闭在家里，感到郁闷，缺乏生活的自信心。工作者通过与案主家人交谈，建立了良好的关系，获得了案主家人的信任，工作者有信心说服案主家人让案主走出家门，通过活动来恢复案主的生活信心。

（二）个案背景

案主的生理情况：现有资料显示，案主在医学上诊断为小呆症，症状主要表现为智力水平较正常水平偏低，反应比较慢；残疾类型是智力残疾，程度较轻。案主的生活自理能力较强，手脚比较灵活，能够自我照顾，也能照顾家庭生活；表达能力尚可，言语中透露出担忧。由于案主的家人没有做好前期的智力教育，案主的智力水平较低，看不懂手表时间。

案主的社会心理状况：案主从小到大都是按照父母的安排生活，因而缺乏社会生存能力，社会适应能力较差。长期受到父母的批评及指责，自信心比较缺乏，在没有获得父母批准、没有人带领的情况下不敢独自出门。一旦没有父母的支持，案主不能独立做决定。但是案主有很强烈的外出欲望，渴望与人交流，案主曾说过："觉得在家里很闷，很不开心。"

案主的家庭情况：案主的家庭关系有些复杂，父亲以前是做生意的，家庭经济条件较好。退休后，父亲信佛、潜心练字，母亲潜心学画，都是比较有修养的人。案主从小诊断出小呆症后，父母放弃了对其进行教育、栽培，父母对女儿缺乏亲密感和尊重，在有客人的场所，案主没有位置。案主有兄弟姐妹，不与父母居住。案主已婚，婚姻关系带有利益关系，案主与丈夫的关系不亲密，丈夫经常在广州工作，甚少回家。案主与女儿的关系较好，案主很在意女儿，女儿也甚爱案主。

三　预估

案主的问题与需求：从案主的家庭关系看，案主的家庭关系不和谐，然而由于案主的问题涉及家庭结构与家庭关系的调整，而专业关系的建立尚不足以起到关系调整的作用，因此工作者把案主的问题定位于生活信心的恢复，案主家长看到案主的好转，工作者才能进一步开展工作。而且案主需求也在于摆脱家庭的管制，想到外面做些事情。

案主的改变意愿：从主观上来讲，案主的改变意愿较强；父母也是有修养的人，如果在沟通上达成一致，解除案主父母的担忧，父母也愿意案主到外面做些事情。

可利用资源：职康中心需要招收会员做手工，这是一个很好的服务场所和服务内容。

四　目的与计划

工作目标：促使案主走出家门，来职康中心参加活动；扫除内心的忧虑、郁闷，增强生活信心。

第一步，与案主父母建立良好的关系，争取案主父母的理解与支持是至关重要的，以后的工作会比较顺利。

第二步，邀请案主的父母到职康中心参观，让其了解职康中心的服务内容，并提出建议。让案主加入职康中心从事手工制作，点出案主加入职康中心所带来的变化，实际上也是为案主的父母解忧。

第三步，通过家访、电话等方式，与案主父母沟通，解除案主父母的担忧，感受工作者的热情和负责任的态度，放心让案主来职康中心。

第四步，案主成功来职康中心，与职康中心的同事沟通协调，从事相关的工作。

五　介入

第一次家访，工作者与社区工作站的工作人员到案主家送中秋月饼，在工作站人员的介绍下，解除了案主家庭成员对工作者的戒心。第一次家访的目的主要在于自我推介。初次见面没有详谈，社工大致观察了案主的家庭环境。工作者夸奖案主的妈妈画的画很好，案主的妈妈很高兴，案主家庭成员与工作者的关系初步建立。

第二次家访，工作者上门告知案主及其家庭，职康中心开业，邀请他们参加开张仪式。案主不知道职康中心的地址，工作者提议，来家里接案主到职康中心。

第三次面谈，工作者到案主家里接案主的妈妈和案主到职康中心参加开张仪式，案主的妈妈看到职康中心的设备和服务，甚是高兴，也想让案主到职康中心参加活动。工作者得到这个讯息后，向案主的妈妈介绍了参加活动的方法。

第四次面谈，案主来工作站办事，向工作者提出她想来职康中心做手工，但她不敢跟家里人提出来职康中心的想法，她希望工作者出面跟她父母沟通。工作者同意案主的建议。

第五次家访，工作者在电话预约的基础上做家访。这次看到案主的父亲，当时家里有客人，桌面上共有四个茶杯，案主的父亲沏了三杯茶，唯独少了案主的茶水，可以看出案主的父亲对案主的冷落与不关心。工作者提出让案主来职康中心做手工的事情，案主的父亲提出了怕案主走丢的担忧，工作者提出初期会派人接案主到职康中心（距离两百米左右）。案主的父亲听完后也接受了工作者的建议，但是要征求案主妈妈的意见。

第六次，工作者多次致电案主家里，邀请案主加入职康中心，最终促使了案主来职康中心做职业康复。工作者在职康中心也用心引导案主融入原有的会员群体，案主很快与其他会员熟悉起来，经常说笑话。在来职康中心的第一天，工作者送案主回家，之后她就知道来职康的路径，自己来职康中心。案主来职康中心三天，变化非常大，心情高兴、开朗了许多，做手工的时候经常哼起小调。

六　评估

评估内容：工作者与案主的访谈，工作者观察并记录案主的改变，工作站站长对社工的评估。

结果评估：工作者经过半个多月的努力，说服案主的父母同意案主到职康中心参加活动；案主来到职康中心后，从行为表现看，从经常愁眉苦脸转变到每天笑容满面、哼小调，从不讲究着装转变到注意打扮和衣着；案主也坦言整个人的心境开朗了很多，她感到很高兴、很满意。工作站站长十几年来一直看到案主愁眉苦脸，看到案主的改变很惊讶。

过程评估：这个个案的难度并不大，个案能够在短时间内成功达成工作目的，主要在于工作者坚持保持与案主及其家庭成员的沟通联系，有技巧地与案主父母建立专业的关系；为了促使案主排除顾虑，工作者与职康中心做好了充分的沟通交流。通过这个个案，我们能够积累与残疾人家庭沟通的经验，并且能够了解走出家门对于残障人士康复的重要性。

七　结案

结案原因：服务效果达到预期。

第二章 残疾人社会工作基本理论与基本价值观

现代社会工作是一项高度专业化的活动，其基本特征之一在于，大部分的实践过程和工作技巧都是建立在一定的系统理论基础知识之上，而非仅仅依赖于社会工作者个人的经验与悟性。因此，社会工作的基础理论、其他实务领域社会工作者所需的理论基础和知识体系，残疾人社会工作者也同样需要。在此基础上，他们还需要有针对性地进行专业训练和理论知识的学习，以满足残疾人社会工作的特殊需要。

第一节 残疾人社会工作基本理论

残疾人社会工作涉及众多理论，包括社会工作的相关理论和残疾人工作的专业理论。本书主要从三方面介绍残疾人社会工作理论，包括：对残疾人的认知和对残疾人问题的认识，如社会型残疾理论和社会排斥理论；对残疾人如何参与社会生活的认识，如回归社会理论和社会网络理论；对残疾人社会工作的主要方法的认识，如正常化理论和增能理论。

一 社会型残疾理论与社会排斥理论

（一）社会型残疾理论

社会型残疾理论相对于"个体型残疾"理论而言，体现了我们对当代残疾人工作的新认识。"个体型残疾"理论认为"残疾人所经受的问题是他们自身伤残的直接结果，所以，专业工作人员的主要任务是使残疾人适应残疾后的特殊条件。"与"个体型残疾"理论相反，"社会型残疾"理论认为"调整是一个对社会进行调整的问题，而不是对残疾人个人进行调整的问题"。该理论赞同把残疾人定义为"由于现今的社会组织不顾或很少顾及身体有损伤者的情况而把他们排除在社会活动的主流之外，从而使他们不便于活动，或是活动受到限制。所以，身体残疾是一种特殊形式的社会压迫"。"对于专业人员而言，社会型残疾的含义在于改变工作的重点，从法定的个人目标、法定的补偿疗法转变到改变环境，使之不能够不适当地限制功能受损的人。"英国学者迈克尔·奥利弗认为"社会型残疾观点的重要之处在于不再认为残疾人自身有什么毛病，它摒弃了个人病理学模式。因此，当残疾人不能完成某项工作，分析其原因时就可能看到如建筑物的不良设计、别人提出的不实际的预期指标、生产组织不良或不适宜的住房环境等因素"。①

目前，社会对残疾人的角色定位左右了残疾人的行动和他们对自身的认知。在充满障碍的社会里，残疾人会受环境的影响，他人对残疾人的消极看法导致残疾人对自身产生消极评价，残疾人的消极表现又反作用于环境，强化了外部环境的社会价值观念。人们总是把残疾人当成病人对待，试图从医疗的模式出发去医治甚至隔离他们，这种恶性循环对残疾人十分不利。社会型残疾理论将目光聚焦于环境的改善，重视环境对残疾定义的影响，而不是仅仅强调残疾人对环境的适应。社会型残疾理论将残疾视为一个过程、一种经历，残疾人相对于身体健全的人来说只是在生活中遇到了更多的"障碍"。因此我们要为残疾人消除参与社会的障碍，消除"残疾"所具有的社会烙印和歧视色彩。残疾人由于残疾因素而直接给生活带来负面影响的程度是可降低的，如果在制定社会福利政策及提供福利上，尽力帮助残疾人消除生活中由于社会环境而带来的有形和无形的障碍，残疾人的生活质量就能得到极大提高，与健全人生活之间的差距就可以缩小。

因此，从社会型残疾理论的视角来看，残疾人社会福利政策的制定应尽量避免把残疾人这一群体标签化，对残疾人给予的应是尊重而非同情，是人权而非施舍。政策制定的主旨应为残疾人创造更为良好的外部环境，同时鼓励残疾人对自己负责。

---

① 迈克尔·奥利弗、鲍勃·萨佩：《残疾人社会工作》，高巍、尹明译，中国人民大学出版社，2009，第31页。

（二）社会排斥理论

社会排斥理论是近年来经常被运用的理论，越来越多的学者倾向于从社会排斥的角度，探讨社会问题的深层次根源。社会排斥的本意是指大民族完全或部分排斥少数民族的各种歧视或偏见，这种歧视和偏见意味着"主导群体已经握有社会权利，不愿意别人分享"。随后，社会排斥的概念通过泛化的途径而成为一个专门性概念，是对已有的社会剥夺、边缘化、歧视等理论概念的丰富和深化。在社会科学研究中，社会排斥与诸多概念一样，至今仍无一个可获得广泛认同的含义。英国"社会排斥办公室"将社会排斥定义为："社会排斥指的是某些人或地区遇到诸如失业、技能缺乏、收入低下、住房困难、罪案高发环境、丧失健康以及家庭破裂等交织在一起的综合性问题时所发生的现象。"[①] 在认同这一解释的同时，唐钧还主张，社会排斥是由游戏规则造成的。石彤则认为，社会排斥是指某些人、家庭或社群，缺乏机会参与一些社会普遍认同的社会活动，被边缘化或隔离的系统过程。[②] 李斌认为，社会排斥主要是指社会弱势群体如何在劳动力市场以及社会保障体系中受到主流社会的排挤，日益成为孤独无援的群体。[③]

众多学者在运用社会排斥理论分析社会问题时也提出了不同的研究范式。其中，斯维尔和德汉的研究最具代表性。斯维尔和德汉将社会排斥分为三种不同的范式："团结型"、"特殊型"和"垄断型"。"团结型"范式认为，社会排斥是一种个人和整个社会之间的纽带的削弱与断裂过程；"特殊型"范式认为，排斥是群体性差异的体现，这种差异否定了个人充分进入或参与社会交换或互动的机制；"垄断型"范式认为，群体差异和不平等是重叠的，它将社会排斥定义为集团垄断所形成的后果之一，其表现则是权力集团通过社会关闭来限制外来者的进入。以残疾人为例，这一群体长期处于失业或低层次就业状态，这就迫使他们逐渐退出社会交往舞台的中心，而将自己的活动范围局限于家庭之内。他们已逐渐被社会主流所排斥，成为边缘化的社会群体，这与团结型范式的要义甚为契合。残疾人群体之所以与整个社会的联系不断弱化，源于其特殊的生理、心理特点和低下的职业技能。正是这些因素将他们打入次级劳动力市场，使其无力与肢体健

---

① 唐钧：《社会政策的基本目标：从克服贫困到消除社会排斥》，《江苏社会科学》2006 年第 1 期。
② 景晓芬：《社会排斥理论研究综述》，《甘肃理论学刊》2004 年第 2 期。
③ 李斌：《社会排斥理论与中国城市住房制度改革》，《社会科学研究》2002 年第 3 期。

全的、高技能的社会群体争夺高层次工作岗位，从而使他们无法进入社会主流。这显然是特殊型范式在现实社会中的真实写照。一旦肢体健全的高技能社会群体取得了优势地位，这种优势地位就会逐渐表现出固化和代际传递的趋势，进而对原本就在经济资本、社会资本、政治资本等各方面都非常缺乏的残疾人群体产生强烈的排斥倾向，剥夺其向上流动的机会，使残疾人群体日益形成负面的自我评价，这些无不是垄断排斥造成的恶果。

一般来说，残疾人遭遇的社会排斥包括四个层面。第一层为生存层次的障碍；第二层为残疾人实现诸如就业、教育等基本社会权利过程中遇到的障碍，残疾人群体在进行社会交换和与社会互动过程中遇到的障碍；第三层次为残疾人权利保障机制层次的障碍，即残疾人维护自己权利、争取本群体利益最大化过程中遭遇到的障碍，残疾人的利益在现实中被削弱乃至被忽视；第四层次为残疾人主观方面的思想障碍，即他们的社会疏离感与被剥夺感。残疾人群体面临的社会排斥体现为：他们被排除在充分的社会参与之外，被拒绝获得能使本群体充分参与经济和社会的服务，他们在劳动力市场以及社会保障体系中受到主流社会的排挤，日益成为孤独、无援的群体，他们的家庭压力和社会疏离感也很强。要改善残疾人的被排斥处境，国家应该承担介入的责任，帮助残疾人实现良好的社会参与。

二 回归社会理论与社会网络理论

（一）回归社会理论①

回归社会理论是针对将残疾人封闭起来进行供养和照顾而产生的弊病提出来的。20世纪50年代美国社会学家戈夫曼在深入研究庇护所里的精神病人的情况后指出，由于在庇护所里精神病患者始终处于不良的同伴关系（指精神病患者长期生活在一起而形成的具有强烈刺激性的互动关系）和"关护"关系（指庇护所里的管理人员、医护人员对精神病患者的消极的、冷漠的态度和严格管制精神病患者的行为而导致医患人员隔阂、紧张甚至敌视的关系），结果，并没有使精神病患者的病情好转，相反可能会加重患者的病情。同时，也有社会人士关注到老人和残疾人因长期住院而产生的种种不良后果，发现长期住院令那些残疾人等产生依赖性，渐渐失去重新适应社会的能力。正是

---

① 王辅贤编《残疾人社会工作》，北京大学出版社，2008，第17页。

在这样的背景之下，"非住院化"运动开始兴起，回归社会的理论也由此而产生。

回归社会理论的基本观点有以下几个。

（1）老年人、残疾人、精神病患者及康复者等，他们多是社会上最脆弱及最无依靠的群体，他们往往需要社区内正规或非正规的服务和照顾，去协助他们在社区内继续过正常的生活。

（2）社区照顾是让残疾人、精神病患者等福利服务对象回归社会的典型模式。

（3）社区照顾的目标是尽量维持残疾人等有需要人士在社区内或其自然生活环境内的独立生活。换言之，社区照顾就是提供合适的支援，让残疾人等社区人士可以在自己的生活上获得最大的独立性和自我控制。

（二）社会网络理论

社会网络这个概念最初由社会人类学家所创，在社会工作领域里得到广泛的重视及采纳，因为它能够提供一个系统的方法去分析人与人之间的联系，加深社会工作者对服务对象之间的相互沟通模式及互动的理解。社会网络理论对残疾人社会工作有很多启示，概括而言，社会网络理论有几个基本观点。

（1）所谓社会网络通常是指一群人之间所存在的特定联系，而这些联系的整体特点可以用作解释这群人的社会行为。或者也可以把社会网络视为一群人之间的关系结构及他们之间所存在的交换关系及特定角色。

（2）社会网络和社会支持常常联系在一起，网络大多数情况下都扮演支持性的角色。社会支持网络是一种非正式的社会支持，通常被视为解决个人及社区问题的"第一线"问题，因为当个人遇到问题时的第一个反应通常是寻求相熟或亲密的人协助，所以，社会支持网络无疑是补足正规社会服务的一种有效渠道。

（3）一般而言，社会支持网络至少可以表现出两大功能：一是能够起到缓冲压力的作用。社会网络中的支持可以在两个关键性时刻介入，一个是在危机将会发生或刚发生后但在压力产生之前，社会支持可以帮助个人采取较乐观的态度或做较适当的准备工作去降低压力的负面影响。另一方面，社会支持也可以在压力产生后但病态形成前产生作用，帮助个人采取较积极的态度去面对困难，或鼓励个人去进行适当的治疗。这些支持系统可以包括亲戚、朋友、互助小组及邻舍关顾团体等，而所提供的支持可能包括心理及情绪上的支持，日常生活细节中的帮助，物质、金钱、技术及意见等的提供。二是能够起直接及整体的保护作用。社会支持能够帮助个人融合进社会的网络之中，强化个人的心理及生理健康，帮助个人与社会之间协调。当个人确知他是生活在一个支持性及关怀性的社会网络中，而他也主观地感受到其他人时时刻刻都愿意提供适切的帮助时，他自然会感到自信、安全及可以控制周围的环境。这种健康的心理状态也自然能够帮助个人增加对危机及疾病的防卫性，预防问题及压力的产生。

（4）社会工作在开展实务过程中，通常采用以下一些社会网络介入策略来帮助个人及群体解决所面对的问题。

个人网络策略　这种被采用最普遍的策略，重点在于强化服务对象的现存人际关系及他所处的环境内有发展潜力的成员的互助能力。

自愿联结策略　这种介入策略是帮助需要援手的人及可以提供协助的辅助者建立联系，建立一对一的辅助关系。社会工作者的任务就是要将服务对象与适当的辅助者配对，而这些辅助者通常对某一些问题的处理较有经验及较关心，以致能为需要辅助的服务对象提供适当的协助。

互助网络　这种介入策略是把面对相同问题或具有相似兴趣或能力的人聚合在一起，在他们之间建立联系，促进他们互相支援的功能。采用互助策略时，社会工作者可以尝试联系相同困难的服务对象成立互助小组，也可以把这些互助小组与社区内其他非正式组织联系成为网络，以达到互相支援和互相咨询的效果。

邻里援助网络　当采取这种介入策略时，社会服务机构通常以一个以地域界定的社区为基础，然后尽力识别其中所存在的非正式辅助网络及社区内的"自然辅助者"。这些自然辅助者可以在向邻里提供支援上扮演关键的角色。社会工作者的任务就是去强化社区内的非正式自然网络，把分布在社区内的大小网络联系在一起，形成一个有效的邻里援助网络系统，帮助社区内孤立无援的人士。

社区授权网络　这种介入策略的目的就是发展一个聚合了非正式社区领袖的讨论场所，借以有效地反映社区内各种群体的意见及利益。社会工作者的任务是去促进这些非正式领袖的沟通、联系及互助并建立网络，鼓励这些网络成员去共同参与及关心社区内的问题，形成社区内申述问题及倡议社区政策改革的声音。

三　正常化理论与增能理论

（一）正常化理论

正常化理论是用来分析如何看待诸如精神病患者及其他伤残人士等某些特殊社会群体的理论。在社会工作领域中，正常化理论一般有两种含义。

（1）以服务对象为本的社会工作价值理念认为，由于贴标签的缘故，以往把残疾人等一些工作对象的行为视为异常，并采用主流社会所谓"正常"的方法去治疗他们实际上是有失偏颇的。因为在一些社会工作者和治疗者或助人者眼里被视为不正常的行为，在服务对象群体那里完全是再正常不过的事情，关键是助人者把自己看问题的眼光强加于受助者身上，换言之，问题实际上是出在助人者对服务对象的任意标定上。

（2）所谓正常化就是为受助者提供与平常人相似的生活环境，包括让他们回到自己熟悉的平常社会，过常人的生活。英国倡导和推行的社区照顾就含有这种意义。美国"全国智力迟钝公民协会"曾对正常化所作的界定是：所谓正常化就是帮助残疾人获得一种尽量接近正常人的生活方式，使他们的日常生活模式及条件尽量与社会中大多数人一样而不是有意地将他们区隔开来。在社会工作实务中之所以强调这一点，源于社会工作承认所有人（包括残疾人等）都具有尊严和价值。①

正常化理论引出一个对残疾人社会工作共同的启示，即残疾人社会工作需要从服务对象的角度去看待事物而不可妄加臆断和随意标定。

（二）增能理论

"增能"（empowerment），又称"充权"或"赋权"，指协助弱势群体或个人排除各种主观和客观的障碍以增强个体自身的责任感，通过个体自身正面的经验来激发内在的动力，努力改变自己的生活。增能理论认为，个人之所以被边缘化是因为从个体方面看，个人体验到强烈的无力感并导致无法与环境交流，从环境方面看，周围环境中也存在着直接或间接的障碍和限制，使个人无法参与社会、发展自我。要帮助个体增能，就需要打破受助者的内在负面自我定义，协助他们加强权利感，提高控制自己生活及未来命运的能力。增能需要一个内在的转化过程，即将无助、无能感转化为拥有较强的自信及自尊。增能的重要目标是协助形象低落及丧失权利感的人重新捡拾自己的能力，让他们重建自我价值，有信

---

① 王辅贤编《残疾人社会工作》，北京大学出版社，2008，第17页。

心去控制自己的生活，积极地影响和改善与他们有关的社会政策。同时，在社区层面或服务机构内部也要努力争取平等的机会。此外，还要通过改善残疾人生活的社会环境，调整制度，为残疾人提供机会；从保障残疾人生存的最基本的层次出发，帮助残疾人实现教育、就业等基本社会权利，通过在实现权利的过程中增强与社会的联系，获得正面体验，进而建立自信，获得自尊，实现社会参与；最后帮助残疾人维护本群体的权益，调动残疾人的主观能动性为自己负责。

许多关于残疾人、老人的供养及照顾理论在把服务对象看做脆弱群体时，忽视了人是有潜能的、是可以改变的这一社会工作的基本价值观念。增能理论则站在人的发展立场上，认为通过一定的方法，残疾人可以在一定程度上恢复他失去的机体的、社会的功能，并有助于他们进入一般的、正常的社会生活。增能不但在于增强其原本丧失的机体功能，而且可以增强他们的生活信心，甚至可以减轻他们对社会的"拖累"。增能理论以人的发展理论为基础，关注于人的基本价值的实现。按照增能理论的理解，增能的方式也可以多种多样，比如康复可以使残疾人已丧失的功能得以恢复，教育和培训可以发掘他们的潜能，外界生活、活动条件的改善可以减少他们表现自己能力的障碍等。

索罗门（Solomon）认为增能社会工作有下列五项具体项目。[①]

（1）评估有关互动系统及其脉络；

（2）提升意识，使残疾人知晓采取集体的社会行动的可能性；

（3）调动资源，包括实际的帮助和辅导服务；

（4）建立支援系统和互助团体；

（5）进行组织性变革。

第二节　残疾人社会工作基本价值观

一个社会如何看待和对待残疾人，不仅关系到残疾人的命运，而且关系到人的权利、价值和潜能在一个社会中的实际位置。从这个意义上讲，保障残疾人的权利、尊重残疾人的价值、发挥残疾人的潜能，是人类文明与社会进步的一个重要标志。随着社会发展与文化进步，科学认识残疾现象，正确看待残疾人，帮助残疾人回归主流社会已日益成为全社会的共识。

---

① 范明林编《社会工作师（实务）》，上海大学出版社，2004，第214~215页。

一 残疾人工作基本理念

《中华人民共和国残疾人保障法》明确规定残疾人工作的目标和任务是：保障残疾人平等地充分参与社会生活，共享社会物质文化成果。这也是社会和谐发展的重要内容和重要目标。残疾人工作的基本理念是：平等、参与、共享。

（一）平等的理念①

平等权是我国《宪法》的一条重要原则，残疾人要获得平等权，很大程度上就是要实现残疾人与健全人的机会平等。

1982年联合国大会第三十七届会议上通过了《关于残疾人的世界行动纲领》，其宗旨是要推行有关残疾预防和康复的有效措施，促进实现以下目标：使残疾人得以"充分参与"社会生活和发展，并享有"平等地位"，具有与全体公民同等的机会，平等分享因社会经济发展而改善的生活条件。在《关于残疾人的世界行动纲领》里，对机会平等的阐述如下。

（1）任何单位都应吸收残疾人，这包括各级公共机构、非政府组织、公司。

（2）对于患有永久性残疾，需要社区支柱性服务以及辅助器械和设备才能在家里和社区里过正常生活的人，应使他们能够获得这种服务和设备。

（3）残疾人与健全人权利平等的原则是指每个人的需求都同等重要，社会规划必须以这些需求为基础，所有资源必须以确保每个人有平等的参与机会的方式加以使用，有关残疾人问题的政策应确保残疾人可享用所有的社会服务。

（4）既然残疾人享有平等权利，他们也承担同等义务，他们有义务参加社会建设，社会应该充分调动他们的才能投入社会变革，而不是提前给他们退休金或资助。

（5）社会对残疾人的态度可能是残疾人参与社会和取得平等权益的最大阻碍，我们看残疾人，应该着重看残疾人所具备的能力，而不是他们的残疾。

（6）在世界各地，残疾人已经着手组织起来，呼吁自己的权益，残疾人组织对于残疾人参与社会生活具有极其重大的意义，必须给予大力支持。

（7）心智残障的人现已开始要求表达他们自己的意见，坚持他们有权参加决策和讨论，这种发展应受到鼓励。

（8）应该寻求所有大众宣传媒介的合作，针对公众及残疾人本身进行宣传，

---

① 王辅贤编《残疾人社会工作》，北京大学出版社，2008，第26页。

以促进对残疾人权益的理解，避免加深传统臣服观念及偏见。

从对我国残疾人实现就业、教育、康复等权利的现状调查里可以看出，残疾人机会平等目前主要表现为以下几个方面。

残疾人与就业　生理残疾使残疾人不同程度地丧失了劳动能力，限制了他们的财富创造力，无业或低收入的现象非常普遍。虽然福利企业解决了部分残疾人的就业问题，但其安置能力与残疾人就业需求相比，仍有一定差距。推行单位按比例安排残疾人就业，也有一定难度，其原因主要有三方面：一是社会对残疾人的就业要求认识有偏见，甚至有人认为残疾人处于财富金字塔的最底层合情合理。二是有不少用人单位对残疾人不接纳，认为残疾职工有损企业形象，会降低工作效率；认为健全人都下岗了，哪能保证残疾人就业；加上企业改制、企业效益不稳定等因素，下岗的往往首先是残疾人。三是残疾人自身素质有待提高，绝大多数残疾人文化水平低、劳动技能缺乏、就业观念陈旧，影响了残疾人的就业竞争力。

残疾人与教育　受教育机会的不均衡导致社会成员收入出现巨大差距，残疾人因社会偏见与制度约束，受教育程度较低，相当一部分弱智、聋哑儿童少年，未能就学或失学、辍学，使残疾人成为文化相对偏低、观念相对落后的群体，影响日后的就业和创业。在欧美许多国家，没有特殊教育学校，残疾人从孩提时代，一直和健全学生一起上课，没有残与非残之分，相处很融洽，一同接受国民正规教育。由于残疾人接受同等教育，拿同样的毕业文凭，就业会更加便利。主管部门主要是预算年度特殊教育经费，监督保证残疾学生在学校不受歧视，享受同等的教育资源。我国的教育应该借鉴国外成功经验，为残疾人创造新的学习机会，均衡教育资源，最终推动社会公平。

残疾人与医疗康复　残病交加在残疾人群体中较为普遍，大部分残疾人没有医疗保障，商业保险更将自己排除在外。即使参加了医疗保险，一旦遇到重大疾病，自付部分仍会掏空其浅薄的家底。此外，智残、瘫痪、听力残疾的康复训练，精神残疾者长期服药治疗，都需要资金的长期支撑，且有些康复项目并未列入医保报销范畴。残疾人因病垮家、小病熬成重症的情况屡见不鲜。

社会工作者应秉承社会公平与平等的理念，首先营造实现残疾人"平等"的环境。要实现残疾人的"平等"，一方面，需要各级党政组织和全社会用特殊的爱去关心和照顾残疾人群体，大力弘扬中华民族扶弱济困的传统美德，全面落实党和国家对残疾人在扶贫、康复、就业、教育等各方面的优惠政策，从而补偿因残疾带来的客观存在的各种困难。另一方面，残疾人"平等"是需要平等的机会，要给广大有志残疾人予"钓竿"而不是给"鱼"，通过学文化、学技能，帮助其实现自立自强，使残疾人为个人谋幸福、为社会作贡献。

（二）参与的理念

胡锦涛总书记在为《自强之歌》撰写的序言中指出："残疾人，有人的尊严和权利，有参与社会生活的愿望和能力，是建设中国特色社会主义事业的一支重要力量"，"满腔热情地关心残疾人，切实尊重残疾人的公民权益和人格尊严，给他们以平等的地位和均等的机会，让他们共享社会物质文化发展的成果，是我国社会主义制度的本质要求"。

联合国在2006年通过的首个人权公约——《残疾人权利国际公约》的序言中提到，确认无障碍的物质、社会、经济和文化环境，无障碍的医疗卫生和教育以及信息和交流，对残疾人能够充分享有一切人权和基本自由至关重要。

所谓的无障碍环境包括物质环境无障碍、信息和交流无障碍。物质环境无障碍要求：城市道路、公共建筑物和居住区的规划、设计、建设应方便残疾人通行和使用，如城市道路应满足坐轮椅者、拄拐杖者通行和方便视力残疾者通行，建筑物应考虑出入口、地面、电梯、扶手、厕所、房间、柜台等设置残疾人可使用的相应设施和方便残疾人通行等。信息和交流的无障碍要求：公共传媒应使听力、言语和视力残疾者能够无障碍地获得信息，进行交流，如影视作品、电视节目的字幕和解说，电视手语，盲人有声读物等。

社会工作者秉承残疾人的"参与"理念，就要首先营造残疾人充分"参与"的无障碍环境。残疾人事业的发展水平与社会的文明进步相伴相生，社会文明程度越高，残疾人的障碍就越少。首先要充分引导广大残疾人自尊自信，克服自卑、自弃心理，树立乐观向上、积极进取的思想意识；其次要广泛消除社会对残疾人的各种偏见和不良对待；再次要最大限度地为广大残疾人提供以白内障复明技术、肢体矫治、语言听力训练等为主的康复服务和以助行、助听、助视为主的用品用具配备，增强补偿能力；最后要实施以城市公共场所和主要街道为主的无障碍设施建设。

在1993年联合国大会第四十八届会议通过的《残疾人机会均等标准规则》里，对残疾人平等参与的目标领域，做出了如下的描述。

无障碍环境：各国应确认无障碍环境在社会各个领域机会均等过程中的全面重要性。对任何类别的残疾人，各国均应采取行动方案，使物质环境实现无障碍；采取措施，在提供信息和交流方面实现无障碍。

教育：各国应确认患有残疾的儿童、青年和成年人能在混合班环境中享有平等的初级、中级和高级教育机会。各国应确保残疾人教育成为其教育系统的一个组成部分。

就业：各国应确认残疾人须能在就业领域享有人权。无论在农村还是城市，他们必须在劳动力市场上享有从事生产性有偿就业的同等机会。

维持收入和社会保障：各国有责任为残疾人提供社会保障和维持他们的收入。

家庭生活和人格完整：各国应促进残疾人充分参与家庭生活。各国应促进残疾人享有人格完整的权利，并确保法律在性关系、婚姻和做父母的权利方面不对残疾人有所歧视。

文化：各国将确保促进残疾人得以在平等基础上参与或能够参加各种文化活动。

娱乐和体育活动：各国将采取措施，确保残疾人享有娱乐和体育活动的同等机会。

宗教：各国将采取措施，以促进残疾人平等参与所在社区的宗教活动。

与其他国家相比，我国有关无障碍设施建设的法律法规包括以下几个。

1990 年 12 月，全国人大常委会颁布《中华人民共和国残疾人保障法》，规定国家和社会逐步实行方便残疾人的城市道路和建筑物设计规范，采取无障碍措施。

1998 年 4 月，建设部发出《关于做好城市无障碍设施建设的通知》，要求加强城市道路、大型公共建筑、居住区等建设的无障碍规划、设计审查和批后管理、监督。

1998 年 6 月，建设部、民政部、中国残疾人联合会联合发布《关于贯彻实施方便残疾人使用的城市道路和建筑物设计规范的若干补充规定的通知》，要求加强工程审批管理，严格把好工程验收关，改革建筑和公共设施的出入口、室内、新建、在建高层住宅，新建道路和立体交叉中的人行道，各道路路口、单位门口，人行天桥和人行地道，居住小区等均应进行有关无障碍设计。

2001 年 8 月 1 日《城市道路和建筑物无障碍设计规范》正式实施。

（三）共享的理念

共享体现了残疾人与健全人同属一个世界、携手共创未来的崇高理想。"共享"就是要让残疾人与健全人在社会生活中享有平等权利，共享社会政治、经济、文化文明成果。

首先，要真正将残疾人当成平等的社会成员来对待，这样才能真正给予残疾人平等参与社会生活的机会和空间。要使残疾人实现同健全人一样平等的人权，避免人为地将残疾人特殊化；不仅要关注残疾人的权利保障，而且要强调权利与义务的统一；强调残疾人要具有自尊、自信、自强、自立精神，避免成为心态上的残疾人；要充分发挥残疾人的主观能动性，大力挖掘自身的潜能，从思想到行动上，都以一个合格公民的标准严格要求自己。

其次，在社会给残疾人以平等待遇以及残疾人自身积极参与社会活动的前提下，共享才成为可能。随着外部环境的改善，残疾人参与社会生活的广度和深度越来越取决于自身的素质和奋斗精神。残疾人应有求生存、图发展的志气，要热爱生活、乐观进取，不断学习知识、增强技能，积极投身现代化建设，努力贡献自身力量。共享是指残疾人以劳动者的身份来享受社会发展成果，而不仅仅是做一个"分享者"来分一杯羹。

最后，要促使残疾人平等参与社会生活，共享社会文明发展的成果，营造实现残疾人"共享"的法治环境。目前，残疾人的生存状态虽有所改善，但仍然处于弱势地位与边缘化状态，忽视和侵害残疾人利益的现象屡见不鲜。维护和保障残疾人权益，是残疾人的根本愿望，也是残疾人工作的主旨。要实现残疾人"共享"社会物质文化成果，就必须把维权工作摆在突出位置，运用法律、政策、行政等综合手段，促进保障残疾人生存权、教育权、康复权、就业权等法规政策的全面落实。形成全社会团结互助、平等友爱、和谐相处的良好风尚，加快残疾人与全体人民一道共同走向小康社会的步伐，促进残疾人事业又好又快的发展。

二　社会工作视野中的残疾人与残疾人工作

社会工作之所以适宜于介入到残疾人工作之中，主要是由于其众多工作理念和方法与现代文明社会新残疾人观的理念不谋而合，从而也与新时期残疾人工作的发展趋向相一致。残疾人社会工作就是借鉴、采用社会工作的理念和方法来开展残疾人工作。

（一）社会工作视野中的残疾人

对残疾人的认识，有着两种根本对立的观念：一种是以歧视、偏见、异样的观念去看待和对待残疾人；另一种是以尊重、文明、平等的观念去看待和对待残疾人。随着社会的发展，人们对残疾人的认识越来越文明，经历了从过去的

"残废人"到"救济对象"再到"参与主体"的变化。

在社会工作的视野中，残疾人是社会的一分子，能够发挥积极作用。残疾人是社会结构的一部分，为残疾人提供各种补偿条件，使残疾人无障碍地接受教育、参加生产劳动、参与社会生活是政府和社会的责任，是社会文明进步的标志。残疾人社会工作者认为对残疾人的排斥和隔离不是残疾人本身导致的，而是由于社会没有提供足够条件才使残疾人被排斥在社会生活之外。残疾并不是造成残疾人问题的根本原因，社会的"失职"才是主要原因，由于社会为残疾人提供的条件不够，才使残疾成为一个问题。

（二）社会工作视野中的残疾人工作

就残疾人工作而言，目前涉足的部门主要有民政、各级残联和社区组织，但这些部门与组织在残疾人工作领域的主要工作是提供残疾人最基本的生活保障。残疾人社会工作是使残疾人能够像正常人一样融入社会的工作，而不是将残疾人作为负担；残疾人社会工作不仅仅是使残疾人的生活达到温饱水平，而是更加注重生活质量的全面改善，让残疾人和健全人平等地参与社会活动，通过自己的劳动分享社会成果，体现自身价值。因此，在社会工作的事业中，残疾人工作不仅是为残疾人提供基本服务和保障，而且包括全面提高残疾人的生活质量，积极促进残疾人人生价值的实现。残疾人工作的内容包括几个方面。

（1）生理功能的康复。通过充分利用各种社会支持网络，促进创立各种途径的康复项目，大力拓展残疾人康复训练与服务覆盖面，切实提高残疾人生理功能的康复水平。

（2）应对能力的提高。通过多种途径，有效促进残疾人日常生活自理能力、解决困难和解决问题的能力、处理突发事件的能力、自我表达能力等的提高。

（3）自主意识的塑造。积极引导残疾人消除先前的失败主义、依赖心态和自卑心理，树立自主意识。

（4）职业能力的提升。通过丰富多样的教育和培训手段，促进残疾人知识结构的更新和职业技能的提升，从而提高其求职就业和应对职业岗位的能力。

（5）社会事务的参与。应引导和鼓励残疾人积极参与各种社会活动，切实保障自身权益，自觉履行公民责任。

（6）自身潜能的挖掘。激励残疾人充分挖掘自身潜能，促进自身人生价值的实现。

三 残疾人社会工作基本价值观

社会工作价值观自始至终影响着社会工作实务，从项目的立项开始，到服务机构的运作，再具体到社会工作者的日常工作，具有十分重要的意义。

（一）社会工作价值观

一般普遍认为社会工作者应遵循的价值观有六项。

（1）个人应受到社会的关怀。

（2）个人与社会是相互依赖的。

（3）个人对他人负有社会责任。

（4）个人有共同的人类需求，但是每个人是独特和异于他人的个体。

（5）民主社会的实质表现在使每个人的潜能得到充分发挥，以及通过社会参与的行动尽到社会职责。

（6）一个理想的社会应有其职责和能力，以保证社会中的每个人有充分的机会来解决困难、预防问题，以促成自我发展。

（二）残疾人社会工作价值观

残疾人社会工作的价值观是社会工作专业对残疾人与社会及其相互关系的总观点、总看法，它表明了残疾人社会工作的价值取向。虽然是一种观念，但充满了感情，代表了现实的或潜在的情感动力，是一整套用以支撑社会工作者进行专业实践的哲学信念。残疾人社会工作基本价值观主要包括两部分：一是社会工作基本价值观，二是残疾人社会工作的价值观。具体包括以下几点。

（1）社会必须提供资源和服务来满足残疾人的需求。人类社会从一开始就有残疾人，人在自身繁衍以及征服和改造自然的漫长历史过程中，由于基因遗传、自然灾害、意外事故、疾病传播以及战争、贫困、犯罪等种种自然和社会因素，残疾的发生总是不可避免。在各个历史阶段，在地球每个角落，在社会各个阶层，均有残疾人的存在。残疾人虽有某种缺陷，但并非异类，而与其他人一样是人类社会的组成部分。因此，社会工作者将通过其努力为残疾人争取更多的资源和服务，来满足残疾人的需求。

（2）社会必须为残疾人提供成长与发展的机会，使每个人都能发挥其最大的潜在能力。这种成长和发展的机会应出现在残疾人生活的每一方面，包括生理的、心理的、经济的、文化的、审美的和精神上的幸福。每个残疾人都有内在的能力和动力使生活变得更加满意。没有人被看做是一成不变的，残疾人也具有发展的潜力，社会工作者相信所有残疾人都有价值和尊严，重视每一个残疾人。

（3）残疾人必须有平等参与社会的权利。每个人对自己和他人以及社会都负有责任。残疾人与健全人一样，具有与生俱来的公民权利，包括生存的权利、发展的权利、康复的权利、受教育的权利、劳动的权利、娱乐的权利、爱与被爱的权利和得到各种社会补偿的权利，同时尽自己应尽的义务。社会工作者承认残疾人是权利享有者，能够而且应当像其他社会成员一样决定自己的生活，残疾人在充分参与个人发展或社会发展中所遇到的障碍是对其人权的侵犯。在现代社会中，残疾人是人权的主体而非客体，残疾人应该有与健全人均等的机会，平等和有效地享有人权、生存权和发展权。

从社会工作所奉行的价值观中，可以看出它对于人的尊重、理解和热爱，及对社会责任的强调。在社会工作实践中，残疾人社会工作者必须清楚地意识到自己的工作是受到价值观的影响和支配，只有将专业的价值观内化，才能够成为一个合格的社会工作者。

四　社会工作专业伦理要求与运用

社会工作行业要维持一定的水准，仅靠工作者的自律是远远不够的，还必须有更明确、更严格的行业自律，即有明确的行业规范界定自己的言行，一方面制约工作者在完成工作时能够依照它维护专业原则。另一方面，使服务对象和社会大众能够有监督行业工作的标尺，以评判社会工作专业实施的状况。

许多国家，尤其是在社会工作较为发达的国家，都订有社会工作的专业守则，将社会工作的价值观、任务、使命、努力方向及行为标准融入其中，要求每个从业人员遵照执行。一般来说，守则内容包括社会工作者对当事人、对同事、对工作机构，以及社会工作者作为专业人员的伦理责任和社会工作者对社会工作专业、对社会的责任等六个方面。

（1）社会工作者对当事人的伦理责任。主要包括：对当事人的承诺，帮助当事人解决问题；尊重服务对象的自决权；尊重服务对象知后同意的权利；在自己的能力范围内提供服务；妥善处理工作过程中可能发生的利益冲突；尊重服务对象的隐私权并加以保密；尊重服务对象取得记录的权利；谨慎对待与服务对象的肢体接触，不得对服务对象进行性骚扰；不能使用诽谤性语言；确保服务收费公平合理；采取合理步骤协助缺乏行为能力的服务对象；努力确保服务中断后的持续服务；遵守服务终止的原则等。

(2) 社会工作者对同事的伦理责任。主要包括：社会工作者应尊重同事，遵守共有资料的保密责任，妥善处理跨学科的合作及可能引发的伦理议题，妥善处理发生在同事与服务对象间或同事间的争议，寻求同事的建议与咨询，当有必要时将服务对象转介给其他同事，不得对同事进行性骚扰，帮助同事妥善处理个人问题，协助同事提高工作能力，妥善处理同事有悖伦理的行为等。

(3) 社会工作者对工作机构的伦理责任。主要包括：社会工作者应对被督导者提供符合自己能力的咨询与督导，对学生提供自己能力范围内的指导并作出公正的评价，对其他人的表现给予公平审慎的绩效评估，工作记录须正确、讲时效、重保密和妥善储存，遵守合理的服务收费与管理制度，落实当事人转介制度，担负行政工作责任以确保资源的充足和公平分配，强化继续教育与员工发展等。

(4) 社会工作者作为社会工作专业人员的伦理责任。主要包括：社会工作者应注重自身能力的强化，提高服务技能；个人行为不干扰专业任务；诚实、不欺诈和不诱骗，不诱导或操纵服务对象；不让个人问题影响专业判断和表现；不使言行超越自身能力与机构授权范围；不邀功等。

(5) 社会工作者对社会工作专业的伦理责任。主要包括：社会工作者应致力于专业廉正（知识、技巧和价值）的追求，促进专业与廉正的发展；坚守评估和研究的相关伦理原则，促进和提高评估与研究的能力等。

(6) 社会工作者对社会的责任。主要包括：社会工作者应积极参与公共事务，积极参与社会和政治行动，促进社会公平和正义，协助处理公共紧急事件等。

第三节　残疾人社会工作知识体系

残疾人社会工作是对残疾人个人、家庭或残疾人群体进行的有目的的专业性活动，是建立在知识基础之上的。残疾人社会工作涉及康复医学、心理学、教育学、工程学、社会学、法学和伦理学等许多学科，需要社会工作者具有十分广博的知识面。

一　专业社会工作理念与知识

（一）助人自助的专业理念

社会工作的专业价值中的"助人自助"（help them help themselves），具体说就是帮助那些有困难的人解决他们自己的问题。社会工作基于"人的权利和尊严应该受到尊重"的原则，视受助者为积极能动的主体，而不是消极被动的客体。它根据"案主自决"的原则，尊重受助者的意愿，不越俎代庖，不搞一厢情愿的服务，注重平等相待，启发互动，提供必要条件，运用专业方法使受助者发挥潜能，解决自己的问题。

助人的过程就是社工解决问题的过程，并在工作过程中实现专业价值。社工助人并非单纯提供物质的帮助，而是致力于案主自信的恢复，帮助他们重新走上社会正轨。所以，社工助人的过程更是对于案主一种心灵支持的过程。这种助人自助的专业特征可用谚语概括为：与其授人以鱼，不如授人以渔。由于直接服务于人，并坚信人是可以改变的，社工本身被赋予新的创意。同时，社工自觉站在案主的角度考虑问题，维护其应有权利，并唤醒民众意识，推进民主化进程。在工作过程中结合内外资源帮助案主发挥潜能，适应社会，最终达至自我超越，使案主从由"人助"转向"自助"。

助人自助基于尊重（respect）、真诚（authenticity）、同理（empathy）这些基本职业操守。尊重是沟通的前提，正因为具有这样的理念，社工才能在助人过程中游刃有余。所以，诸如源于西方的"何必硬要教会猪唱歌？把它逗恼了，还会被咬！"及来自中国传统的"朽木不可雕、孺子不可教"的思想应被社工完全加以否定。相反，应本着"有教无类"的精神，坚信案主的创造性及自决能力，坚信自身的感召力及案主的领悟力，帮助案主回归社会主流。随着社会经济的发展、生活水平的提高，人们会不断追求更高层次的需要，这其中就有理想的实现、自身价值体现的需求。一个人只有与社会、与他人相互作用，才能体现自己存在的价值，满足被别人尊重的心理。所以，关心他人、帮助他人、为社会做贡献，不仅能从中获得友谊、信赖，还能真正获得好评、尊重，并且从中享受人生的乐趣。

（二）情感态度和技巧

社会工作者注重以同受助者较为贴近的方式开展活动，注重同受助者之间的情感交流，这一点在残疾人工作开展中尤为重要。因为残疾人大多容易产生自卑感和挫折感，戒备心较强，甚至对社会表现出漠视态度，让人难以接近，尤其难以对外人真正敞开心扉。社会工作者只有通过发自内心地和他们进行情感交流，才能被他们所接受和认同。一名专业和诚挚的社会工作者通常都具有较好的品德修养和人格品质，他们愿意密切联系残疾人，愿意深入到残疾人当中，愿意和残疾人做朋友，对残疾人动真情、办实事。

残疾人社会工作是一种特殊的社会工作。在其他社会工作中，社会工作者具有与受助者相同或相似的生活经验是可能的，因而社会工作者"感同身受"也相对容易。但绝大多数社会工作者很难具有与残疾人相似的生活经历，因此对这类工作的理解就困难得多，残疾人社会工作也因此更具有重要性和艰巨性。

（三）专业社会工作知识

残疾人社会工作是社会工作体系的一部分。因此，残疾人社会工作必须具备专业社会工作理念与知识。从专业实施的角度来看，社会工作的知识基础至少包括以下几项。[①]

（1）个案工作与群体工作理论与技术。

（2）社区资源与服务。

（3）中央与地方政府社会服务方案及其施政目标。

（4）社会组织理论及卫生与福利服务发展。

（5）基本的社会经济理论与政治理论。

（6）社会文化理论。

（7）与实务有关的专业与科学的研究方法及技术。

（8）社会设计理论与技术。

（9）督导员工的理论与技术。

（10）人事管理的理论与概念。

（11）一般性的社会学、心理学、统计学以及其他研究方法与技术。

（12）社会福利（行政）理论与概念。

（13）影响社会工作服务受益人（或案主）的社会与环境因素。

（14）心理社会预估与调适，以及不同的诊断理论与方法。

（15）组织行为与社会体系理论，以及促进组织行为与社会体系改变的方法。

（16）社区组织理论与技术。

---

① 隋玉杰：《社会工作：理论、方法与实务》，中国社会科学出版社，1996，第19～20页。

（17）宣传倡导理论与技术。

（18）专业社会工作实施的伦理准则。

（19）教育与教学的理论。

（20）中央及地方政府的相关法律与法规对社会服务和卫生服务的影响。

（21）社会福利发展趋势与政策。

以上分类比较详尽、全面，如果按知识体系所构筑的层次来分析，我们可以清楚地看出社会工作的知识基础包括与人格相关的知识、与群体相关的知识、与组织相关的知识、与社区相关的知识、与社会制度相关的知识、与文化相关的知识、与国家或政府体系相关的知识等。

若以知识学科化来度量，社会工作的知识结构包括：

（1）有关人类行为与社会环境方面的知识：社会学、心理学与社会心理学等。

（2）有关社会福利与社会服务体系的知识：政治学、经济学、人类学、公共卫生学、医学、法学、犯罪学、社会行政等等。

（3）有关社会工作实施方面的知识：预估理论、干预理论以及各种工作理论与模式。包括社会工作的主要方法：个案工作方法、群体工作方法、社区工作方法、社会工作行政、社会工作督导、社会工作咨询、社会工作研究等。

二　残疾病理知识与心理学知识

由于残疾人群体的特殊性，残疾人社会工作者必须对残疾相关的病理、护理和康复知识有所掌握，对于残疾人特殊的心理特征也要有所了解。

（一）残疾人病理知识

开展残疾人社会工作首先必须对残疾人的生理状况有一定了解，掌握残疾的致病原因、残疾人护理与康复的相关知识，才能更好地开展工作。

1. 致残原因

残疾人致残原因复杂，有先天的遗传因素，也有后天的社会因素。先天因素致残包括父母疾病的遗传、近亲结婚、孕妇酗酒、不科学用药、吸烟、营养不良等各种原因造成胎儿畸形、智力低下。后天的致残因素包括环境致残、疾病致残、营养不良致残、战争致残、意外事故致残等。

2. 残疾标准

对于残疾的鉴别，各国的标准也有差别。在我国，残疾标准的制定主要以社会功能障碍为主来确定，即以社会功能障碍的程度划分残疾等级。中国残疾人联合会文件（1995）残联组联字第 61 号《关于同意制发〈中华人民共和国残疾人证〉的通知》中规定，认定发证的标准是《中国残疾人实用评定标准》。根据这一标准，可以对残疾进行如下鉴别。

视力残疾是指由于各种原因导致双眼视力障碍或视野缩小，通过各种药物、手术及其他疗法而不能恢复视功能者，一直不能进行一般人所能从事的工作、学习或其他活动（视力残疾的分级见表 2 - 1）。

表 2 - 1　视力残疾分级

类别	级别	最佳矫正视力
盲	一级盲	<0.02 无光感；或视野半径<5 度
	二级盲	≥0.02～<0.05；或视野半径<10 度
低视力	一级低视力	≥0.05～0.1
	二级低视力	≥0.01～<0.3

听力残疾是指由于各种原因导致双耳不同程度的听力丧失，听不到或听不清周围环境声及言语声（经治疗一年以上不愈者）（听力残疾的分级见表 2 - 2）。

表 2 - 2　听力残疾分级

级别	平均听力损失（dB）	言语识别率（%）
一级	>90（好耳）	<15
二级	71～90（好耳）	15～30
三级	61～70（好耳）	31～60
四级	51～60（好耳）	61～70

言语残疾是指由于各种原因导致的言语障碍（经治疗一年以上不愈者），而不能进行正常的言语交往活动（言语残疾的分级见表 2 - 3）。

表 2 - 3　言语残疾分级

级别	语音清晰度（%）	言语表达能力
一级	<10	未达到一级测试水平
二级	10～30	未达到二级测试水平
三级	31～50	未达到三级测试水平
四级	51～70	未达到四级测试水平

　　智力残疾是指人的智力明显低于一般人的水平，并显示适应行为障碍。包括在智力发育期间，由于各种原因导致的智力低下；智力发育成熟以后，由于各种原因引起的智力损伤和老年期的智力明显衰退导致的痴呆（智力残疾的分级见表2-4）。

表2-4　智力残疾分级①

智力水平	分级	TQ（智商）范围*	言语识别率（%）
重度	一级	<20	<15
	二级	20~34	15~30
中度	三级	35~49	31~60
轻度	四级	50~69	61~70

　　肢体残疾是指人的肢体残缺、畸形、麻痹所致人体运动功能障碍。肢体残疾包括：脑瘫、偏瘫、脊髓疾病及损伤、小儿麻痹后遗症、先天性截肢、先天性缺肢、短肢、肢体畸形、侏儒症、两下肢不等长、脊柱畸形、严重骨/关节/肌肉疾病和损失、周围神经疾病和损伤等情况。肢体残疾分类以残疾者在无辅助器具帮助下，对日常生活的能力进行评价计分。日常生活或活动分为8项，即端坐、站立、行走、穿衣、洗漱、进餐、如厕、写字。能实现一项算1分，实现困难算0.5分，不能实现的算0分，据此划分三个等级（肢体残疾分级见表2-5）。

表2-5　肢体残疾分级

级别	程　　度	计分
一级（重度）	完全不能或基本上不能完成日常生活活动	0~4
二级（中度）	能够部分完成日常生活活动	4.5~6
三级（轻度）	基本上能够完成日常生活活动	6.5~7.5

　　精神残疾是指精神病人患病持续一年以上未愈，同时导致其对家庭、社会应尽职能出现一定程度的障碍（精神残疾的分级见表2-6）。

---

　　①　参见"WeChsler儿童智力量表"。

表 2 - 6　精神残疾分级

社会功能评定项目	正常或有轻度异常	确有功能缺陷	严重功能缺陷
个人生活自理能力	0分	1分	2分
家庭生活职能表现	0分	1分	2分
对家人的关心和责任心	0分	1分	2分
职业劳动能力	0分	1分	2分
社交活动能力	0分	1分	2分

3. 护理与康复知识

残疾人康复是指在专业人员的指导和服务下,在社会和国家的支持下,通过一系列行之有效的服务和过程,引导残疾人积极参与,帮助残疾人改善生理、感官、智力、精神和社交功能,进而改善其生活,增强其生存和自我发展的能力。残疾人康复包括生理康复、心理康复、职业康复和社会康复。其中生理康复应掌握相关医学常识和康复训练的方法,是相对于其他社会工作者必须掌握的知识。在残疾人康复社会工作中,主要包括白内障复明、低视力康复、听力语言康复、肢体残疾康复、精神残疾防治与康复、智力残疾儿童康复训练、成年智力残疾者的训练与服务、盲人康复训练与服务。同时,随着从传统的生物学医学模式向"生物—心理—社会"现代医学模式的转变,社会康复已经成为康复医学的核心,也是医疗社会工作的重要组成部分。康复服务说到底是帮助残疾人回归社会、重新参与社会生活的具体措施。因此,要致力于解决残疾人的家庭问题和社会问题,并用社会康复工作方法,努力改善残疾人的生活质量。

（二）心理学知识

鉴于残疾人社会工作服务对象的特殊性,残疾人工作者掌握适当的心理学知识相当必要,尤其是与精神残疾人相处时更不能完全依赖爱心、耐心,还得懂得他们特殊的心理状况,保证沟通的效果,更好地为之服务。实际上,不仅精神残疾人存在精神、心理障碍,其他残疾人也或多或少有心理方面的问题。因身体的残疾而产生自卑感在残疾人群体中比较普遍,如果残疾人工作者在为残疾人服务的过程中能够运用心理学知识给予他们一定的心理辅导,这会对残疾人的一生产生积极影响。同时,精神残疾人家属因承受过多的精神压力也有心理障碍,尽管他们不是残疾人社会工作的直接服务对象,但给予其一定的心理辅导,不仅有助于他们的身心健康,也有助于精神残疾人家庭护理,为精神残疾人创造一个良好的生活环境，得到家人更多心理上的理解与支持，促进精神残疾人的康复。对于其他残疾人来说，在特定情况下仍然会有一些隐性的心理问题，掌握基本的心理学知识就能避重就轻地为他们服务。

与健全人心理相比较，残疾人心理表现为两大特点。[①]

（1）残疾人有较强的自我意识

残疾人，特别是感官与肢体残疾而智力发展正常的残疾人，他们自身的生理条件往往会引起别人的注意，他们也明显感受到自身与正常人的差异，他们与外部世界的接触与联系少于正常人，这些情况会更多地促使他们的意识处在客观的自我觉知状态中。残疾人在这种状态中会反复地把实际的自我与理想的自我加以对比，将自身与别人进行对照，他们在不断的自我评价中首先会感受到生理自我层次上自身明显的缺陷。他们感受到自己低人一等，在心理的自我反应上更容易出现自卑、孤独、怨天尤人的消极情绪体验。残疾人一般自尊心较强，焦虑水平较高。他们有较强的心理防御机制，往往把自己封闭起来，害怕受到别人的伤害，特别害怕别人利用他们的生理缺陷"揭短"，但他们又时时渴望得到别人和社会的理解与同情。他们有比较重的心理负担，心灵深处往往有难以言状的痛苦。在情感上他们比健全人更加需要获得友爱和帮助。在社会生活中他们更为关注自己能否得到别人的尊重和重视。

残疾人这种较强的自我意识对他们的行为活动既有有利的一面，也有不利的一面。他们意识到自身生理上的不利条件，但如果一味地把自己的不幸归之于命运的不公而自暴自弃，就会形成极度忧伤消极的病态心理。对于那些因突发意外事故而造成肢体与感官残疾的人更是如此，他们一下子步入生活的黑暗中，所有的理想都成为泡影，个性面貌也会发生明显的变化。

（2）残疾人有较强的心理补偿能力

残疾人因自身某些生理方面的缺陷，会通过其他方式进行功能上的补偿，残疾人的这种补偿心理一般包括生理补偿和心理补偿。

一个健全人在正常生活中，身体各个器官都均衡地发挥着作用。在现实中，我们也看过，一些身体健康的人充分利用某一或某几个器官发挥功能优势的现象。对于残疾人，他们往往会调动自身其他的生理器官或通过其他人为的方式对自身的生理缺陷进行功能上的补偿。例如盲人看不见，就需要调动身体的其他器

[①]　王辅贤编《残疾人社会工作》，北京大学出版社，2008，第51页。

官来补偿双眼的缺陷，他们用手摸、用耳听、用鼻嗅来辨别方向和路途。

不仅如此，残疾人在生理功能上的一些障碍，往往会成为他们心理潜能发挥的一种驱动。他们通过发掘自己潜在的体能和心力，克服生活中正常人难以想象的困难，在某些方面突出表现自我，对社会有所贡献，以补偿自己生理机能上的不足。通过这种补偿，他们因生理缺陷而失落的情感世界也会由此得到充实。残疾人因意识到自身生理上的缺陷，他们反而对社会地位、社会作用、个人能力和事业成就的心理期望往往比健全人更为强烈。同时，这种深厚的潜在能量又为残疾人心理潜能的发挥提供了现实的基础，这也是残疾人社会工作努力的方向之一。

总的来说，残疾人社会工作者不仅要掌握专业社会工作的知识，还要了解残疾人的基本病理知识以及一定的心理学知识，掌握残疾人的特殊需求才能更好地为残疾人服务。

 案例分析

智障人士"阳光之家"增能理论的运用

2005 年，上海市组织开展了"智障人士阳光行动"，本着提高智障人士生活自理能力、简单劳动能力和社会交往能力，全面融入社会的宗旨，以街道、乡镇为单位创建了"阳光之家"。"阳光之家"的实施对象为具有上海市常住户籍，持有残疾人证，生活基本能够自理，能参加培训活动，年龄在16～35岁的智障人士。闸北区有9个"阳光之家"，共有智障人士453人（其中轻度261人、中度113人、重度41人、极重度38人），每个"阳光之家"配备专职管理人员1人，并根据学员人数按10：1配备服务人员。管理人员是面向社会招聘具有大专以上学历的人员（目前有6人持有助理社会工作师、社会工作师资格证书），服务人员从社区残疾人助理员中选拔（是残疾人或残疾人亲友，基本上持有五级智障助理员证书）。"阳光之家"按照教学培训、简单劳动、康复、特奥训练四方面开展活动。

在"阳光之家"开展社会增能工作中，工作人员要认识到智障人士不应该停留在被同情、怜悯的弱势印象中，更应该把他们看做社会权利主体。工作人员工作的目标应该协助采取措施，帮助他们消除能力的不足和社会的障碍。在个体认知上，应该将目光从群体的缺陷转移到挖掘他们的潜能，通过工作措施，实现个体内在的精神转化，让他们能够自我重新构建，积极面对生活上。同时，智障人士增能工作不应停留在智障人士单方面的认识上，还应该包括其家庭和"阳光之家"机构三方面的增能。

一　增能理论在智障人士"阳光之家"个体层面的运用策略

智障人士"阳光之家"社会工作与其他残疾人社会工作很大不同之处在于，由于智障人士过多的依赖和预期失败心理，且智障人士是限制行为能力的群体，所以，工作人员的角色更多的是教育者和倡导者，而无法像其他社会工作一样，工作的进程和决定采用"案主自决"的工作伦理。当然，这也并非说什么措施都由工作人员或家长决定，在工作的过程中，工作人员要更加注意工作的方式，寻找工作方式与智障人士感受的结合点。对智障人士个体的增能工作主要从心理认知、机能康复、行为构建三方面展开。

（1）心理认知。个人行为和心理是社会的习得。智障人士的过度依赖是家庭和社会过度保护的一种投射。根据标签理论，智障人士预期失败心理也是社会对智障人士行为的固有认识带来的后果。人们一听到"智障人士"，往往给予的是轻视、忽视、怜悯和同情，所以，智障人士很少能得到正面的评价和引导，往往他们心里存在"我是无能的，我需要别人来帮助"的概念。2007年上海世界特奥会召开，提出"I know I can"的理念，极大地拓展了智障人士"阳光之家"的工作内涵。增能理论社会工作的核心理念是始终把案主看做具有多种能力和潜力的个人，而无论他们可能或事实上多么的弱势、无能力、被贬低或自我毁灭。在工作中，工作人员应尊重案主，坚持每个人都应该有自己的社会权利以及个人潜能的工作理念，通过暗示、鼓励、正面评价的工作手法，鼓励他们在不断追求和巩固已经被提升的自尊、健康、安全、个人及社会权利等过程中充分利用自己的强项。鼓励他们积极参与，勇敢尝试重新认识自我来逐步减除心中的顾虑。

（2）机体康复。智障人士相较于常人而言，生理各方面健康指数都有一段差距，由于智力和适应技能受到限制，因而出现生存能力障碍，表现出特定的状态。这种状态并非病态，而是常态，这种状态的康复不是通过看病、吃药、打针就能痊愈，而要经过有效的康复训练，使其学会或掌握一定的生活技能，帮助他们恢复或补偿功能，改善生存状态，从而提高生活质量，增强社会参与能力。也就是说智障人士"阳光之家"康复训练的目标是提高生存能力，提升生活质量，适应社会生活。智障人士康复训练服务要从专业评估入手，通过在真实情景中对案主的自然表现及表现出的能力，评估其各种能力水平。从现有的功能状态、能力水平进行个案研讨，分析其优势与不足，找出可以开发的潜能和应当发展的能力，制订个别化康复训练计划，实施有针对性的康复训练。在"阳光之家"，工作人员可以结合现有的设施设备，利用社区卫生中心、区残联康复指导中心等专业机构的支持。

（3）行为构建。智障人士由于个体认知能力的不足、家庭的疏离、社会的壁垒等，日常行为出现偏差。有一个企业人士反映智障人士在上下班更衣时甚至不知避嫌，自己不拉窗帘，同事更衣时拉上窗帘，他也会重新拉开。还有在厂区随意大小便，缺乏羞耻心。一般而言，能出去就业的智障人士都是轻度智力障碍，虽然这是个个案，但从这个案例中，可以认识到智障人士由于高级情感的缺乏，对自身行为认知有偏差。进入"阳光之家"，工作人员会针对智障人士不符合社会规范的行为，改变其错误认知或不切实际的期待，加强其自我管理和控制。在"阳光之家"里，工作人员扮演一个重要的角色是教育者和伙伴，通过系统脱敏、厌恶治疗、角色扮演、行为强化来协助智障人士对行为认知矫正，提供示范作用促使智障人士学习和规划适合自己的行为模式，逐步养成符合社会规范的行为，以增强智障人士的潜能。

二　增能理论在智障人士"阳光之家"社区层面的运用策略

闸北区有20200余名残疾人，智障人士有2200余名，约占残疾人总数的11%。作为社区服务机构的"阳光之家"，自2005年创建以来，逐步成为一个16～35岁智障人士集中活动的平台，担负着社区成年智障人士日间照料和社会融合的社会职责。9个"阳光之家"要发挥好作用，使他们能走出"阳光之家"，真正融入社会，在社区层面，智障人士的增能工作，集中在智障人士的差别化教育和建立社区支持网络上，目标是通过工作的开展，使轻度智障人士能够认识身边的社区，基本能够独立运用社区资源，从而融入社区。

（1）教育培训。根据增能理论，对智障人士的教育培训主要是发展其潜能，提升其社会交往、生活自理、简单劳动等各方面的能力，提升自尊感和个体自信心，实现自我增能，从而实现真正的社会融入。"阳光之家"教育培训的对象是成年智障人士，根据他们的行为特点、认知能力、生理特征以及社会融入方向，开展有针对性的培训。例如通过社区特奥活动的开展，促进智障人士身体机能的康复；引进简单劳动产品，引导有就业能力的智障人士进行职前准备；对于有特长的学员，挖掘其潜能，使其特长能有效切实地提高。2009年，闸北区"阳光之家"开展"特色阳光"项目，尝试以每个街镇为小组单位，在"阳光之家"进行生活技能理论学习后，走进社区，依托社区资源，采用情景实地模拟训练来提高智障人士的生活能力，取得了一定的成效。

（2）构建网络。协助智障人士建立有效的支持网络，是实现智障人士自我增能的重要保障。"社会网络通常是采用构建个人网络、自愿连接网络、互助网络、邻里援助网络、社区授权网络等策略来帮助个人及群体解决所面对的问题。"智障人士"阳光之家"作为一种摸索中的社区照顾模式，在构建智障人士社区非正式支持网络中，通过亲属关系和同伴群体使智障人士达到生活协助。"阳光之家"可以通过引进大学生、社区志愿者等社会爱心人士以"一对一"的方式为智障人士提供个别化的辅导和支持。同时，根据群体的特点和生活中的切实需求，比如生理康复、心理咨询、社会工作转介，加强与社会专业团队的横向联系，以便社会专业人士在需要时能及时介入。

（3）融入社区。根据调查，高达91%以上的社区居民肯定了智障人士的权利，并认为国家应加强立法，保障智障人士能平等参与社会、社区生活，共享文明进步的成果。"阳光之家"建在居民生活区中，融入社区是实现智障人士增能工作的第一个目标。为此，"阳光之家"通过"认识社区、走进社区、运用社区、融入社区"四步构建与社区互动沟通的系统平台。比如可以借助社区资源开展教育培训活动；在社区里展示智障人士群体的风采，改变社区对群体的认知；开展美化社区、慈善义卖、扶助弱残等便民活动，增强智障人士自我实现的自豪感等。

三　增能理论在智障人士"阳光之家"社会层面的运用策略

使有能力的智障人士真正融入社会，实现社会就业是根本的途径。然而，社会的偏见、对智障人士群体认知的缺乏以及智障人士个体能力的限制，使智障人士社会就业问题突出。"阳光之家"需要做好智障人士职前辅导、评估、职场基本能力礼仪的训练工作，协助智障人士完成心理调适、技能的准备、就业中支持网络的构建。

（1）支持性就业。支持性就业是在智障人士寻找到稳定工作前，由就业辅导员作为案主与雇主之间的沟通桥梁，防止或排解智障人士可能因为工作初期技能不足、工作环境不熟悉或沟通不良等产生职场适应问题。它强调先评估智障人士个体的特性和需求，选择适当的工作，由"阳光之家"工作人员作为辅导员陪同在工作现场，结合就业场所的支持系统来提供（或间接提供）训练或辅导，待智障人士的表现符合雇主要求时，再逐渐退出协助，之后再根据需要提供后续支持。支持性就业关键在于做好支持工作——人力、物力、心理、技能适应性训练，个体评估，家庭配合，人员与岗位适配，职场支持网络的构建等等。智障人士支持性就业是一个系统的、连续性的、动态的工作。

（2）社会倡导。"阳光之家"是 2007 年以第 12 届上海世界特殊奥林匹克运动会为契机兴办起来的，先后在 2005、2007 两年被列为上海市实事项目。作为智障人士专业服务机构，"阳光之家"五年来为智障人士群体赢得社会上的认可和接纳做出不懈的努力，极大地改变了社会对智障人士的偏见。然而，在工作的过程中，工作人员发现还有很多企业并不知道"阳光之家"的功能和作用，甚至不知道有这样的机构，更不知道智障人士在从事某些工作时，由于他们的思维具有刻板性，对于重复性的简单作业较之其他群体有更多的优势，他们心理也易于满足，人员易于管理。"阳光之家"需加强社会对机构和群体的认识，了解残疾人用工的相关优惠政策，促进社会"平等、参与、共享"理念的营造。

第三章　残疾人事业发展的历史与现状

残疾人问题，是人类社会的固有问题。但是，在解放前，由于帝国主义、封建主义、官僚资本主义的统治和奴役，由于经济文化落后，残疾人处于社会最底层，过着沿街乞讨、朝不保夕的生活。新中国成立后，党和政府关注残疾人的生活，建立残疾人组织，开展生产自救，残疾人工作逐步提到议事日程上来。

第一节　残疾人事业发展历史

一　古代残疾人社会救助工作

残疾人事业是一个历史话题。作为有着五千年悠久历史和灿烂文明的历史古国，中国的传统文化中始终存在着互助友爱、乐善好施、扶弱济贫的美德，扶危济困、扶贫济残的善举也为历代思想家所推崇。中国历史上最早关于残疾人的记载见于西周的一些典籍。[①] 此后历朝历代的典籍文书中，屡见残疾人生活、劳动、求学、致仕的相关记录和描述。

两千多年前的《周礼·地官司徒》就已提出"慈幼、养老、赈穷、恤贫、宽疾、安富"的"保息六政"，其中"宽疾"就包括宽免残疾人的徭役。西周时期，虽不存在专门为残疾人提供社会保障的机构，但从中央到地方均非常重视对包括残疾人在内的弱势群体的救济与帮助。主要表现在以下几方面：一是规定残疾人可免除徭役，设立了专门负责社会保障事务的官职，"大司徒"、"遗人"和

---

① 马洪路：《残障社会工作》，高等教育出版社，2007，第56页。

"族师"等官职就是"辨其老幼、贵贱、废疾以定是否征徭役,残疾者可免除徭役"①;二是实施残疾人生活保障,要求小司徒"掌建邦之教法",辨其老幼、残疾,以提供"饮食"等②;三是残疾预防,周朝的医师负责"掌养万民之疾病"③,包括对残疾的预防及康复;四是残疾人就业支持,对其采取残而不废的态度,主张残疾人从事力所能及的工作,自食其力,如《礼记·王制》中就有记载"瘖、聋、跛、断者、侏儒、百工,各以其器食之"④。

公元前 221 年,秦始皇一统天下,其后历朝历代均制定并实施了一系列救助措施保障残疾人生活,发展残疾人事业。汉代的统治者经常派官员巡行天下,慰问救济鳏寡孤独贫病残疾之人。汉武帝元狩六年"遣博士六人分循行天下,存问鳏寡废疾"。东汉光武帝发布诏书:"往岁水旱蝗虫为灾……其命郡国有谷者,给禀高年、鳏、寡、孤、独及笃癃、无家属贫不能自存者,如律。"此后多次赐予鳏寡孤独及笃癃贫困之人粟。⑤ 南北朝时期出现了"六疾馆",专门收容残疾人。唐代贞观二年(公元 628 年)江西余干县成立了官方的救济机构"养济院"收养赈济贫困和伤残者。北宋在京师建立"福田院",以收养老幼废疾者。神宗熙宁九年下诏:"凡鳏寡孤独、癃老、疾废、贫乏不能自存应居养者,以户绝屋居;无,则居以官屋,以户绝财产充其费,不限月。"⑥ 12 世纪初,南宋政府在江西南昌设立"运司养济院",在景德镇以及洪州、饶州各地设立养老育孤、扶残济贫的院所,由当地官员捐款收容赈济无家可归的病人和残疾人。⑦ 明代全国各地已经普遍设立起各种"养济院",收养贫病孤老残疾之人。朱元璋要求"鳏寡孤独废疾不能自养者,官为存恤",后设立孤老院。明惠帝建文元年(公元 1399 年)曾颁布诏令,规定"笃废残疾者收养济院,例支衣粮"。清顺治帝下诏要求"各处养济院,收养鳏寡孤独及残疾无告之人,有司留心举行,月粮依时给发,无致失所"。其后康熙、雍正、乾隆等帝均曾下诏各地恢复、设立养济院

① 李迎生、厉才茂:《残疾人社会保障理论与实践研究》,华夏出版社,2008,第 16 页。
② 李迎生、厉才茂:《残疾人社会保障理论与实践研究》,华夏出版社,2008,第 16 页。
③ 王卫平、黄鸿山:《中国古代传统社会保障与慈善事业》,群言出版社,2005,第 16 页。
④ 王卫平:《明清时期残疾人社会保障研究》,《江海学刊》2004 年第 3 期。
⑤ 王卫平:《明清时期残疾人社会保障研究》,《江海学刊》2004 年第 3 期。
⑥ 王卫平:《明清时期残疾人社会保障研究》,《江海学刊》2004 年第 3 期。
⑦ 宋大鹏:《宋代江西运司养济院》,1996 年 8 月 13 日《中国社会报》;罗文兵等:《江西慈善活动与慈善团体史话》,2002 年 5 月 16 日《中国社会报》。

收容孤贫残疾，官为存养。① 清代以后，社会救助事项已遍及"养老、育婴、慈幼、抚残、施医、济贫、赈丧、救生"等许多方面。②

除了各级政府倡导和开设的社会救助机构外，一大批救孤恤残、扶危帮困的仁人志士、宗教团体及民间慈善机构，深受儒家文化"使老有所终，壮有所用，幼有所长，鳏寡孤独废疾者，皆有所养"的大同思想影响，对中国古代残疾人救助事业的发展发挥了重要作用。除了寺庙等宗教团体对残疾人进行救济外，传统宗族也加入到残疾人社会救助中，如五代初期的《上虞雁埠章氏家训》中要求"恤其孤寡，同其好恶，贷其贫急"③，强调了宗族对族内残疾人的救助与照顾责任。不难看出，中国古代残疾人救助事业经过长期发展变化，逐渐形成了国家、社会、宗族与家庭多元主体参与的结构体系。

虽然古代残疾人事业有了一定发展，历朝历代也推出了不少针对残疾人的福利政策，但必须指出的是，古代的残疾人社会救助仅停留在基本生活的保障，使其不至于无法生存，而稍高层次的保障措施则基本缺失。此外，由于王朝更迭、时局动荡，政策的稳定性、持续性、连贯性较差，使得古代的残疾人事业发展缓慢，残疾人社会福利政策难以实施。

二　境外残疾人工作发展历程

在世界范围内，残疾人事业在很长一段时间内，由于政治、经济、文化以及社会等多种原因陷于停滞或缓慢发展的境况，残疾人在社会中备受冷落甚至歧视，无法享受应有的权益与福利。直到文艺复兴时期，人道主义的出现使得一些国家将残疾人应该受到特殊的关怀视为尊重人权的表现，才使得残疾人慢慢得到福利和救助。

工业革命初期，一些国家相继成立了专门为残疾人服务的机构，标志着残疾人工作初步创立。1780 年，瑞士人奥比（Orbe）创立了第一家为残疾人服务的机构。1820 年第一个残疾人之家在德国慕尼黑成立。之后，欧美各地建立招收残疾儿童的学校，这是最初的残疾人社会工作。④ 这一时期的残疾人工作主要立足对残疾人健康或生活起居等某一方面的服务，属于局部服务，规范性、系统

① 王卫平：《明清时期残疾人社会保障研究》，《江海学刊》2004 年第 3 期。
② 马洪路：《残障社会工作》，高等教育出版社，2007，第 56 页。
③ 王卫平、黄鸿山：《中国古代传统社会保障与慈善事业》，群言出版社，2005，第 45 页。
④ 王辅贤：《残疾人社会工作》，北京大学出版社，2008，第 12 页。

性、全面性都不高。

19 世纪下半叶到 20 世纪上半叶，"保障残疾人生活，帮助他们回归社会"的理念逐渐被社会所接受，许多西方国家颁布、实施针对残疾人保障的法律法规，如德国 1887 年的《残疾保险法》，美国 1935 年的《紧急救济法》，这些法律使得残疾人工作进入规范化、法制化发展阶段。1922 年，第一个为残疾人服务的国际组织——"国际康复会"成立，极大地促进了世界各国之间残疾人工作的合作交流。二战以后，世界残疾人工作步入快速发展时期，主要表现为各国间在联合国及各大相关组织框架内加强合作，同时取得大量成果，如 1970 年公布的《弱智人权利宣言》，1975 年公布的《残疾人权利宣言》，该宣言规定"残疾人充分享有包括基本生活权利、政治权利、康复权利、劳动权利、人格尊严等在内的一系列权利，这被认为是继种族解放、妇女解放、民族解放运动之后人类的又一次解放运动"①。

1981 年，残疾人的世界性组织——残疾人国际成立并得到联合国的承认与支持，使世界残疾人工作发展有了专业性的指导及联合组织，各国采取积极措施，保障残疾人的合法权益，鼓励残疾人积极参与社会生活，在实际中实践"平等、参与、共享"的残疾人工作新理念。从此，世界残疾人工作进入一个新的发展阶段。

在世界残疾人工作快速发展的影响下，我国台湾、香港地区的残疾人社会工作也得到较快发展。1949 年以前，台湾地区基本没有残疾人方面的工作，直到前北平协和医院社工刘良绍在台北医院主持成立社会服务部，台湾的残疾人社会工作才得以开展起来。在联合国儿童基金会支持下，台大医院于 1953 年正式成立社会服务部并选派人员前往美国西蒙斯社会工作学院进修，学习社会工作专业知识。到 20 世纪 90 年代，台湾已有近 50 家医院设立社会服务部门，由专业社会工作者从事以个案为主的医务社会工作。随着台湾医务社会工作的不断发展，作为其重要内容的残疾人社会工作也得到较大的促进与发展。

香港地区的残疾人社会工作与台湾大致相同，只是西方化程度更高，发展空间更大。很多医院和康复机构都设有为伤残人士服务的社会工作部门，并通过社区开展针对残疾人康复的辅助性工作。其中，香港麦理浩医院和香港社会服务联会发挥了突出作用。另外，香港非常重视社会工作教育，诸多高校如香港大

---

① 王辅贤：《残疾人社会工作》，北京大学出版社，2008，第 12 页。

学、香港中文大学、香港理工大学等都设立了师资力量很强的社会工作专业，不仅为当地培养了一批又一批优秀的专业人才，而且也为内地培养了众多理论基础扎实、实践经验丰富的中青年教师，成为内地社会工作教学、科研和实践的主力。

香港除了社会工作教育值得称道外，其涵盖残疾人在内的福利模式亦很先进。香港的残疾人福利服务具有以下三个特点：一是服务产品相对齐全，适应不同残疾人的各种需要；二是服务供给较充足，各项目均根据残疾人的需要而规划，使残疾人的大多数需要基本能够得到满足；三是服务实现了高度的制度化和系统化。另外，不同于西方的"普惠型"福利模式，香港的"补缺型"社会福利并未提供完备的残疾人福利，但在残疾人收入保障等方面仍提供普遍主义的"公共福利金"，无论家庭经济状况如何都可以享受，分为为100%丧失劳动能力的残疾人，以及听觉严重受损的残疾人提供的"普通伤残金"，以及为日常生活中需要他人经常照顾但没有接受政府的或政府资助的服务机构照顾的严重伤残人士提供的"高额伤残津贴"。此外，香港社会福利署还为残疾人提供和管理12项福利服务，包括为不适宜接受职业训练或庇护工作的中度及严重弱智成人而设的展能中心；为残疾人未来就业特别设计的庇护工场；为有能力担负难度高于庇护工场工作的残疾人提供辅助就业服务；设立康复服务市场顾问办事处，负责促进残疾人的公开就业机会；促进社区康复网络的构建；开展残疾幼儿照顾及训练；以家居训练形式为儿童提供服务；由12个非政府组织提供社交及康乐服务；由专业辅导员在残疾人士的各生命阶段提供辅导；提供辅助医疗服务；提供多层次、多形式的住宿照顾；提供特别交通服务。

三　专业意义的残疾人社会工作产生与发展

解放前的中国残疾人社会工作主要集中在教育和医疗卫生服务领域。1874年我国第一所盲童学校"启明瞽目院"在北京开办；1887年，美国传教士在山东省登州（蓬莱县）创办启喑学馆，1898年迁到烟台办学，这是中国最早的聋哑学校；1916年，著名的民族资本家张謇先生在江苏南通创办了私立聋哑学校。这些早期残疾人教育普遍带有慈善救济的性质，规范性、系统性不强，没有统一标准和要求，随意性很大，在特殊教育工作中尚未有专业社会工作配合，尽管如此，仍蕴涵着社会工作的思想。1921年，在美国医务社会工作专家普瑞德（Pruit）的领导下，北平协和医院首先创立社会服务部，把美国早期的社会工作思想引入中国，开始了社会工作。1930 年济南鲁大医学院附设医院设立社会服务部。1931 年，南京鼓楼医院、上海红十字医院和仁济医院、重庆仁济医院先后成立社会服务部，开展医务社会工作服务。1932 年，南京中央医院设立社会服务部，并派遣相关人员到北平协和医院实习。因受到国内政局不稳、社会动荡、经济发展缓慢等原因的影响，这段时期的残疾人社会工作主要是包含在医务社会工作之中，以社会服务的形式开展，发展较为缓慢。

尽管国内外形势严峻，国民政府还是就残疾人保障出台了一些政策，主要是针对伤残军人颁布实施的抚恤条例，如 1938 年颁布的《战时雇员公役伤亡给恤标准》，1940 年 2 月颁布的《战时军事雇民夫伤亡抚恤暨埋葬暂行办法》，1940 年 9 月颁布的《陆军抚恤暂行条例》，1942 年 4 月颁布的《海军抚恤暂行条例》，1943 年 8 月颁布的《空军抚恤条例》等等。这些政策反映出旧中国残疾人社会工作主要采取行政性救助与服务性扶助的方式，专业性和职业性明显欠缺。

国民政府在采取保障残疾军人措施的同时，共产党在解放区也颁布实施了一系列照顾伤残人员的法规，促进了残疾人社会工作的发展。如山东省抗日民主政府颁布的《抚恤抗日阵亡将士荣誉军人暂行条例》，晋察冀边区制定的《修正抗日战争伤亡军人暂行抚恤办法》等。这些条例规定了政府负责给伤残军人介绍工作或送回家休养，每月发给抚恤金，酌情发给被服费，举办残疾军人工厂等。在上述工作中，虽然没有专业人员的参与，但各级党团组织和群众组织起来的"帮工队"、"代耕队"，对伤残者的扶助性服务都起到了一定的社会工作作用，[1]充分体现了社会工作"助人自助"的原则。

新中国成立后，受到国内外严峻形势的影响，内地在医疗机构开展的专业性残疾人社会工作一度中断，一些专业社会工作者离开大陆，前往台湾、香港地区继续开展社会工作。

改革开放以来，中国社会百废待兴，各项事业蓬勃发展，残疾人社会工作也得到了长足进步，逐步改变了以往主要依靠社会福利企业的就业照顾与盲、聋学校的特殊教育，重社会福利而轻社会工作的状况，推进残疾人社会工作的研究与发展。1984 年与 1988 年，随着中国残疾人基金会与中国残疾人联合会相继成

---

① 马洪路：《残障社会工作》，高等教育出版社，2007，第 57 页。

立，发展残疾人社会工作也被提上相关部门的议事日程。1988 年 10 月，中国内地最大的残疾人康复机构"中国康复研究中心"在北京落成，中心设立了"社会康复研究室"，逐步确立了残疾人社会工作的任务和目标。这一康复中心的主要任务是为残疾人提供包括医疗、教育等在内的全面的康复服务，其中社会康复工作就是由专业社会工作者来实施。从此，以医疗社会工作为主要内容的残疾人社会工作在我国内地出现。

改革开放初期，受到政治、经济、文化及社会发展水平的制约，我国社会工作专业教育体系迟迟未能建立，这严重制约了残疾人社会工作向专业化、职业化方向发展。1987 年民政部召开"社会工作教育发展论证会"，自此之后，我国社会工作专业教育走上快速发展道路。1987 年 10 月，国家教育委员会公布《普通高等学校社会科学本科专业目录与专业简介》，将社会工作与管理列为"试办"专业。1988 年国家教委批准在北京大学社会学系设立社会工作与管理专业。以上事件成为中国社会工作教育恢复重建的开端。[1] 与此同时，中国人民大学、吉林大学也先后建立同样的专业。经过师资培训及课程准备，北京大学于 1989 年开始招收首批社会工作与管理专业本科生及该专业方向的硕士研究生，中断三十多年的社会工作教育开始恢复。[2]

1991 年 7 月经过中国社会团体登记机关核准登记，"中国社会工作协会"成立，这是一个民政部直属主管的全国性专业社会团体，是中国唯一代表从事社会工作的单位和培养社会工作专业人员的权威组织。1992 年 7 月协会加入国际社会工作者联合会，成为正式会员。目前下设 14 个工作（行业）委员会、8 支专项基金、1 个代表机构、6 个办事机构、3 个直属机构、2 个直属单位、3 个合作单位。此外，1994 年 12 月 31 日，中国社会工作教育有了自己的学术性行业组织——"中国社会工作教育协会"，协会以推进社会工作教育和专业社会工作发展为目的，它的成立标志着我国社会工作专业教育跨入一个全新的时代。

进入新世纪以后，我国社会工作专业教育进入快速发展时期，每一年都有数量众多的高等院校新开设社会工作专业，截至 2008 年底，全国被批准开设社会

① 史柏年：《社会工作专业教育发展》，《中国社会工作发展报告（1988～2008）》，社会科学文献出版社，2009，第 390 页。

② 郑蓉：《改革三十年中国社会工作专业教育发展浅析》，《辽东学院学报（社会科学版）》2010 年第 2 期。

工作本科专业的高等院校达到 227 所。① 每年培养社会工作专业人才约 10000 人。2010 年我国开始招收社会工作硕士研究生（MSW），首批开展社会工作硕士专业学位教育试点工作的研究生培养单位一共有 33 所，其中部属院校 18 所，地方院校 15 所。随着社会工作专业师资队伍的建立与完善，专业课程体系的日趋成熟，专业人才培养体系不断健全，这都为我国残疾人社会工作专业化的发展提供了巨大的制度支持。另外，在中国社会工作协会、社会工作教育协会及香港有关部门的精心组织下，内地和香港开展了多次社会工作者之间的学术交流，为残疾人社会工作的深入发展提供了智力支撑。此外，在中国康复研究中心相关机构的带动下，北京、上海、广州、沈阳、济南、长沙等地的康复医疗机构和社会福利机构中，残疾人社会工作都获得了不同程度的发展。其中上海的孤残儿童家庭寄养，广州的残疾人职业康复，北京、济南和长沙的社区康复都取得了很大成绩，积累了宝贵的经验。②

第二节　残疾人社会福利政策与立法

一　国外残疾人福利政策与残疾人社会工作

　　残疾人福利政策对残疾人社会工作的规范化、系统化以及科学化发展具有至关重要的规约作用。一国残疾人社会福利政策可以很好地反映这个国家的经济发展水平、政治文明程度以及社会文化进步水平。

　　早期国外残疾人政策一般以社会救济的形式出现，还谈不上福利政策。据史料记载，欧洲有据可查的最早的救济政策是英国于 1010 年颁布的《救贫令》。1601 年，英女王伊丽莎白一世颁布《济贫法》，将贫民雇佣政策与救贫政策合二为一，并上升为国家法律，1834 年此法被重新修订，史称《新济贫法》。这些法律虽都是针对贫民，而非直接针对残疾人，但由于残疾人是贫民的主要组成群体，所以残疾人也成为这些济贫法律政策的主要救助对象之一。

　　国外专门针对残疾人的具体福利政策，其制定和推行大致始于 20 世纪初，

---

① 史柏年：《社会工作专业教育发展》，《中国社会工作发展报告（1988～2008）》，社会科学文献出版社，2009，第 396 页。
② 马洪路：《残障社会工作》，高等教育出版社，2007，第 67 页。

各国通过研究分析残疾人群体的特殊情况以及实际需求，将以前实施的济贫政策中有关残疾人的相关条款，通过进一步的细致化和具体化，针对残疾人的实际情况进行相应的条款修订和增补，从而逐步形成各具特色的残疾人福利政策，推动残疾人社会工作的发展。总体而言，西方发达国家的残疾人福利政策大致经过了从社会救济到社会救助的制度化、从社会救济到社会保险的建立、从社会救助和社会保险到社会福利的延伸的过程。①

（一）欧洲国家

从某种意义上来说，西欧地区是现代社会福利产生最早的地区。与之相对应，这一地区各国残疾人福利政策的发展也具有悠久的历史。

1. 英国

最早实现工业化的英国，是现代社会福利制度的发祥地。1601 年英国政府颁布的《济贫法》（旧《济贫法》）中就已明确规定要"资助老人、盲人等丧失了劳动能力的人，为他们建立收容场所"。1834 年英国议会通过的《济贫法》修正案，即《新济贫法》强调保障包括残疾人在内的公民生存的义务，认为救济不是消极行动，而是一项积极的福利举措，并突出要由专门训练的社会工作人员从事相关工作，追求残疾人社会工作的介入。这一时期的残疾人福利强调社会救助，突出政府的责任主体地位，实际上是"慈善救济的发展，是宗教团体区域慈善救济的扩大化，是国家对全国范围内的普遍慈善济贫"②。

随着社会的不断发展，政府面临的问题日益增多且日趋复杂，这使得政府推进济贫活动的力度及效度大减。19 世纪末 20 世纪初，英国出现了许多民间社会服务组织，弥补了政府济贫活动的不足，在更广的范围内向失业者和其他贫民提供帮助，促进了以济贫为主的社会福利事业的发展。

英国残疾人福利政策的发展逐步呈现规范化、法制化特色，自 19 世纪末以来，经过一系列法律法规的制定与完善，逐步建立起残疾人福利政策法规体系。在这些法律法规中，英国政府十分强调对于残疾儿童教育福利的保障与满足。1893 年，英国颁布第一部为保障盲聋儿童特殊教育权利与需要的法律《初等教育法》，该法于 1899 年进行修订，又设置了向精神不正常儿童提供教育的条款。1918 年的《教育法》要求地方教育当局向所有残疾儿童提供特殊教育。第一次

---

① 李迎生、厉才茂：《残疾人社会保障理论与实践研究》，华夏出版社，2008，第 157 页。

② 穆怀中：《社会保障国际比较》，中国劳动社会保障出版社，2007，第 16 页。

世界大战以后，1919 年政府立法规定为那些在战争中致残的人设立培训中心，帮助他们获得技术，同时为雇用伤残军人的企业提供优惠政策。1921 年颁布的《教育法》规定：残疾儿童只在特殊学校或特殊班上接受教育，地方教育当局必须为这些儿童提供独立的特殊教育机构。1944 年的《教育法》对特殊教育作出新规定，地方教育委员会（LEA）要为特殊儿童提供比较充分的和恰当的初等和中等教育，并把残疾儿童划分为 10 类，其中盲、聋等儿童必须在特殊学校里学习，其他并不严重的残疾儿童则尽可能在普通学校里就读。另外，英国政府同样关注残疾人就业权利的保障，1934 年制定了《失业法》，以一般的正常失业者为对象，残疾人多属于无正常职业者，仍由《救济法》的社会救助办法加以救助。1944 年颁布的《残疾人就业法》规定了残疾人的登记、雇佣比例、工作的保留及庇护工厂等事项，该法于 1958 年修改，增加了接受就业重建与职业训练的年龄限制等内容。

经过长期的努力，英国在建设福利国家的进程中构建了一套完善而细致的残疾人福利体制，"以高福利支出、高福利水平为特点的福利制度为包括残疾人在内的每一位社会成员建立起高质量的生存安全保障网络。由于英国国民保险不论行业及地方区别，都服从于一个统一的制度"①，其残疾人福利政策模式也呈现高度统一的特征。

20 世纪 70 年代，英国的社会福利政策开始较大调整。1970 年颁布的《慢性病患者与残疾人法》规定：地方当局应向残疾人提供各种福利，包括向居家残疾人提供实际帮助；提供或帮助残疾人获得收音机、电视机、图书和其他类似的娱乐设施；为残疾人提供旅游和教育设施；提供肉食品和获得电话等特殊设备；帮助残疾人在家中完成适宜的工作等。②另外，这部法律突出强调残疾人就业培训，要求专业、专职、专门人员从事残疾人就业服务。1973 年英国政府颁布《就业训练法》，并设立残疾人再安置服务局，通过法律形式规定了企业按比例（3%）安置残疾人，极大地促进了残疾人就业权的保障与实现。

由于政府干预、管理过多，英国政府在 1970～1975 年的福利服务经费几乎翻了一倍，给政府财政造成了极大压力。为扭转这一局面，使政府从庞大的财政

---

① 李迎生、厉才茂：《残疾人社会保障理论与实践研究》，华夏出版社，2008，第 162 页。

② 马洪路：《残障社会工作》，高等教育出版社，2007，第 31 页。

赤字中解脱出来，1979 年 5 月，英国保守党领袖撒切尔夫人当选首相后，立即大幅改革社会福利政策，减少政府在社会福利领域的责任，推进社会福利的市场化，强调社会和个人的责任。1986 年英国颁布实施《英国残疾人法》，规定成立并确认有权威性的残疾人组织代表残障者的利益向各级政府反映残疾人的特别需要。

经过大幅度的市场化、社会化改革，英国目前的社会福利制度主要包括社会安全（所得保障）、保健服务、福利服务、住宅服务、教育服务等 5 个体系，其中社会安全制度中的残疾人保险给付、职业伤害给付、意外伤害津贴及残疾年金等，都直接关系到残疾人的利益；保健服务中也包括残疾人康复和家庭护理；福利服务中有残疾儿童机构、精神病收容和日间照顾机构等。英国的残疾人社会福利政策以社会保险、社会救助和民间保险制度为基本结构。①

英国残疾人福利改革的主要对象是工龄段残疾人，这一群体的社会政策从 20 世纪 90 年代开始便出现明显的政策转向，使很多残疾人权益受损，从而加剧了社会对这一群体的排斥。但随着时代的发展、社会的进步，针对残疾人的人文关怀呼声日渐强烈，残疾人的愿望和要求日益受到政府的关注，追求平等参与和共享的残疾人运动不断推进着英国残疾人福利政策与残疾人社会工作的向前发展。

2. 法国

在欧洲各国中，法国残疾人的社会福利事业相对滞后。② 法国残疾人保护真正走上法制化道路始于 1975 年 6 月 30 日《残疾人方针法》的正式通过，这也标志着法国通过立法确立了残疾人的社会地位。在这部法律中提出了关心残疾人，保护残疾人的权益，对残疾人进行文化教育和职业培训，帮助他们参加社会、教育和文化娱乐活动，是全国人民的一项义务。

法国残疾人的福利政策经过了一个逐步发展与慢慢完善的过程。二战导致法国残疾儿童数量激增，为解决残疾儿童带来的诸多社会问题，法国政府分别于 1963 年和 1971 年制定法律，设立特别教育津贴和残疾儿童津贴制度。这一举措收到了一定效果，在一定程度上增加了残疾儿童的福利，但其津贴补助的时限性与目标对象的特定性使得成年残疾人福利出现政策真空，并未从根本上解决残疾

---

① 马洪路：《残障社会工作》，高等教育出版社，2007，第 32 页。
② 马洪路：《残障社会工作》，高等教育出版社，2007，第 34 页。

人福利问题。这一状况一直持续到 1975 年《残疾人方针法》正式通过，残疾人的法律地位得到确认之后，其福利事业问题才真正得到法国政府的高度重视。1984 年，法国设立全国残疾人咨询委员会，规定政府各部门在制定和实施有关残疾人的计划与项目时，必须征求该委员会意见，以此保证残疾人相关法律法规得到切实执行，残疾人福利得到切实保障。

另外，法国的残疾人福利政策非常注重教育福利与就业支持。法国政府认为，残疾人能否更好地自立、自强，关键在于教育。[①] 所以，法国法律十分注重对残疾人教育福利的保障，规定每一个残疾人都有接受教育的义务。在教育形式上，根据每一个残疾人的具体情况因材施教，实现普通教育与特殊教育相结合，以使每个残疾人都能接受到充分而合适的教育，增强其成年后的择业能力。除了强调残疾人的教育福利，法国还注重对有工作能力残疾人的就业支持。法国政府通过立法，采取多种形式，开辟多种渠道给予扶助，如设立劳动救济中心、家庭工作分配中心或设置特别受保护的生产车间，要求企业按法定最低比例安置残疾人就业，为残疾人提供就业机会，保障其平等的就业权。

另外，法国政府还通过立法的形式，推进残疾人无障碍设施建设，要求公共场所、残疾人居所以及公共交通运输机构等的设计必须考虑残疾人特殊情况，努力营造方便残疾人参与社会生活的无障碍环境。

3. 德国

受到英国的影响，德国的社会救济事业历史悠久，且日益组织化、规范化和科学化。1788 年，德国在汉堡市实施救济制度，在对个别贫民调查的基础上，采用分区域管理济贫事务的制度，将全市划分为 60 个区，每区设 1 名监督员，并设分中央办事机构，综理全市的济贫业务，俗称"汉堡制"。汉堡制共实行了13 年，收效很大，汉堡市的社会状况为之改观。后因济贫事务增多且日趋复杂，这一制度已无法适应社会的变迁，1892 年新汉堡制对其做了重大修改。汉堡制的精神和做法为许多国家所仿效，影响很大，是公共救助与社会工作史上的里程碑，对残疾人福利政策与残疾人社会工作的发展起到了重要作用。

19 世纪下半叶，由于马克思主义的广泛传播，德国工人运动发展风起云涌，成为社会保险制度出台的催化剂，迫使统治阶级推出强制性保险制度；另外，1871 年德国实现国内统一，为加快工业发展与对外扩张，政府急需安抚国内工

---

① 马洪路：《残障社会工作》，高等教育出版社，2007，第 34 页。

人群众，调和劳资矛盾；再加之德国新历史学派的出现，为社会保障事业的发展提供了理论支撑。以上诸多因素都促使德国成为世界上第一个推出社会保险制度的国家。[①] 1883 年德国俾斯麦政府制定颁布了世界上第一部《疾病社会保险法》，1884 年通过《工伤事故保险法》，1889 年又颁布实行了《老年和残障社会保险法》。

二战以后，一系列法律法规的相继出台，进一步促进了德国残疾人福利政策与残疾人社会工作的健康发展。1969 年，联邦德国颁布实施了《就业促进法》，明确规定包括残疾人在内的全体国民为对象的就业评估、就业指导、就业训练、就业安置等，其中还包括专门针对残疾人群体实施的特别服务。1974年颁布的《残疾人康复服务协调法》，确立各种社会安全方案下的福利系统，强调在提供医疗、就业、社会康复时给予残疾人同等的机会。随后在 1986 年颁布的《重度残疾人参加劳动、工作和社会保障法》中，规定残疾人工作场所的合格条件和组织。德国政府通过制定实施保障残疾人就业、康复、医疗等权利，以及残疾人社会救助方面的法律法规，极大地保障了残疾人的正常生活水平及平等参与。

4. 瑞典

瑞典以福利水平高、覆盖范围广、福利体系完整而著称，被冠以"福利国家橱窗"的美誉，其残疾人福利政策的发展也颇具特色。

一方面，瑞典残疾人福利政策法治化程度较高。政府通过颁布实施一系列法律法规，充分保障残疾人的就业权利。1974 年颁布的《就业安全法》，保障残疾劳工免遭无理的解雇，并规定雇主有责任开发适合残疾人能力的新工作。同年制定并颁布的《就业促进法》，规定雇佣 50 个员工以上的公司、企业中，要组织"调整团队"，将雇主、工会及就业服务三者包括在内，旨在协助伤残者能在原服务单位从事原先的或者更合适的工作。1976 年颁布的《工作环境法》，针对雇佣的残疾人规定了工资给付、工作环境、建筑物的无障碍设施等条款以及一些特别措施。瑞典政府还积极推进专门针对重度生理残障者的"家中就业"计划。除此之外，颁布了《国民年金法》和《国民健康保险法》，规定残疾人可获得残疾人年金给付，另有住宅补助费及康复治疗费等。

另外，瑞典在无障碍环境营造方面的一些做法值得借鉴学习。在瑞典的大城

---

① 穆怀中：《社会保障国际比较》，中国劳动社会保障出版社，2007，第16页。

市，为便于轮椅的通行，走道和车道都除去阶梯，并设有盲人用的声音信号机；在其他地方，有方便残疾人的交通输送服务，对于往返工作场所、医疗机构及公共机构的交通提供补助，中央予以 35% 的补助费用。

（二）美洲地区

对于美洲地区的残疾人福利政策与残疾人社会工作的发展，本书选取目前世界上最大的经济体、综合国力世界第一的美国作为代表进行介绍。

美国残疾人福利政策经历了一个由救济向救助发展的过程。1776 年独立以后，美国政府救济的对象以无工作能力的老弱病残者为主，救济机构主要以民间的慈善团体为主。19 世纪初期，美国的残疾人福利政策出现系统化的雏形，出现了一些民间救助机构。1896 年，美国开始在纽约慈善学院培训专业的社会工作者从事福利服务，美国的社会福利服务初具专业性特征。1935 年美国实施的《社会安全法案》中确立了社会保险、社会救助与社会福利三大体系，其中社会救助包括了对盲人的扶助，社会福利包括了对残疾儿童设施的建设。1957 年，美国国家社会安全局开始对残疾人进行生活补助。另外，美国政府还设有专门机构为残疾人提供相关服务，以就业服务为例，劳工部就业训练署下设的"联邦就业处"，负责提升、发展与维持就业服务的全国性系统，以协助符合规定的残疾人实现有酬就业，并对退伍军人提供"优先就业机会"及为残疾人提供特别服务。另外，在各州还设有"地方就业服务中心"，至少安排一名专门工作人员负责为残疾人提供有效服务。

美国的残疾人福利政策强调对残疾人平等就业权利的保障与实现。1918 年，美国以《职业重建法》为基础，开始向残疾军人提供福利服务，该法经过 8 次修订，于 1978 年形成了现行的残疾人福利法规，包括与企业的合作及禁止歧视等。1938 年制定颁布了《公平劳动基准法》，重点在于保护竞争性行业中以及医院或机构附设的庇护工厂里的残疾人，保障他们工作机会的平等获得。1963 年制定的《职业教育法》规定必须将职业教育经费中的一部分，按比例投入残疾人职业教育，实现由之前的隔离式分班制变为普通的正规教育。1973 年颁布的《综合性就业与训练法》，旨在帮助"经济上的不利者"或"失业者"，规定凡经由联邦政府经费补助的机构，不能单纯以伤残为理由，排除残疾人参与，使其遭受不公待遇。此法在 1978 年修正时，残疾人得以进入大多数的就业与训练方案之列。

美国残疾人福利政策的另一大特色是其无障碍设施的建设。1961 年美国成为世界上第一个制定无障碍标准的国家。1990 年 7 月颁布残疾人法案，规定在城市公共交通等方面为残疾人出行和参与社会生活提供便利。在公共设施的设计与建设上，如人行道、公园、公共厕所及娱乐场所等，均充分考虑残疾人的特殊需求，并推出适合残疾人居住的无障碍住宅。

美国残疾人福利政策从某种意义上说是一种自保公助型模式，福利供给主要以社会保险为主、津贴等补充保障为辅。与英国不同，美国的残疾人福利政策是高度市场化的典型代表，各州具体政策根据当地实际情况又有所变化，可被视为一种独立的保障模式。这种独立模式一方面依赖于高度市场化，另一方面又需要政府对这一群体的高度关注以及持续稳定的资金支持。

（三）亚洲地区

在亚洲国家中，经济实力雄厚的日本在残疾人福利政策发展方面一直走在前列。作为"东亚福利模式"的样板之一，日本残疾人福利政策与东亚其他国家相关政策的共同点是福利支出较低，属于"补缺型"福利模式。日本残疾人福利政策是一种统分结合的混合模式，不仅有面向不同保障对象的保险类型，还针对工伤致残者设立特殊保险制度，另外还设立众多福利服务机构。

1949 年，为帮助年满 18 周岁，并持有残疾人手册的身体障碍者，日本在 12 月 26 日颁布了《身体障碍者福祉法》，对残疾人进行必要保护，以保障其生活安定。除规定向残疾人提供辅助用具设施、盲文图书馆、医疗保健设施等，还设置了中央级别的"身体障碍者审议委员会"，县级的"身体障碍者福祉司"、事町村级的"福祉事务所"及"身体障碍者谘商所"等。1960 年的《残疾人雇佣促进法》，从多个方面保障了残疾人的就业权益。20 世纪 70 年代以后，日本通过一系列法律法规政策，进一步保障并逐步提高残疾人福利，如《身心障碍者对策基本法》（1970 年 5 月 21 日颁布）、《特殊儿童扶养补助金给予法》（1979年第二次修正）、《精神保健法》（1988 年颁布）、《障碍者基本法》（1993 年颁布）、《精神保健福祉法》（1995 年颁布），形成了较为完整的残疾人福利政策体系。此外，在残疾人社会工作规范化、专业化方面，日本在 1998 年通过颁布实施《精神保健福祉士法》，明确规定社会福利工作者的学历、职称、专业技术、工作内容等。

在残疾人就业福利政策方面，日本一方面通过相关法规、资金投入、人员配备等方面对残疾人就业培训、教育、训练等给予支持，如 1971 年拨发残疾人就业准备金，1972 年筹建残疾人福利中心和福利工厂，1979 年 7 月在合并三个康复中心的基础上建立国立残疾人康复中心（国立身体障碍者复健中心）。另一方面，通过"征收与赠予制度"等政策措施引导企业接受并保障残疾人就业，如规定公营企业机构、一般民间企业机构、政府及国（公）营的非营利机构的残疾人法定雇佣率分别为1.8%、1.5%、1.9%，倘若雇主未达到雇佣比例，将缴纳"雇佣纳付金"，若超比例雇佣，则可向政府申领"雇佣调整金"以资奖励。

除了上述福利政策以外，日本残疾人福利政策还包括"一免一补"。"一免"是指对于残疾人实施的相关费用减免政策，如对残疾人及与残疾人有关的所得税、物品税、法人税、继承税等税种一律给予减免税的优惠待遇，对盲文读物一律给予免费邮寄，残疾人收看日本广播协会电视节目的收视费给予减免，残疾人乘坐交通工具也可享受减免运费的优惠。"一补"是指针对残疾人的相关补助政策。从1988年4月1日起，日本设立重度残疾人特别补助金制度，国家、地方分别负担80%、20%的支出，用于对重度残疾人的生活补助，每个需要专人护理的成年重度残疾人每月都能得到。

二 港台残疾人福利政策与残疾人社会工作

（一）香港地区残疾人福利政策与残疾人社会工作

香港地区的"社会福利"是一个大福利概念，政府在"卫生福利局"之下设有"社会福利署"，职责包括社会福利服务以及社会保障业务，即"综合社会保障援助计划"（俗称"综援"）和"公共福利金计划"。社会福利署是香港地区专门处理福利事务的政府机构，内设"家庭及儿童福利科"、"老人及医务社会服务科"、"青年及训练科"、"康复服务科"、"社会保障科"等，下设5个大区总办事处和13个区级办事处。

香港社会福利服务的项目涉及不同群体各方面的需求，主要包括老年服务、残疾人服务、儿童服务、青少年服务和家庭服务等五类。残疾人福利的实施对象主要是针对五种先天和后天造成的伤残人：一是盲人及弱视者；二是聋人及弱听者；三是肢体残缺者；四是弱智者；五是精神病患者。[①]

香港残疾人福利主要包括以下几方面内容：一是相关设施的建设与提供。包括展能中心、庇护工场、社区康复网络、残疾幼儿照顾及训练设施、社交及康乐服务机构、辅助医疗服务机构、住宿照顾机构等。按照残疾人的不同情况，这些

---

① 郑功成：《中国社会保障论》，中国劳动社会保障出版社，2009，第416页。

机构又可分为严重智残人士宿舍、弱智人士中途宿舍、精神病康复者中途宿舍、盲人安老院、长期护理院、严重残疾人士护理院、严重肢体伤残人士护理院、辅助宿舍以及为轻度弱智儿童而设的儿童之家等。二是医疗康复服务的供给。包括残疾识别与诊断服务，如智商检查、残疾程度测定等；还包括少量收费的康复服务，通过设立康复院、盲人辅导会、康复训练中心等机构，主要为失明、弱智及精神病患者提供康复服务。三是针对残疾人的就业支持。通过设立"展能中心"以及一些职业技能训练机构，为残疾人提供就业培训，并通过设立大量就业服务中心为残疾人就业提供服务。据相关数据显示，截至 20 世纪末，香港地区共有 65 间"展能中心"为残疾人提供自我照顾和体力劳动能力训练；50 间"庇护工场"为有一定劳动能力的残疾人提供了 6215 个名额；25 个"辅助就业服务单位"为劳动能力较为正常的残疾人提供 1010 个就业机会。① 四是为残疾人提供经济方面的津贴与援助。全港所有伤残人士，无论有无职业或贫富程度，均能领取一定数额的伤残津贴。另外，香港康复会专门开设"康复巴士"为伤残人士服务。

此外，香港地区高度重视社会福利服务的专业化，以政策促进全港社会福利界员工队伍整体素质的不断提高，注重残疾人社会工作的专业化与职业化发展。香港社会福利署为确保福利服务质量，加强社会服务工作的专业性，制定了吸引和鼓励社会工作专业人员参与的一系列政策，详细规定了各类福利机构和服务单位中专业社会工作人员的比例以及任职条件，1997 年颁布的《社会工作人员注册条例》规定：凡未经注册，均不可到福利机构专业岗位任职，无从事专业工作之资格。同时，保障专业社会工作人员薪资待遇的较高竞争力，规定社会福利机构工作人员的工资可参照公务员标准确定，如一名刚大学毕业的专业社会工作人员的月薪可达 1.7 万港元。这些优厚的待遇、诱人的政策，有力地吸引并凝聚了大批具有专业知识的高层次人才长期在社会福利机构工作，为残疾人服务，既保证了员工队伍素质的不断提高，又保障了残疾人服务的专业水准，更使在港残疾人福利有了专业保障。

（二）台湾地区残疾人福利政策与残疾人社会工作

此处所论之台湾地区的残疾人福利政策与残疾人社会工作研究，指 1949 年以后。尽管现有文献显示台湾的残疾人福利源于 20 世纪 40 年代，但是 80 年代

---

① 孙炳耀、常宗虎：《香港社会福利及其启示》，《民政论坛》2000 年第 5 期。

以前由于没有出台专门针对残疾人福利的法律，所以一直未能走上法制化之路。1980 年，台湾当局颁布《残障福利法》共 26 条[1]，并由内政部颁布实施细则，残疾人福利才开始实现规范化、法制化。该法规定，残疾人福利的实施对象包括各种先天或后天形成的残疾人，法律保护残疾人权利平等不受歧视，并由地方政府设立或奖助私人设立盲人教养机构、聋哑教养机构、肢残教养机构、义肢制造装配所、伤残重建及养护机构、盲人读物出版社及图书馆等设施，为残疾人提供廉价的福利服务，并开办福利企业安置残疾人就业。

目前，台湾的残疾人福利政策与残疾人社会工作经过半个多世纪的发展与努力，虽不能说尽善尽美，但仍可谓周延完备。主要包括两大部分，一是残疾人服务体系，二是《社会救助法》规定的残疾人服务措施。

台湾残疾人社会服务体系主要包括以下四个方面。

（1）医疗复健。主要是指针对残疾人实施的医疗和康复等方面的服务。包括医疗复健补助，即残疾人在诊疗过程中产生的费用由政府依据其残疾类别和等级，补助其 70%～80% 的费用；健康保险保费补助，即政府依照残疾等级分全额、一半、四分之一给予保费补助；辅助器具补助，即政府依残疾者个别实际情况，对经医师鉴定需要装配的复健器具给予全额补助。

（2）教育福利。一方面，为保证残疾人教育福利的充分实现，台湾当局不仅设置专门的特殊学校，还在一般学校中设置特殊班级，并提供床边教育、在家教育等多种教育形式；另一方面，为了协助家境贫困的残疾人完成学业，依照《特殊教育法》的规定，对其提供减免学杂费、奖助学金或发放教育代金券及就学辅导补助等福利。

（3）就业支持。为了增强残疾就业者的择业能力与就业概率，台湾当局为残疾人提供各种类型的就业培训与辅导，并特别保障某些专属他们的职业，监督各公私机构按比例安置残疾人就业的落实情况，对违反规定未达标者给予处罚；另外，大力鼓励残疾人自主创业，为其提供创业贷款、免费培训、设备优惠等。

（4）生活照料。包括在社区为残疾人提供日托、养护、庇护、训练、住宿、餐食、咨询等服务，对家庭经济条件差者予以补助；低收入的残疾人，除依规定领取生活补助津贴外，还可再领取额外的增加部分；规范公共场所与公共设施无

---

① 刘脩如：《社会政策与社会立法》，台湾五南图书出版公司，1984，第 798～802 页。

障碍环境的营造，为残疾人方便出行、平等参与创造条件。

1980 年 6 月，台湾公布并实施《社会救助法》，同时废止施行 37 年的《社会救济法》，成为台湾社会救助统一化、规范化发展的标志。在这部法律中，规定了对包括残疾人在内的群体实施的如下补助：生活扶助，包括家庭生活费补助、中低收入户老人生活津贴、贫困儿童生活补助费等；医疗补助，包括保险费补助、部分负担费用补助、全民健康保险不给付之医疗费用补助；急难救助，如丧葬救助、伤病救助、川资救助等；灾害救助，包括紧急收容、救助金的核发等。残疾人除了可以平等享受以上普惠型救助以外，还可以享受"身心障碍者生活补助费"，依照规定凡"列册低收入户之身心障碍者应发给生活补助费，唯主管机关得依其原领取现金给付之金额增加 20% ~40% 的补助，但每人每月所领取政府核发之救助金额，不得超过当年政府公告之基本工资"①。

三　残疾人事业立法与国际合作

各国关于残疾人事业发展的相关立法由来已久，二战后得到较快发展，到 20 世纪 70 年代，各发达国家已基本形成一套较为完备的残疾人事业法律体系，为科学有序、健康快速推进各国残疾人事业发展，保障残疾人合法权益，提高残疾人福利水平，提供了基本的制度保障与依据。

（一）残疾人事业立法溯源

关于残疾人事业立法的起源，学界众说纷纭。虽然确如某些学者所言，可以追溯至 1601 年英国的《济贫法》甚至更早，但这些针对残疾人的成文法规或零零碎碎不成体系，或仅为临时安排而并不正式，而且经常只是与某几类残疾类型相关，其规范性、专业性、系统性均不高，所以，很难将其视为残疾人立法的起源，充其量视为残疾人福利政策规定。

在残疾人事业立法方面，英国具有显著的标杆意义。第一部将残疾人视为一个单一种类人群的议会法案是 1944 年英国的《残疾人（就业）法》。该法案规定了雇主雇用残疾人的比例，实施就业潜力评估，建立康复中心，以及对残疾员工进行职业培训并给予助学金等内容。1946 年通过的《国民医疗服务法案》在规定对残疾人提供急需医疗服务的同时，地方政府的卫生部门要提供医疗器械和

①　张学鹗：《台湾社会福利服务之探讨——从身心障碍者保护及社会救助说起》，《中国社会工作》1998 年第 4 期。

所需帮助，以保证残疾人可以继续住在自己家中。1948 年的国家援助法制定了一些条款以满足残疾人的财政需要，此外还要求地方政府为"盲人、聋哑人及其他由于疾病、受伤和先天畸形而形成永久性残障的人提供食宿服务"。1974 年内政部长通过向地方政府发出函件规定将任何形式的精神残障人士都纳入服务对象之列。除此之外，1944 年的教育法指出，每一名儿童都要接受适合其年龄、能力以及智力的教育，对有需要的特殊儿童应给予特殊教育。① 这些法案构成了发展残疾人事业、保障残疾人合法权益、提高残疾人福利的基石。

受到英国福利政策及立法的影响，欧洲各国都结合本国实际，开展针对残疾人的立法工作，并逐步实现残疾人社会工作的专业化与职业化，从政策保障、服务提供、实务支持等多方面保障残疾人权益。这一风潮亦影响到全球，目前，已有 130 多个国家和地区制定了有关残疾人的法律。②

（二）国际间立法合作

除了国内立法，各国在包括联合国在内的国际组织框架内也开展了形式多样，且富有成效的立法合作。

二战以后，联合国大会通过了一系列保障残疾人权益的文件、决议。包括《禁止一切无视残疾人的社会条件的决议》、《弱智人权利宣言》、《残疾人权利宣言》、《关于残疾人恢复职业技能的建议书》、《残疾预防及残疾人康复的决议》、《开发残疾人资源的国际行动纲领》等。除了在立法上开展大量工作，联合国还决定 1981 年为"世界残疾人年"，1983～1992 年为"联合国残疾人十年"，并通过了《关于残疾人的世界行动纲领》。1992 年 10 月 14 日，第 47 届联合国大会通过决议，确定每年 12 月 3 日为"国际残疾人日"，要求世界各国政府及相关组织采取更积极和广泛的行动与措施，改善残疾人的生存状况。1993 年联合国通过了《残疾人机会均等标准规则》，标志着各会员国对促进残疾预防、改善残疾人康复和其他服务、反对偏见所做出的政治上和道义上的承诺。③

总体而言，国际间残疾人事业立法主要针对以下几个方面：一是保障残疾人的平等地位及对社会生活的充分参与。通过立法，对残疾人实施特别扶助，消

---

① 迈克尔·奥利弗、鲍勃·萨佩：《残疾人社会工作》，中国人民大学出版社，2009，第 86 页。
② 马洪路：《残障社会工作》，高等教育出版社，2007，第 42 页。
③ 马洪路：《残障社会工作》，高等教育出版社，2007，第 42 页。

除针对残疾人的歧视，弥补因残疾带来的不利影响，实现残疾人对经济社会发展的共建共享。二是明确政府、社会及相关组织的责任。对残疾人事业，强调政府主导下的"多中心治理"，重视残疾人组织的建设与发展，鼓励社会组织的充分参与。三是残疾人教育、文化权益的实现。通过推广义务教育、发放生活费、实施特别扶助、实行普通教育与特殊教育相结合，保障残疾人平等接受教育；积极支持残疾人参与文化体育活动，国际上定期举办残奥会、特奥会、国际特殊艺术节等残疾人文体盛会。四是保障残疾人平等就业权益的实现。各国普遍实行税收减免以及其他优惠扶持政策，采取集中与分散相结合的多种形式安置残疾人就业。五是给予残疾人福利保障，提高残疾人福利水平。通过发放救济补助金，在交通出行、文化设施、日常生活等方面给予特殊照顾，提高残疾人福利水平。

国际上在残疾人事业发展方面的合作，除了各国之间在联合国框架内就立法工作进行深入合作外，还包括各种残疾人组织和支持残疾人事业的社会团体之间的合作。2000 年 3 月 10 日，残疾人国际、融合国际、康复国际、世界盲人联盟等国际残疾人组织，与来自世界各地的残疾人团体、为残疾人服务的非政府组织齐聚北京，召开了一次面向新世纪的残疾人事业发展会议，为保障残疾人合法权益、促进残疾人平等参与制定新战略，会后发表的《新世纪残疾人权利北京宣言》，强调"继续将残疾人排除在主流发展进程之外，是在新世纪的开端对人类基本权利的侵犯，与人类社会的发展也背道而驰。"[1] 宣言呼吁所有关注人人平等与人类尊严的人士，共同投身到从首都、城镇、边远村庄到联合国讲坛所作的各种努力中去，确保通过一个促进和保障残疾人权利的国际公约。

在各残疾人组织的大力呼吁和持续努力下，2006 年 11 月第 61 届联合国大会通过了 21 世纪第一个人权公约——《残疾人权利公约》，并于同年 12 月正式发布，号召各个国家和地区行动起来，承认残疾人对其社区的全面福祉和多样性，及做出的和可能做出的宝贵贡献，努力消除残疾人作为平等社会成员参与社会生活的障碍，确认并促进残疾人平等人权的充分享有，增强残疾人的归属感，保障残疾人合法权益，提升残疾人福利。

---

[1]　《新世纪残疾人权利北京宣言》，《中国残疾人》2000 年第 5 期。

第三节　中国残疾人事业发展与残疾人社会
工作的历史与现状

一　新中国残疾人事业

第二次全国残疾人抽样调查显示，截至 2006 年 4 月 1 日，我国现有各类残疾人 8296 万人，占全国总人口的 6.34%，有残疾人口的家庭户达 7050 万户，涉及的家庭人口达 2.6 亿人。① 残疾人成为一个人数众多、需要得到更多人文关怀与政策关注的群体。

（一）中国残疾人事业发展阶段

新中国成立后，党和政府高度重视残疾人事业发展。在社会广泛支持与积极参与下，我国残疾人事业经过数年发展，经历了以下几个发展阶段。

1. 残疾人事业初创起步阶段（1949～1956）

1949 年 9 月中国人民政治协商会议通过《中华人民共和国政治协商会议共同纲领》，在这部规范着建国大事的临时宪法中，明确规定"参加革命战争的残废军人和退休军人，应由人民政府给予适当安置，使其能谋生自立"，虽主要针对残疾军人，但这些规定也为建国后发展残疾人事业确立了最基本的法律依据，故可将其视为残疾人事业的初创标志。②

新中国成立后，为巩固新民主主义革命的胜利成果与新政权，党和政府十分重视社会保障工作，新中国残疾人事业也得到相应发展，主要表现为以下几个方面：一是主要以社会救济为事业发展形式。在城市，通过接收和改造旧的慈善机构，安置孤老残幼；在农村，对包括残疾人在内的老弱孤寡残等成员实行保吃、保穿、保住、保医、保葬的"五保"政策。二是进行福利设施建设。一方面接收、改造旧的慈善机构，到 1953 年底，共改造旧的慈善机构 419 处，调整旧救济福利团体达 1600 多处③；另一方面人民政府新设立残老教养院等各种福利单位，大部分省份还建立了专门的精神病人疗养院。三是主要针对残疾军人的优抚

---

① 郑功成：《残疾人社会保障：现状及发展思路》，《中国人民大学学报》2008 年第 1 期。
② 以《共同纲领》作为新中国残疾人事业的初创标志，借鉴参考了郑功成教授关于新中国社会保障制度创立起始标志的相关观点。参见《中国社会保障论》，中国劳动社会保障出版社，2009，第 52 页。
③ 郑功成：《中国社会保障论》，中国劳动社会保障出版社，2009，第 55 页。

保障制度建立，并逐步规范化、制度化。1950 年 12 月 11 日中央人民政府正式公布了《革命残疾军人优待抚恤暂行条例》、《革命烈士家属、革命军人家属优待暂行条例》等一批法规，在全国范围内统一了残废抚恤的制度和抚恤标准，统一了评残的条件、标准和残疾等级的划分，统一了各种优待抚恤证件。1952 年，人民政府又对上述法规在优待及抚恤粮、款标准等方面进行了调整；此后又对上述法规进行过修订或补充。

2. 残疾人事业调整适应阶段（1957～1965）

随着社会主义三大改造任务的完成，为配合我国有计划地全面建设社会主义经济的战略部署，残疾人事业进入了调整适应阶段，这一阶段从 1957 年 3 月国务院颁布一系列社会保障法规开始，一直到 1966 年"文化大革命"爆发。

在这一时期，除了社会保险方面的调整外，残疾人事业的调整主要体现在社会救济与残疾人福利方面。在农村社会救济方面，增加了由于"左"的影响及严重自然灾害导致的孤老残幼，灾害救济任务繁重；在城市社会救济方面，随着生产建设的发展和就业门路的扩大，救济人数在 20 世纪 50 年代末期显著下降，孤老残幼人员比重相对扩大。[①] 这些新变化都增加了残疾人事业发展的难度，我国也相应作出了政策调整，如内务部在 1963 年就曾发出《关于做好当前五保户、困难户供给、补助工作的通知》。残疾人福利方面，国家创造条件妥善安置城乡残疾人，设立了各种社会福利单位与福利企业，鼓励引导有劳动能力的残疾人自力更生。由于受到"大跃进"的影响，我国社会福利生产大大突破固有的福利性质范围，出现无序的井喷式增长。为消除不利影响，1961 年国家对社会福利事业采取"调整、巩固、充实、提高"的方针，引导残疾人事业健康发展。

3. 残疾人事业重创停滞阶段（1966～1976）

1966 年至 1976 年"文化大革命"时期，我国各项事业全面停摆，建国后形成的尚不完善的社会保障制度遭受重创，残疾人事业也不例外，其发展基本陷入停滞不前的状况。随着主管社会保障的内务部在 1968 年 12 月被撤销，中国社会保障制度失去了重要的组织基础。在这一时期，1960 年建立的唯一的残疾人组织——中国聋哑人协会也被迫停止工作，残疾人生产自救组织被强行合并、撤迁或撤销，聋哑学校被迫收缩或停办。[②] 到"文化大革命"结束时，全国福利生产

① 郑功成：《中国社会保障论》，中国劳动社会保障出版社，2009，第 60 页。

② 孙光德、董克用：《社会保障概论》，中国人民大学出版社，2001，第 280 页。

单位减少了 30%，社会福利设施仅剩下 700 多个，收养人数仅 5 万多人，[①] 残疾人事业受到极大打击，发展停滞不前，甚至出现倒退。

4. 残疾人事业恢复重建阶段（1976～1990）

经历了"文化大革命"十年浩劫，社会各项事业百废待兴，1978 年党的十一届三中全会召开，使整个中国拨乱反正，步入恢复性发展时期，中国残疾人事业也开始恢复重建。

1978 年 2 月第五届人大第一次会议决定重新设置民政部，使全国残疾人事业发展重新有了统一管理部门。1978 年 6 月全国人大批准颁布了《关于安置老弱病残干部的暂行办法》等规定，为残疾人事业发展提供制度支持与指导。1984 年，我国成立了中国残疾人福利基金会，通过各种途径为残疾人提供服务，保障残疾人基本的合法权益，为残疾人事业发展提供了组织保障。

在残疾人福利设施恢复重建方面，理顺了管理体制，明确社会福利院、精神病院、康复中心等社会福利机构的性质，恢复中国聋哑人协会及其工作，后又分别建立盲人协会、聋人协会、肢残人协会、智残人精神病残疾人亲友会等组织。到 1984 年，仅民政部门直接管理的社会福利设施就从 1978 年的 700 多个增长到 880 个，收养孤老残幼及精神病人从 1978 年的 5 万人上升到 6.3 万多人。[②]

5. 残疾人事业迅速发展阶段（1991 年至今）

1990 年 12 月 28 日第七届全国人民代表大会常务委员会第十七次会议通过《中华人民共和国残疾人保障法》，并于 1991 年 5 月 15 日正式施行，这是新中国第一部保障残疾人权益的法律，从法律层面对残疾人事业发展做出规定。自此以后，我国残疾人事业取得长足进步，进入一个迅速发展时期，迈入了制度化、法制化、规范化、系统化阶段。2008 年 4 月 24 日第十一届全国人民代表大会常务委员会第二次会议修订了这部法律，自当年 7 月 1 日起施行。这一次修订进一步为我国残疾人事业发展指明了方向，树立了目标任务，明确了方针原则。

通过数十年的发展，新中国残疾人事业明确了宗旨和目标，立志于"创造良好的物质条件和精神条件，使残疾人在事实上成为社会平等的一员，享有全面参与社会生活的权利，履行公民义务，共享由于劳动和社会经济发展带来的物质

---

① 孟昭华、王明寰：《中国民政史稿》，黑龙江人民出版社，1986，第 300 页。
② 孟昭华、王明寰：《中国民政史稿》，黑龙江人民出版社，1986，第 301～302 页。

文化成果"①。另外，还确立了事业发展的方针与原则：一是坚持人道主义原则，尊重理解、关爱帮助残疾人，维护其合法权益，为实现残疾人平等参与社会生活创造必要条件；二是坚持残疾人事业发展与经济社会发展相协调的原则，立足国情，结合实际，促进残疾人权益全面协调可持续发展；三是完善残疾人专业工作体系，在坚持政府主导作用的前提下，充分发挥各级残疾人组织的纽带作用，调动家庭、社区、企业积极参与残疾人事业发展，实现推动残疾人事业发展主体的多元化；四是加大政府对残疾人事业的资金投入，并适当拓宽筹资渠道，实现残疾人事业发展资金来源渠道多样化；五是重视残疾人普通教育与特殊教育的结合、素质教育与就业技能培训的结合，鼓励、支持并引导残疾人就业，增强残疾人自立能力。

（二）新中国残疾人事业的发展成就

新中国成立以来，尤其是最近十几年，在党中央、国务院的高度重视下，在全社会的积极参与与支持下，在全国8296万②残疾人的积极争取和共同努力下，我国残疾人事业实现了长足进步与巨大发展。

1. 残疾人相关法律法规相继出台，使残疾人事业发展有据可依

1990年12月28日，七届全国人民代表大会常务委员会十七次会议正式审议通过的《中华人民共和国残疾人保障法》颁布，并于1991年5月15日正式实施，成为推进我国残疾人事业发展、保护残疾人合法权益、实现残疾人平等参与的纲领性文件，标志着残疾人社会保障事业成为我国社会保障制度中最先走上人大立法的法制化轨道。随后，《残疾人教育条例》、《残疾人劳动就业条例》等一系列法规、条例陆续出台，健全了残疾人事业法律体系。

除此之外，国务院联合相关部门还制定了《中国残疾人事业五年工作纲要》、《中国残疾人事业"八五"计划纲要（1991～1995年）》、《中国残疾人事业"九五"计划纲要（1996～2000年）》、《中国残疾人事业"十五"计划纲要（2001～2005年）》、《中国残疾人事业"十一五"计划纲要（2006～2010年）》以及相关配套的残疾人就业、教育、康复、保障等具体实施方案。2011年5月11日，国务院常务会议讨论通过了《中国残疾人事业"十二五"计划纲要（2011～2015年）》，并进一步指出必须按照政府主导、社会参与，国家扶持、市

---

① 马洪路：《残障社会工作》，高等教育出版社，2007，第61页。
② 据第二次全国残疾人抽样调查显示，截至2006年4月1日，我国现有各类残疾人8296万人。

场推动，统筹兼顾、分类指导，立足基层、面向群众的原则，健全我国残疾人社会保障体系和服务体系，力争到 2015 年，使我国残疾人生活总体达到小康，参与和发展状况显著改善。这一纲要将成为我国今后一段时期内残疾人事业发展的指南，引导我们不断健全残疾人社会保障体系，提高残疾人福利水平，促进残疾人全面发展，推动残疾人事业可持续发展。

2. 残疾人保障内容不断丰富，残疾人福利水平不断提高

改革开放以来，在党和政府的关心下，通过社会各界的积极参与，我国残疾人生活状况得到了显著改善，残疾人社会保障的内容不断丰富，在很大程度上提高了残疾人福利水平，实现了残疾人对改革开放伟大成果的共建共享。

首先，残疾人教育事业得到很大发展。一方面，残疾学龄人口入学率大幅提高，视力、听力、智力残疾儿童少年入学率由 1987 年的不足 6% 提高到 2000 年的 77.2%，根据《中国残疾人事业 "十五" 计划纲要（2001～2005 年）》的要求，到 "十五" 末，我国发达地区残疾儿童入学率将达 95%。另外，残疾人接受中高等教育的机会大增。以 2005 年为例，全国有 4335 名残疾人被普通高等院校录取，904 名残疾人进入特殊教育学院学习。全国省（自治区、直辖市）、地（市、州）、县（区）三级残疾人职业教育培训机构已发展到 1044 个，接收残疾人职业培训的普通机构有 2206 个，近 59 万残疾人接受了职业教育与培训；达到中等学历的职业教育机构有 158 个，在校生 11960 人。另一方面，残疾人教育设施建设加快。2005 年全国开办特殊教育普通高中 66 所，在校生 3891 人；其中接收聋人的高中 49 所，在校生 3187 人；接收盲人的高中 17 所，在校生 704 人。此外，国家在一些高校中创办专为残疾人教育服务的机构，如长春大学特殊教育学院、北京联合大学特殊教育学院、滨州医学院残疾人医学系、天津理工大学聋人工学院等，并在 7 所师范大学设立特殊教育专业。国家还建立了近 1000 所残疾人职业培训机构，对 300 多万残疾人进行了职业培训。[①]

其次，残疾人就业支持工作稳步推进。建立了大量城市残疾人就业服务机构，截至 2000 年中国残疾人联合会在各地共建立省、市、县各级就业服务机构 3012 个，为适龄残疾人提供就业技能培训，沟通用人单位与残疾求职者，促进残疾人就业。据统计，至 20 世纪末，组织社会各单位依法按比例录用残疾人 97

---

① 马洪路：《残障社会工作》，高等教育出版社，2007，第 64～66 页。

万人，集中安排残疾人就业的福利企业达 4 万多家，并扶持 138 万残疾人个体就业。① 另外，针对农村残疾人，主要通过开办中、短期技术培训班，提供农业科技指导。通过推进城乡残疾人就业支持工作，使得就业率由 1988 年的不足 50% 提高到 2000 年的 80%。

最后，残疾人社会生活环境显著改善。多年来，通过广泛的宣传教育，人们对于残疾人的不正确认识逐渐改变，歧视残疾人的现象减少，社会大众逐渐认识、理解、尊重、关心、帮助并接纳残疾人，为残疾人平等参与社会生活营造了良好的社会文化氛围。残疾人文化体育生活日渐丰富，大多数电视媒体、广播电台均开设了残疾人专题节目和手语节目，并推出了一些残疾人出版物，丰富残疾人文化生活；组建中国残疾人艺术团并进行全国巡演与国际交流；举办全国残疾人文艺汇演；举办全国残疾人运动会，积极参与残疾人奥运会、"远南"残疾人运动会等国际体育盛会，展现中国残疾人风采。此外，非常重视无障碍环境的营造。中国残疾人联合会联合民政部、建设部制定并实施了《城市道路和建筑物无障碍设计规范》，一些大中城市建成无障碍设施，为残疾人生活提供便利。

（三）残疾人事业发展存在的问题

我国残疾人事业自《中华人民共和国残疾人保障法》颁布以来，取得了显著的成绩。但由于我国现在处于并将长期处于社会主义初级阶段的基本国情，经济社会发展水平有限，城乡、地区发展差异巨大，决定了我国残疾人事业不可避免地存在着许多问题。

（1）残疾人立法等制度保障有待加强。法律制度是残疾人事业发展的科学依据与指南，要推进我国残疾人事业快速向前发展，必须构建适应我国实际情况的残疾人事业法律体系。目前，我国虽然制定了一系列残疾人保障法律法规，但仍存在一些问题。一方面是现有法律多为宏观指导，涉及残疾人日常生活及社会参与的操作性规章较少；另一方面，由于社会上仍存在误解、歧视残疾人的偏见，再加上监督执行力度不够，使得现有法律法规在实际运用过程中难以得到彻底执行，损害残疾人合法权益的事件屡见不鲜，2010 年发生的"新疆智障人黑工厂事件"就是一例。

（2）残疾人福利水平低，仍以救济为主，与构建和谐社会的要求仍存在较大差距。残疾人事业的健康快速可持续发展，特别是 8296 万残疾人的生活水平

---

① 马洪路：《残障社会工作》，高等教育出版社，2007，第 65 页。

和参与状况，事关社会和谐、社会稳定。保障和实现残疾人平等的生存发展权，既是构建和谐社会的重大战略任务，也是构建和谐社会的重要社会条件。残疾人弱势群体的安康和幸福事关和谐社会目标的实现。[①] 但是，目前残疾人能享受到的福利多集中于衣食住行等基本生存需要的保障，有关残疾人的社会保险和发展型福利不足，总体上处于救助型福利阶段，社会服务极端落后，未充分发挥出改善残疾人生活状况、提高残疾人生活素质、促进社会文明的功能。

（3）参与主体单一，尚未实现多元治理。目前，中国残疾人事业发展主要依赖政府的行政推动，国家（政府）之外的其他主体参与程度较低。除国家救助外，其他主体对残疾人的社会救助和扶持力度不够，民间组织、慈善机构、社会大众等对残疾人的社会保障事业参与度低，慈善意识、扶残助残气氛不浓。[②]

（4）事业发展经费来源渠道单一，未充分利用民间力量。无论多么发达的国家或地区，政府的财力始终有限，而社会成员对福利的需求增长却是无限的。因此，解决财力有限与需求无限矛盾的途径就是充分利用民间的力量来发展社会福利事业，这是一些国家和地区的成功经验。[③] 目前中国残疾人事业仍过分强调家庭与残疾人自我保障，在资金来源渠道方面，过分依赖政府投入与家庭支持，尚未突出强调对 NGO、NPO 等民间力量参与残疾人事业发展的正确引导与鼓励支持。

（5）发展水平不一，存在较大的城乡差异、地区差异。目前我国残疾人事业发展仍存在较为明显的"城乡有别"的现象，城乡残疾人社会保障具有二元特征，农村残疾人保障分散而零碎、保障面狭窄，享受的残疾人数量有限。[④] 另外，由于我国经济社会发展存在巨大的地区差异，东中西部发展水平呈阶梯状降低，各地在残疾人事业推进方面，无论是资金投入还是人员配备，抑或设施建设都存在巨大差异。为实现构建和谐社会的宏伟目标，应该在统筹兼顾基础上，建立城乡衔接的残疾人事业发展机制，逐步实现残疾人事业城乡、地区发展均等化。

二 残疾人事业发展的保障

（一）制度保障：残疾人法律法规、制度政策相继出台

新中国成立以来，尤其是改革开放以来，我国残疾人事业得到了迅猛发展，

---

① 周云清、张雪：《残疾人保障的制度构建与社会和谐》，《中国残疾人》2006 年第 10 期。
② 李迎生、厉才茂：《残疾人社会保障力量与实践研究》，华夏出版社，2008，第 26 页。
③ 郑功成：《中国社会保障论》，中国劳动社会保障出版社，2009，第 196～197 页。
④ 李迎生、厉才茂：《残疾人社会保障力量与实践研究》，华夏出版社，2008，第 26 页。

重要原因在于制定了相关法律法规、实施了相关制度政策，为残疾人事业和残疾人社会工作发展提供了坚实的制度保障。这些法律法规、制度政策相互配合、相互完善、相互补充，构成了一个较为完善、科学的制度体系。除了上述诸多法律法规外，还包括以下政策、制度。

1. 残疾人法律援助制度

法律援助主要针对弱势群体开展，残疾人一般家庭经济困难，在面临诉讼时往往无力支付法律服务费用，急需通过法律援助而获得专业帮助。《中华人民共和国律师法》第四十一条和《司法部关于开展法律援助工作的通知》明确规定：盲、聋、哑和未成年人为刑事被告人或犯罪嫌疑人，没有委托辩护律师的，应当获得法律援助。

残疾人法律援助的形式多样，如各地设立的"残疾人法律服务中心"，本着为残疾人服务的宗旨，为残疾人提供法律咨询，代写法律文书，进行法律诉讼，与损害残疾人权益的行为作斗争，坚定维护残疾人合法权益，受到残疾人的一致好评。1998年中国康复研究中心的社会工作者依据我国相关法律法规及最高人民法院的司法解释，应各地司法机构和劳动仲裁、法律援助中心的要求及委托，开始为就诊的残疾人出具康复治疗和残疾用具配置的建议、证明，配合各地法律工作者维护残疾人权益。社会工作者的这一举措是中国残疾人社会工作在新形势下，结合我国残疾人事业发展实际，做出的重大创新与发展。

此外，残疾人法律援助还包括设立"残疾人法律服务室"、"残疾人维权服务中心"，开通"残疾人法律咨询热线"，并有由律师等专业人才组成的专为残疾人服务的"志愿者服务队"，长期免费为残疾人提供诉讼服务。上述种种残疾人法律援助政策，极大地增强了残疾人利用法律武器维护自身合法权益的能力，在一定意义上也保障了残疾人福利的实现。

2. 残疾人医疗救助制度

根据民政部统计，有30%～40%的贫困居民是由于疾病原因致使生活水平低落到贫困线之下的，尤其是残疾人，他们很难依靠自身力量就业或脱贫。[①] 所以，对残疾人群进行医疗救助显得尤为重要。

---

① 民政部救灾救济司社会救助处：《医疗救助——综合性城市贫困救助体系建设中的重要一环》，《社会福利》2003年第3期。

目前，残疾人可以通过"农村新型合作医疗制度"以及各地实施的"城乡医疗救助制度"获益。如上海市于 2001 年 2 月开始，由市慈善基金会向社会定向募集资金，然后每年拨 500 万专款在各区县设立 150 多个慈善医疗定点门诊。残疾人可申请"慈善医疗卡"前往定点门诊就诊，享受医疗服务。另外，为配合城市医疗改革，北京市、石家庄市、北海市等地通过成立"社会福利医院"向残疾人提供医疗救助。许多城市社区在民政部门的组织领导下，为残疾人免费安装电话和呼叫器、赠送轮椅和拐杖、做白内障和唇腭裂手术等，解决了残疾人的特殊困难，满足了特殊需求。① 截至 2004 年底，全国已经有 29 个省（市、区）出台了医疗救助政策，1003 个县开始实施农村医疗救助工作。全国共筹集医疗救助资金 11.8 亿元，救助农村苦难群众 548.9 万人，其中很多都是各种类型的残疾人。②

残疾人救助制度的建立与实施，使广大残疾人看得起病，减轻了医疗诊治费用负担，极大地保障了残疾人的健康福利。

3. 残疾人就业支持政策

支持残疾人积极就业，鼓励残疾人通过就业实现自我保障，是我国残疾人事业健康发展的重要保障。我国残疾人就业支持政策主要分为集中安排就业与分散安置就业等形式。

残疾人集中安排就业主要是通过举办福利企业、按摩医疗机构、福利性企事业单位等形式来加以实施。一方面，国家通过相关法律法规强制规定各机关、单位、团体、企事业单位接收残疾人就业的比例，并监督实施，鼓励单位对雇佣残疾人进行职业培训、教育；另一方面，国家对积极接收残疾人的福利性企事业组织实行税收减免、政策倾斜等优惠，并在生产、经营、技术、资金、设备等方面给予扶持。

城市残疾人的分散安置就业是指机关、团体、事业单位选择合适岗位，录用残疾人就业。农村地区则通过多种形式扶持残疾人发展种植业、养殖业及家庭手工业等，以实现就业。此外，残疾人分散安置还包括对残疾人个体创业的支持，通过税收、贷款、注册等政策优惠，支持残疾人就业。

经过长期的实践探索，我国残疾人就业支持政策取得显著成效。数据显示，

① 中国残联组联部：《全国残疾人贫困户调查报告》，《中国残疾人》1998 年第 8 期。

② 马洪路：《残障社会工作》，高等教育出版社，2007，第 53 页。

2008 年我国城镇新安排 36.8 万残疾人就业。其中，集中就业的残疾人 11.3 万人，社会各单位按比例安排残疾人就业 9.9 万人，个体就业和多种形式灵活就业的残疾人 15.6 万人，农村残疾人参加生产劳动达 1717.1 万人。[①]

（二）组织保障：中国残疾人联合会成立

为了更好地适应我国残疾人事业发展的需要，1988 年 3 月 11 日，中国残疾人联合会在中国残疾人福利基金会、中国盲人聋哑人协会和"联合国残疾人十年"中国组织委员会秘书处的基础上成立了。中国残疾人联合会将代表功能、服务功能、管理功能融为一体，是中国政府批准的全国性残疾人事业团体，属于"半官半民"性质的综合性社会团体。它代表着全国残疾人的共同利益，以维护残疾人合法权益为工作宗旨，以协调和推动中国残疾人事业向前健康发展为行动目标，是我国残疾人事业顺利发展的重要组织保障。

为了更好地代表、反映不同类别残疾人的实际问题，中国残疾人联合会内设中国盲人协会、中国聋人协会、中国肢残人协会、中国智残精神病人亲友会等，分别组成各专门协会的委员会。各专门协会的日常工作由中国残疾人联合会的常设执行机构统一办理。[②]

中国残疾人联合会在各省、市、县（区）还设有地方组织，宣传残疾人政策，维护残疾人权益，服务残疾人群体。街道、乡镇及残疾人比较集中的企业、事业单位建立残疾人基层群众组织，构建了一个从中央到地方、从政府到企业，覆盖全社会的残疾人组织支持体系，为我国残疾人事业发展提供了强大而坚实的组织保障。

三　残疾人康复与社会工作

发展残疾人事业就是要保障残疾人合法权益，保证残疾人的权利能够充分实现，使他们获得平等的地位和均等的机会，参与社会生活和国家建设，共同享有社会发展和改革开放的伟大成果。而要实现残疾人"共建共享"，就必须首先实现残疾人康复，康复是残疾人平等参与的前提。

我国的残疾人康复事业开始较晚，目前还处于起步阶段，康复内容主要是以医疗康复为主，心理康复、教育康复、职业康复等较高层次的康复尚不

[①]　徐芳芳、朱妍君：《我国残疾人就业保障问题探析》，《现代商贸工业》2010 年第 12 期。

[②]　马洪路：《残障社会工作》，高等教育出版社，2007，第 61 页。

能满足需求。

"康复"正式以专门的形式出现于法律之中是在 1990 年 12 月经全国人大通过，自 1991 年 5 月起实施的《中华人民共和国残疾人保障法》。此后，我国残疾人康复领域不断拓展。精神病防治康复、低视力康复、麻风畸残康复、残疾人用品用具供应、特需人群补碘、残疾人康复服务与训练等康复项目先后被列入《中国残疾人事业五年工作纲领（1988～1992）》和中国残疾人"八五"、"九五"、"十五"计划纲要。

在党和政府的关注下，在社会各界的大力支持参与下，我国残疾人康复事业取得很大进步。2007 年我国完成白内障复明手术 80 万例；为 3.2 万名低视力患者配用助视器，培训儿童家长 1.3 万名，有效开展家庭康复训练；开展盲人定向行走训练 12224 人；对 19869 名聋儿进行了听力语言康复训练，规范聋儿家长学校，开展家庭训练，共培训聋儿家长 26737 名；为贫困聋儿配戴助听器 12000 台；在 1555 个市县开展精神病防治康复工作，对 433.9 万重性精神病患者进行综合防治康复，社会参与率达到 56.07%；对 33.7 万贫困精神病患者进行医疗救助；成立了 27 个省级孤独症儿童康复训练机构，有 1056 名孤独症儿童进行了康复训练；为麻风畸残者实施矫治手术 3964 例，为麻风患者回归社会营造良好社会氛围。为残疾人减免费用装配普及型假肢 2.3 万例，供应辅助器具 500 余种 95 万件，装配矫形器 1.3 万例；对 8.8 万肢体残疾人进行了康复训练；对 2.6 万 0～14 岁的智力残疾儿童进行了康复训练。在 750 个市辖区和 1298 个县（市）开展了社区康复工作，累计建立社区康复站 62026 个，配备 10.9 万名社区康复协调员，五百六十余万残疾人得到康复服务。[①]

据保守估计，我国拥有康复需求的残疾人多达 5000 万。随着每年新增残疾人数量的扩大，我国康复事业虽取得一定成绩，但仍面临着严峻挑战。我国政府也采取了一系列措施，推动残疾人康复与社会工作事业的进一步发展。一是依托项目，加大投入。自 1982 年开始，民政部就与联合国儿童基金会开展了"伤残儿童康复"合作项目，双方共同投入数千万元，购置康复器材设备，组织康复培训，极大地提高了伤残儿童的康复水平。二是扩宽筹资渠道，鼓励民间参与。近些年来，社会和民间筹资水平不断提高，有力地推动了我国残疾人康复事业的

---

① 孙树菡、毛艾琳：《我国残疾人康复需求与供给研究》，《湖南师范大学社会科学学报》2009 年第 1 期。

发展。以香港长江事业（集团）有限公司董事局主席李嘉诚为例，他先后向中国残疾人福利基金会捐赠了 1.01 亿港元。① 三是加大康复研究，推进社区康复服务。推动中国残疾人联合会所属的康复研究中心在康复实践、科研、人员培训方面发挥的资源中心作用；在综合医院设立康复科室；建立各级康复服务指导机构；开展社会化、开放式、综合性的精神病防治康复工作，建立精神病人康复工疗站。

　　总体来看，经过近几十年的发展，尤其是改革开放三十多年的快速发展，我国残疾人事业发展取得了阶段性的成就，明确了残疾人在社会中的合法地位，保障了残疾人的平等权益，推进了残疾人福利的实现。但是，由于受到历史、文化、经济、社会，以及地区发展不平衡等多方面因素的影响，我国残疾人事业发展还面临着诸多问题，尤其是残疾人社会工作才刚刚起步，还很不成熟，亦不完善，专业化程度不高，要想实现残疾人事业的稳步快速发展，推进残疾人社会工作的专业化、职业化，并非一朝之功。在此，笔者想借用香港理工大学应用社会科学系阮曾媛琪教授的主张并稍作修改，作为本节的结尾："开展残疾人社会工作不能被动、不能等、不能靠，要主动出击，要相信改变，要积极去开拓，促进改变，要有耐心、有信心地去创造出一个社会工作的新天地。"②

案例分析

《瞭望》新闻周刊：见证中国残疾人事业发展③

　　6 年前，《瞭望》新闻周刊的 3 位女记者曾经对北京残疾人生存状况做过一次专题调研。为了感受残疾人的出行，她们租了一辆轮椅，由一位记者坐在轮椅上挤公交、逛商场、进银行。她们发现，坐在轮椅上，公交车的车门离地

---

　　① 郑功成：《中国社会保障论》，中国劳动社会保障出版社，2009，第 188 页。

　　② 原文是阮曾媛琪教授 2004 年 6 月在中国社会工作教育协会东北片会上针对"企业社会工作"的演讲。见周沛《一项急需而有价值的社会工作介入手法——论企业社会工作》，《社会科学研究》2005 年第 4 期。

　　③ 部分摘录自新浪网·新闻中心《〈瞭望〉新闻周刊：见证中国残疾人事业发展》，杨桃源，2008 年 9 月 9 日，http://news.sina.com.cn/c/2008 - 09 - 09/144014425124s.shtml。

面是那样高远，商场的汇款台、银行的 ATM 是那样高不可攀，简单的上洗手间"方便"，却是那样的不方便。

今天的北京，从机场到地铁，从公交车到出租车，从场馆到酒店，从故宫到长城，"特殊通道"保证了残疾人一路畅通无阻。

目前，北京市 123 座地铁站每站都有一个站口可以乘坐升降平台，实现无障碍通行。北京残奥会开幕前夕，轮椅升降平台、残疾人专用卫生间、低底盘公交车等"无障碍"设施在北京已随处可见。

"维护残疾人的合法权益，发展残疾人事业，保障残疾人平等地充分参与社会生活，共享社会物质文化成果"，这是自 2008 年 7 月 1 日起施行的新修订的《中华人民共和国残疾人保障法》第一条所申明的立法宗旨。其实这也正是我们这个 13 亿人口的大家庭对待这些身体不便的兄弟姐妹的一贯主张。

一个国家残疾人权益的保护和实现程度，在一定程度上反映了该国的人权发展和实现程度。中国的残疾人事业，与中国 30 年的改革开放一路同行，留下了一道温暖人心的发展轨迹。

"天堑"正在变为坦途

9 月 2 日，法国残疾人运动联合会主席热拉尔马松在接受新华社记者采访时表示，中国为举办残奥会付出了巨大的努力，他相信这一盛会将有助于加强世界各国对于残疾人事业的关注。

盲道畅行无阻，坐着轮椅乘地铁，聋哑人用上了手机……近几年，随着我国无障碍建设的加速发展，越来越多的残疾人得以同健全人一样分享经济发展成果。往日被残疾人视为天堑鸿沟的种种障碍，正因各类无障碍设施的大力兴建而逐渐变为坦途。8300 多万残疾人因此日益融入社会生活，积极参与经济社会建设，共享发展成果。

我国无障碍设施的建设起步于北京。1985 年 3 月，随着中国残疾人联合会"为残疾人创造便利的生活环境"倡议的提出，北京市政府决定将西单等地的 4 条街道作为无障碍改造试点。此后的二十多年时间里，随着《城市道路和建筑物无障碍设计规范》等相关法律法规的不断完善，我国无障碍建设逐渐变为强制标准，并在最近几年得以突飞猛进地发展。2002 年，国务院批准了首批 12 个创建全国无障碍设施建设示范城市。截至 2007 年，全国有 827

个市、县、区系统地开展了无障碍设施建设。

据中国残联介绍，"十五"期间，我国相当一部分大城市的商场、饭店、图书馆、医院、公园及公共厕所等，不同程度地建设了无障碍设施；全国民航机场航站区，基本上都进行了无障碍设施建设和改造；无障碍设施成为新建小区的必备条件，原有小区也进行了无障碍改造。

仅在北京市，盲道就超过 800 条，总长度达到 1500 多公里，建设无障碍地下通道和过街天桥 39 座，主要路口均安装有盲人过街提示音响，具备基本无障碍设施条件的大中型商场和酒店有 235 家，401 座公共厕所、460 家银行、20 家邮局也实现了无障碍。

《中国残疾人事业"十一五"发展纲要》提出，今后我国将严格执行无障碍建设的相关法律、法规和设计规范，制定实施无障碍设施建设行业标准，全面推进无障碍设施建设。

如今，无障碍建设在各地有硬措施保障，成为体现社会进步、提升全民公共道德意识、推动精神文明建设的重要内容。北京市从 2007 年 8 月起将每月 16 日定为"无障碍推动日"，每个月对一个行业或系统的无障碍建设情况进行督查和整改；山东省东营市发挥监督作用，聘请了 80 多名无障碍建设义务监督员，及时收集群众的意见和建议。

中国残联理事长汤小泉说："推进城市无障碍设施建设，就是为了帮助残疾人走出家门，融入社会，与健全人一样享受社会物质文明成果。"

在北京，游故宫、登长城对残疾人来说已全无障碍，他们可以坐轮椅进入"前三殿"，坐电梯、走坡道爬上长城。同时，北京市还投资 1000 万元，对 10 座市属公园进行了无障碍改造。

在上海，21000 个家庭完成了无障碍设施的安装改造，扩大了残疾人群活动半径，切实保障了他们出入家门、出入小区活动和就近购物等基本需求；公交车电子站牌语音导盲系统研制完成，并为 8000 名盲人发放了专用的遥控器。

无障碍建设还有力地推动了残疾人就业。据第二次全国残疾人抽样调查显示，我国目前尚有 858 万有劳动能力、达到就业年龄的残疾人没有实现就业。而随着无障碍交通设施、各企事业单位无障碍设施的逐渐普及，残疾人出行条件和工作条件将更加便利，他们的就业也将迎来新局面。2007 年，全国城镇新安排 39.2 万残疾人就业。其中，个体就业和多种形式灵活就业的残疾人达到了 15.8 万人。

实际上，无障碍建设并不只是实现物质环境的无障碍，还包括信息与交流的无障碍。在信息时代和网络社会中，就残疾人的生存和发展而言，信息无障碍较之城市设施无障碍具有同等甚至更重要的意义。2008 年，世界电信和信息社会日的主题被定位为"让信息通信技术惠及残疾人"，这从一个方面表明实现信息无障碍已成为世界潮流。

今年 7 月 30 日，北京市开通了首都残疾人信息无障碍交流温馨平台，提供了盲人语音短信收听、聋人短信紧急呼叫、聋人固定电话与移动用户中转、通讯录自助管理等多种服务。

在广东省深圳市，一些残疾人用品用具服务站里早已引入了各种先进的网络设备，盲文与可视文字互相转换、"网页之声"等软硬件。通过这些设备，盲人可以听到电脑里的文字，摸到网上下载的文件，也可以通过网络与外界交流。

在辽宁省大连市，相关学校和 IT 培训机构为残疾人提供培训机会；开设网络远程教育教室帮助残疾人接受更高层次的教育；建立办公自动化系统和互联网通道，把各级残联、事业单位、社区康复站、助残志愿者紧密联系在一起；建立残疾人网上虚拟社区，实现网上办公、咨询、交流、康复指导、助残服务、社区生活等。

随着信息无障碍的深入发展，我国正在进一步加强提高信息无障碍产品的易用性和可用性、制定产品和辅助技术兼容的技术标准、加大技术开发和法规保证、提高公众的信息无障碍意识等方面的工作。

第四章　致残因素预防与社会工作介入

残疾人的致残因素复杂，究其原因可归纳为四方面：遗传致残、意外事故致残、药物和疾病致残以及环境致残。从人类文明进步本质的角度来看，社会发展需要高质量的人力资源。所以，加强残疾预防、减少残疾发生无疑对社会发展具有重要意义。《中华人民共和国残疾人保障法》第十一条规定："国家有计划地开展残疾预防工作，加强对残疾预防工作的领导，宣传、普及优生优育和预防残疾的知识。针对遗传、疾病、药物中毒、事故、灾害、环境污染和其他致残因素，制定法律、法规，组织和动员社会力量，采取措施，预防残疾的发生和发展"。由于残疾预防具有特殊意义，社会工作者应配合政府相关部门，积极介入致残因素预防工作，这为减少残疾的发生，提高公民素质发挥着重要作用。

第一节　残疾疾病与病情预防

目前世界上已发现的遗传病有 6000 余种，且每年新增加的遗传病在 100 种以上。这些遗传病涉及人体的各个器官与系统，是致残的重要原因。任何国家和地区都特别重视残疾遗传与病情的预防工作。

一　遗传病预防

（一）遗传病

遗传病是导致先天残疾的重要原因。我国第二次全国残疾人抽样调查结果显示，我国现有残疾人口 8296 万人，占全国总人口的 6.34%。其中相当一部分是由遗传病引起的。[①] 例如，全国每年出生的婴儿中，约有 100 万患有与残疾有关的遗传性疾病。另外，孕妇分娩时因为产伤、窒息造成的智力低下的脑瘫痪等问题也不容忽视。

研究显示，能致残的遗传病大致有以下十类：①致盲遗传病：如先天性白内障；②致聋遗传病：如先天性耳聋；③运动障碍疾病：如成骨不全、重症肌无力等；④神经精神系统遗传病：如小头畸形、精神分裂等；⑤内分泌系统遗传病：如呆小病；⑥血液系统遗传病：如血友病 A 等；⑦先天代谢病：如白化病等；⑧心血管系统病：如先天性心脏病、肥厚型心脏病；⑨性染色体异常综合征：如先天性睾丸或卵巢发育不全综合征；⑩常染色体综合征：如先天愚型。

需要特别注意的是，就导致残疾遗传的因素而言，近亲结婚的危害十分明显。近几十年来，近亲结婚问题虽已受到极大遏制，情况也有明显改变，但在我国某些偏远山区和农村，此种现象仍然存在，在个别地区甚至表现严重，并由此而引发了恶性后果，需要引起社会对这一问题的继续关注。

（二）遗传病预防

加强预防干预、减少残疾发生，是降低出生人口残疾率的有效途径。如果能够通过有效措施，把遗传导致的残疾控制在较小范围，对国家、社会和家庭都是巨大的贡献。遗传病预防干预体现了人道主义精神，是社会文明进步的重要方面，同时也具有最大的成本效果。

基于遗传残疾的严重危害性，必须重点关注以下问题。

（1）我国 2011 年颁布的《中华人民共和国婚姻法》第七条（二）规定："患有医学上认为不应当结婚的疾病者禁止结婚。"[②] 有两类人会将残疾遗传给后代，所以不适宜结婚，更不应当生育。其一是遗传病家族史者，如先天愚型（21—三体综合征）、抗维生素 D 佝偻病、软骨营养障碍、遗传性小脑供济失调、强直性脊柱裂、遗传型马蹄内翻足等；其二是患有导致胚胎缺陷的疾病者，包括性病、麻风病、血液病，或尚未治愈的严重的心、肝、肾疾病等。社会公民在婚姻生育中要严格执行上述规定，避免上述疾病通过遗传渠道导致残疾的发生。

（2）近亲结婚容易将不良基因遗传给后代并导致残疾，《中华人民共和国婚

---

① 崔斌、郑晓瑛、陈功：《中国残疾人口致残原因分析》，《人口与发展》2009 年第 5 期。
② 《中华人民共和国婚姻法》：http://www.gov.cn/，2005 年 05 月 25 日。

姻法》第七条明确规定："直系血亲和三代以内的旁系血亲禁止结婚。"①

（3）早育或高龄孕育会因为生殖系统功能不够健全而影响胎儿发育，20 岁以下或 35 岁以上的怀孕女性，由于身体原因，可能难以满足胚胎发育过程中所需要的钙量以及其他必要的元素，有可能致使胎儿发育不全。所以，提倡适龄结婚和孕育显得十分必要。

（4）孕妇营养不足可以造成胚胎缺陷。孕妇缺乏维生素 D12 会造成神经管缺陷而生出无脑儿，碘缺乏者会生出痴呆儿；氟、硒等微量元素缺乏也会造成多种先天缺陷。同样，孕妇营养失衡又会使某些微量元素的摄取受到抑制，从而导致胚胎缺陷。所以，孕妇饮食不可缺乏必要的营养，也不可以营养失衡。

（5）为了避免胎儿在分娩出生时受到损伤，应当做好围产期的保健工作。其一要避免产伤，包括颅内出血、胎头水肿、脊髓损伤、四肢神经损伤与骨折等；其二要避免缺氧，因为缺氧造成的心、脑、肾等重要器官的损伤是不可逆的，也是最为严重的致残因素，大量的脑瘫儿几乎都是在这一阶段造成的。

（6）有些遗传性残疾可以在新生儿期得到矫正，所以新生儿的筛查与保健工作也至关重要。如出生后哺乳 48～72 小时进行足跟血筛查，可以检出遗传代谢性疾病——苯丙酮尿症，这种病可以通过服用一种特殊的低苯丙氨酸的奶粉得到纠正；出生后 3～7 天新生儿足跟血筛查，可以检出甲状腺激素含量异常，可以及时通过药物进行纠正。

在具体措施上，政府部门与社会团体要努力做到以下几方面。首先，普及婚前保健。重点在农村地区开展婚前医学检查，禁止近亲婚育；孕前采取打疫苗、口服营养素等预防措施促进孕产期保健，严格控制孕期用药；教育新婚或准备生育的夫妇禁烟戒酒，远离毒品；要实行产前筛查和产前诊断，减少出生缺陷和残疾胎儿的出生。其次，要定期在全国各地区推行新生儿与婴幼儿体检。开展先天性甲状腺功能低下、苯丙酮尿症、先天性听力障碍等疾病的筛查诊断和治疗，通过饮食疗法或补充激素等措施来防止遗传性疾病的发病或加重。

世界卫生组织（WHO）指出，利用现有技术至少可以使 50% 的残疾得以控制或者延迟发生。如若抓好禁止近亲结婚的工作，就可以减少约 13% 的智力残疾发生；加强围产保健，防止产伤和积极诊治妊娠晚期各种合并症，又能减少约 5% 的智力残疾发生，对其他类型残疾的预防也有较好作用。婚前检查、遗传咨

① 《中华人民共和国婚姻法》：http：//www.gov.cn/，2005 年 05 月 25 日。

询、围产期保健等属于最基本的残疾预防措施，在此基础上预防新生儿缺陷，做到早发现、早干预和早治疗，就能在很大程度上有效地预防和减少残疾的发生。

同时，社会工作机构及社会工作者应积极介入，配合政府相关部门，尤其是民政部门和各级残联，充分利用康复服务网络，把婚前检查和母婴保健当作一项经常性的工作来抓，利用媒体宣传普及婚前检查和母婴保健知识，通过减免婚检费用，免费母婴保健咨询，定期开展集中检查，提高婚龄青年和已婚妇女健康水平，努力减少新生儿出生缺陷。

此外，残疾人群体中同类婚姻较多，这是导致残疾遗传的高发群体。许多残疾人一方面文化水平低，缺乏残疾遗传和预防的相关知识；另一方面因经济贫困，无力支付婚姻和生育的检查费用。这些问题容易导致残疾人生育中产生遗传疾病。社会工作者要特别关注这一群体，加强对残疾人婚前检查和优生优育促进工作，针对育龄残疾人群开展优生咨询服务、高危人群指导等，切实提高育龄残疾人群的生殖健康意识，有效预防和减少新残疾的发生。

二 地方病预防

（一）地方病

地方病是指在一定地区内发生的生物化学性疾病、自然疫源性疾病和与不利于人们健康的生产生活方式密切相关的疾病的总称。① 这些地方病大多与人类居住环境水土中人体所需元素含量的不足和过量有关。

我国是地方病较为严重的国家，全国各地都不同程度地存在地方病流行的现象，包括碘缺乏病、地方性氟中毒、地方性砷中毒、大骨节病和克山病等。我国地方病的重灾区大多集中于西部偏远贫困地区。地方病的流行不仅严重危害病区广大群众的身体健康，而且制约了病区经济发展和社会进步。受自然、社会及经济等多种因素影响，我国地方病防治工作任务较为艰巨。

（二）地方病预防

我国预防和控制地方病的基本策略是以引起慢性致残作用的因素和潜在致残危险因素为重点，如地方性氟中毒、碘缺乏病等。这类预防是针对地方病高发区的群众，由政府组织领导，全社会协力实施的。对于由地方病引起的突发性致

---

① 《甘肃省人民政府办公厅批转省卫生厅等部门关于甘肃省重点地方病防治规划（2006～2010年）的通知》：http：//www.mof.gov.cn/，2006年04月20日。

残，则强调个体防护，通过宣传教育，掌握预防知识，防止意外事故的发生。

1. 地方性碘缺乏病致残及其预防

地方性碘缺乏病，是由于环境缺碘造成机体未能摄取足够的碘或充分利用进入人体内的碘以合成甲状腺素，导致甲状腺素代谢障碍而引发的各种疾病。碘缺乏不仅可以引起地方性甲状腺肿大和地方性克门病，还可以导致孕妇流产、死产、婴儿先天畸形、新生儿死亡率增高和婴幼儿脑发育异常等，造成不同程度的智力障碍。碘缺乏致病致残的预防措施包括：一是在食用盐中加碘以补充人体碘摄入的不足；二是对交通闭塞又无法通过商业渠道获得碘盐的偏僻山区，或人口流动性大，难以进行碘盐供应的地区，采取服用碘油的方式定期一次性补碘；三是对生活习惯比较特殊的人样，可采用碘强化面粉、茶叶、食用油、酱油、饼干、糖果等方法补碘。

2. 地方性氟中毒的致残及其预防

人通过饮水、呼吸和食物摄入过量的氟化物，在体内特别是骨组织，如牙齿、骨骼里蓄积，就会形成氟斑牙和氟骨症。重度氟骨症患者会引起骨骼变形、弯腰驼背、全身疼痛、丧失劳动能力乃至瘫痪，导致生活不能自理。我国地方性氟中毒主要有四种类型：饮水型氟中毒、燃煤污染型氟中毒、饮茶型氟中毒与混合型氟中毒。针对上述四种类型，地方性氟中毒致残的预防措施包括：一是饮水型氟中毒病区改水降氟。如在病区打低氟深井或通过管道引河水、泉水饮用，或采用物理化学方法除氟。二是燃煤污染型氟中毒病区改造炉灶降氟。改造炉灶可以使煤燃烧完全，将高浓度氟排出室外，从而降低氟中毒的发生。此外，改变燃料结构，改烧低氟煤也是降低氟中毒的重要措施。

3. 地方性砷中毒的致残及其预防

地方性砷中毒是一种长期的慢性中毒，诱发期可能长达 20～30 年。地方性砷中毒主要表现为躯干部位色素沉着或脱落，掌趾部位出现角化。掌趾过度角化的患者手指运动及行走困难，严重影响劳动。此外，砷中毒对消化系统、呼吸系统、心血管和神经系统也有损害，可能造成下肢溃疡、坏疽、腐烂而不得不截肢。地方性砷中毒可分为饮水型砷中毒、燃煤污染型砷中毒和氟砷混合型砷中毒三种类型。地方性砷中毒的防治措施包括：一是在饮用高砷水的地区因地制宜地采取改水降砷，在煤烟型砷中毒地区，采取关闭高砷煤窑和改造炉灶等措施。二是定期对砷中毒病区人员进行体检，做到早发现、早诊断、早治疗。三是对重度砷中毒的病人进行药物治疗与康复。

有效预防地方病的发生还要注重地方病监测。地方病监测是有计划、有系统、有规律地连续观察地方病消长趋势、影响因素和预防措施效果，为控制和最终消灭地方病提供科学依据的一种方法。要通过经常性监测，收集、分析、提供地方病动态信息资料，研究地方病的流行规律，做出预报预测及评价防治效果。

为有效开展地方病防治工作，我国先后颁布了一系列方针、政策、规定，规范地方病的防治工作。如《全国地方病防治工作规划》、《全国血吸虫病防治规划》、《全国麻风病防治管理条例》、《食盐加碘消除碘缺乏危害管理条例》等。

鉴于预防地方病对于减少残疾的重要意义和预防重于治疗的理念，社会工作者应该将更多的注意力集中在地方病预防领域。首先，由于地方病发生的地域性特点，需要在病情高发区运用专业社会工作方法，尤其是社区工作的方法，整合各种资源，通过教育、座谈、讨论等，在病区建立预防的理念，普及方法。在预防地方病的工作中，要特别关注宣传教育的作用。社会工作者要积极参与各地区，特别是偏远地区和农村的宣传教育工作。要通过印制发放宣传手册、设立流动课堂、播放影视作品和科普宣传片等形式，有效地开展地方病预防工作，以减少残疾的发生。

其次，在我国，政府部门的理念和对问题的关注程度往往会直接影响到问题的解决。地方病预防工作开展的好坏，在很大程度上取决于政府部门的主导作用能否有效发挥。因此，社会工作者一方面要直接为病区的居民提供服务，进行宣传教育；另一方面则要努力争取地方政府的支持。要有效运用沟通、协调的方法，积极与主管部门进行交流，交换信息、争取资源、共同行动。只有促使作为公共管理主体力量的政府部门行动起来，地方病预防才能取得更好的效果。

三 医药及医疗预防

除遗传与地方病因素外，疾病和药物也是重要的致残因素。疾病的发生加之滥用药物可能会造成残疾的恶性后果。对致残性疾病进行及早治疗、控制残疾的进一步发展、防止药物滥用，也属于残疾预防的范畴。

在现代社会，能够导致残疾的疾病种类很多，中风、脑瘫、脊髓损伤、癫痫、麻风病、高血压病、冠心病、糖尿病等都可能导致残疾的恶果。血管性疾病可能造成多种大脑功能障碍，导致各种不同程度的后遗症，如意识不清、瘫痪、失语、失认、吞咽困难和痴呆等。小儿麻痹症是由一种肉眼看不到的病毒所引起的疾病，以儿童的肢体肌肉弛缓瘫痪、萎缩变细和丧失运动功能为主要特点，经常会留下终身残疾。再如类风湿性关节炎能够引起腿部关节僵硬和畸形，功能丧失，导致骨头变形、骨质增生等，严重影响或失去行走能力。严重发烧特别是儿童高烧，如果得不到及时治疗，有时会引发严重的后遗症，如失明、失聪等。

除疾病外，滥用药物也是致残的重要因素之一。如链霉素是著名的耳毒性药物，即使在治疗剂量下使用也会产生严重的副作用，使听神经受到不可逆转的损害或耳聋。庆大霉素、新霉素、卡那霉素毒性与链霉素相似。儿童对链霉素等药物的耐受能力较低，故耳聋发生率较高，而且年龄越小，发生率越高。此外，滥用抗生素和止痛药物也会引起严重后果。

基于上述疾病和药物的严重危害，要重点强化疾病及药物的预防与干预机制。首先要加强科学用药知识的普及和指导，避免不当用药造成的肢体突变、畸形、智力残疾等问题。其次要有计划地实行免疫接种，预防脊髓灰质炎、麻疹、风疹、乙型脑炎、结核、伤寒、百日咳、疟疾等致残性传染病。还要开展早期筛查，通过早期筛查可以查出多种致残性疾病，其中有些疾病能够在早期通过特殊喂养方法或加用某些药物得到控制，将残疾消灭于未发阶段。除此之外，定期体检也是有效的预防手段。定期体检可以查出高血压病、糖尿病、白内障等常见多发的致残性疾病，及时治疗以免残疾的发生。联合国倡导民众实行健康生活方式、避免致残性疾病的发生，包括戒烟、戒酒、禁止毒品和充足睡眠等，这会对疾病预防起到根本性作用。

此外，当疾病发展到一定阶段，不可避免地出现了残疾时，应当采取措施予以及时补救。①积极治疗，包括医患配合、加强护理或施以必要的手术，促成残疾的逆转，矫正残疾的程度，控制残疾的发展，并预防发生新的残疾。②对于无法逆转的残疾，要进行积极的早期康复，以防止其向残障转变。早期康复措施主要有心理治疗和功能训练以及配用特殊用品、辅助用具等；同时也不要忽视原发病的治疗，否则会因为偏失而发生新的残疾。

四 疾病预防中的社会工作介入

在预防因疾病导致残疾的领域，社会工作越来越具有重要的意义。开展疾病预防，离不开社会工作的基本理论和价值观，离不开专业的方法和技巧。但由于疾病领域的特殊性，社会工作者还应掌握一定的医学基础知识，对能够引起残疾的常见病、多发病的防治知识及常用药有一定了解，加之与社会工作专业方法相结合，才能产生较好的实践效果。

　　根据相关学者的研究，社会工作介入遗传与疾病致残因素预防可以分为三级，即初级预防、次级预防及第三级预防。初级预防主要是防止疾病造成的特定事件；次级预防的重点在于预防事件发生的后果；第三级的介入则主要是预防残疾事故造成的不良结果①。

　　在预防的过程中，医疗专业人员与健康教育人员是初级预防的重要组成部分，他们可以减少不健康的新生儿、提供预防意外的相关资讯等。社会工作者也是初级预防必不可少的一部分，社会工作者首先要扮演组织者和协调者的角色，联系、组织并配合医疗专业人员和健康教育人员进行医疗和疾病的预防工作。通过社会工作专业方法，尤其是小组工作和社区工作方法，将介入的重点放在宣传、教育和提供咨询方面，如提供孕妇的产前咨询、婴幼儿的接种、某些药物的使用方法介绍等，最大限度地发挥专业人员的作用。

　　某些致残疾病在发生之初，其后果并未最终显现出来，及时正确的介入，能够减轻甚至防止疾病伤害的发生，降低因伤害产生的个人限制，这也就是次级预防的主要任务。在次级预防阶段，社会工作者、专业医疗人员以及复健人员承担了重要责任。社会工作者需要组织各相关部门和专家，协调社会资源，如协助寻找复健服务等。在这一阶段，除了要做好组织者协调工作外，社会工作者也要承担争取资源、寻找社会支持网络和心理介入的责任，为遭受致残疾病者提供物质和心理的支持。一方面要尽可能防止或减轻疾病的严重后果，另一方面要运用专业方法和技巧进行心理介入，帮助维护案主正常良好的心理状态，以有助于取得较好的医疗效果。

　　社会工作者关注的重点往往是第三级的预防服务。这一阶段的主要任务是减少对残疾者的社会性限制。即在残疾后果不可避免的出现之后，如何通过社会工作者的有效介入，降低残疾对残疾者及其家庭的伤害，避免其从残疾走向残障，帮助残疾人进行角色转换，重新适应和参与正常的社会生活。在第三级预防领域，社会工作者要发挥主要作用。在这一阶段，残疾已成为既成的事实，医疗复健所能发挥的作用减小，随之而来的就是残疾人及其家庭所面临的各种痛苦与困难。生理上的限制必然带来社会性的限制，包括人际交往、教育、就业、婚姻、家庭和政治权利等都会随之受到严重影响。社会工作者必须秉持专业理念，针对

---

① 迈克尔·奥利弗、鲍勃·萨佩：《失能、障碍、残障：身心障碍者社会工作的省思》，叶琇姗、陈汝君译，心理出版社，2004，第67页。

案主不同的境况运用各种专业方法，帮助他们接受现实、恢复自信，寻找参与社会的途径，最终达到适应正常社会生活的目的。

值得注意的是，医疗知识对于社会工作介入疾病预防来说具有重要意义。如果缺乏医疗知识，社会工作者就无法了解案主在个人、人际关系或社会等方面遇到的困难和问题。以视觉障碍为例：由于不能靠视觉能力取得信息，也不能与人有目光的接触，因此视觉障碍者，特别是全盲的人，会遇到人际互动性方面的问题，这种问题在先天视障和原有视觉后来才失明的人身上又会不同。这些讯息对于教育、谘商或专业关系都有重要意义。了解哪些是视障者的特别状况或者所有身心障碍者都有的一些情形，对于社会工作者尤为重要。但是在大多数情形下，这些知识都来自残疾者本人。如一位年轻的社会工作者被指派去为一位四肢瘫痪的妇女服务，社会工作者就直接表示她对这个疾病一无所知，但她愿意学。因此，案主与社会工作者协议由社会工作者与案主相处一天，这个实务经验的价值要高于书本的价值，也能使社会工作者提供令案主满意的服务。

第二节　残疾事故与意外预防

近几年来，由意外事故而造成的残疾事件层出不穷，主要包括车祸、自杀、溺水、中毒和跌落等事件。众多事故与意外造成了大量的残疾与死亡，其发生的突然性和不可预测性给社会成员及其家庭带来了巨大伤害。做好意外与事故预防工作，是一个迫切需要解决的社会问题。社会工作者要从专业角度出发，配合政府相关部门和社会团体，大力加强安全教育工作和急救预防知识的宣传工作，减少事故与意外发生的频率，最大程度地降低其所带来的伤害。

一　事故预防的社会责任

（一）残疾事故与意外

事故与意外可导致多种残疾，如肢体残疾、视力残疾、听力残疾、精神障碍等，其中最常见的是肢体残疾。残疾事故与意外多集中于工伤和交通事故两类。一般而言，工业、建筑业较发达的城市与平原地区工伤的致残率较高，山区与丘陵地区其他外伤致残率较高，大城市与高原地区交通事故致残率较高。从总的意外伤害的发生情况看，男性明显多于女性，工伤致残的高发年龄是在中青年时期，交通意外受伤害者的年龄则较为平均。

工伤事故是指企业职工在生产劳动过程中发生的人身伤害与急性中毒等事件，多呈紧急和凶险等特征，常常造成死亡或残疾。工伤事故多发生在采掘业、加工制造业、建筑业与运输业等危险性较大的行业中。在现代社会，随着农业科技的进步与农村人口科技水平的提高，农业工伤也呈增多趋势。尤其是机器伤害、电伤与农药中毒，已成为农村致残的重要因素之一。我国是工农业生产大国，由于科技水平相对较低、经济发展不均衡以及管理的不成熟，每年工伤事故频发，矿难、中毒、爆炸等事件屡见不鲜，由此所引发的死亡、残疾数目巨大，给社会成员带来了难以弥补的伤害。

交通事故是指发生在公路、城市街道、铁路、航道、空中以及与道路一体的桥梁、隧道、轮渡设施和作为道路使用的电梯等地点的伤亡事故。近年来，我国交通事故发生率呈上升趋势，交通事故致残数量不断增加。造成交通事故的基本因素包括人、车、路、环境与管理，其中人是主要因素。这里所说的"人"既包括车辆驾驶人员，也包括骑自行车的人和行人等，而其中大多数的事故责任人是驾驶人。驾驶人导致交通事故的原因很多，如超速行车、醉酒驾驶、违章驾驶、行车中精力不集中等。另外，车辆的技术性能不好，道路状况不良和缺少必要的道路安全措施，自然条件和其他意外情况的影响等都可能成为交通事故的成因。据公安部统计，我国死于交通事故的人数近几年的平均值一直保持在十万左右。[①] 公安部交管局公布 2010 年我国共发生道路交通事故 238351 起，造成67759 人死亡、275125 人受伤，其中因伤致残者不在少数。"死者长已矣，生者常戚戚"，冰冷的数字背后有无数家庭的人们承受着亲人离别的悲伤和伤残带来的巨大痛苦。

（二）事故预防的社会责任

各种事故与意外频发，不仅使国家和人民的生命财产遭受严重损失，也给伤残者及其家属带来巨大不幸，因而成为当前社会上非常关注的一个社会问题。防止各类意外与事故的发生，降低其给社会成员带来的伤害，是政府相关部门及整个社会不可回避的责任。

有效地预防是最好的保护。政府相关部门和社会要承担意外与事故预防责任，大力开展生产安全常识和劳动法制教育。政府部门联合企业采取有效措施，为劳动者创造安全的劳动生产环境，尽量避免工伤、交通事故及中毒事故发生。

---

① 《我国交通事故死亡人数达每年约十万》：http：//news.qq.com/，2007 年 06 月 29 日。

要本着以预防为主的原则，把劳动事故和意外事故造成的残疾减少到最低限度。

相关部门首先要对事故和意外发生率高的重点地区和企业加强预防宣传教育。这类宣传教育要针对两方面，其一是对企业和相关单位管理人员进行耐心教育。从成本收益、社会道德、法律责任等角度多方面强化企业管理者的安全责任意识，采取多项措施加强企业的安全保护和管理。其二是对于职工个人。要使员工掌握本职工作所需的安全知识，提高安全生产技能，增强事故预防和应急处理能力，最大限度地防止和减少人身伤亡和财产损失。在交通安全方面，由于交通事故伤害在年龄段上呈现平均化的趋势，加之现代社会中每个公民的工作生活都与交通息息相关，因此交通事故预防的宣传教育具有普遍性，应该深入到每一个角落和每一个社会公民。在此基础上，对于驾驶者和交通部门的管理者应重点关注和有针对性地宣传，加强全民安全意识。

加强宣传教育是事故和意外预防的软性方法。有效地干预还需要硬性措施，这需要加强相关法律的建设和执行力度。这里的法律既包括工伤管理方面的规定，也包括交通安全规则和惩罚措施。以醉酒驾驶为例，由于近几年我国车辆尤其是私家车数量的迅速增长，因醉酒驾驶导致的重大伤残事故频发。为解决这一问题，许多地方政府出台了一些相关的法律法规，对这一危险行为加大惩处力度。2011 年 5 月 2 日启用的新《中华人民共和国刑法修正案（八）》和修改后的《中华人民共和国道路交通安全法》中正式规定：醉酒驾驶、情节恶劣的追逐竞驶等行为构成危险驾驶罪，将追究刑事责任。这就由原来的行政管理手段调整为刑事处罚手段，这将会有效地降低醉酒驾驶导致死亡和伤残事件的发生率。对于其他容易导致事故和意外的领域，政府相关部门也应制定严格的法律法规和惩处措施，增加事故成本，以预防事故和意外的频发。事实证明，软硬结合，多种手段共同作用，才能在预防中取得良好效果。

在事故与意外预防中，还要特别注意对农民工的教育。自改革开放以来，从各地农村进城务工的人员逐年增加，他们大多从事技术要求低、依靠体力的简单劳动工作。受多因素影响，农民工在劳动中因意外受伤而致残的事件频频发生。之所以产生如此严重的后果，一方面是由于许多用工单位漠视农民工的安全保护问题，农民工的工作现场缺乏应有的安全设施，容易产生问题；另一方面，许多农民工个人权益保护意识不足，受到伤害后不能及时得到应得的医疗费用和经济补偿，致使很多人由于经济原因不能够得到有效的治疗和康复，使得本来不该成为残疾者落下残疾，本该轻度残疾者成为重度残疾。此外，由于缺乏现场科学急救知识，有些伤员原来受伤较轻，但由于抢救、搬运的方式不当，伤情加重反而成为残疾人。

二 意外预防的个人责任

事故和意外预防是全社会的责任，除政府相关部门和社会团体外，公民个人也应该有足够的安全意识与自我保护意识。只有每个公民都重视，并有足够的知识和方法实施自我保护，才能产生最大的预防效果，从根本上减少由事故和意外所造成的死亡和伤残事件的发生。

造成事故和意外的个人原因包括：安全意识差、缺乏事故预防知识，好胜心强、喜欢表现、爱虚荣，懒惰蛮干、贪图方便，侥幸心理，麻痹大意、无视警告等。这些心理状态表现在实际工作和生活中就会产生违章操作、危险驾驶、违反交通规则、走路精神不集中忽视交通信号等行为，从而造成事故和意外。

在事故与意外预防中，社会成员个人应该承担相应的责任。首先要深刻理解安全与自己的生活、工作、家庭、幸福息息相关，一次重大事故或意外，不仅给社会带来巨大损失，更重要的是给本人及家庭带来了深刻的痛苦和不幸，一次事故毁掉的可能是一个家庭所有成员一生的幸福。只有具备了这种意识，才能在日常生活和工作中小心谨慎，防止事故意外的发生。不可否认，安全与健康才是幸福生活的前提和基础。

当然，社会成员个人具备了安全意识，并不意味着可以完全避免在某些时候遇到危险事件。这就要求社会成员具备足够的自我保护知识，懂得基本的急救措施，这对于从事危险职业的社会成员来说尤为重要。及时的保护和救治措施能够最大程度减轻事故带来的伤害，降低死亡和残疾的发生率。

三 事故与意外预防中的社会工作介入

事故与意外是造成残疾的重要因素之一，预防事故与意外的发生，做好事件发生后的残疾预防工作，需要全社会的共同努力。由于意外与事故发生的突然性，社会工作在介入事故与意外的预防时，应该从以下方面做出努力。

首先，社会工作者要对特定区域或企业中容易发生事故和意外的目标人群进行调查与研究，找出各种导致事故和意外的危险因素。在此基础上，针对各种可能的致残原因，采取旨在减少事故与意外的措施，防止残疾的发生。如某道路容易发生交通事故，社会工作者就应该运用各种手段对经过该路段的驾驶员群体进行宣传教育，提高其对于事故、意外及可能造成的严重后果的认识，提醒他们注意避免开快车、杜绝酒后开车、不能疲劳驾驶、严格遵守交通规则等。同时还要配合交通管理部门严格交通法规的执行和检查。同样，在事故高发企业、意外集中的城市社区和农村社区等地方，社会工作者也要灵活采用专业方法，尤其是小组工作和社区工作方法，对容易引发事故和意外的因素进行调查、宣讲和教育，尽可能从根本上防止事故和意外的发生。

其次，事故与意外的发生，不仅仅在于公民个人的责任，工作环境的不合理与不安全也是导致事故发生的重要原因。社会工作者介入事故与意外预防，还要通过各种专业方法，与事故意外高发地区和企业的管理者或政府主管部门进行倡导、沟通、协调等，促使提高外部环境的安全程度。在某些时候，甚至需要采取一些强硬的手段，与漠视公民权利，放任公民处于危险中的行为进行斗争。在这一过程中，社会工作的价值观应该成为指导行动的准则。

再次，社会工作者还要考虑事故和意外发生后的急救措施，及时正确的介入治疗对于减轻事故造成的后果，减少残疾具有重要意义。社会工作者要协助医疗卫生部门和政府民政部门、社区机构等共同制定出对各种事故受伤人员的运送、抢救的办法和规定。如运送方法、抢救治疗程序、资金担保办法、最终结算等，保证受伤人员能够以最快的速度得到相应的医疗处置，最大可能地降低伤员致死、致残的危险，减轻伤残的程度。

在事故与意外预防中，一些特殊群体需要社会工作者给予特别关注，如农民工群体和儿童群体。对于农民工群体，由于工作性质和环境的影响，他们是意外事故的高发群体，对这一群体的宣传教育和权益保护显得尤为重要。社会工作者既要通过宣传教育提供给他们自我保护的知识资讯，也要帮助他们在事故发生后进行医疗救护、权益维护和心理介入。此外，预防儿童群体意外事故的发生也非常重要。由于儿童活泼好动的天性及缺乏自我保护经验的现实，他们很容易在游戏、体育和外出活动中受到伤害，如生活环境障碍伤害、玩具伤害、歧视和虐待、游戏活动损伤等。因此，对儿童的伤残预防和保护工作，是社会工作者开展事故与意外预防中需要重点注意的问题。康复机构、社会福利机构以及寄养家庭，在防止儿童受到意外伤害的同时，还应重点防范残疾儿童再次被伤害[1]。

---

[1]　马洪路主编《残疾人社会工作》，中国社会出版社，2007，第29页。

第三节　灾害与环境致残预防

不可预知的重大自然灾害和日益严重的环境污染既是自然规律运行的结果，也是人类过度利用自然资源，肆意破坏环境的必然恶果。由此而产生的财产损失或许可以弥补，但自然灾害和环境污染对社会成员的身体乃至生命造成的伤害却难以补偿，使致残者遭受了难以想象的痛苦。因此，通过各种方法防止在自然灾害与环境污染中受伤致残在现代社会显得尤为重要。

一　自然灾害残疾预防

（一）自然灾害

自然灾害主要是指地震、飓风、洪水、沙尘暴、山体滑坡、暴风雪、雷电等各种各样的灾害，这些灾害是人类很难抗拒的，并且很容易导致大量人员的伤残和死亡。同时，也有一些虽然可以预料和抵御，但防不胜防的自然灾害，如大规模的河湖决堤、干旱、蝗灾等导致疫病和人口伤亡的灾害。

以地震为例，人类每经历一次地震灾难后，都不可避免会产生一批永久的伤残人口。地震灾害所带来的残疾主要集中在脊柱脊髓损伤、骨关节损伤和截肢，以及地震突发带来的视力、听力、精神等方面的残疾。我国 1976 年的唐山大地震曾经夺走了 242469 人的生命，有 164851 人重伤，留下了 2652 名孤儿和 895 名孤老。震后调查显示，有 3817 人因脊髓损伤成了截瘫残疾人，还有 1.2 万多人截肢。2008 年，根据国务院抗震救灾总指挥部发布的数据，四川汶川地震造成 69185 人遇难，374171 人受伤，失踪 18458 人。据有关部门的估计以及 WHO 以往研究统计表明，地震伤后的致残率在 20% 左右。[①]

自然灾害的发生与自然界自身规律有很大联系，但由于人类的不协调活动，发生灾害的概率大增，且破坏力更强，损失更大。我国是世界上自然灾害损失较严重的国家之一，几乎所有类型的自然灾害都会在中国发生。相对而言，由于我国人口众多，人口密集程度与资源财富密集程度高，同样程度的灾害，给我国造成的损失可能比其他国家要大得多。特别是近几年来，我国重大自然灾害频发，给国家和社会带来了巨大的财产损失，严重威胁了人民的生命安全，也产生了较

---

① 程凯：《汶川地震伤残人员灾后生存与发展的思考》，《人口与发展》2008 年第 4 期。

多的残疾人。

（二）　自然灾害残疾预防

预防自然灾害及其造成的残疾问题，需要从多方面入手。首先需要重视灾害预防。应对自然灾害要以预防为主，而不是被动地等到灾害发生后才采取紧急行动。灾害就如同疾病，一个人如果时刻注意自身健康，疾病就没有入侵机会。减少灾害的发生是最根本的预防措施，而预防灾害的重要原则是要尊重自然。

自然灾害预防的第二个要素就是建立完善的监测和预警体系。如果我们能够在灾害发生前及时得到相关信息，完成财产和人员的安全转移，就能最大程度的避免损失。这就要求各地区各部门，特别是国土、气象、水利等部门建立完善的自然灾害监测预警体系，建立信息共享平台，以及预报会商和预警联动机制。对容易发生地震、滑坡、山洪、泥石流的高山峡谷地带，要加密部署气象、水文、地质灾害等专业监测设备，加强监测预报，确保及时发现险情、及时发出预警。同时要进一步完善国家突发公共事件预警信息发布系统，建立国家应急广播体系，充分利用广播、电视、互联网、手机短信、电话、宣传车和电子显示屏等各种媒体和手段，及时发布地质灾害预警信息。重点加强农村山区等偏远地区紧急预警信息发布手段建设，并因地制宜地利用有线广播、高音喇叭、鸣锣吹哨、逐户通知等方式，将灾害预警信息及时传递给受威胁群众。

面对不可避免的自然灾害，最重要的是运用各种方法和手段，保护民众的安全和健康，这应放在所有抗灾救灾措施的第一位。各级人民政府、社会团体和社会工作者要以救人为中心任务，切实做好突发地质灾害的抢险救援工作，尽最大的可能保护民众的生命安全。对于在灾害中受到身体伤害的人，要在第一时间给予治疗。众所周知，治疗介入越早，避免残疾、恢复健康的可能性就越大。

近几年世界上频发的自然灾害及灾害救助现状告诉我们，即便是在科技发达、物质资源丰富的西方发达国家，也不能完全避免自然灾害对民众的伤害，我们国家的状况同样如此。在巨大的自然作用下，无论多么完善的措施也不可能保护到每一位公民。自然灾害残疾预防也要考虑到针对灾害中受伤致残者的物质援助和心理预防问题，尤其需要重视灾后残疾者出现的心理危机问题。在这一问题上，社会工作者应该发挥主动作用，运用社会工作专业知识和技巧，积极介入因灾致残者的灾后救助工作，进行心理危机干预。及时减轻因致残而产生的种种不良情绪和反应，帮助其尽快恢复正常生活，这也是灾害残疾预防的重要内容。社会工作者要运用心理支持和陪护、放松技术、心理宣泄等专业方法，减少因伤致残者急性的、剧烈的心理危机风险，促进残疾者从危机中尽快恢复。这种心理干预在灾难后的急性应激阶段介入往往能够取得较好效果。

在自然灾害及残疾预防中，教育是非常重要的一环。社会公众是防灾救灾的主体，一方面要增强忧患意识，防患于未然；另一方面要了解与掌握避灾知识。在自然灾害发生时，社会成员要知道如何处置灾害情况，如何保护自己，帮助他人。政府、社会团体及社会工作者应通过图书、报刊、音像制品和电子出版物、广播、电视、网络等，广泛宣传预防、避险、自救、互救、减灾等常识，增强公众的忧患意识、社会责任意识和自救与互救能力。当前，全球各国正在加速城市化进程，而人口集中的大城市是最易遭受自然灾害侵袭的脆弱地带，因此防灾救灾教育在城市中尤为重要。要通过国家、省、市、区以及企事业单位、社区、学校等制订与演练应急预案，形成预防和减轻自然灾害有条不紊、有备无患的局面。应急预案应包括对自然灾害的应急组织体系及职责、预测预警、信息报告、应急响应、应急处置、应急保障、调查评估等机制，形成包含事前、事发、事中、事后等各环节的一整套工作运行机制。

二 环境残疾预防

（一）环境污染

这里的环境主要指人所赖以生存的自然环境。环境污染是指随着近代工业化的进程，人类生活密切相关的空气、水源被污染，土壤中产生大量有害化学物质，放射线以及噪音严重超标，从而危害人类身体健康，导致疾病和残疾发生的社会现象。在现代社会，人们无论是参加工农业生产劳动还是在日常生活中，都有可能置身于有害环境中。工业生产排放的有害化学物质，如铅、汞、苯，可导致多发神经炎、脑血管硬化、再生障碍性贫血，并影响儿童体格发育；农药喷洒操作违规致有机磷中毒，可发生下肢麻痹，四肢肌肉萎缩；核泄漏污染可诱发人体癌症和孕妇胎儿畸形；室内煤气泄漏、烧木炭或煤而门窗紧闭，通风不良可导致一氧化碳中毒（煤气中毒），造成大脑缺氧损害，严重者可出现偏瘫、失语、失明和继发性癫痫；另外，持续强烈的噪声、爆炸声均可损害听力，造成暂时性和永久性耳聋。

当人所赖以生存的自然环境遭到破坏后，人的身心健康便会受到威胁。现代社会发展所带来的各种污染对人类的生存与发展产生了越来越不利的影响。某些意外事故的作用，如核污染更会使成千上万的人在较短的时间内深受其害。海啸、地震等是不可抗拒的自然灾害，在努力减少其损失的同时，我们还必须努力解决那些人为的不合理的社会经济活动造成的各种环境问题。尽管环境灾害并不像那些突如其来的自然灾害受到人们的重视，但它却与我们的生产、生活息息相关，其危害之严重并不亚于一些重大自然灾害。大量事实表明，日益严重的环境灾害也是产生残疾的重要原因。[①]

（二）环境残疾预防

环境污染一方面给成人的身心造成损害，另一方面更多的通过父母的遗传作用而生出许多先天性发育异常的残疾儿童。由于环境污染致病致残往往不是突发的、具有显著诱因的，而是在不知不觉中产生恶性后果，其预防就显得非常困难。总体来说，预防有害环境致残，需要从个人及社会两方面做出努力。

从个人角度出发，需要每位社会公民深入了解能够伤害身体的环境因素，在日常生活中尽可能注意这些因素，远离危险。如不要在离化工厂等工业生产基地很近的地方居住；在噪音环境中采取一些保护听力的措施；小心使用煤气天然气等；接触有害物质的劳动者在工作中要严格按照操作规程作业；女性在怀孕期间不要长期生活在充满射线辐射的环境中等。

事实上，就环境残疾预防而言，个人能做的毕竟有限，良好生活环境的形成从根本上来说更需要政府和社会的重视和努力。如为了防止有害化学物质、超标噪音对生产者及周围环境的污染，政府部门应严格限制工农业生产工艺，严格保管有毒化学物质；生产管理部门要对劳动者进行保护，对接触有害化学物质的人员定期进行体检，发现有关疾病及时诊治；要进行植树造林活动，优化空气质量；严格规范、监测农业生产中的药物使用情况，制定规范标准；净化水资源，减轻水污染等。还要提升企业的环保意识，加大环保工作力度，严厉制裁造成环境污染的企业和个人，避免环境污染尤其是水污染、大气污染"致癌、致突变、致畸"作用造成的各种残疾。目前，我国的环境污染问题日益严重，空气、水、食物被严重污染的问题屡见不鲜，不仅伤害了社会成员的身体，导致疾病和残疾的发生，更使民众产生了严重的忧虑和不信任情绪，这对我国经济和社会的发展产生了非常不利的影响，严重威胁着民众的身心健康。因此，缓解污染、保护环境迫在眉睫。

---

① 马洪路主编《残疾人社会工作》，中国社会出版社，2007，第32～33页。

三 灾害及环境残疾预防中的社会工作介入

自然灾害和环境污染都是现代社会对人们伤害最严重的社会问题之一。自然灾害所带来的伤害具有突发性、破坏强度大的特点，而环境污染则具有范围广泛、伤害程度深的特点。自然灾害和环境污染所引起的残疾在现代社会呈上升趋势，逐渐成为我们面对的重大社会问题。社会工作自产生之日起，就将救助弱者，维护社会稳定作为自己的基本职责。因此，社会工作者有必要在专业价值观下，运用社会工作专业方法和技巧，积极介入灾害及环境残疾预防事务。

社会工作介入灾害及环境预防可以分为三个阶段。在第一阶段，社会工作者需要关注的是怎样预防灾害及环境污染事件的发生。尽管许多自然灾害的发生，如地震、火山爆发等是自然规律运行的结果，并不是人力所能控制的，但如上文所述，人们积极有效地行动，能够在一定程度上减轻灾害给社会和成员造成的损失和伤害。社会工作者应积极配合有关部门，运用小组和社区的工作方法，加强避灾防灾知识的宣传教育，普及关于灾害预防的知识，尽可能降低灾害伤害的程度。此外，还有很多自然灾害的发生，如洪涝灾害、沙尘暴、山体滑坡以及环境污染的蔓延，并不是自然规律的必然结果，很大程度上可以归因于人类对自然环境的破坏，是人类极度自私行为产生的恶果，已经成为世界性难题，甚至在某种程度上威胁到了人类的生存和发展，应该是世界各国共同努力才能应对的问题。社会工作的工作性质决定了社会工作者能够紧密联系社会基层成员，并以其专业操守和理念得到社会成员的认可和信任，具有较高的社会信任度。因此，社会工作者应该遵循维护社会利益和社会正义的原则，将保护环境、减少污染作为基本的原则，在实际工作过程中，配合政府职能部门和社会团体，积极传播这一理念。只要坚持不懈地宣传和教育，滴水穿石，磨杵成针，必然能够对于环境保护产生积极的作用，而良好的自然环境才是预防因自然灾害和环境污染导致残疾的根本措施。

社会工作第二阶段应该关注灾害及污染事件发生之后的即时介入问题。有些事件是无法控制的，或者在短时间内并不能够得到有效预防。一旦灾害发生，不可避免地会对灾害范围内社会成员的财产、身体和心理造成严重伤害。及时的介入和救助能够最大程度地降低事件的伤害程度。对于社会工作者而言，第二阶段工作的重点在于及时有效地对受到伤害的社会成员及其家庭进行介入和救助。一方面要组织并协调资源，帮助受灾成员稳定基本生活，维持或重建家庭和亲属关系网络。在这一过程中，对因灾伤残者的救治和帮助更为急切。另一方面，遭遇灾害必然会在短时间内给受灾成员造成严重的心理冲击，从而对个人心理产生负面影响。对于在灾害中伤残的人来说，受到的冲击甚至可能是无法承受的。社会工作者需要在最短的时间内对遭受危机者进行心理介入，帮助他们通过合理的方法释放负面情绪，避免其心理障碍进一步深化，从而影响到个人的生活和发展。

社会工作第三阶段是事件过后较长时间内的跟踪干预。自然灾害或环境污染事件结束之后的一定时期内，事件中因伤害而致残的成员将会面临着很多问题，如生活照顾、经济收入、婚姻家庭、心理状态等。面对着突如其来的种种困难，大多数残疾人会束手无策，茫然无助，如果不能得到及时有效的帮助，这部分成员的心理和生活将会陷入痛苦之中。社会工作者要在一个较长时间段内，有效协调社会资源，综合运用专业的方法和技巧，减轻残疾给成员及其家庭所带来的创伤，帮助残疾者接受现实，走出心理危机，稳定生活，重新步入社会。

残疾，特别是那些导致严重功能障碍的残疾，对个人、家庭、社会和国家都有极其不利的影响，造成巨大的社会、经济和心理负担。多种残疾使人们的生活不能自理，有的还伴随着难以忍受的疼痛、肢体麻木等症状，影响了残疾人的生活质量。严重的残疾不仅带来较高的死亡风险，还往往需要长期的医疗和康复、特殊教育和其他支持性服务，带来相当的经济损失。除了躯体上的痛苦和经济上的沉重负担之外，还包括耻辱、歧视、孤立、失去希望和机会等带来的精神压力。《关于残疾人的世界行动纲领》把残疾预防看成一项战略措施，提出："残疾预防战略对于减少缺陷和残疾的出现极为重要。应该采取措施及早发现缺陷的症状，立即进行治疗或补救，这样就可以预防残疾，或者至少大为减轻残疾的程度，而且往往可以避免造成持久性残疾。""实行残疾预防和保证缺陷不致发展成为更为严重的残疾方案，要比以后不得不照料残疾人，使社会付出的代价小得多。"开展残疾预防工作对于保护人民的健康、保护人力资源、提高国民素质具有重要意义。残疾人是具有特殊困难的群体，应该受到全社会的尊重和呵护，而最大的呵护是预防，做好残疾的预防工作是人道主义的体现。根据我国残疾人的现状，制定系统的残疾预防策略和措施，积极开展残疾预防工作，遏制残疾人口快速增长的趋势，是我国一项刻不容缓的任务，也是一项重要的研究课题。

当惊心动魄已成过去　当残疾生活从此开始

地震时，他们庆幸自己捡回条命，只要活着，什么都好说。地震后，他们开始发现，身上少了点什么，已让自己划归另一个群体。今后的人生之路，注定要比一般人走得更为艰辛和沉重。当那一瞬间的惊心动魄已成过去，生活重归平淡时，他们不得不尝试适应"残疾人"这个新的角色。尽管毫无心理准备，尽管充满委屈无奈。幸运与不幸，有时也许只是转换一个视角。

据不完全统计，四川省原有623万残疾人，5·12大地震后，四川省新增数万名残疾人。这数以万计的地震致残者，绝大多数已得到初步治疗，回到社区与家庭。但他们的残疾人生才刚刚开始，面临着诸多现实问题。

死里逃生的幸运：那一瞬间惊心动魄，能死里逃生捡回命来就是最大的幸运，根本没人在意是断腿还是断胳膊。

"我算是死里逃生，捡回这条命！"43岁的吴某坐在床边，右腿突兀地伸直着。地震中，他被水泥砖块砸到，造成右膝开放性骨折。如今膝盖骨融合，神经断裂，膝盖以下失去知觉，整条右腿不能弯曲，且稍有牵动便剧烈疼痛。吴某是水电十局职工，一家三口住在都江堰市水电十局基地家属区。2008年5月12日中午一点多，吴某一人在家整理行李，他准备两点多出差去云南。2点28分，8级地震发生了，吴某赶紧拉开房门，向院子跑去。但院内几十米高的水塔轰然倒下，吴某躲避不及，被飞溅的水泥砖砸中右腿。当晚，吴某被送到成都一家医院，但由于地震伤员太多，吴某做了简单止血包扎，排队在病床上等候。轮到吴某动手术时，已是8天以后。一名医生说要从膝盖截肢，吴某苦苦哀求，希望能保住腿。后来另一名医生说暂时没必要截，先做个缝合手术，休养一段看能不能恢复。"伤员太多，截肢就像家常便饭！"吴某说，他被推进手术室时，看到门口角落放着一个大黑塑料袋，里面装着满满的断手断脚，让人触目惊心。当时大家都只求保命，根本没人在意是断腿还是断胳膊。

同样在水电十局上班的李某，经历了更为惊险的死里逃生。地震时，他正在汶川草坡乡半山腰的正河电站，跟5名同事一起工作。大地颤抖瞬间，一名同事被砸中头部当场死亡，一名同事小腿被砸骨折，而李某被砸中右手臂骨折。几人相互挽扶，徒步走了5天，17日才走到草坡乡政府安置点等待援救。5月21日，李某被部队直升机送到华西医院救治，由于受伤处最初只经过简单包扎，后来伤口溃烂感染，担心败血症，医院对他进行了右臂截肢手术。"那5天真是惊心动魄，一个不小心，可能就死在大山里了！"李某说，地震造成那么多人不幸遇难，他能保住性命，已算是不幸中的万幸。

残疾生活的开始

地震后，当一切都逐渐平息下来，生活重归于平淡，地震致残者才慢慢意识到，他们的残疾生活才刚刚开始。由于床位不够，去年6月份，吴某被转送到位于广州从化的广东省工伤康复中心，9月份回到四川。单位宿舍成为危房，吴某被安置到都江堰和谐家园板房区。但因伤情严重，拖延时间较长，吴某右腿膝盖已逐渐融合，上下骨头错位，膝盖不能弯曲，稍有触动便剧烈刺痛；而由于神经断裂，小腿失去知觉，已出现肌肉萎缩。11月份，吴某去成都一家医院复查，医生仍建议要从膝盖以下锯掉右腿，但吴某坚决不肯，"要锯掉的话早就锯了，哪里还要受这么多苦！"成都华西医院已对吴某伤残评级，属于四级伤残。吴某打算近期去申办一个残疾人证，"听说办了证，可以享受一些福利政策。"如果截肢了，可能就没这么麻烦的后遗症，但吴某始终舍不得截掉，"总还是有条完整的腿，怎么都好看些！"他希望通过自己的锻炼，至少能稍微正常地站立走路，不让别人看笑话。"男人嘛，这些痛我都能忍！"地震后，吴某一直在家休养，妻子一力承担起养家重任，做保洁员每月700元，并且还要照顾吴某。妻子每天做好早饭出门，晚上下班回来做晚饭。中午吴某吃几块饼干喝口白开水了事。"稍微一动就疼痛难耐，根本没办法做事。"吴某神情郁闷。地震前，妻子不用上班，专门在家带孩子，全靠吴某养家，而且他做菜也拿手，有客人来，都是自己亲自下厨，"过去我是家里的顶梁柱，现在反过来了！"地震受伤至今，过去的朋友同事一个都没再跟他联系，甚至连逢年过节问候电话也没有。"我总不可能主动打过去说，我残废了，你安慰一下我吧？"目前吴某领取病假工资，扣除保险每月只有110元。最近，他准备去单位问问，看能不能办病退或者工伤。因为工伤要求是"正在工作中，或在工作途中"，他还不知道自己这种情况是否符合。

在这一点上，李某比吴某稍显"幸运"——尽管这是无可奈何的"幸运"。李某是在工作中致残，单位给办理了工伤，地震后领取了一次性伤残补贴 1.9 万元，还可以领一季度发一次的伤残津贴，每季度 2000 多元。但李某也越来越强烈地感受到自己的不幸。去年年底，他的断臂伤口流脓，原来是形成了窦道，这跟术后切口感染有关。后来去医院做了一次手术，但今年 2 月份又出现窦道，这让他疼痛难耐，坐卧不安。如今，他找了中药方子，每晚要老婆帮忙涂药，看看是否有效。李某更大的困扰，是对自己截肢的深深懊悔。他嫌自己没了一只手，什么都做不了，"连系个鞋带都不行！"他经常想，如果当初早点从山里走出来，也许伤口就不会感染，也许就不用截肢，也许就不会少只手臂成为残疾人。李某还产生了"幻肢症"，老觉得自己的右臂还在，晚上睡觉总觉得右臂没放好，要用枕头垫住截肢处，经常半夜因为右臂疼痛而惊醒。

尴尬的"社区眼光"：多位从外省治疗后返回四川板房区的残疾人均反映，回到社区后受到的"待遇"与在外省时"反差很大"

"吴某和李某的遭遇，在地震伤员中不算最悲惨，但很有代表性！"说这话的是坐在轮椅上的殷剑。这名 30 多岁的四川小伙子，5 年前在广东打工时遭遇车祸，双下肢瘫痪。后来得到广东工伤康复中心的治疗，如今重获生活信心，地震后一直在关注因震致残者。今年 2 月，殷剑和广东工伤康复中心多名治疗师、社工来到四川，组建成一个"四川地震伤员职业社会康复计划项目组"。他们深入青川、广元、绵竹、彭州、都江堰、成都等地区，探访地震伤员，同时义务开展社区康复辅导、伤残适应辅导等工作。"我们主要关注他们回到社区的康复和新生活"，殷剑说，由于缺乏系统的康复治疗，缺乏持续关爱，地震致残者回到社区后可能不知所措，甚至失去对新生活的信心。据了解，该公益项目由香港社区伙伴提供 100 万资金资助，由香港工人健康中心提供技术支持，广东工伤康复中心具体承办，并与成都第二人民医院密切合作，将持续到 2010 年 5 月。吴某和李某都是该项目正予以关注的对象。

刚回到都江堰板房区时，吴某还只能坐在轮椅上，不能站立行走。那时，吴某心情烦躁，整天闷在家里，不肯出门，不肯与人交流，动不动就发脾气。尽管自己的腿还在，但出入坐轮椅或用拐杖，走路姿势与一般人不一样，已经让吴某成为邻舍茶余饭后的议论焦点。有时候出去晒太阳，会被老人妇女们一路盯着看，有人惊讶"这么久了还没好啊？"有人摇头感叹"好可怜，看这个地震断了腿的！""像看动物园的猴子一样！"吴某气愤不已。每当这时候，吴某会回味起在广州的美好感觉。那时候，大家都很有爱心，经常有人安慰他，"在广州感觉是艳阳天"。直到后来，殷剑和同事们上门探访，让吴某心情逐渐舒缓。"每次听说他们要来看我，我都会很开心，但我老婆很不理解。"吴某说，妻子问他，既然这么想有人来看他，为何不打电话给这边的朋友同事。"心态不一样，人家对我好些！"吴某说。经过辅导，吴某已开始在家做康复训练，小腿萎缩肌肉正慢慢长回来。"他很用心，躺在床上看书时，也会用一只脚背顶着另一只脚掌，做拉伸韧带运动。"社工郑强说。如今吴某外出已可以不坐轮椅，改用单拐慢慢走。每次走路时用大腿抬起，带动小腿向前挪动。很费力，也很痛，但吴某很兴奋。"我争取7月份能走得更远！"

李某出院后也住在都江堰板房区，同样要忍受邻舍有意无意的异样眼光。"我不习惯别人看我的眼神"，李某说，从没想过自己会成为残疾人，会遭遇这么多尴尬和无奈。原本性格开朗的李某，回到板房后不爱跟人交流，每天独自在房里看书，有时去附近钓鱼，一钓就是大半天。在治疗师和社工上门辅导下，李某的心情也逐渐好转。如今他每天在家进行屈肘、伸肘训练，避免肩关节挛缩或神经萎缩，希望能早点安假肢，方便做事。社工张盈盈还为李某联系到香港"站起来"组织，排期在5月份可以为他免费安装义肢。"他们残疾后，一下子心态难以调整过来，如何面对周围人好奇的眼光，如何找到自己新的价值，需要有个调适过程。"张盈盈说，比如李某，他经常会苦恼抱怨自己什么都做不了，而作为社工会引导他，你能做些什么，让他积极去面对新的生活。"面对困难，调整好自己的心态很重要！"

多位从外省治疗后返回四川各地板房区的地震残疾人均反映，回到社区后受到的"待遇"与在外省时"反差很大"，不少本地人对地震残疾人很不以为然，并不像外省人那么同情和关注。可能也跟本地人本身也受灾有关。一名下身瘫痪的地震残疾人反映，有一次坐轮椅出门，听到一个路人斜着眼睛说，残废了有什么大不了的，我也是受灾的。几名地震致残者坐轮椅出门时，多次被路人围观，当听说是地震致残，便发出"可怜啊""运气太差"之类的话。

后来，几人出门时干脆改口说是"被火车撞断的"，被围观的次数才少了。这让几名地震致残者感到悲凉，"他们根本就不是从关心你的角度来问你，而是有点幸灾乐祸，好像在说，都怪你自己运气差！"

最担忧生计问题

不少地震伤员震后一直无经济收入保障，单靠政府补贴也不够，生存状况面临困难。据不完全统计，四川省有623万残疾人，地震后，四川省有上百万的残疾人受灾，并新增数万名残疾人。地震发生后，四川多家医院设立康复中心，收治地震伤员，开展全免费治疗和安装义肢。直到2008年底，大多数地震伤残人员已出院返乡，目前仅四川省人民医院康复中心留有50多名重度残疾人。据四川省卫生厅通报，截至2008年12月25日，全省已经完成医疗康复的地震伤员6132人，出院5302人。伤员截肢、截瘫人数共823人，占总人数的0.9%，已累计为214名伤员安装了假肢，为415人配置了辅助器具。4月中旬，四川省残联相关负责人表示，各地针对残疾人都有系列福利政策，标准情况不一。但他强调，残疾人享受的国家政策都是平等的，近两年可能对地震致残者会有一些特殊优惠，但长远来说都会是平等的，跟其他残疾人一样。

一般女性地震伤残者最关注家庭的稳定，怕失去丈夫和家庭，尤其是要终生坐轮椅的。而男性伤残者主要担心经济压力，怕今后不能赚到钱，在家地位不保。另外，年轻的伤残者，主要担心别人异样的眼光。"总的看来，他们最担心的还是未来生计问题，不知道残疾后的日子怎么过下去。"不少地震伤员震后一直无经济收入保障，生存状况面临困难。单靠政府补贴也不够，还需要社会各界加大支持和关注力度。

第五章　残疾人需求与社会工作介入

社会福利制度的设计归根结底是为了满足人类的社会需要。因此，对需要的研究是社会福利理论的重要取向。需要理论是福利国家危机之后现代社会福利理论发展的重要组成部分。需要的满足是社会福利制度、社会政策、社会工作实践的核心。

第一节　需要与残疾人需要

需要不仅是心理学范畴，也是哲学、经济学、政治学、社会学的重要范畴。它是人的基本特性，是人类互动和行为积极的源泉。从某种意义上说，需要可以看成是人类一些活动的出发点和归宿。[①]

一　需要与需要的满足

（一）需要

需要的本质意义常常被等同于需求。需要与需求这两个概念在社会学、社会心理学领域得以广泛应用，很多时候两者甚至被混淆使用。社会心理学家认为需要是个体在社会生活中缺乏某种东西在个体大脑中的反映，它是一种缺乏的状态，也是需求在个体大脑中的反映。需求则既包括了个体的生理需求也包括了个体的社会需求。形成需要必须基于以下两个条件：一是个体对某种外在客体的缺

---

① 全国社会工作者职业水平考试教材编写组：《社会工作综合能力》，中国社会出版社，2010，第47页。

乏，二是个体的获得期望。在这个意义上，两者的区别微乎其微。

社会福利中的需要是社会中的个人在其生活过程中的一种缺乏状态。人的基本需要如果不能得到满足，这种缺乏状态将损害人的生命意义。[①] 基于此层面的意义，需要和需求的差异得到体现：需求常常是对于某一具体满足物的指向；需要具有客观性，需求具有主观性；需要一般是长久的，需求经常是暂时的；需要具有普遍的意义，需求更多是个体指向具体需要物品的意义。

社会福利视角下的社会需要一般被表述为人类为了生存和福祉的生理、心理、经济、文化和社会要求。社会需要是社会成员需要的集合。[②] 社会福利制度是对于某些共同社会文化背景成员共同需要的满足，这种客观状态的存在不以个人意志为转移，所以本书强调基本需要的客观性特征而使用需要一词，而非需求。社会福利中的需要与以货币为度量工具的市场交换中的需要的意义大相径庭，同样要区别对待。

（二）需要的满足

个体社会成员的需要反映为相同社会文化背景的社会群体成员共同需要时，个体的需要就变成社会需要。社会需要如果无法被满足，则会形成影响社会发展的社会问题。所以，社会需要的满足成为人类发展过程中必须解决的问题。

需要满足的手段和途径是随着人类社会的发展而不断扩充的。最初，个体的需要满足一般只有依靠个体本身或者家庭，手段和渠道单一，内容一般只局限于基本生存。随着经济与社会的发展，社会的贫富差距越来越大，基本的生存成为 20 世纪三四十年代普遍的社会需要。为了缓解社会危机，资本主义国家开始关注通过"机会平等"和"转移支付"等途径来满足贫困人口的社会需要，由此催生了西方福利国家的诞生以及社会福利制度的建立，集中体现在各个国家的社会救助政策对贫困群体基本生活需要的满足，以及对老弱病残群体的特殊照顾。但是，社会需要日益多元化的现代社会已经不能单纯依靠社会福利制度，社会福利制度不仅要在物资、货币、服务层面提供需要满足，还提供人们需要满足的机会，例如保障妇女和残疾人士就业的机会、保障社会流动的机会等。20 世纪 80 年代兴起的福利多元主义特别强调安排多元化的制度来满足多样化的社会需要，以此避免重蹈福利国家危机的覆辙。国家和市场、家庭、社区

---

① 彭华民：《社会福利与需要满足》，社会科学文献出版社，2008，第 14 页。

② 彭华民等：《西方社会福利理论前沿》，中国社会出版社，2009，第 30 页。

以及非营利组织及民间社会的各种组织都应成为现代社会中社会需要满足的提供者。

虽然，社会福利制度和其他制度在满足社会成员需要方面形成了系统，但并不代表每一社会成员都可以享受相关的福利内容。原因有三：其一，许多人由于自身能力与条件的限制，不能有效地利用社会福利资源。例如，残疾人由于其家人的消极心态而被阻止就业，从而丧失了参与工作和重返社会的机会。其二，一些自身存在问题行为的人拒绝满足需要的社会福利的提供。例如，社区中的一些好吃懒做的青年放弃社区为其免费开办的就业培训服务，从而无法实现就业。其三，满足需要的社会福利计划制定和实施中会遇到诸多问题，不能完全满足社会成员的社会需要。如一些社会边缘人士未被纳入相关的福利制度，特别是我国的农民工至今被排除在城市社会保障体制之外。社会福利管理者、社会政策制定者、社会工作者在制定政策、推行政策、福利输送过程中必须充分考虑以上三种因素的存在。

二　需要的类型与特点

（一）需要类型的相关研究

需要类型的研究主要有三个基本出发点。这些出发点是需要分类的基础。[①]

第一种以社会政策研究为出发点。该观点注重需要的分类在社会政策和社会福利行政管理中的意义，认为需要的分类研究有助于决策过程和决策方案的执行，例如联合国把基本需要满足视为解决贫穷问题的基本原则。以社会政策研究为出发点的代表人物是多依和高夫。他们认为人类的需要可以分为基本需要（健康和自主）和中介需要（适当的营养和水、有保护功能的住宅、免于危险的工作环境、适当的健康照顾、儿童安全的成长环境、重要的社会关系建立、安全的自然环境、经济保障、安全的节育与养育、基础教育）。他们还认为社会需要与提供需要满足的社会制度有不同的对应关系，因此，社会福利和其他制度共同形成保障社会成员需要满足方面的有机整体。

第二种出发点是用归纳的方式来建构需要的分类。以归纳法为出发点的马斯洛的需要层次理论于 20 世纪 50 年代提出，这种基于人类动机角度的研究将人类的需要按照需要满足的递进关系分为生存的需要、安全的需要、归属和爱

---

① 彭华民：《社会福利与需要满足》，社会科学文献出版社，2008，第 21 页。

的需要、自尊的需要、自我实现的需要。这五种基本需要又可以分为两类：一类是低级的生理性需要，即第一和第二层；另一类是高级的社会性需要，即第三、四、五层，其中"自我实现的需要"处于最高层次。马斯洛认为，只有基本满足了低级需要后才会产生高级需要，最占优势的需要将支配一个人的意识和行为。高级需要出现之后，低级需要仍然存在，但对行为的影响减弱了，同时他看到了人与动物在需要方面的区别，低级需要是人与动物共有的，而高级需要则是人所特有。马斯洛对需要层次的划分过于绝对，忽视了理想信念在需要中具有最高调节器的作用；他离开了人的社会历史条件，抽象地谈人性和人性的自我实现。

在马斯洛需要层次理论提出之后，1969 年阿尔德弗尔提出了一种与需要层次理论密切联系又有区别的理论。他把人的需要分为三类，即生存需要，这类需要关系到机体的存在或生存，包括衣、食、住以及工作组织为使其得到这些因素而提供的手段。这实际上相当于马斯洛理论中的生理需要和安全需要；关系需要，是指发展人际关系的需要，它通过工作中或工作以外与其他人的接触和交往得到满足，相当于马斯洛理论中感情上的需要和一部分尊重需要；成长需要，这是个人自我发展和自我完善的需要，它通过发展个人的潜力和才能，得到满足，相当于马斯洛理论中自我实现的需要和尊重的需要。该理论并不强调需要层次的顺序，认为某种需要在一定时间内对行为起作用，而当这种需要得到满足后，可能去追求更高层次的需要，也可能并没有这种上升趋势。当较高级需要受到挫折时，可能会降而求其次。该理论还认为，某种需要在得到基本满足后，其强烈程度不一定减弱，可能还会增强。

在社会工作领域中，布拉德肖的四种需要类型被广泛使用，这种理论是以归纳法为出发点的代表。他总结了需要的四种类型：第一类是规范性需要，这种需要是专业人员、行政人员或专家学者，依据专业知识和现有的规定或规范，指出在特定情况下所需的标准。第二类是感觉性需要，当个人被问及是否需要某一特定服务时，其反应就是感觉性需要，这是假定从个人受访的自我陈述中，可以反映出个人期望的需求和想要的服务。第三类是表达性需要，当个人把自身的感觉性需要通过行动来表达和展现时，即成为表达性需要。表达性需要反映了对社会服务数量上的需求，但不一定表示对服务质量的不满。表达性需求不一定来自个人，也来自团体。第四类是比较性需要，需要的产生是基于与某种事物所作的比较。如一些居民获得了服务，但另一些相类似的人却没有得到同样的服务，后者知道了这些情况便会产生新的需要。

第三种出发点是以实证的研究去发展需要的类型，特别是质性研究方法与量性研究方法结合，这种研究在国内外比较鲜见。华人学者周建林和王卓祺在1999年对香港、天津、上海、台湾的华人社群做了基本需要的实证研究，研究结果表明衣食住行是华人社群基本需要的主要内容，以实证的研究去发展需要的类型对以需要为取向的社会福利目标的定位有重要的意义。

（二）需要的类型

根据不同的分类标准，需要可以有以下几种类型。

（1）按特性来划分，人的需要有自然性需要和社会性需要。自然性需要是人体机能的需要，是人的生理需要，如饮食的需要、睡眠的需要、运动的需要、驱寒避暑的需要、寻觅配偶的需要等。社会性需要是超出人体机能的社会生活的需要，如交往的需要、求知的需要、艺术欣赏的需要、受人尊重的需要等。人的社会性需要是从自然性需要发展而来的。

自然性需要和社会性需要是人的需要中不可分割的两个组成部分。二者紧密联系，相互作用。自然性需要是社会性需要的前提和基础。人必须首先具有自然性需要才是一个活着的人。只有活着的人才可能有社会性需要。人的自然性需要必须首先得到满足，人才能生存，才能有社会性需要。必须首先满足人的吃、穿、住等最基本的自然性需要，人才能有从事学习、交往、政治、经济、科学等活动的社会性需要。古人说："衣食足则知荣辱，仓廪实则知礼节"，其中就包含着这个道理。社会性需要指导和控制着自然性需要。人与动物自然性需要的区别，就在于人的自然性需要受着社会性需要的指导和控制。例如，人的吃饭不仅是解除饥饿的需要，往往也是审美和交往的需要。人的吃饭需要往往受着交往需要的调节和控制。在招待客人用餐的时候，自己无论吃饭的需要多么迫切，也要在交往需要的指导和调节下，先照顾客人吃饱吃好，而绝不会不顾客人吃得如何，只顾自己吃饱。

（2）按对象来划分，人的需要有物质需要和精神需要。物质需要是人对物质资料的需要，也是人对物质生活的愿望和要求，如人对衣服的需要、对房屋的需要、对劳动工具的需要等。精神需要是人对精神财富的需要，也是人对精神生活的愿望和要求，如对知识的需要、对美的需要、对音乐的需要、对娱乐的需要等。物质需要和精神需要都是人必不可少的需要。物质需要给人以血肉，精神需要给人以灵魂。

人的物质需要和精神需要紧密联系，相互作用。物质需要是精神需要的前提和基础，从根本上制约着精神需要。人的物质需要得到满足，才能生存，才有可能产生精神需要。只有首先满足人的吃、穿、住等物质需要，人才能存活，才能产生从事文学、艺术、哲学等活动的需要。精神需要是物质需要的主导，保证着物质需要的方向。精神需要是人的需要区别于动物的需要的主要标志，没有精神需要，物质需要就失去了人的需要的意义。有了崇高的精神需要作指导，就有了对物质需要的正确态度，就能够在各种物质和金钱面前保持清醒的头脑，而不至于被眼花缭乱的物质享受所迷惑。

（3）按存在状况来划分，人的需要有客观需要和主观需要。客观需要是人的存在和发展以及客观环境所决定的实际需要。主观需要是人的主观欲望和要求，是客观需要的反映。例如，人在长时间没有喝水的情况下，身体大量缺水，这种对水的需要就是客观需要。身体中对水的客观需要反映到人的头脑中，形成了喝水的欲望，这种主观欲望就是人的主观需要。

客观需要决定着主观需要，有什么样的客观需要，就会产生什么样的主观需要。客观需要只有通过主观需要才能反映出来，客观需要在人的头脑中，以愿望和欲求的形式而存在。主观需要一旦形成，就对客观需要具有指导和调节的作用。客观需要和主观需要的辩证关系要求人们要正确认识和反映自己的客观需要，努力使主观需要与客观需要相符合。如果主观需要脱离了客观需要，就成了错误的需要，满足这样的需要，必然导致人的错误行为和结果。

（4）按人们对需要的迫切程度来划分，需要有间接需要和直接需要。间接需要是指那些比较概括的、抽象的需要，常常以理想、志向等形式表现出来，如由于环境的刺激，产生一个当运动员的愿望。直接需要是指随着间接需要的产生而形成的一系列具体的需要，如为了实现当运动员的愿望必须进行专业体育训练、参加比赛的需要等。

（三）需要的特点

从不同角度分析需要，需要的特点不尽相同。需要并不是人类特有的东西。一切生物都有需要，植物需要阳光和水分，动物需要食物和栖息地。但是，人的需要与动物的需要有着根本的区别。

1. 从人的需要与动物的需要比较出发，人的需要主要有以下三个特征

（1）人的需要是由人创造的。动物的需要是自然形成的，而人的需要是由人类自己创造的。从需要的主体来看，动物的机体之所以有某种需要，是动物在

长期的自然演变过程中形成的。例如，青蛙需要在水里，也需要在陆地上生活，这就是动物长期发展和演变的结果。人作为自然界长期发展的产物和自然界的一部分，也有自然形成的需要。自然形成的需要是创造新的需要的前提。但是，人的许多需要是人自己创造的。例如，人的协作、交往、自我实现的需要等，都是人自己创造的。从需要的对象来看，动物需要的对象是纯粹的自然物，是自然界中存在的现成的东西。而人需要的对象是自己改造过的东西，是"人化自然"。例如，人和动物都需要吃肉，动物需要的是生肉，而人需要的是熟肉。可见，动物只是享受大自然的恩赐，而人则是通过创造来满足自己。从需要的变化来看，动物需要的变化是自然环境变化的结果，动物需要的发展取决于它们所需要的自然对象范围的扩展。而人的需要的变化和发展，是人类社会生产力发展的结果，取决于人的劳动创造不断变化和发展。总之，人类在劳动过程中创造了人的需要，使人与动物的需要有了重要的区别。

（2）人的需要具有创造性。创造性活动的需要包括劳动的需要、艺术创作的需要、成就的需要等。动物只能消极地适应自然环境，他们不会进行任何劳动创造，所以，在动物的需要中，创造性活动的需要是根本不存在的。创造性活动的需要是人独有的。世界不会满足人，人决心以自己的行动来改变世界。人们改变世界的创造性活动，最初是为了满足人的最基本的机体存在的需要。后来，这种创造性活动就成了人的需要。科学家乐于研究，企业家乐于经营，作家乐于写作，画家乐于绘画。如果不让他们从事自己的工作，他们就会感到空虚，就会感到自己的需要没有得到满足。创造性的活动既是满足需要的手段，又是人的一种需要。因为，创造性活动是发展人的体力和脑力的途径，也是人的本质力量的表现。创造性活动的需要是人的最根本的需要。

（3）人的需要具有无限性。动物不能劳动创造，只会以其本能的手段来满足自己的需要，这些手段是有限度而不能超出的。同时，动物只能以自然所能提供的对象为满足，因此它无法超越自然。正是由于动物的需要受其自身的限制，也受着自然界的限制，所以动物的需要是狭隘的、有限的，人的需要则是丰富多彩的。人的丰富多彩的实践活动创造出了丰富多彩的人的需要。人用劳动成果来满足自己，丰富多彩的劳动创造也使满足人的需要的对象十分丰富。人的需要以吃、穿、住、用等直接的物质需要为基础，但是，绝不局限于物质的需要。人是有思想、有知识的能动的存在物，有日益丰富的精神需要。人的精神需要是人的需要丰富性的重要表现，是人区别于动物的重要标志。随着社会生产力的不断提高和发展，人的物质需要不断丰富和发展，精神需要也日益丰富和发展。所以，人的需要是无限的。正如马克思说："人以其需要的无限性和广泛性区别于其它一切动物。"

2. 从需要的本质属性出发，人的需要具有以下的特征

（1）人的需要具有客观性。这种客观性意味着需要不能由人的主观意志决定，并不是某个人想有怎样的需求，他就具有什么样的需求。个体只是这个客观需要的载体。当个体成为客观需要的一个载体之后，个体的人也丰富了具体整体性的需要。基本需要的不满足可以造成人的系统的解体。需要的满足是在人的系统内部产生的，满足需要物可以独立于人的系统而存在于外部。①

（2）人的需要具有社会性。马克思认为"需要是人的本质属性"，人与动物的本质区别是他们的需要和需要的满足方式不同。人的需要含有社会的意义。当一个人作为社会人存在于社会之中时，他的需要就存在；当他的需要不存在时，这个人在社会中也不存在了。需要是人的本质属性，这意味着人之所以为人是因为他们的需要存在，他们的需要在社会中得到满足。需要是人成为人的根本。这个人和其他社会成员的异同可以用需要的异同来表示。人的需要是人的实践活动的内在动力。人们的实践活动把人们联系在一起，它是社会关系的动态表现方式，也是一个社会的本质。因此，在社会中的人和人的需要，以及满足需要的实践活动，便具有了社会性。社会关系和社会活动一经产生，又反过来决定着生产和需要。因此，人的需要具有社会性。②

（3）人的需要具有普适性。普适性是指某一事物特别是观念、制度和规律等比较普遍地适用于同类对象或事物。需要在不同个体的脑海中具有主观意义的一面。当综合考察存在于人类社会中人的需要时，则会发现整体社会的一种特质，它就是普适性的。人作为个体呈现的需要必然以共同活动方式体现出社会生活的普适性。需要的普适性可以用来解释许多弱势群体的问题。当社会中某一部分人因为某些原因而无法满足其基本需要，这种需要就具有普适性。需要普适性的特征对于社会福利制定者、政策研究者而言具有重要的研究意义。

---

① 彭华民：《社会福利与需要满足》，社会科学文献出版社，2008，第17页。
② 彭华民等：《西方社会福利理论前沿》，中国社会出版社，2009，第29页。

三　需要的满足方式

满足和需要是紧密联系的。人生不能没有需要，也不能没有满足。只有人的需要得到应有的满足，人才能生存和发展。马克思认为，人们因为有需要而进行劳动，而劳动的目的在于消费享有。需要——劳动——消费——需要满足的过程是人类实现自我的过程，因此，传统社会中，需要的满足方式主要有以下三个途径。

（一）劳动是满足人的需要的根本途径

人的需要是多种多样的，人们满足需要的具体途径和方式也是多种多样的，但是，最根本的途径是劳动。无论是自然性需要还是社会性需要，无论是物质需要还是精神需要，都必须通过劳动创造才能满足。这是因为，自然界不可能根据人的需要提供现成的需要对象。人们需要的对象绝大部分不是现成的自然物，而是人类的创造物，是人们改造自然和社会的成果。满足人的需要，就必须进行劳动创造。只有经过劳动，才能创造出人们需要的对象，使人们的需要得到满足。所以，劳动是满足人的需要的最终源泉。但是，在一定的社会阶段，人的需要并不是经过劳动就可以完全得到满足。事实上，人的需要的满足，通过劳动只能达到一定程度，因为还有其他因素决定和制约人的需要的满足。

（二）社会生产力是制约人的需要满足的决定因素

自然界不会提供现成的东西来满足人们，人们只有通过征服和改造自然来满足自己。社会生产力是人们征服自然、改造自然的能力。社会生产力的状况和水平，决定着人们创造财富的多少，也就决定着人的需要的满足程度。在不同的社会里，由于社会生产力水平的差别，人们需要的满足程度也就有很大的不同。在社会主义社会初级阶段，由于生产力还没有得到极大的发展，劳动产品还达不到各取所需的水平，因此还必须实行"各尽所能，按劳分配"的原则，多劳多得、少劳少得、不劳不得，人们需要的满足程度也就必然存在着差别。要不断满足人们日益增长的物质文化生活需要，就要努力提高和发展社会生产力。个人要满足自己的需要，就应该努力为生产力的发展作出自己的贡献。

（三）社会地位是制约和影响人的需要满足的重要因素

社会地位主要是指人们在生产关系和政治关系中所处的位置。一个人处于什么样的社会地位，就享有什么权利，获得什么利益，自己的需要也就满足到什么程度。在剥削制度下，剥削阶级处于统治地位，他们凭借对生产资料的占有和政治权利，残酷地剥削和压迫广大劳动人民，占有大量的社会财富，极大地满足了自己的私欲。而广大劳动人民处于被统治的社会地位，尽管他们用辛勤的劳动创造了大量的社会财富，然而，他们的需要却得不到应有的满足。在传统社会中每个人所处的具体社会地位也是有区别的。每个人的社会地位不同，担负的任务和履行的责任也不同，因此，对社会的贡献也就不同，其需要的满足也就有所不同。

公民身份或公民资格成为现代社会的重要议题之后，个体需要满足的方式发生了巨大的变化。公民权利的基本含义是平等，每个人都拥有平等的法律、人身自由、政治及基本生活待遇保障的权利。具体而言，公民身份或公民资格显示公民个人应得的三个方面权利：首先是民权，是指有关保障个人自由所必需的权利，如法律平等、人身自由等；其次是政治权，是指参与政治活动运用的权利，如政治代表选举及参选的权利等；最后是社会权，是指一系列从少量经济福利及保障到充分分享社会传统与社会呈现的文明生活标准的权利。社会权在现代社会中有助于受到自由竞争淘汰的弱者得到基本的生活保障，这是公民身份的平等。换言之，对于公民而言，不论性别、种族、宗教、能力，平等地享有公民资格。这是一种超越传统社会中与地位相关的权利。每位公民应该得到的生活方式的权利是由需要所界定的。社会权利所指的需要，是比较的需要——与其他公民看齐，而不是基本生存的需要。[①] 经济的发展、社会的进步容许国家将部分社会资源分配给生活困难的人士，社会对于阶级差异的关注，才有了福利国家的制度安排。由此，国家的福利制度成为另一种重要的需要满足方式。公民权利的理念是给予弱势社群扶助，通过社会福利制度满足弱势社群需要的重要的论据。需要和平等是公民权利背后最核心的理念。

理想的社会福利制度可以通过以下途径发挥满足需要的作用：其一社会福利制度提供人类需要满足所缺乏的资源，特别是提供针对特别需要帮助的弱势群体的资源。例如，各国的社会救助政策都规定社会福利制度必须满足贫困群体的基本生活需要，以及残疾人群体接受医疗照顾的需要。社会福利制度的主要内容都是以社会成员生理发展过程的基本需要的满足为本的。其二通过能力建设的社会福利行动项目，增强社会成员的能力，从而更好地实现社会需要满足。例如，我国城市化过程中，失地农民的住房、就业、医疗、养老方面的需要对城市资源造

① 彭华民等：《西方社会福利理论前沿》，中国社会出版社，2009，第53页。

成了压力，国家需要提供便于他们通过能力提升达到"市民化"的相关福利政策。其三减少社会生活的障碍，经济与社会协调发展，使社会成员的权利得到实现，社会质量得到提高。例如，保障残疾人就业的机会、保障流动儿童受教育的权利等。

在需要满足方式分析的路径下，以下的理念需要遵循：首先，需要的满足应由不同制度共同提供，国家、市场、社区、家庭高度参与、风险共担是一种趋势。其次，个体需要满足的权利应与提供需要满足物的责任平衡，即强调需要的接受与贡献的关系，强调社会资源分配与正义的共存。再次，提倡以创造就业机会代替救济性福利保障。最后，推动个人与社区、资本与劳动、城市居民与外来移民的包容型社会关系的建立。

第二节　残疾人需要满足的社会意义

一　残疾人需要的社会性

所谓需要的社会性是将人的个体性和社会整体性在需要层面的结合表达。人的每一种本质活动的特征以及每一种生活本能，都会成为人的一种需要。社会是人与环境交往和统一的必要中介，人的社会性是人的本质实现的必要环节。每一个个人又有独一无二的特殊性，超越个体的特殊性，人就成为普遍的、具有社会共同性，或者叫社会整体性的人，在这个意义上，人的需要是社会性的。社会中的个人在社会中的活动是社会的，他们作为个人活动所需要的资料，甚至思想、语言等都是作为社会的产品给予他们的。人的需要的社会性的实现，是人的个性和社会性的统一。必须厘清的是个体的需要与他们生活的社会整合的人，并不否定个体需要的自然性，不同的个人有相同内容的需要，也有可能有不同内容的需要。所以，需要的社会性并不否定需要的个体性，需要是人的个体性和社会整体性的结合表达。

需要的社会性还体现在需要的满足通常通过社会分配来实现。马克思的研究是通过按劳分配和按需分配来实现需要满足物的分配。马克思认为人们因为有需要而进行劳动，劳动目的在于消费享有。需要——劳动——消费——需要满足这个过程是人类实现自我的过程。人类从出生开始，就是在需要的引导下行动，他是一个需要的创造物。需要本身构成了人类生活的情景。

残疾人作为个体的人，其需要必然体现社会性的特征。残疾人需要的社会性表现在以下几方面。其一，残疾人需要的社会性表现在残疾人的需要体现了需要的社会整体性。诸如：生存的需要、安全的需要、归属与爱的需要、尊重的需要、自我实现的需要，残疾人作为人类社会中的个体同样普遍存在，这些需要是个人生活所必需的，如果得不到满足，就会使个人产生焦虑、痛苦等情绪。但残疾人因特殊的生理、心理特征，上述需要的具体内容、表现形式会有较大差异。社会性不否认这种差异，而是通过政策保障、福利提供等方式满足这种差异。其二，残疾人需要的社会性体现在社会分配上，残疾人的需要的满足根据按劳分配和按需分配原则，在二次分配中分配资源来满足社会成员的福利需要，这集中表现在国家的相关社会福利制度上。例如，我国出台的《中华人民共和国残疾人保障法》，加入联合国《残疾人权利公约》，制定实施《残疾人就业条例》和残疾人社会保障、特殊教育、医疗康复等领域的一系列政策法规，为残疾人在社会分配过程中获得特殊待遇奠定了法律制度基础。其三，残疾人需要的社会性还体现在，市场、家庭、社区以及非营利组织及民间社会的各种组织都是社会成员需要满足的提供者，社会组织共同承担残疾人需要满足的责任。

二 残疾人需要的普遍性与特殊性

残疾人的诸多社会问题与需求，与社会其他群体并无二样。概括而言，马斯洛的需要层次理论是对所有存在于人类社会中个体的需要的普遍性客观概括，残疾人也不例外，具体内容如下：第一层，残疾人的生理、生存的需要，包括满足基本的衣食住行，生儿育女和生存技能的掌握，生活和生命在某种意义上说有本质区别；第二层，残疾人的安全的需要，包括生命、财产的安全保障，如住房、医疗、健康；第三层，残疾人社交的需要，与他人和社会的交往从而体现自我在群体中的存在，涉及给予爱和接受爱；第四层，残疾人事业发展的需要，体现自我存在的意义和价值度，展示自尊和来自他人的尊重，具体表现在财物分配权、时间支配权、人事自主权；第五层，残疾人自我价值实现的需求，这是精神和物质追求的完美归宿。在现实生活中，大部分人只能维持在第一到第三层的阶段，而少数人能达到第四到第五层的境界。残疾人在以上普遍需要的满足方面本身存在相当大的困难。由于残疾和障碍，残疾人的需要又存在许多特殊性。残疾人的需要的特殊性表现在以下几方面。

（1）经济困难。残疾人的经济困难较健全人而言，更为突出。一是生活必需品的占有量低下。在其消费结构中，绝大部分或全部的收入用于食品，恩格尔系数大大高于一般群体。二是生活质量的低层次性。经济上的低收入进一步造成了残疾人群体的生活脆弱性，一旦遭遇疾病或其他灾害，他们很容易陷入贫困。因为家庭需要照顾残疾人，经济负担比一般家庭要重，家庭收入较少而开支较多。

（2）住房困难。残疾人家庭的住房困难十分突出。残疾人存在行动障碍使其一般无法与照顾者分开生活，大多数残疾人长期与兄弟姐妹生活在一起。残疾人的居住空间一般很狭小。

（3）教育困难。残疾人受教育的机会一般都比较少。特别是学龄前儿童的特殊教育问题很多。时间性、抢救性的工作如果受到限制，那就会延误教育的最佳时机，例如聋儿的听力言语训练越早越好，但是由于条件的限制，没有助听器或者得不到人工耳蜗的植入手术，聋儿就会失去早期教育的最佳时机。残疾儿童入学困难也十分突出，社会的歧视与偏见是最大的障碍。

（4）婚姻家庭困难。残疾人的婚姻家庭承受着比一般家庭更大的压力。这些压力来自经济、教育、伦理、社会习俗等。有残疾人子女的父母，为了照顾残疾子女，许多人被迫放弃自己对事业的追求；有残疾兄弟姐妹的年轻人，有时不得不降低自己的择偶标准；有残疾父母的青少年，常常因为经济上的困难、家务的拖累等影响求学。残疾人的婚姻比一般人困难许多，双方在志趣、爱好、生活习惯等方面的差异，常常会给双方造成巨大压力。

（5）康复与就医困难。残疾人普遍都有康复的愿望，但残疾人康复的周期比一般疾病治疗长，难度大。就医难的主要原因在于残疾人交通不便利和残疾人家庭的经济困难，康复工作者的医疗水平也有待提高。所以医疗救助政策应该将残疾人作为工作的重点，使残疾人真正得到政策的照顾。

（6）社会交往困难。很多残疾家庭存在着社会交往方面的困难。由于世俗的偏见、物理性障碍和心理负担，作为配偶和父母，残疾人参加社会交往的机会很少，有时不得不放弃。尤其是精神病人的家庭成员，社会的舆论常常使他们不愿意与社区内的人们往来。他们本身还有一个"托管"的需要，他们希望托管解决精神病人的照料问题，自己可以参加适当的力所能及的工作或简单的劳动。社会交往困难集中体现他们在政治上的低影响力，残疾人群体较少参与社会政治文化活动，难以影响公共政策的制定，他们很难摆脱或者很难迅速摆脱自身的困境，解决自己的问题。

（7）心理适应困难。由于自身的缺陷及在经济上的低收入和社会生活中的贫困，残疾人的心理压力高于一般社会弱势群体，心理长期处于一种高度敏感状态，自身也常常有着很深的自卑情绪，性格比较内向，总是在意自己的"笨拙与缺陷"，从而导致严重的心理障碍。残疾人职业技能缺乏市场竞争力，或者已经失去年龄优势，没有职业安全感，收入低且不稳定，"常有衣食之忧"，这些使他们觉得自己是市场竞争中的失败者，或被社会所抛弃，不满、苦闷、焦虑、急躁，难以自我调适，从而容易对生活失去信心，产生严重的逆反心理，出现过激行为。残疾人的压力造成了残疾人家庭的精神压力，作为残疾人的家属，心理负担常常随着残疾人的情感变化而动荡起伏，这是健康家庭很难体会到的。

三　残疾人需要满足的社会意义

残疾人是弱势群体中的弱势，是现代社会中"最值得帮助的人群"。由于他们在心理和生理上的障碍，丧失了同健全人一样生活、工作和学习的条件，他们不仅具有一般健全人的普遍需要，还具有作为残疾人的特殊需要。他们自身缺乏满足需要的能力和途径，因此国家和社会成为其需要满足的重要途径。残疾人需要的满足具有极其重要的社会意义。

残疾人需要的满足，是社会文明进步的标志。随着改革的不断深化，各阶层收入差距不断拉大。在社会中的弱势群体特别是残疾人群体由于自身条件的限制，易于出现与整个社会发展不和谐的现象，影响到社会能否真正和谐发展。采取积极的政策措施，进一步注意兼顾残疾人这个特殊困难群体的直接的、现实的，甚至长远的利益，才能实现全面的社会和谐，推动社会的文明进步。

残疾人需要的满足，体现了以人为本的理念。以人为本注重人的全面公正发展，它是人类社会永恒的价值理念和基本的行为准则，也是构建和谐社会的重要原则。残疾人群体是一种生理性弱势群体，由于其自身的生理缺陷，他们在社会竞争中处于不利地位，就业困难，生活贫困。社会的人权和公正，首先就表现在生存权、就业权、受教育权和社会保障权等基本权利。满足残疾人这一特殊困难群体的需要，正体现了以人为本、社会公正的基本原则。

残疾人需要的满足，具有维护社会稳定的功能。残疾人群体是社会中的特殊困难群体，生活压力大、经济承受力低、风险抵御力弱。随着经济的发展，社会贫富分化逐步加大，在社会竞争中处于劣势的残疾人最先也最强烈地感受到社会改革和社会发展带来的成本与代价，感受到生活的压力和心理的不平衡感。因而在这一庞大群体中蕴藏着诸多的社会不稳定因素，只有在发展经济的同时，大力推进残疾人福利政策，才能更好地化解矛盾，促进社会稳定。

残疾人需要的满足，具有社会发展的功能。除了满足残疾人基本的物质需要外，还要给他们以安全感和尊重感，逐步实现残疾人的自身价值。尊重是对一个人价值的承认，每一个社会成员都希望自己在社会生活中发挥应有的作用，希望凭借自己的知识与能力获得他人和社会的承认，这一点对残疾人来说尤其重要。单纯的给予残疾人人道主义的同情还不够，更重要的是解除残疾人自身及其家庭的心理压力，调整其因残疾而产生的社会心理失衡。这种失衡得到调整，必然会给残疾人及其家庭带来自强不息的动力。

残疾人需要的满足，能够推进社会福利制度的发展。社会福利制度的发展方向是从"小福利"向"大福利"时代的转变，即从特殊群体享有的福利面向所有的社会成员多方面的福利需求，其中包括就业保障、养老福利、健康福利、住房福利等。"大福利"时代的到来，社会福利制度不仅保障残疾人的基本需要，更致力于全面满足残疾人的特殊性需要。残疾人需要满足的过程也是推进社会福利制度的完善与提升的过程。

第三节　社会工作在满足残疾人需要中的作用

一　社会工作与需要满足

人的发展是现代社会发展的基本目标，个人、家庭所遇到的问题，最终需要在社会中解决。社会工作是一项专业性和职业化的助人工作，通过解决人与环境互动过程中所产生的社会问题，满足个体的需要。社会工作是社会福利体系的重要组成部分，社会工作是将社会服务传递到有需要的个体手中的一个必要的中介。在现代社会，社会工作已经超出了回应已有问题的范畴，强调积极预防和解决问题，这个过程从本质上来说，就是发挥社会工作的功能对需要的满足，具有积极的意义，主要体现在以下四个方面。

（一）社会工作对需要的满足不局限于物质层面

社会工作与包括社会保障制度在内的其他社会福利制度在满足个体需要方面最大的区别是，社会工作对需要的满足不局限于物质层面，它更注重精神需要的满足，为服务对象提供心理层面的支持和帮助，提供精神层面的福利。以社会保障制度为例，它是以法律为基本保障、以经济性收入和物质性帮助为主要内容的帮助，其基本目标是满足困难者最基本的物质层面的需要。社会工作除了直接、具体的物质性援助，更注重困难者精神层面的需要。社会工作"助人自助"的理念又将需要的满足提升到了自我发展的层面，最终实现困难者自己解决问题、自己帮助自己的目的。社会工作强调的是能力建设和发展，促进的是人的全面发展。

（二）社会工作对需要的满足具有提前性和预防性

社会工作是一种积极主动的工作方法。社会工作的主要任务是及早发现、控制、减轻甚至消除社会需要无法满足的情况。从本质上而言，社会工作具有预防社会问题发生的功能。社会工作该项功能的发挥主要通过两个层面：一个是预警，社会工作通过建立预估体系，将可能出现的问题做预先警报，例如在资源配置方面，社会工作特别注意困难群体、弱势群体的需要，一旦出现问题性讯号，社会工作可以第一时间介入；一个是预防，社会工作在开展工作的过程中，特别注意某些相关问题的预防。例如，社会工作在帮助一个丧失部分听力的儿童获得助听器后，还会防止儿童对助听器的排斥反应，提前帮助儿童在心理上接受这一器具，并在生活中佩戴，甚至还要关注该儿童身边的环境是否有不良因素，影响儿童顺利适应带助听器，比如学校中其他儿童接受残疾儿童的氛围和反应，从而开展相关工作。

（三）社会工作对需要的满足具有专业的方法

社会工作是一种艺术和科学，是一种以科学的知识和技能协助个人达到需要满足的专业服务过程。社会工作的专业方法——个案工作、小组工作、社区工作、社会工作行政等可以在需要的满足过程中发挥不同的作用。个案工作符合个体性的需要的满足，以一对一的方式满足特殊的需要。小组工作方法可以对有共同问题的某个群体的需要进行满足，还可以在他们之间建立互助网络，达到提升福利的目的。社区工作可以通过社会调查，开展更为广泛的工作，满足社区中群体的共同需要。社会工作行政的方法能够通过策动政策的改变，将服务更有效地传递到有需要的对象的手中。总之，专业的方法在满足需要方面能够更具有针对性。

（四）社会工作对需要的满足重视个体与环境的关系

社会工作注重个人的整体性，秉持"人在情境中"的理念，注重考察个人、环境和行为三方面因素。社会工作从人与社会环境的相互关系中理解个人和社会，充分重视人的尊严、权利和人格的完整，认为个人生活受环境影响很大，很多问题是由社会环境所造成的，解决个人问题不能脱离社会环境，满足个体的需要必须从环境层面开展工作。例如：残疾人的就业需要、婚姻家庭需要得不到满足不仅是他个人的原因造成的，更多是社会的排斥、社会的偏见造成的。为此，社会工作需要改善社会的功能，实现相关个体的需要的满足。

二 社会工作对残疾人需要满足的功能

从社会工作的角度看，人的生命周期中的任何一个时期都有其特点，有不同的需要，社会工作可以对处于不同生命周期的个体进行专业性的服务，能够使服务对象的需要得到很好的满足。台湾学者徐震、林万亿根据国外学者西柏龄、梅约的研究，介绍了个人与生命家庭循环中的需求、问题、危机及社会福利体系（主要是社会工作）的功能，见表 5 - 1。①

表 5 - 1 个人与生命家庭循环中的需求、问题、危机及社会福利体系

发展阶段	职责（T）需要（N）	问题与危机	福利服务制度（主要是社会工作）
阶段一：婴儿期 0～3 岁	T：信赖—不信赖 自律—羞耻与怀疑 N：亲情，照顾，学习，语言与概念技巧	教养不当，不期望有孩子，疏忽与溺爱，父母之间婚姻冲突，生理残障，心理残障	所得维持方案，家庭式照顾中心，医疗照顾、亲职教育，医院与诊所，健康婴儿中心，家庭服务、儿童福利服务（家庭助理、日间托管、领养、安置、保护）
阶段二：学龄前 3～6 岁	T：启蒙—罪感 N：学习，社会化，游玩	不当的社会化，缺乏监护，偏差行为	育幼园照顾，团体照顾服务，其他相当的服务
阶段三：小学 6～13 岁	T：勤奋—自卑 N：智慧与社会刺激	学习失败，集体不良行为	学校辅导、休闲活动服务，发展性团体服务，其他相当的服务

① 徐震、林万亿：《当代社会工作》，五南图书出版有限公司，1999，第 23～24 页。

续表

发展阶段	职责（T）需要（N）	问题与危机	福利服务制度 （主要是社会工作）
阶段四： 中学 13～18 岁	T：身份认同—身份混淆 N：成就，独立	认同危机，疏离，药瘾，少年犯罪，学校适应不良	青少年服务、职业咨询、矫治服务、戒毒服务，其他相当的服务
阶段五： 青年期 18～21 岁	T：亲情—孤独 N：成人角色的自我实现	未婚亲职，学校与工作适应不良，婚姻冲突、药瘾、犯罪	婚姻服务，观护制度，其他相当的服务
阶段六： 成人期 21～65 岁	T：生产—停滞 N：扩展自我发展的机会	家庭破碎或离婚，财务匮乏或管家不当，亲职冲突、职业失败、残障、人格解组，亲友死亡	家事法庭服务、医疗服务、心理卫生服务、急难救助、收容服务，其他相当的服务
阶段七： 老年期 65 岁以上	T：整合—绝望 N：生活安全，生理照顾，实现老人角色	鳏寡、慢性疾病，退休适应不良，社会疏离	饮食服务，所得维持方案，老人收容照顾，其他相当的服务

通过上表可以看到，人的生命周期的每一个阶段都有不同的需要与危机，而解决危机的方式常常有赖于外在的社会支持体系的配合，换言之，任何个人在不同的年龄阶段都需要社会福利服务，这也是社会工作产生的原因。满足个体的需要，解决社会问题是社会工作的基本功能。社会工作在每一个服务领域都能够发挥重要的作用。"社会工作是整个社会福利体系的一个资源发送体系"①，可以通过不同的渠道，以直接或间接的专业方法，协助在不同生命阶段遭遇不同问题与危机的人们，将社会服务资源传递到受助者手中，帮助处于不利地位的人们解决困难，改善生活状况，满足他们的需要。

残疾人先是作为社会中的人存在的，所以，从表 5-1 可见，人的生命周期中的每一阶段的需要和危机，残疾人都有可能经历。同时，残疾人又是社会中的特殊个体，还存在着诸多的特殊需要。社会工作是残疾人需要满足的最佳途径和手段。

首先，社会工作保证残疾人生存性需要的满足。残疾人的生存面临着许多普

---

① 王思斌：《社会工作导论》，高等教育出版社，2004，第63页。

通人无法感受的困难。康复和医疗方面的专业服务、突发性事故致残者的心理疏导、特殊辅助器具的配置、优抚对象的收入性福利、残疾人的医疗保险和工伤保险、残疾人家庭的扶助等工作的开展，社会工作是最主要的力量。例如：残疾人家庭享受"最低保障制度"的认定工作，残疾人所享受的医疗、住房等适当照顾都需要社会工作的直接介入。

其次，社会工作实现残疾人保护性需要的满足。残疾人以社会心理功能障碍和身体功能障碍为特征，因此，需要充分的政策性保护。例如在我国《残疾人社会保障法》、《残疾人教育条例》中按比例就业政策等相关保护性政策和法规规定了一般社会成员所无法享受的特殊内容和优惠政策。社会工作通过推动政府部门和社会组织执行，切实保障残疾人的需要得到满足。社会工作也是这些政策法规具体的执行者，通过自身专业的工作直接提供服务，例如，在满足残疾人就业需要方面，政策由国家颁布，具体推进是社会工作者的任务。社会工作者直接为残疾人提供就业评估和培训，督促企事业单位在资金、物资、场地方面为残疾人就业提供便利等。

再次，社会工作推进残疾人交往需要的满足。残疾人交往需要的满足必须放大残疾人的活动空间，不再局限于固有的家庭环境之中。社会环境中的种种障碍，十分不利于残疾人参加社会交往活动。其中城市道路、公共建筑物和居住的社区乃至家庭的物理性障碍，使残疾人出门生畏，寸步难行。社会工作必须改善他们的生活环境，推动建设无障碍环境和家庭环境改造。残疾人参与社会团体、政治团体、宗教活动，社会工作者必须改善社会环境，消除对残疾人的歧视与偏见，让社会给予残疾人理解和帮助，达到残疾人"充分参与和平等"的目的。

最后，社会工作促进残疾人发展性需要的满足。残疾人由于其特殊性而在生存、成长、发展方面有特殊的环境、文化和心理需要。社会工作要运用自己的专业知识和技能，为他们提供良好的文化生活服务，以促进他们在文化生活等方面的发展。社会工作不仅能够帮助残疾人，也承担动员社会力量的责任，创造有利于残疾人发展的环境。同时，残疾人常常低估自己的潜能和创造性，社会工作强调的个体潜能的发挥和最终实现"助人自助"，能够帮助残疾人建立积极、乐观、自信的人格，努力发挥创造性，扬长避短，实现人生的价值。盲人音乐家、听力语言障碍的舞蹈家层出不穷，证明了残疾人的潜能，社会工作始终坚信，只要伸手扶助，残疾人能够创造奇迹。

三 社会工作与残疾人福利满足

1996 年发表的《美国社会工作者协会伦理守则》中对社会工作的使命宣言强调了社会工作对个人福祉和更广泛的社会福利问题的双重承诺。具体内容是：社会工作专业的首要使命是促进人类福祉，协助全人类满足其基本人性需要，尤其关注弱势族群、受压迫者及贫穷者的需要和增强其力量。[①] 社会工作的根本目标是对国民的福利满足。

所有帮助人们满足社会、经济、教育和医疗等需要的国家项目、待遇和服务制度都可被认为是广义的社会福利制度。社会工作是现代社会福利制度的一个重要组成部分。社会福利是最抽象与最上层的社会政策与理念；社会工作则是将社会福利政策、项目转化为现实的具体的服务，是实现社会福利的手段，社会工作方法是实施社会福利的主要工作方法之一。社会福利只是从政策上规定了服务对象、标准及所要达到的目的，但是如何实施这一制度，如何确定具体的服务对象，如何从精神上帮助他们克服生活困难或生理、心理障碍，达到社会的协调，如何提供福利设施并且帮助人们特别是有困难者享有这些设施，需要社会工作的专业介入。所以，在实践的层面上，与福利满足联系最为密切的是社会工作。

残疾人作为社会的弱势群体，一直都是社会福利制度的覆盖对象。随着社会经济的发展和人们福利意识的提高，人们的福利需求将会不断增长，福利服务的内容也将日益丰富，残疾人的福利内容也越来越丰富。社会工作是残疾人福利满足的途径和保证。社会工作自始至终都在满足人们的需要，解决人们的问题。社会工作对残疾人的福利满足主要体现在以下三个方面。

第一，社会工作的专业理念相信每个人都有生存的权利，每个人都可以发展其潜能，残疾人也不例外。社会工作运用专业方法帮助残疾人个体、家庭和群体解决与预防问题，调动和运用社会资源来改善、恢复、维持和促进残疾人的社会功能的发挥。社会工作既满足残疾人作为一个人的福利需要，例如残疾人的结婚生子、工作交往等需要，同时满足残疾人由于残疾而造成的一些特殊需要，例如康复服务、生活照料、心理咨询等。

第二，社会工作对残疾人社会政策、社会资源、社会服务以及社会福利计划

---

① 查尔斯·H. 扎斯特罗：《社会工作与社会福利导论》，中国人民大学出版社，2005，第 641 ~ 645 页。

进行规划、设计和实施。社会工作通过一系列的具体活动，把残疾人福利以及与之相联系的其他政策和服务性的内容与项目具体化，使之成为残疾人的福利满足。例如：残疾人在教育、就业方面的相关福利政策的落实，都需要社会工作的具体工作。

第三，社会工作通过有组织的或者政府性的倡议以及社会或政治行动促进社会政策、社会资源、社会服务以及社会福利计划的实现，以改善处于困难之中的残疾人个体或残疾人群体的境地，实现社会公平和公正，最终促使残疾人福利的实现。社会工作必须不断推进与残疾人福利满足相关政策的完善，以满足不断提升的残疾人之福利需要。例如：2011年6月我国出台的《中国残疾人事业"十二五"发展纲要》，目的在于加快推进残疾人社会保障体系和服务体系建设，进一步改善残疾人状况，促进残疾人平等参与社会生活、共享改革发展成果。社会工作在相关发展政策、纲要的制定过程中虽然无法起到直接的、决定性的作用，但是发挥了积极作用，这是因为社会工作者常常直接面对服务对象，能够直接了解服务对象的需要，所以社会工作可以在制定政策过程中提出意见和建议。社会工作发挥的倡导作用是促进新的社会政策的出台，或者调整已有的社会政策。

案例分析

精神分裂症康复者的需要分析

根据社会工作的程序与方法，以下案例的需要分析基于对案主的背景资料分析，同时是制定案主服务目标的基础。

一　服务对象背景资料

精神分裂症康复者王某，男，30岁，从小性格内向，不喜欢与人交往。2002年中专毕业后参加工作。工作期间由于性格常常受到单位同事的排挤，心理压力较大，进而越来越不愿意说话，拒绝与人交流。后家人带他到医院就诊，经诊断患精神分裂症。曾经住院2个月，出院后在家中康复。王某能够坚持服药，神志清醒，生活可以基本自理，而且可以帮助料理一些家务。王某常常认为自己脑子有问题，反应慢，非常自卑，不想被别人欺负和笑话，不愿走出家门，更不愿出去找工作，常常闷在家里看电视和看书，喜欢篮球和历史。

患者的母亲李阿姨，55 岁，退休在家，仅有 1000 多元的退休工资维持全家的生活。李阿姨非常排斥社区中专业社会工作者的访问，认为自己家里的事情不需要别人过问，别人也帮不上什么忙。在社区居委会的多次劝说下，才勉强接受社工的家访。由于儿子的问题，李阿姨平时与邻居很少交往，也不愿意参加社区的活动。从内心而言，她希望儿子能够外出工作，但是儿子的病使其精神压力很大，于是常常唠叨儿子，甚至与儿子发生争吵。李阿姨还有个小女儿，正在上大学，很少回家。

二 服务对象的需要分析

根据分析，精神分裂症康复者王某及其家庭至少面临以下的问题和需要。

(1) 精神分裂症治疗的需要：精神分裂症是一类比较严重的精神疾病，由于其病因至今未明，所以还未有一定的根治方法。康复的过程一般比较长，患者必须长期服药，但是药物的副作用会给康复者的生活带来一定的影响。此案例中王某虽然是在家中康复，但是不时需要回医院复诊，长期的药物治疗，以及药物副作用都给其本人和家庭带来巨大的精神压力和经济压力。

(2) 就业的需要：确诊精神分裂症以后，王某没有再参加工作，每个月领取若干元的低保金。母亲的退休工资要供养全家的开支还要支付其医药费和妹妹的学费。所以，李阿姨常常在经济压力下抱怨王某不出去工作赚钱，反而连累自己。王某需要有一份维持基本生活的适合的工作。

(3) 心理及社会交往需要：王某的负面思想是限制其走出家门的最主要障碍，他缺乏自信和改变现实的主动性。他认为自己脑子笨，反应慢，别人看不上他，所以有时候会很灰心丧气，觉得自己没有朋友是个没有用的人，母亲对自己态度不好有时候也只能忍受。李阿姨则认为自己很倒霉生了这样的儿子，认为大家都看不起自己，也不愿与邻居交往，所以常常心情很压抑，只好靠骂儿子出气。王某和李阿姨共同存在着增加社会交往、减轻心理压力的需要。

(4) 处理问题的技巧的需要：精神分裂症康复者在康复过程中，家属的情绪起伏会很大，犹豫、焦虑、无助感等消极情绪常常使其处于抑郁的状态。该案例中李阿姨缺乏处理压力的技巧，无法控制自己而情绪化地处理问题，缺乏相应的宣泄渠道，影响了自己的身心健康，也影响到王某的康复。

三 工作目标

在基本情况及案主的问题和需要分析的基础上，社会工作"人在情境中"和"助人自助"的根本理念决定了社会工作服务的根本目标在于与精神分裂症康复者本人及其家庭一起工作，了解他们的需要和困难，挖掘他们的潜能，创造一个良好的康复环境，最终实现康复者和康复者所在家庭的自立和发展。工作目标主要包括以下几点。

（1）协助家庭正确面对当前的康复、无业、经济紧张、缺乏自信、心理压力等困难，为其申请相关的特别救助。

（2）帮助该家庭成员掌握精神分裂症的相关知识和康复技巧，能够在社区和家庭中进行康复训练。

（3）鼓励王某树立自信，学习一定技能，寻找力所能及的工作岗位，并请家庭成员多给他一些鼓励和支持。

（4）指导李阿姨学习正确表达情绪、和康复者相处的技巧，协助其学习处理压力的技巧，鼓励其与儿子平等地沟通交流，减轻康复对象的心理压力。

（5）推动家庭成员积极主动融入社区，参与社区活动；动员社区居民主动关心帮助这样的家庭。

（6）介绍李阿姨参加社区内家中有残障人士的照顾者群体小组，与其他成员一起分享照顾技巧，宣泄照顾中的压力，达到内心的平衡和相互的支持。

第六章　残疾人社会支持网络构建

本章从社会支持网络的特点、功能等角度入手对残疾人社会支持网络进行分析，提出把社会工作介入于残疾人社会支持网络的构建中，这对残疾人的发展以及其权益保障都具有非常重要的作用。

第一节　社会支持及网络构建理论

一　社会支持的内涵

人类社会自产生以来，人们之间的互助行为就已经存在了，对于社会联系与身心健康之间的关系研究已有很长的历史。早在 19 世纪，法国社会学家涂尔干（Derklieim）就发现社会联系的紧密程度与自杀有关。到了 20 世纪 70 年代，社会支持（Social support）首次作为专业概念被引入精神病学。当时的学者主要从两个方面来理解社会支持的基本含义：其一，从功能上讲，社会支持是个体从其所拥有的社会关系中获得的精神上和物质上的支持；其二，从操作上讲，社会支持是个体所拥有的社会关系的量化表征。[①]

但是，社会支持一词的内涵在各个学科之间乃至同一学科的不同学者之间并未达成共识。社会学家、心理学家、社会精神病学家等分别从各自的理论视角出发对社会支持的内涵作了不同的阐释。

（一）国外研究

早期的研究者将社会支持当做从一个人的朋友或者熟人网络得来的一般性资

---

① 湖湘明：《论中国青年心理健康的社会支持系统》，《青年探索》1996 年第 5 期。

源，这种资源可以帮助个人应对日常生活中的问题或危机。例如，伯克曼和赛姆（Berkman & Syme）通过在美国加利福尼亚的追踪调查发现，"那种缺乏社区关系的人较之与人有更紧密接触的人在以后的时期里更可能死亡"。[①] 林南提出社会支持是由社区、社区网络和亲密伙伴所提供的感知的和实际的工具性或表达性支持。其中工具性支持是指运用人际关系作为手段以实现某种目标，包括引导、协助、有形支持与解决问题的行动等；而表达性支持既可以是手段也可以是目的，它涉及分享感受、发泄情绪和挫折、寻求对问题或议题的了解、肯定自己和他人的价值与尊严，包括心理支持、情绪支持、自尊支持、情感支持和认可等。[②] 有些学者运用因子分析方法对社会支持进行了区分。索茨（Thoits）将社会支持定义为"重要的他人如家庭成员、朋友、同事、亲属和邻居等为某个人所提供的帮助功能。这些功能典型地包括社会情感帮助、实际帮助和信息帮助"。考伯将社会支持区分为情感性支持、网络支持、满足自尊的支持、物质性支持、工具性支持和抚育性支持。韦尔曼将社会支持分为感情支持、小宗服务、大宗服务、经济支持、陪伴支持等5项。[③] 库恩等人将社会支持区分为归属性支持、满足自尊的支持、物质性支持和赞成性支持四种。[④] 荷兰社会学家马特·G.M.范德普尔1987年曾运用问卷法对902名20~70岁的个人的社会支持状况进行了研究，他指出除了情感支持和实际支持以外，社会支持还包括社会交往或社会活动的参与。[⑤] 巴勒内尔（Barreea）指出，广义的社会支持包括：物质帮助，如提供金钱、实物等有形帮助；行为支持，如分担劳动等；亲密的互动，如倾听，表示尊重、关怀、理解等；指导，如提供建议、信息或指导；反馈，对他人的行动、思想和感受给予反馈；正面的社会互动，即为了娱乐和放松而参与社会互动。这6种形式有些是有形的，有些是无形的。

（二）国内研究

国内关于社会支持的研究，具有代表性的观点主要有：李强从心理健康的角度出发认为，"社会支持应该被界定为一个人通过社会联系所获得的能减轻心理

---

① 贺寨平：《国外社会支持网研究综述》，《国外社会科学》2001年第1期。
② 颜宪源、东波：《论农村老年弱势群体社会支持网络的建构》，《学术交流》2010年第6期。
③ 周林刚、冯建华：《社会支持理论——一个文献的回顾》，《广西师范学院学报（哲学社会科学版）》2005年第3期。
④ 贺寨平：《国外社会支持网研究综述》，《国外社会科学》2001年第1期。
⑤ 马特·G.M.范德普尔：《个人支持网概述》，《国外社会学》1994年第4期。

应激反应、缓解精神紧张状态、提高社会适应能力的影响"。[1] 施建锋等人认为社会支持指的是当某人有需要时，来自他人的同情和资源的给予。而这种同情和资源的给予是能够满足个体的需要的，从而达到缓解个体各类紧张的目的。[2] 章谦、张建明则从支持对象的角度指出，"在笼统的含义上，我们可以把社会支持表述为各种社会形态对社会脆弱群体即社会生活有困难者所提供的无偿救助和服务。"[3] 丘海雄从社会交换的角度出发，认为社会支持既涉及家庭内外的供养与维系，也涉及各种正式与非正式的支援与帮助。社会支持不仅仅是一种单向的关怀或帮助，它在多数情形下是一种社会交换。[4] 蔡禾等学者把社会支持称为"社会支援"，"从广义上讲，社会支援指人们在社会中所得到的、来自他人的各种帮助"。[5] 陈成文等学者从社会网络的角度出发对社会支持进行界定，他们认为社会支持是一定社会网络运用一定的物质和精神手段对社会弱者进行无偿帮助的一种选择性社会行为。[6] 贺寨平指出个人的社会支持网就是指个人能藉以获得各种资源支持（如金钱、情感、友谊等）的社会网络。通过社会支持网络的帮助，人们解决日常生活中的问题和危机，并维持日常生活的正常运行。[7]

（三）社会支持的内涵

从上面各位学者对社会支持的内涵所作的各种界定可以发现，人们对社会支持的理解是见仁见智的。但无论采取何种分类方法，都从主体、客体和内容三个方面对社会支持进行了界定。

（1）社会支持的主体就是社会支持的实施者。林南认为社会支持是由社区、社区网络和亲密伙伴提供的，索茨（Thoits）认为社会支持主要由"重要的他人如家庭成员、朋友、同事、亲属和邻居等"提供，由此得知，他们都认为社会支持是由个人自发的血缘、地缘和业缘所形成的非正式关系提供。章谦、张建明认为，社会支持的主体是"各种社会形态"，不仅是指社区以及亲密伙伴所形成

---

① 李强：《社会支持与个体心理健康》，《天津社会科学》1998 年第 1 期。
② 施建锋、马剑虹：《社会支持研究有关问题探讨》，《人类工效学》2003 年第 1 期。
③ 郑杭生主编《转型中的中国社会与中国社会的转型》，首都师范大学出版社，1996，第 319 页。
④ 丘海雄、陈健民、任焰：《社会支持结构的转变：从一元到多元》，《社会学研究》1998 年第 4 期。
⑤ 蔡禾、叶宝强：《城市居民和郊区农村居民寻求社会支援的社会关系意向比较》，《社会学研究》1997 年第 6 期。
⑥ 陈成文、潘泽泉：《论社会支持的社会学意义》，《湖南师范大学社会科学学报》2000 年第 6 期。
⑦ 贺寨平：《国外社会支持网研究综述》，《国外社会科学》2001 年第 1 期。

的非正式关系，还包括政府、企业等，陈成文认为社会支持的主体是"一定社会网络"。总之，国外学者一般认为社会支持的主体为非正式的网络关系，而国内学者一般认为社会支持的主体还应该包括正式的关系网络。

（2）社会支持的客体即社会支持的接受者。对于社会支持的客体有两种不同的观点：一种认为社会支持的客体具有普遍性特征，日常生活中的每个人都可能是社会支持的客体。如国外的林南、索茨、科恩、马特·G. M. 范德普尔以及国内的李强、贺寨平、施建锋等人都持这种观点；另一种观点则认为社会支持的客体具有选择性特征，只有社会里面的某些特殊群体才是社会支持的客体，一般来说是指社会的弱势群体。章谦、张建明、陈成文等学者持这种观点，而且国内关于社会支持的研究多集中于弱势群体方面，如下岗失业者、老年人、儿童、妇女、残疾人等。

（3）社会支持的内容即社会支持主体为客体所提供的物质的和非物质形式的支持。虽然各位学者的表述有所不同，但基本可以分为主观和客观两个方面：一是客观可见的支持，包括物质支持、网络支持（稳定的社会关系如婚姻、同事、朋友等，不稳定的社会联系如非正式团体等），这种社会支持不以个体感受为转移，是客观存在的现实；二是主观体念的支持，即个体在社会生活中受尊重被体谅的情感支持及满意度，这类支持与个体的主观感受密切相关。[①]

综上所述，在对社会支持的主体、客体以及内容进行界定的基础上，我们将社会支持的内涵概括为：首先，社会支持的主体是客体所拥有的正式的和非正式的网络关系。从我国的实际情况出发，国家和政府可以为受助者个人提供立法和制度支持，而这种支持是一种具有强制性的正式关系支持，从而保障受支持者的普遍性，无论是谁，只要符合要求，就会得到国家和政府的支持。除此之外，受支持者个人的非正式网络关系也对其发挥着重要作用，而且可以为其提供各种形式的支持内容，只是这种支持具有临时性的特征。其次，社会支持的客体是社会中的每一个人。在现代社会，每个人都面临着各种各样的社会风险，单靠个人力量难以抵御和承担所有风险，需要依靠社会、政府以及他人给予各种支持。再次，社会支持的内容就是指所有能够获得的资源，包括所有物质支持和非物质支持。

----

① 周林刚、冯建华：《社会支持理论——一个文献的回顾》，《广西师范学院学报（哲学社会科学版）》2005 年第 3 期。

所以，社会支持的内涵可以界定为：社会支持就是指个人通过自己所拥有的各种正式的和非正式的网络关系获得各种资源，应对日常生活中所面临的各种危机和风险，从而维持生活的正常运行。

二　社会支持网络系统及其构建

（一）社会支持网络的概念

社会网络是指由多个社会行动者及他们间的关系组成的集合。社会网络概念最早是由齐美尔提出的，到 20 世纪六七十年代形成一系列中层理论。社会网络分析作为西方社会学的一个重要分支，其起源最早可以追溯到 20 世纪二三十年代英国人类学家的研究。拉德克利夫·布朗首次提出了社会网的概念，巴恩斯则首次将"社会网络"的概念用于对一个挪威渔村阶级体系的分析。[1] 随着社会网络分析方法的提出，社会网络理论就不仅仅局限于概念的陈述，而是产生了可验证、指定清楚的模型，为后来的社会学者提供了更多的视角与方法。如麦奎尔和格兰诺维特研究企业集团和商业工会的形成，中国学者边燕杰对企业社会资本的研究，柯志明、陈介玄等人分析中小企业对外取得资源的模式，罗家德等人则从社会网治理这一角度出发探讨研究。[2]

在个人的社会网络关系中，网络关系的强度并非一致，有强关系和弱关系之分。弱关系理论由美国社会学家格兰诺维特提出，他认为强弱关系在人与人、组织与组织、个体与社会系统之间发挥着不同的作用。强关系维系着群体、组织内部的关系，弱关系则在群体、组织之间建立了联系纽带。他还指出可以从四个维度来测量关系的强弱：一是互动的频率，互动的次数多为强关系，反之则为弱关系；二是感情力量，感情较强、较深为强关系，反之则为弱关系；三是亲密程度，关系密切为强关系，反之则为弱关系；四是互惠交换，互惠交换多而广为强关系，反之则为弱关系。[3]

林南认为社会资源是指嵌入于个人社会关系网络中的资源，如权力、财富、声望等，这种资源存在于人与人之间的关系之中，必须与他人发生互动才能获得。在此基础上林南提出了社会资本理论，认为社会资本是"投资在社会关系

---

① 洪小良：《城市贫困家庭的社会关系网络与社会支持》，中国人民大学出版社，2008，第 15 页。
② 罗家德：《社会网分析讲义》，社会科学文献出版社，2005，第 21 页。
③ 周长城：《经济社会学》，中国人民大学出版社，2005，第 100 页。

中并希望在市场上得到回报的一种资源，是一种镶嵌在社会结构之中并且可以通过有目的的行动来获得或流动的资源"。①

如前文所述，社会支持通过社会网络所得到社会资源，那么社会网络就是个人获得社会支持的基础结构，获得社会资源是社会网络建构的目标。所以社会支持网络的构建与运行，对于社会支持的获得具有绝对重要的作用。

（二）社会支持网络的核心

社会支持网络的核心主要表现在网络、支持以及构建三个方面，其功能的发挥也建立在这一基础之上。

（1）从网络角度看，社会支持网络主要表现为网络的结构特质，即网络的空间范围、人员分布度、关系结构以及关系度等方面。网络空间范围指个人所能获得社会支持在空间上的分布范围。由于社会资源的非集中性、社会群体的非同质性等，社会支持网络以多层次的形式存在，其空间分布是多重的，而且各层次间的网络是一种递进、交叉、互补的关系，可以满足个人对多种社会资源的需要。

在一定的社会支持网络空间范围内，网络成员的分布度、关系结构以及关系度也十分重要。分布度是指在某一网络范围内，参与构建社会支持网络的社区成员数量的多少；关系结构是指社会支持网络成员的职业、收入构成以及互动方式；关系度是指参与社会支持网络构建的成员间之关系密切程度。这些网络维度决定了社会支持网络的功能发挥，对于网络式社会支持具有很大的保证作用。

（2）从网络支持角度看，社会支持网络主要体现为网络成员间建立在互帮、互济基础上的互动关系与互动内容。互动关系特指社会支持网络成员间的互动持续性与方向性。前者是指网络成员间的互动关系是短暂的、断续的，还是长期的、持续的；后者指这种互动关系是什么样的属性，即网络成员间的支持关系是单向的还是双向的，是横向的还是纵向的，是一维的还是多维的，是简单的还是复杂的，是主动的还是被动的，是消极的还是积极的等。在互动内容上，主要反映社会支持网络的具体事项，如物质支持、精神与心理支持以及其他方式的支持等。

（3）从社会支持网络的构建看，在一定空间范围内，只要社会成员有一定互动关系就可认为形成了某种初步的网络关系。但从残疾人社会工作的角度来

---

① 林南：《社会资本——关于社会结构与行动的理论》，上海人民出版社，2006，第20页。

看，由于残疾人本身身体或者智力、心理等方面存在缺陷或能力不足，造成其社会交往能力较弱，难以像正常人一样建构自己的关系网络，故其自发的社会关系网络一般都比较狭小。在这种情况下，其社会支持网络的形成和发展就不能仅仅建立在自发编织的非正式关系网络基础之上，必须通过社会工作者的努力，调动社会各方面的资源，协调各方面的关系，积极推动其社会支持网络的构架。无论是从社会工作"助人自助"理念，还是从解决社会问题、维持社会稳定等方面看，社会支持网络的构建是十分必要和重要的。

（三）社会支持网络的特征

在传统农业社会，人们自发地形成了一定意义上的社会支持网络，如中国古代的社会救助结构和力量就是建立在血缘关系上的家庭与家族的互助互济，地缘关系基础上的邻里、同乡的相互照顾以及共同需要和志趣基础上的朋友相互照顾等。中国人很重视血缘关系，家庭和睦与家族兴旺是人们所期盼的，有些大的宗族甚至可以留有部分专门的钱物来接济、照顾族人中的老弱病残者。血缘关系就如同一张"社会"支持网络，最大可能地保护了家庭和家族中的弱者，尽管其空间范围以及支持力度非常有限。地缘关系的情感——乡情，也形成和维系了人们之间的互动圈。所谓"远亲不如近邻"就是建立在地缘关系基础上的互动圈功能发挥的写照。可以认为，这些都是较为"原始"的"社会支持网络"。

在现代社会，由于交通工具速度的提升，以及人们经济交往圈空间范围的扩大，人们的交往与互动范围已非传统农业社会所能比拟，而人们所面临的风险也呈社会化趋势，传统的互助互济已经不能适应时代的要求，因而社会支持网络就具有时代的内涵和特征。

（1）网络性与伸延性。网络是众多社区群众、群体和组织通过一定的结构联结成一个相互关联的，有明确目的，具有反馈效应的系统。相对于传统社会的家族、邻里间的救助，现代社会支持网络的伸延性表现为其结构更为复杂，关联性更为紧密，网络辐射半径更为扩展，解决社会问题的功能也更为强大。

（2）社会性与社区性。不同于传统社会，由于人们的工作、生活方式的社会化，所面临的问题也以社会化的形式出现，所以互相之间的帮助与援助也跨越了血缘关系和地缘关系的范围，在社会互动的层面上展开。在具体的支持运作中，网络以社区为实施范围。虽然社区以一定的地域为基础，但是它并不简单地等同于地缘关系，建立在现代社会支持网络基础上的社区成员间的互动与交往内涵要高于建立在邻里、老乡关系基础上的互帮互助。

（3）综合性与多向性。综合性是指社会支持网络中的支持内容涉及物质的、精神的、心理的等多层面，并非简单的亲戚或邻里间对日常生活困难的互帮互济所能比拟。多向性是指社会支持网络中的每一个成员在网络中并不是旁观、被动的接受者，而是积极、主动的参与者与实施者。网络成员能做到爱与被爱的统一，助人与被助的结合，充分体现出"我为人人，人人为我"的良好社会氛围。

（4）网络的结构稳定性与目标长期性。现代市场经济运行过程必然会伴随着经济风险与社会风险，构建社会支持网络是社会健康稳定发展的应有之义。在专业化社会工作的介入下，在政府及相关组织的支持和配合下，社会支持网络的结构就显得非常稳定。同时社会问题的现实存在以及网络成员调动社会资源，进行互帮互助的内在需要也使得社会支持网络的目标具有长期性。①

社会支持网络通过社会化的网络结构为网络成员提供了各种社会资源，满足个人日常生活的需求，解决了人们所面临的各种社会风险和困难，并维持了生活的正常运行。

（四）社会支持网络的构建

社会支持网络能够为网络成员提供各种社会资源，即各种社会资本，增强了个人抵御社会风险的能力，但是这种社会支持网络不仅是建立在传统血缘、地缘关系基础上自发形成的关系网络，还包括外界的各种社会支持网络，但这种社会支持网络不是自发形成的，是需要构建的。这种突破自发关系网络的社会支持网络在现代社会发挥着重要的作用。

（1）社会支持网络的客体，即"为谁"（whom）提供社会支持。学术界对社会支持的客体有两种不同的观点，一种认为社会支持的客体应该是日常生活的每个人，每个人都会在自己的社会关系网络中获得社会支持，并给予网络中其他人支持，具有普遍性特征。另一种观点认为社会支持网络的客体应该是社会中的某些特殊群体，尤其是指社会中的弱势群体或脆弱群体，故具有选择性特征。与一般居民相比较而言，他们更需要从外界获得社会支持。从社会支持网络的广义上来看，其客体应该是社会日常生活中的每个人。每个人都居于自己社会支持网络的中心。费孝通先生曾把中国的传统人际关系网络称为"差序格局"，它就

---

① 周沛：《社区工作中的社会支持网络构建及其意义》，《社会科学研究》2003 年第 6 期。

"好像把一块石头丢在水面上所发生的一圈圈推出去的波纹"①。圈子的中心就是每个个人，而一圈圈的波纹就是个人的社会网络。距离中心越近波动越大的就是强关系网络，而距离中心越远，波动较小的就是弱关系网络。这就是格兰诺维特所讲的强关系、弱关系。人们从不同的关系网络中获取不同的资源来满足自己的各种需要。在现代社会，每个人所面临的风险都具有社会性，而且也难以单依自身力量来抵御风险和满足自身多种需求，所以社会支持网络对于每个人来说都是必需的而且是非常重要的。

（2）社会支持网络的主体，即"谁"（who）来提供支持。有学者认为社会支持网络就是在血缘、地缘以及业缘等基础上自发形成的非正式关系网络。在现代社会，由于风险具有社会性，所以社会支持网络也具有社会性，仅仅依靠非正式关系网络难以抵御各种风险，还需要依靠正式关系网络提供制度性的社会支持。社会支持网络包括正式关系网络和非正式关系网络。正式关系网络的主体包括政府和企业组织。政府部门所提供的各种制度支持和物质支持，如各项社会保障法规条例，使得社会成员在一定程度上受到强制性的社会保障，同时在社会成员难以维持生存时提供物质支持，如最低生活保障制度、各种专项救助等等，同时政府也在寻求社会服务形式的多样化，如向非营利组织"购买服务"等。企业依据政府部门所制定的各项社会保险法规条例，为企业员工缴纳各项社会保险费用，如医疗、养老、工伤、疾病以及生育保险、住房公积金等，为社会的劳动者提供基础保障性的社会支持。社会支持网络的非正式关系网络的主体具有多样性。传统的非正式关系网络的主体主要是建立在血缘和姻缘关系基础上的家庭、亲戚、家族等，以及建立在地缘关系基础上的邻里、老乡，还有建立在业缘关系基础上的同事，建立在志同道合基础上的朋友。除此之外，在现代社会，非正式关系网络的主体还包括非政府组织、社会工作者以及为各种特殊群体提供服务的志愿者，尤其社会工作者可以为特殊群体提供各种专业化的服务。

（3）社会支持网络的内容，即"提供什么"（what）。由于社会支持网络的目标是调动和运用社会资源，以解决一些社会成员的社会不适，而社会成员遇到的具体困难具有多样性特征，所以社会支持网络的内容也是多样化的。社会支持网络的重点主要表现在物质支持、心理支持、关系支持等方面。

物质支持　无论在城市还是在农村，因各种原因而导致生活贫困者较为常

---

① 费孝通：《乡土中国》，人民出版社，2008，第28页。

见。一般情况下，政府有最低生活保障制度、"送温暖工程"等措施对其进行救助，但这种制度性的措施实施标准比较严格，而且支持水平较低，不是对每个需要帮助的社会成员都适用。因此，通过社会支持非正式网络调动社会资源，给予社会弱势群体必要的物质支持是相当必要和重要的，如为特困家庭、残疾人、孤寡老人等提供衣物、粮食、现金支持以及各种服务等。

心理支持 精神压力以及心理疾病是现代社会中较为常见的社会问题，许多人由于不能及时得到舒缓而严重影响工作和生活。值得注意的是，人们对心理及精神问题所造成的社会负面影响之重视程度远远没有对贫困问题带来的社会影响的重视程度高，以至于在大部分地区，心理和精神支持还处在空白状态，不少需要支持的社会成员处于孤立无援的地步，极易诱发一些意外情况的发生。进行心理和精神矫治是专业社会工作的重要内容和方法，也理所当然是社会支持网络中的重要内容和方法。当前，社会中的弱势群体不仅仅是指在物质生活方面遇到困难的人，那些在心理与精神上有很大压力与障碍的人也同样可以被认定为弱势群体，因此心理支持也是社会支持网络所提供的内容之一。

关系支持 由于社会资源占有关系的不同和社会不公的客观存在，有些社会成员往往处于弱关系状态之中，即社会交往单一、社会关系简单、经济收入低下、社会地位低微，他们很难融进社会的主流而成了事实上的生活贫困、精神空乏的社会弱势群体，对这些人提供关系支持是十分重要的。所谓"关系支持"，就是社会工作者，通过网络关系介入，调动、调整和利用社会资源，在一定范围内重新协调和分配资源，为处于"弱关系"状态下的社会成员提供各种改变当前所处状况的机会和条件。如为下岗失业人员进行再就业培训，提供再就业机会；为老年人组织各种社会交往活动以增进老年人的身心健康；为家庭暴力和家庭虐待受害者提供法律援助；为残疾人的社会适应提供帮助等；这些都属于社会支持网络中的关系支持。

（4）社会支持网络的支持形式，即"怎样"（how）提供支持。从网络结构角度看，社会支持网络结构可以有个人的、互助的等多种形式。个人网络形式就是社会成员通过社会支持网络获取各种资源，提升自身克服困难的能力，也就是增权。所谓增权就是提升助人或自助的能力，提升对自己生活和周围环境实施控制的能力，也意味着对社会资源的分享和再分配。这对社会成员解决社会问题是有重要意义的。互助网络形式是把面对相同问题的人聚合在一起而建立一种互帮互助的网络关系。这种形式适合小范围内的网络层次构建，如邻里、非正式群体、业缘群体、趣缘群体等群体间的互帮互助。[①]

由于每个人具体面临的问题各有不同，所以每个人的社会支持网络也是不同的。但总体来说，社会支持网络就是由主体、客体、支持内容和支持形式四个方面组成的。

三　社会支持网络的功能

关于社会支持网络的功能，可以从个人层面和社会层面两个方面进行分析。从个人层面上讲，社会的每个成员都可以从他的社会支持网络中获取各种资源来满足自己的各种需求，解决日常生活中遇到的各种问题，以维持生活的正常运行。

首先是生理需求。生理的需求是人生最基本的要求，可以简单概括为衣、食、住、行等方面。社会支持网络为社会成员所提供的物质支持就是满足这一层面的需求的。无论是正式网络中的政府所提供的最低生活保障、"送温暖工程"等社会救助措施和"公租房"、"经济适用房"等住房措施，还是由非正式网络所提供的粮食、衣物等实物或现金救济都是为遇到生存困难的人提供的满足其生理需求的支持。其次是安全的需求，包括对人身安全、生活稳定以及免遭痛苦、威胁或疾病等的需求。这部分需求主要是通过正式网络提供，即政府和企业所提供的各种社会保险措施。政府制定各种有关社会保险的法规条例，而企业是社会保障制度的实施者，主要是为员工提供各项社会保险的缴纳服务，使社会劳动者老有所养、病有所医、失业以后能够得到照顾和救济等，而非企业成员的医疗、养老等社会保险则有政府来承担。这些措施可以使社会成员受到制度的保护，免除各种后顾之忧，增强其安全感。再次是社交需求，包括对友谊、爱情以及隶属关系的需求。当生理需求和安全需求得到满足后，社交需求就会突出出来。而社会支持网络所提供的关系支持和情感支持就是满足社会成员这种需求，通过社会支持网络的构建，人们可以在社会网络中舒缓自己的精神压力，得到情感慰藉，而且可以通过网络的互动，满足自己社交需求，获得归属感。又次是尊重的需求，既包括对成就或自我价值的个人感觉，也包括他人对自己的认可与尊重。这种需求可以通过社会支持网络所提供的"助人自助"的增权服务所体现，尤其是社会弱势群体，如为下岗失业工人所提供的职业培训、单亲家庭的增权等，增

---

① 周沛：《社区工作中的社会支持网络构建及其意义》，《社会科学研究》2003 年第 6 期。

强社会成员自身解决问题的能力，使之不再是"弱势群体"，那么他们的自尊可以得到维护，而且会获得别人的尊重。最后是自我实现的需求，其目标是自我实现，或是发挥潜能。当社会成员从社会支持网络里获取各种资源和服务，增强自身能力，并且真的能够依靠自己的能力满足自己的需求的时候，就获得了自我实现需要的满足。

从社会层面上看，由于我国目前社会保障制度还不健全、不完善，构建社会支持网络对于社会资源的调动和运用，对社会问题的预防和解决，都有极为重要的意义。解决社会问题仅仅依靠政府的"送温暖工程"以及尚不健全、不完善的社会保障制度还远远不够，必须动员和运用全社会的力量，社会支持网络正是用网络的方式，积极调动各种社会资源，加强和提升了社会成员抵御社会风险和经济风险的能力，而社会成员所遭遇的各种困难和压力也能得到很好的解决和舒缓。社会支持网络的构建还有利于形成良好的社会风气。在面临社会风险时，社会支持网络里的成员能够做到经常性的互帮互助，不仅表现在物质上的支持，还表现在心理支持和关系支持上。这有利于形成"人人为我，我为人人"、"一方有难，八方支援"的良好社会风气与助人氛围。

第二节　残疾人社会支持网络构建分析

残疾人是社会的特殊群体，且在我国总人口中占有较高比例。2006年完成的全国第二次残疾人调查显示，我国各类残障人的总数为8296万。按照国家统计局公布的2005年末全国人口数，推算出本次调查时点的我国总人口数为130948万人，据此得到2006年4月1日我国残障人占全国总人口的比例为6.34%。[①] 可见我国残疾人绝对数量之多，构建残疾人社会支持网络，保障其基本生活，提高其生活质量，对于维持社会稳定，促进社会和谐发展，具有非常重要的作用和意义。

一　残疾人社会支持网络的特点与目标

欧美国家通常以三个名称界定"残疾人"的意义：①身体或心理方面的缺

---

① 周林刚：《社会支持与激发权能——以城市残障人福利实践为视角》，社会科学文献出版社，2009，第1页。

点或限制，通常以损害（impairment）来表示；②这些损害必定会导致身体功能的丧失或减少，以失能（disability）来表示；③这些失能者倘若遭受到社会的歧视或环境的限制，就会形成障碍，无法发展潜能或独立生活，称为残障（handicap）。① 由此可以看出，残疾人一般都是身体或心理受到损害，身体功能部分或完全丧失，他们在日常生活中会面临比常人更多的困难和风险，更需要获得外部的社会支持，以维持正常生活的运行。

（一）残疾人社会支持网络的特点

残疾人社会支持网络的特点主要表现为以下几个方面。

（1）客体需求的特殊性。残疾人社会支持网络的客体是残疾人，但残疾人所面临的困难并不相同。这是由于残疾人身体功能障碍不同，而且每一类功能障碍中又可分为轻度、中度、重度三个等级。根据2006年全国第二次残疾人所得的调查数据可知，各类残障人的人数及其占残障人总人数的比重分别是：视力残障者1233万，占14.86%；听力残障者2004万，占24.16%；言语残障者127万人，占1.53%；肢体残障者2412万，占29.70%；智力残障者554万，占6.68%；精神残障者614万，占7.40%；多重残障者1352万，占16.30%。② 残疾人功能障碍不同，他们面临的主要困难也不同，而且他们所需要满足的康复训练的需求和目的也各不相同，这直接导致其需求的特殊性。

（2）主体层次的多样性。在残疾人社会支持网络中存在着不同性质的支持主体，一般而言，这些支持主体包括家庭、亲朋好友与邻里、非营利组织、社区、政府以及专业的社会工作者和志愿者等。③ 这些主体可分为正式支持网络和非正式支持网络两类，不同性质的社会关系网络，所提供的具体的社会支持内容是不同的。正式支持网络的主体——政府，主要提供最基层的制度保障，尤其是其建立的社会救助体系是一种成效显著的政策性社会支持手段，其中包括最低生活保障制度、五保供养制度、扶贫计划等，使得广大残疾人受益。有残疾人的家庭面临更多陷入贫困的风险，全国第二次残疾人抽样调查资料表明，全国有残疾人的家庭户2005年人均全部收入城镇为4864元、农村为2260元，而当年全国

---

① 丛晓峰、唐斌尧：《转型期残疾人社会支持的实践模式研究》，《北京科技大学学报（社会科学版）》2003年第3期。

② 中华人民共和国国家统计局第二次全国残疾人抽样调查领导小组：《2006年第二次全国残疾人抽样调查主要数据公报》，2006年12月1日。

③ 马洪路：《残疾人社会工作》，中国社会出版社，2009，第137页。

人均收入水平城镇为 11321 元、农村为 4631 元，残疾人家庭人均收入不足全国人均收入水平的一半。[①] 非正式支持网络可以分为传统的非正式支持网络和新型的非正式支持网络。传统的非正式支持网络就是建立在血缘、地缘、业缘以及趣缘基础上自发形成的关系网络，尤其是家庭在残疾人社会支持系统中的作用是无可替代的。家庭为残疾人提供情感性支持、物质性支持、工具性支持以及抚育性支持等。而新型的非正式支持网络主要来自非营利性组织、社会工作者和志愿者，他们为残疾人提供了各种社会服务，尤其是社会工作者的专业性服务，对于残疾人的发展来说具有重要作用。

（3）支持内容的层次性。残疾人的社会支持网络所提供的内容是多种多样的，但是从所满足残疾人的需求层次来看，可以分为基本需求层次、能力康复层次以及享受福利等高级层次需求的满足。基本需求层次主要是满足残疾人的基本生理需求及安全需求，如各种社会救助制度所提供的物质帮助能够满足其最低生活需要，无障碍设施建设为残疾人的通行提供安全和便利服务，各类社会保险能满足其各种安全需要等。能力康复层次，这一层次主要是赋权，增强残疾人的能力，如残疾人的心理康复训练、肢体康复训练以及教育康复、职业康复等。高级层次主要是为残疾人提供各种生活支持服务以及心理支持、关系支持等专业性的社会工作服务。

（4）支持形式的弱关系性质。残疾人支持形式的弱关系性质包括两种含义，一是从自发的非正式网络关系角度看，残疾人的网络规模与正常人相比，是一种弱关系状态。由于社会资源占有关系的不同和社会不公的客观存在，残疾人往往处于弱关系状态之中，即社会交往单一、关系网络简单、经济收入低下、社会地位低微，很难融入社会的主流而成为事实上的生活贫困、精神空乏的特殊社会弱势群体。[②] 另一种从格兰诺维特对强、弱关系的划分角度来看，由于残疾人自发形成的社会网络规模比较小，而且多集中于强关系范畴，为其构建的社会支持网络的主体则多为弱关系，即互动频率不多，交往程度不深，多为为残疾人提供服务的单向支持。

（二）残疾人社会支持网络的目标

不同功能障碍的残疾人需求的侧重点不同，社会支持实施的过程、内容和机

---

①　郑功成：《残疾人社会保障：现状及其发展思路》，《中国人民大学学报》2008 年第 1 期。

②　周沛：《残疾人社会福利体系研究》，《江苏社会科学》2010 年第 5 期。

制也应有所不同。一般而言，根据残疾人基本生存需要和社会性需要的不同层次，社会支持网络的目标主要有以下几个方面。

（1）满足残疾人低层次的生理需要和安全需要。生理需要和安全需要是人的五类需求层次中较低层次的需要，也是最基本的需要。在我国 2000 多万未解决温饱的农村贫困人口中，有相当一部分是残障人或残障人户，城市的低收入阶层里也有相当大的部分是残障人或残障人户。2004 年，上海市统计局城调队对100 户城市残障人家庭日记账的调查显示，残障人家庭和健全人家庭相比，就业率偏低，居住条件差，人均收入水平仅为健全人家庭的一半，消费以满足家庭基本生活需求为主，食品、医疗保障和居住等刚性消费支出的比例明显高于健全人家庭，新型和享受型家电偏少，文化生活相对贫乏。[1] 对于残疾人来说，从外部的社会支持网络获取足够的能够维持生存的物质资料就显得非常重要。从安全需要的角度来看，政府所提供的各项保险是社会支持网络中的重要组成部分，但在现阶段，为残疾人而推行的各项制度保障实施效果并不是很理想。2006 年，在城镇残疾人中，只有 275 万人享受到城镇居民最低生活保障，仅占城镇残疾人总数的 13.28%。城镇 16 岁及以上残疾人参加养老、医疗、工伤、失业社会保险的比例分别为 27.87%、36.83%、1.11%、1.35%。[2] 这就需要在以后的工作中加强对残疾人各项社会保险的推动和实施。

（2）满足能力恢复的康复需求。残疾人在社会支持网络中可以获取各种资源来恢复自身的能力，这是对自我发展潜在能力的恢复，即对残疾人赋权，得益于对残疾人观念的转变，既由传统的问题视角转变为优势视角。在问题视角下，残疾人之所以成为公众帮扶的对象，是因为他们都是有瑕疵的、有问题的、有缺陷的，残疾人被贴上了问题标签，对残疾人带有歧视色彩。优势视角则以优势为预设前提，强调将关注点聚焦在残疾人的优势上，尽可能发挥残疾人自身的能力和优势，强调对残疾人潜能的开发和培养，并利用残疾人的优势来促进残疾人获得自我完善和发展，是社会工作"助人自助"理念的充分体现。对残疾人进行身体功能的康复训练以及教育康复、职业康复等，都是为残疾人"赋权"的重要体现。

---

[1] 周林刚：《社会支持与激发权能——以城市残障人福利实践为视角》，社会科学文献出版社，2009，第 3 页。

[2] 郑功成：《残疾人社会保障：现状及发展思路》，《中国人民大学学报》2008 年第 1 期。

（3）满足残疾人参与社会事务、实现自我的需要。通过为残疾人提供各种社会服务以及各项社会支持，使残疾人能够参与社会事务，担当公民责任，满足社交需要，以及通过参加工作能够自力更生，实现自我价值。

二 残疾人社会支持网络的子系统

通过对残疾人社会支持网络的支持内容进行分析，可以把残疾人的社会支持网络划分为三个不同层次的子系统。

（一）残疾人社会支持网络的基础系统：基本层次需求

这里的基础系统主要是指残疾人基本层次需求的满足，即生存需要和安全需要这两个基本层次。对于残疾人来说，这两个基本层次的需求的满足非常重要。由于其身体功能障碍或者智力功能障碍等因素影响，残疾人满足这两个层次需求的自身能力不足，需要外部的社会支持网络提供支持。对于残疾人基本层次需求的满足，主要体现在正式支持网络所提供的政策性支持以及非正式支持网络的物质支持。

（1）正式支持网络，即政府，对残疾人所提供的政策性支持，主要是对残疾人的社会保障制度的建设和实施。残疾人社会保障是指以国家和政府为主体，以立法为基础，以全体残疾人为对象，以特定的形式如社会保险、社会救助等，为残疾人提供福利的一种社会制度。残疾人社会保障主要包含社会救助与社会保险两个部分。[①]

残疾人社会救助 社会救助是以社会归因性贫困观、权利本位思想和行为取向上的普遍主义等为基本理念，由政府推行的针对弱势群体的救助制度。我国在社会转型过程中，社会救助还存在方式单一、覆盖狭窄、水平不高等问题。所以，针对残疾人社会救助制度，一方面要规范救助体系，另一方面要加大政策与财政扶持力度。残疾人社会救助包括残疾人最低生活保障制度，以政府为主体，采用现金救济与实物救济相结合的方式，以保障残疾人基本生活为目的。根据残疾人的特殊性，很多地方出台了残疾人低保水平高于健全人低保水平的政策措施，以提升残疾人的基本生活福利水准。

残疾人专项救助 对贫困残疾人实施医疗康复、教育、技能培训、就业等方面的救助。加强对残疾人就业保障金的征收，鼓励和支持用人单位按比例安置残

---

① 周沛：《残疾人社会福利体系研究》，《江苏社会科学》2010 年第 5 期。

疾人就业，对特困残疾人优先推荐就业，优先实施就学、就医及住房等救助。

集中供养　集中供养起源于英国伊丽莎白时代济贫法制度，最初被称为"院舍救济"。以我国目前状况来看，残疾人集中供养存在地域性差异——主要集中在城镇地区。残疾人社会救助从低层到高层已形成一套体系，但在财政支付、地区差别以及救助标准等方面还应进一步完善。

残疾人社会保险　社会保险是社会保障中最为基本的子系统，它在劳动者的养老、失业、医疗以及工伤等方面起着十分重要的保障作用。社会保险的建立是为了补偿基本的经济损失，具有经济福利性，体现了谁缴费、谁受益的原则。但是，正因为缴费原则，对处于基本生活水准的残疾人来说，缴纳社会保险费要比健全人难，这也影响了残疾人的参保率。从国际经验看，社会保险制度建立的出发点是变"消极福利"为"积极福利"，以提高劳动者的人力资本为核心理念。从这一理念出发，残疾人社会保险的建立应在满足其基本生活水平的基础上，着重提高其"能力建设"。根据目前我国社会保险现状，结合残疾人自身特点，残疾人社会保险主要包含以下几个方面。

一是城镇及农村残疾人养老保险。除按比例进行养老保险缴费外，残疾人应该还可以从政府和社会获得一定数目的养老保险补助。二是城镇残疾人医疗保险。残疾人是疾病高发人群，他们的医疗保险显得尤为紧迫与重要，政府必须把城镇残疾人全部纳入到医疗保险体系中来，并且要努力降低残疾人医疗参保门槛，提高残疾人医疗保险水平。三是农村残疾人新型合作医疗制度。在农村地区，新型农村合作医疗制度是除养老之外的另一主要保障形式，更应加大力度完善残疾人的新型农村合作医疗制度。四是残疾人的就业保险，它是为维护工作中的残疾人利益而实施的保险项目，如失业保险和工伤保险。①

（2）非正式社会支持网络对残疾人的基本层次需求的满足也起着非常重要的作用，尤其是建立在血缘、姻缘关系基础上的家庭，为残疾人提供各种物质支持、情感支持等。在我国社会保障制度还不太完善、不健全的今天，残疾人的供养压力主要是由其家人来承担。建立在地缘关系基础上的邻里、老乡以及建立在业缘关系基础上的同事，建立在趣缘关系基础上的朋友也在不同程度上对残疾人给予物质支持和情感支持，但是这种物质支持具有临时性、不稳定性等特点，实际上是一种"救济"。

---

① 周沛：《残疾人社会福利体系研究》，《江苏社会科学》2010 年第 5 期。

（二）残疾人社会支持网络之能力康复系统：社会工作与康复教育

残疾人社会支持网络这一子系统主要体现了专业社会工作的基本理念及其服务工作的开展。专业社会工作的基本理念是"助人自助"、"授人以鱼，不如授人以渔"以及利他主义理念。残疾人社会工作与康复围绕残疾人个体，运用专业方法如心理辅导、个案工作、寻求资源、转介等开展服务，注重在社会模式指导下选择合适的行动为残疾人提供服务。残疾人社会工作与残疾人康复教育工作密切联系在一起，主要包括如下内容。

（1）残疾人心理康复工作。身体的缺陷以及疾病的困扰会使残疾人形成病态的生理符号，久而久之会形成一种惯性思维，觉得自己比正常人"低一等"。这种"自我低视"现象会严重影响残疾人融入社会，因此需要社会工作者参与残疾人心理康复工作，它包括通过"助人自助"的手法，鼓励残疾人及其家属发挥潜能，以积极的心态认知自己，融入社会；参与康复医务人员的教育、训练，推广康复工作计划，学习有关人类行为、家庭动力以及社会资源方面的知识；开发和利用社区内网络资源，开展社区康复工作训练计划，指导社区康复工作，以充分满足残疾人及其家庭的需要。

（2）残疾人教育康复工作。残疾人教育康复工作主要采取两种方式：一是普通教育，主要对象是具有接受普通教育能力的残疾人。二是特殊教育，主要对象是不具备接受普通教育能力的残疾人。需要依据残疾人的身心特性和特殊需要实施教育，对盲聋哑和弱智学生的课程设置、教育教具、教学方法及入学年龄等，依据特性和实际需要而定。

（3）残疾人职业康复工作。职业康复是指以职业为中心，围绕职业评估、教育、安置、咨询等提高残疾人的职业适应能力。社会工作者参与的残疾人职业康复包括残疾人就业前的咨询与评估和就业后的随访和持续支持。就业咨询是对残疾人的从业心理、对职业和岗位的兴趣、从业后的劳动报酬及保护条件进行咨询，回答其问题，使其有信心胜任工作。评估是要对残疾人的身体素质、技能素质与即将从事职业的要求进行比较，得出残疾人是否适合这些工作的结论。当残疾人工作之后，社会工作者还应进行经常性随访，了解其就业后遇到的问题，并帮助其解决。

（4）残疾人社会康复工作。社会工作者动员社会各界力量，为残疾人的生活、学习、工作和社会活动创造良好的社会环境，使他们能够平等参与社会生活并充分发挥自己的潜能，享有与健全人同样的权利和尊严，并为社会履行职责，做出贡献。社会康复工作的内容包括：保障残疾人生存的权利，使其在住房、婚姻家庭等方面得到公平的待遇，有适合其生存的必需条件；消除家庭、社区和社会的物理性障碍，使残疾人享受社会的公共设施服务，在生活起居方面获得方便；消除对残疾人的歧视和偏见，激励残疾人自强自立，建立和谐的社会生活环境；鼓励残疾人参与社会的政治生活，保障其政治权利；组织残疾人与健全人一起参加社会文化、体育和娱乐活动，通过交往，形成全社会理解、尊重、关心和帮助残疾人的良好风尚。[①]

（三）残疾人社会支持网络的高级系统：社会服务

这一高级系统主要是指在残疾人基本层次需求以及能力康复的基础上，为残疾人所提供的带有福利性质的各种服务，这种服务更多的是由专业社会工作者、社区以及非营利组织来提供。残疾人社会服务以社区为平台，通过社区工作者运用专业社会工作方法，调动社会资源，发挥社区成员的力量援助残疾人，实施网络化、多元化的社会服务，以满足残疾人需要、提高残疾人福利。残疾人社会服务是在满足其基本生活需求与提高能力需求的基础上，增进残疾人社会福利，是残疾人社会福利体系中的高级项目。

（1）残疾人心理支持。精神压力是现代社会中常见的现象，尤其是残疾人，由于生理的疾病与缺陷导致其精神压力会远远高于健全人。我国现行残疾人社会保障制度表现为重物质救助而轻心理支持，所以，有必要针对残疾人心理特征给予必要的心理疏导与支持，使其能正确地面对自己和他人，以良好的心态融入社会。残疾人心理支持主要包括：残疾人心理调节，社会工作者调动社区成员在日常生活中给残疾人以关爱，从而缓解残疾人的学习、生活、就业压力，为残疾人的心理康复扫清障碍；鼓励残疾人参加社会活动，鼓励残疾人自强自立，调动残疾人自身的积极因素，使其消除孤独感和自卑感，提高自我社会价值。

（2）残疾人关系网络支持。如前文所述，残疾人往往处于弱关系状态之中，支持残疾人社会关系网络构建是非常重要的工作。残疾人关系支持包括：鼓励残疾人参加各类社区活动，如知识竞赛、社区家庭互动等，拉近残疾人与健全人的距离，增进彼此之间的感情；宣传残疾人服务理念，社区工作者通过公告栏、网络、讲座等方式在社区内开展残疾人救助知识的普及教育，形成社区居民主动帮

---

① 周沛：《残疾人社会福利体系研究》，《江苏社会科学》2010 年第 5 期。

助残疾人的氛围。①

三　残疾人社会支持网络构建中社会工作的介入

在残疾人社会支持网络三个子系统的构建中，社会工作发挥了重要的作用。社会支持网络中社会工作者的参与，把社会工作的理论、理念、方法带进来，对残疾人的需要满足、能力康复及积极参与社会生活都发挥了非常积极的作用。

（一）社会工作理论的介入：从问题视角向优势视角的转变

社会工作理论的发展，使得外界社会对残疾人的看法发生了转变，尤其是从问题视角向优势视角的转变。所谓问题视角，也称为缺陷视角，它是以问题为核心，强调将关注点聚焦在残疾人所面临的问题和困难上，在对残疾人所遭遇到的问题进行分析的基础上，界定问题，然后再根据问题的属性制定一系列帮助和改变残疾人的计划。优势视角是指以优势为核心，强调将关注点聚焦在残疾人身上，尽可能地发挥残疾人自身的能力和优势，强调对残疾人潜能的开发和培养，并利用残疾人的这些优势来促进残疾人获得自我完善和发展。

（1）基于问题视角的理论主要有标签理论。标签理论是指由于社会上人们存在大量的偏见，残疾人往往被贴上标签——或没有较强的劳动能力，或没有灵敏的思路，或没有矫健的身体，导致很多残疾人游离于主流社会之外。这种"标签"理论不仅影响了人们的观念，甚至影响了政府对残疾人政策的制定，也给残疾人带来了更大的伤害。

（2）基于优势视角的理论主要有回归社会理论和增能理论。回归社会理论是针对将残疾人封闭起来进行供养和照顾而产生的弊病提出来的，将残疾人收养于各种社会福利机构进行照顾，残疾人之间的刺激性互动加上管理人员、医护人员对残疾人消极的、冷漠的态度和严格管制会使残疾人处于消极的社会关系之中。这一理论认为应使残疾人处于积极的社会关系之中，基本方法就是走出封闭，而社区照顾是使残疾人回归社会的典型模式。② 增能理论以人的发展为基础，关注于人的基本价值的实现，它站在人的发展的立场上，认为通过一定的方法，残疾人可以在一定程度上恢复他们失去的机体和社会的功能，并有助于他们进入一般的、正常的社会生活。"增能"不但在于增强残疾人原有丧失的机体的

---

① 周沛：《残疾人社会福利体系研究》，《江苏社会科学》2010 年第 5 期。
② 王辅贤编《残疾人社会工作》，北京大学出版社，2008，第 25 页。

功能，而且可以增强他们的生活信心，激发他们自我实现的潜能。增能理论体现出与残疾人平等互动，注重激发他们自身的潜能，以实现助人自助的理念。[①]

把社会工作理论引入残疾人社会支持网络，有利于消除人们对残疾人的偏见，使其更多地关注残疾人"增权"等能力建设和发展等高层次的需要，而不仅仅把注意力放在残疾人基本层次需求的满足上。

（二）社会工作理念的介入：平等、参与、共享

《中华人民共和国残疾人保障法》第一条明确规定残疾人保障法是"为了维护残疾人的合法权益，发展残疾人事业，保障残疾人平等地充分参与社会生活，共享社会物质文化成果。"所以"平等、参与、共享"理念是残疾人社会工作的基本理念，也是残疾人社会支持网络所应该遵循的理念。

（1）平等权是我国《宪法》的一条重要原则，残疾人要获得平等权，很大程度上就是要实现机会平等。在1982年联合国大会第三十七届会议上通过的《关于残疾人的世界行动纲领》指出：要使残疾人得以"充分参与"社会生活和发展，并享有"平等地位"，也就是说具有与全体公民同等的机会，平等分享因社会和经济发展而改善的生活条件。[②]平等权主要体现在就业、教育、康复等权利方面。

（2）残疾人有参与社会生活的愿望和能力。为了使残疾人能够充分参与社会生活，首先就要为其营造无障碍环境，包括物质环境无障碍、信息和交流无障碍。其次要充分引导残疾人自尊自信建设，克服自卑、自弃心理，树立乐观向上、积极进取的思想意识，同时还要消除社会对残疾人的各种偏见，为广大残疾人消除参与社会生活的思想障碍和物质障碍。

（3）共享就是要让残疾人与健全人能在社会生活中享有平等的权利，共享社会政治、经济、文化的发展成果。这就要维护和保障残疾人的合法权益，促进残疾人生存权、教育权、康复权、就业权等法规政策的全面落实。

在残疾人社会支持网络中引入社会工作的"平等、参与、共享"理念，有利于增强社会对残疾人合法权利的保障和维护，积极为其提供各种社会服务，如无障碍环境的建设等。

（三）社会工作方法的介入：个案工作、小组工作和社区工作

（1）残疾人个案工作是针对残疾人所做的个案社会工作，是将个案社会工

---

① 马洪路编《残疾人社会工作》，中国社会出版社，2009，第17页。
② 王辅贤编《残疾人社会工作》，北京大学出版社，2008，第26页。

作知识、技巧、态度和价值观应用于残疾人个体或其家庭，是社会工作者以一对一、面对面的社会工作方法，协助他们寻找有效的途径来处理生理和心理失调问题，从而促进其健全人格的发展，协助其对社会适应的过程。[1] 残疾人个案工作的对象是残疾人及其家庭，可以为残疾人提供个案辅导，主要是康复训练，包括医疗康复、教育康复、职业康复等；还可以为残疾人家庭开展个案工作，如帮助家庭申请经济援助，教授家庭成员对残疾人的护理和沟通技巧等。

（2）残疾人的小组工作是指运用社会工作中小组工作的方法，在医务人员、教师、社会工作者等相关人员的配合和支持下，由残疾人及其家属等为基本成员组成小组，通过小组工作者的引导，小组成员间的经验分享、情绪支持和相互讨论，产生行为改变和恢复正常功能，以及与他人和周围环境达成有效的调适，最终促进残疾人功能恢复和能力发展的专业服务。[2]

（3）残疾人社区工作是指社会工作者依托社区，通过社区宣传、社区教育、社区组织等工作形式帮助残疾人解决问题；通过动员社区力量、开发社区资源支持残疾人融入社会环境。[3]

把社会工作的方法引入残疾人社会支持网络中，有利于残疾人能够得到更专业的社会服务，增强对残疾人的物质支持、情感和心理支持、关系支持，有利于残疾人的能力建设，增强残疾人对社会生活的参与度。

第三节　残疾人社会支持的相关政策和法规

在社会支持网络中，政府为残疾人主要是提供政策性支持。在我国，政府为残疾人所制定的与保障以及发展相关的政策法规都比较多。

一　残疾人保障相关政策法规

《中华人民共和国残疾人保障法》第六章第四十六条规定："国家保障残疾人享有各项社会保障的权利。政府和社会采取措施，完善对残疾人的社会保障，保障和改善残疾人的生活。"与残疾人保障相关的政策法规，主要集中于两个方

---

[1] 卓彩琴编《残疾人社会工作》，华南理工大学出版社，2008，第54页。
[2] 卓彩琴编《残疾人社会工作》，华南理工大学出版社，2008，第73页。
[3] 王辅贤编《残疾人社会工作》，北京大学出版社，2008，第37页。

面，一是社会救助，二是社会保险。这两个方面是对残疾人基本层次需求的满足，即生存需要和安全需要。

（一）关于社会救助性相关政策法规

《中华人民共和国残疾人保障法》第四十八条规定："各级人民政府对生活确有困难的残疾人，通过多种渠道给予生活、教育、住房和其他社会救助。"建立社会救助体系是政府为残疾人提供的一种成效显著的社会性支持手段，其中最低生活保障制度是最行之有效的社会救济政策。除此之外，农村五保供养政策、福利院收养政策都是比较有效的救助手段。

（1）最低生活保障制度。它是以政府为主体，对在经济上不能达到某一标准的低收入家庭进行"补足"式的现金救济或实物救济，以保障残疾人基本生活为目的。最低生活保障制度首先是在城市中实行，到1996年，开始在农村进行最低生活保障制度建设。根据残疾人的特殊性，很多地方出台了残疾人低保水平高于健全人低保水平的政策措施，以提升残疾人的基本生活福利水准。除了经济上的补贴外，政府对受到照顾的残疾人还给予其他方面的资助。如在住房方面，上海市从2001年开始实施的低收入家庭住房保障制度，对一般家庭实行租金补贴，对残疾人及孤老、烈属等特殊家庭予以实物配租。由于各地的经济发展水平存在很大差异，各地的最低保障水平不同，而且最低生活保障制度所提供的经济支持很有限，不可能做到完全公平。一般看来，东部经济比较发达地区对残疾人的经济支持比西部经济落后地区要高出很多。由此可以看出，政府为残疾人提供社会支持主要体现在制度化的政策支持上，并受经济发展水平的制约。①

（2）福利院收养。在全国各地实行福利院集中收养制度，主要抚养无依无靠的老年人、残疾人和弃婴，其中精神残疾、智力残疾和孤残儿童占有很大比例。我国许多福利院面向残疾人提供服务，符合"五保"条件的残疾人可以进入福利院，享受国家提供的综合服务。对于有家庭的残疾人来说，福利院也可以作为一种补充，特别是提供暂托服务，可以缓解家庭在残疾人照顾方面的压力。另外在一些地区已经开展了残疾人"居家托养服务"，由政府"购买"社会组织提供的服务，与福利院集中收养相辅相成，扩大了对残疾人服务的范围，受到残疾人及其家庭的普遍欢迎。②

---

① 马洪路编《残疾人社会工作》，中国社会出版社，2009，第50页。
② 马洪路编《残疾人社会工作》，中国社会出版社，2009，第47页。

（3）农村五保供养。《农村五保供养工作条例》明确规定，农村五保户供养工作所需要的资金由当地政府财政支付，这意味着政府对五保户的供养责无旁贷。在农村五保户中，残疾人的比例比较大。通过五保户供养制度，农村基本丧失劳动能力的残疾人和孤残儿童的吃、穿、住、医疗、丧葬有了保障。[①]

（二）关于社会保险性相关政策规定

《中华人民共和国残疾人保障法》第四十七条规定："残疾人及其所在单位应当按照国家有关规定参加社会保险。"社会保险的实施对象是劳动者，各项社会保险中直接关涉到残疾人切身利益的是医疗保险和工伤保险。职工因公致残或患有职业病，可以享受相当于原工资80%～90%的抚恤金。这不仅可以保证受保人的生活，还可以使其家庭生活收入不受很大影响。[②] 但是由于残疾人参加工作的工作能力较低，工资收入很低，而且有些单位会逃避为残疾人缴纳社会保险的责任，造成残疾人实际参保率低。

正如郑功成在《残疾人社会保障：现状及发展思路》一文中曾指出的："根据2006年的残疾人抽样调查资料，可以发现一个无法回避的客观事实，这就是残疾人社会保障的缺失。……面向残疾人的社会保障严重不足。在城镇残疾人中，只有275万人享受到城镇居民最低生活保障，仅占城镇残疾人总数的13.28%。城镇16岁及以上残疾人参加养老、医疗、工伤、失业社会保险的比例分别为27.87%、36.83%、1.11%、1.35%。社会保障制度建设的无序正在影响着残疾人保障事业的健康发展。在现行社会保障制度建设中，由于缺乏统筹规划和总体设计，在基本社会保障制度覆盖面窄、有效性不高的条件下，残疾人社会保障还存在着被割裂的危险，这为残疾人社会保障事业的健康有序发展留下了后遗症。总之，中国经济发展成就举世瞩目，而中国的残疾人社会保障仍然处于严重缺失的阶段，这种现实意味着残疾人确实尚未合理分享到国家的发展成果。"[③] 这需要政府不仅仅要完善和健全现有的保障制度，为残疾人提供切实可行的政策性支持，还要为残疾人提供充分的物质支持。

二　残疾人发展相关政策法规

在社会支持网络中，关于残疾人"增权"的能力康复方面，政府也颁布了

---

① 马洪路编《残疾人社会工作》，中国社会出版社，2009，第46页。
② 马洪路编《残疾人社会工作》，中国社会出版社，2009，第59页。
③ 郑功成：《残疾人社会保障：现状及发展思路》，《中国人民大学学报》2008年第1期。

众多的政策法规，这为残疾人的能力建设及其能力发展提供了政策性的制度保障。与残疾人发展相关的政策法规主要涉及康复、教育和就业三个方面。

第一，残疾人康复。残疾人身体功能的康复是残疾人"增权"的基础，是残疾人更好的参与社会生活的前提。《中华人民共和国残疾人保障法》第二部分就是关于残疾人"康复"的规定，首先明确指出："国家保障残疾人享有康复服务的权利。各级人民政府和有关部门应当采取措施，为残疾人康复创造条件，建立和完善残疾人康复服务体系，并分阶段实施重点康复项目，帮助残疾人恢复或者补充功能，增强其参与社会生活的能力。""残疾人在专业人员的指导和有关工作人员、志愿工作者及亲属的帮助下，应当努力进行功能、自立能力和劳动技能的训练。"

第二，残疾人教育。《中华人民共和国残疾人保障法》规定"国家保障残疾人享有平等接受教育的权利"，在此基础上于 2007 年颁布实施了《残疾人教育条例》以及国务院办公厅转发教育部等部门《关于进一步加快特殊教育事业发展意见的通知》。《残疾人教育条例》规定："发展残疾人教育事业，实行普及与提高相结合、以普及为重点的方针，注重发展义务教育和职业教育，积极开展学前教育，逐步发展高级中等以上教育。残疾人教育应当根据残疾人的残疾类别和接受能力，采取普通教育方式或者特殊教育方式，充分发挥普通教育机构在实施残疾人教育中的作用。"对残疾人进行教育培训，可以全面提高残疾人素质，为残疾人平等地参与社会生活创造条件。

第三，残疾人就业。残疾人回归社会的主要困难，首先表现在经济方面，其中严重的社会障碍就是就业难。劳动就业，是每一个有劳动能力的残疾人的基本权利，就业问题是解决残疾人回归社会问题的中心环节，也是残疾人社会工作的重要内容。①

与残疾人就业相关的政策法规除了《中华人民共和国残疾人保障法》以及在此基础上制定实施的《残疾人就业条例》，还有诸如《中共中央国务院关于促进残疾人事业发展的意见》、《中华人民共和国就业促进法》、《财政部国家税务总局关于促进残疾人就业税收优惠政策的通知》、国税总局、民政部、中国残联《关于促进残疾人就业税收优惠政策征管办法的通知》、国家税务总局《关于安置残疾人员就业有关企业所得税优惠政策问题的通知》等。

---

① 马洪路编《残疾人社会工作》，中国社会出版社，2009，第50页。

《中华人民共和国残疾人保障法》规定："残疾人劳动就业，实行集中与分散相结合的方针，采取优惠政策和扶持保护措施，通过多渠道、多层次、多种形式，使残疾人劳动就业逐步普及、稳定、合理。国家鼓励和扶持残疾人自主择业、自主创业。"并通过相关的优惠政策积极鼓励残疾人参与社会劳动，通过就业自谋经济来源，实现其人生价值，并为社会贡献自己的力量。

改革开放以来，中国残疾人事业已经取得了长足发展。例如，到 2005 年底，全国得到不同程度康复的残障人已经超过 1100 万；通过发展特殊教育，盲、聋、智障儿童的义务教育入学率已从 20 年前不足 6% 达到 2005 年底 80% 的水平；残障人职业培训与教育也取得了长足进步，20 年来已有 3 万余名残障人走进大学；残障人的就业状况大为改善，城镇残障人就业率已由 20 年前不足 50% 达到 2004 年底的 84%。[①]

虽然残疾人的康复、教育和就业都取得了比较好的发展，但是在现实生活中仍然存在一些问题，如根据第二次全国残疾人抽样调查资料，15 岁及以上残疾人文盲率高达 43.29%。[②] 在就业方面，由于各地经济发展水平不同，残疾人的就业也呈现不同的局面，如经济比较发达的东部沿海地区残疾人就业率高，西部地区就业率低；文化程度高或有一技之长的残疾人就业不十分困难，相反则感到就业无路、求职无门。这说明还需要加强对残疾人的职业教育，需要国家在残疾人就业方面给予更多的优惠政策，使残疾人通过身体的康复训练，以及职业教育能够参与社会劳动，实现自我价值。

三 残疾人权益维护中社会工作的介入

维护残疾人的权益，就是要消除社会对残疾人的歧视，使残疾人回归社会，保障残疾人各项权利的实现。社会对于残疾人各项权利的认定，只是提供了行使这些权利的一种形式上的机会，而并非是实际上的机会，残疾人可能会因为各种障碍而无法实际行使法律所赋予的权利，这就需要社会为残疾人提供支持并提供服务，使其能够真正与健全人一样享有平等权利。这里就需要专业社会工作的介入。

---

① 中国残联信息中心：《2005 中国残疾人事业统计年鉴》，转引自周林刚《社会支持与激发权能：以城市残障人福利实践为视角》，社会科学文献出版社，2009，第 2 页。

② 郑功成：《残疾人社会保障：现状及发展思路》，《中国人民大学学报》2008 年第 1 期。

第一，组织建设。非营利组织在残疾人社会支持网络中起着非常重要的作用，也是专业社会工作的组织基础。那么非营利性组织建设也是残疾人权利维护的组织基础。1988年在中国残疾人福利基金会、中国盲人聋哑人协会和联合国残疾人中国组织委员会秘书处的基础上，中国残疾人联合会（简称中国残联）成立了。为了更好地反映和研究不同类别残疾人的特殊问题，中国残疾人联合会内设中国盲人协会、中国聋人协会、中国肢残人协会、中国智残精神病人亲友会等，分别组成各专门协会的委员会。在政府机构改革和社会福利社会化的推进过程中，许多非营利性社会组织纷纷成立，其中为残疾人提供各种服务的社会组织和机构在各地发展很快。有些是挂靠在中国残联康复协会里的各种社会组织，也有一些是由民政、卫生、教育或工商部门主管的残疾人社会组织。这些组织的发展有利于为残疾人提供各种服务，保障残疾人权益。

第二，政策咨询。社会工作者在充分了解残疾人有关政策的基础上，为遇到困难的残疾人寻找各种政策支持，并通过当地政府部门、有关机构、社区或其他组织，充分动员各方面资源，解决残疾人所遇到的问题。

第三，法律援助。司法部的《关于加强残疾人合法权益　保障做好残疾人法律服务工作的通知》和中国残联的《关于做好残疾人法律援助工作的通知》都对法律援助中心等机构所开展的残疾人法律服务和法律援助工作提出了具体要求。社会工作者也做了很多努力，如为残疾人提供法律咨询，代写法律文书，起草、审查和公证涉及残疾人的经营合同，调查处理伤残事件和侵权纠纷等，还可以在个案工作的基础上，为住院和门诊的残疾人出具康复治疗和残疾用具配置的建议、证明，为各地的法律工作者调查取证提供帮助。

 案例分析

爱德慈佑院

　　爱德慈佑院（Amity Home of Blessings）位于南京市鼓楼区湖南路街道，创建于2002年初，是由爱德基金会、社会工作者及部分特殊群体的家长参照海内外相关组织做出的一项人道主义努力。它是南京首家为智障人士服务的专业化非营利机构，服务对象为 16～40 岁的智力障碍和轻度精神障碍人士，服务宗旨是为智障和轻度智障人士创造平等的机会、尊重其生存和生活的权利、倡导社会接纳，发展其潜能。

现在爱德慈佑院共有 22 名智力障碍的学员，5 名老师，这 5 位老师有受过专业训练的社会工作者以及受过特教培训的特教老师，还有非常有管理经验的社区工作人员。据已在爱德慈佑院工作六年的王老师介绍，爱德基金会分别针对不同年龄层次的特殊人群设置了不同的项目，如对于学龄前的幼儿，爱德基金会针对患有自闭症的幼儿设置爱德儿童发展中心，针对老年人设置"爱映夕阳"爱德居家养老服务中心，宗旨是让每一位老人享有健康的有尊严的晚年生活。

在爱德慈佑院，这些有智力障碍的人可以慢慢锻炼生活自理能力、语言能力以及进行初级的职业培训。慈佑院有专门的活动表，如语言训练、常识训练、手工、烹饪训练、音乐舞蹈美术等课程。他们可以学习和锻炼生活自理的能力，比如学习做饭，从买菜、择菜、洗菜、炒菜等方面让其全面参与，慢慢学会做饭。有些学员语言表达有困难，就通过语言训练以及读报等活动锻炼其表达能力。还有"音乐疗法"，即通过学习唱歌，让他们有一个比较快乐的学习环境。同时还可以进行一些初级的职业培训，如手工编织中国结、手机链、串珠做成的多种小动物、财神、水果等等，这些虽然对于普通人来说没有多大的难度，但是对于他们来说需要花非常长的时间才能做好。

爱德面包坊同样是爱德基金会旗下的一家非营利机构，是慈佑院的一个职业拓展项目，即爱德慈佑院为智障青少年进行职业训练的工作坊，不仅要教会这些学员如何生活自理，还有教授他们如何谋生，"助人自助"，其宗旨在于促进智障青少年就业，平等地参与工作，享受有尊严、有意义的人生。

爱德慈佑院为这些智障人士提供了一个比较完善的社会支持网络。首先是得到了来自政府的各种支持。如湖南路街道为其提供活动场所，鼓楼区和白下区等都有为残疾人所提供的课程服务券，每个小时等于 10 元钱，这些学员可以用这些服务券到慈佑院抵学费，此外还有各级残联和民政机构的各种支持，这些都是政府机构对残疾人的支持。其次是来自家庭的无限关爱和支持。家庭的支持对于智障人士来说是非常重要的，他们的父母为了能够让他们生活自理，能够在将来自己生存下去，把他们送到慈佑院，每天都需要接送，而且从内心来说对他们从来都没有放弃过。再次是来自非营利组织和专业社会工作者及志愿者的服务。慈佑院是爱德基金会所设置的一家非营利机构，其常设人员多受过专业的社会工作教育和训练。在这里，专业社会工作者把许多智障人士集中到一起，进行集中的职业训练，其实就是开展小组社会工作。除了常设人员以外，还得到了来自各大高校学生志愿者的支持，如慈佑院在 2007 年共招募志愿者 900 多人，有 23 名来自英国、美国、德国、日本等国家的志愿者先后来慈佑院提供义工服务，组织大学宣传义卖活动 9 场，周末康乐活动 7 次。由此可以发现，在爱德慈佑院里，智障人士的社会支持网络规模不断扩大，而且更加完善，能够获得来自多方面的社会支持，获取更多的社会资源满足自己多方面的需求。

第七章 残疾人的心理特点与社会工作介入

残疾人作为一个特殊的群体，除与社会一般成员有着共同的心理特征外，还有其独特的心理表现和认知特点。由于残疾类别和残疾程度不同，致残发生的时间（先天致残或后天致残）不同，残疾人的心理特点也有不同的表现形式，并形成了某些特殊的性格特征。社会工作者运用专业理念和技巧，积极介入残疾人心理问题的预防和化解，能够有效地帮助残疾人纠正心理偏差，形成正确的自我认知，实现回归社会和融入社会的目标。

第一节 残疾人心理一般特征

残疾人群体是一个特殊的社会弱势群体，虽然其生理障碍的类别不同，但存在一些共性的心理特征。对残疾人的普遍性心理特征的研究，能够帮助社会工作者对其进行有效的心理介入，对于缓解残疾人的心理问题有积极意义。

一 残疾人心理形成

残疾人心理是指有生理或智力、精神缺陷的残疾人的心理状态。需要说明的是，残疾人心理不等同于残疾心理或缺陷心理等概念。某些人虽然在生理或精神上有某种残疾，但心理十分健全；而许多耳聪目明、身体健康的人却表现出不健康乃至变态的心理现象。当然，高级神经活动受到损伤而造成智力缺陷的残疾人就难以有像正常人一样健全的心理了。

人具有生物和社会两重属性，而心理是客观世界在人脑的反映。任何人的行为活动总是与一定的心理活动相伴随而产生的。一个人或一个群体的心理形成受先天遗传因素以及身体生理器官成熟度的制约，同时其生活条件、教育环境、社会地位、实践活动、生活经历等也起着重要的作用。残疾人既有同正常人一样的心理活动规律，又带有特殊性的一面，其生理上的缺陷及类似的生活经历往往使残疾人形成一些共性的心理特点。此外，残疾人的特殊心理是在残疾人生活实践中形成的，是残疾人自身生活实践的反映，不同类型的残疾人认知和行为方式不一样，也会有不同的心理表现形式。

二　残疾人心理特点

(一) 残疾人心理特点

残疾人心理是社会人群心理中一个比较特殊的类型，与健全的正常人心理相比较，残疾人心理表现为以下两大特点。

1. 残疾人有较强的自我意识

自我意识是主体对自身身心状况的体验、认知和控制，自我意识集中地表现出了人的心理活动特征。一般来说，人们可以在任何确定的时刻集中注意于他们所处的环境或主体自身，但不会同时注意这两者。当主体一旦意识到自己正处在一种被别人密切注意的情景，感受到自己与别人的差别时，便会处在一种客观的自我知觉状态中。在这种状态中，自身既作为一个主体，又作为主体所要感知的客体出现。这便是心理学所说的"镜中自我"。此时，人们开始批判性地评价自己、认定自己，产生许多自我心理反应。

残疾人，特别是感官与肢体残疾而智力发展正常的残疾人，他们自身的生理条件往往会引起别人的注意，他们也明显感受到自身与正常人的差异，这种情况会更多地促使他们的意识处在客观的自我知觉状态中。残疾人在这种状态中会反复地把实际的自我与理想的自我加以对比，将自身与别人进行对照，他们在不断的自我评价中首先会感受到在生理层次上明显的自我缺陷。他们感受到自己低人一等，在心理上更容易出现自卑、孤单、怨天尤人的消极情绪体验。因此，残疾人一般有较强的心理防御机制。他们往往把自己封闭起来，害怕受到别人的伤害，特别害怕别人利用他们的生理缺陷"揭短"，但他们又时时渴望得到别人和社会的理解和同情。在情感上他们比健全人更加需要获得友爱和帮助，在社会生活中他们更为关注自己能否得到别人的尊重和重视。

2. 残疾人有较强的心理补偿能力

除了有严重智力残疾和精神病患者的残疾人之外，一般的残疾人因自身某些生理上的缺陷，会通过其他方式进行功能上的补偿，残疾人这种补偿心理一般是通过生理功能的补偿和心理功能的补偿实现的。

残疾人往往会调动自身其他的生理器官或通过人为的方式对自身的生理缺陷进行功能上的补偿。盲人双眼看不到世界，但盲人要想了解世界，就需要调动身体的其他器官来补偿双眼的缺陷，他们用手摸、用耳听、用鼻嗅。失聪的聋哑人既听不到声音又不能讲话，为表达思想或用手语，或用口形、眼神来替代说话的功能。一些残疾人失去双腿，他们可以用拐杖和坐轮椅，以补偿运动的功能。残疾人的这种功能互补效应，可使用于补偿的某些器官发挥出超常的功能。这种生理功能补偿现象，是残疾人在长期的生活实践中受到锻炼和强化的结果，却可使他们一定程度上克服生理或心理上的缺陷，从而保证生活学习的需要。

残疾人通过生理功能补偿，执行着感知和运动方面的心理功能活动。不仅如此，残疾人在生理功能上的一些障碍，往往会成为他们心理潜能发挥的一种驱动力。他们通过发掘自己潜在的体能和心力，克服生活中正常人难以想象的困难，在某些方面突出表现自我，对社会有所贡献，以补偿自己生理机能上的不足。通过这种补偿，他们因生理缺陷而失落的情感世界会由此而得到充实。当然，残疾人心理潜能的发挥，也会受到残疾人自身和一系列社会因素的影响。有许多残疾人由于一系列原因，他们这种补偿心理得不到实现，他们会变得更为消沉、自卑。社会应为他们提供更多的现实条件，并激励他们开发潜在的心理能量，以实现残疾人生理、心理机能上的补偿。[①]

（二）残疾人的性格特征

具体来说，残疾人在认知、情感和性格方面会形成一些共性的特征。

（1）孤独感。人的孤独感在不同时间和空间中是普遍存在的。但对残疾人来说，其孤独感更为强烈，更为持久。因为残疾不是妨碍行为，就是妨碍语言或观察，这使得人际正常交往变成了困难的、苦恼的，有时甚至是徒劳的努力。相当多的残疾人缺乏社会群体意识和社会交往、合作的能力，从而导致孤僻性格的形成。社会上的许多客观因素也在阻碍残疾人的社会交往，如拥挤的、秩序混乱的公共交通；忽视残疾人特殊需要的道路和其他公共设施等，使得残疾人对社会望而生畏，活动范围大大缩小。

（2）自卑感。生理上或心理上的缺陷使残疾人在学习、生活、就业及恋爱、

婚姻和家庭方面会遇到比健全人更多的困难。面对自身难以解决的问题，如果他们不能得到来自各方面足够的支持和帮助，甚至遭到厌弃或歧视，就会产生自卑心理。另外，残疾人大多数不能正常参与家庭生活，但其在家庭中的生活时间又远远超过家庭以外的社区或社会生活时间，所以这种自卑感在家庭生活中表现得更为明显。

（3）焦虑和抑郁。这种情绪在后天残疾人身上表现得非常明显。后天致残的残疾人一般很难接受令人痛苦的现实，几乎都会产生不同程度的焦虑或抑郁情绪。

（4）敏感多疑，自尊心强。由于残疾人自身存在着缺陷，他们十分在意自己的隐私，有时会刻意隐藏自身存在的缺陷，而且对别人的评价极为敏感。当有些人有意或无意地说出带有贬义的、不恰当的称呼如"聋子"、"瘸子"时，就会引起他们强烈的反感。

（5）抱怨心理。受到自身残疾的限制，残疾人遇到困难不能解决时容易产生抱怨情绪。抱怨亲人、抱怨社会、抱怨政府，抱怨自己命运不好，认为偌大的空间没有他们容身之地，容易采取过激行为。

（6）情绪不稳定。这种特点在许多残疾人身上都相当突出。他们对外界情绪反应强烈，容易与别人发生冲突。①

三　残疾人心理个人与社会因素分析

残疾人心理问题的产生往往与个人因素和生活于其中的社会因素息息相关。这些因素包括残疾者个人的认知水平、受教育水平、经济水平、家庭婚姻状况、社会氛围等。

（一）残疾人心理个人因素分析

在实际生活中，我们经常看到相似身体状态和生活环境的残疾人在心理状态和生活工作中截然不同的表现。有些残疾人沉默寡言，有些残疾人活泼开朗、爱说爱笑；有些残疾人怨天尤人、仇恨社会，有些残疾人勤奋努力、充满自信；有些残疾人麻木呆滞、形同枯木，有些残疾人激情奋发、成就斐然……这充分说明，类似的身体的残疾并不必然导致同样的心理状态，生理上的不幸也不必然带来心理上的缺陷。由于残疾人自身素质、所受教育程度不同，有的残疾人一味地把自己的不幸归于命运的不公而自暴自弃，就会形成极度忧伤消沉的病态心理；

---

① 宓淑芳、曹华：《残疾人心理问题研究》，《北华大学学报（社会科学版）》2009 年第 6 期。

而有的残疾人能够战胜痛苦，以惊人的毅力发奋努力，在某些方面取得杰出成就，成为身残志不残的"贝多芬"式的人物。

那些因突发意外事故而造成肢体与感官残疾的后天性残疾人更是如此。他们从光明步入生活的黑暗中，所有的理想都可能成为泡影，个性面貌也会因此发生明显的变化。在性格上会逐渐变得内向、多疑，在气质上更多的会表现出抑郁、迟缓的特征。因生活道路发生突变，他们对自身的生存价值就会进行痛苦的思索。在这种状况下，残疾人个人的认知水平、对事物的理解以及其原有的性格特征等个人因素就会对其道路选择和人生前途产生重要影响，或者重新融入社会，或者为社会所抛弃，从而产生不同的结果。

（二）残疾人心理社会因素分析

在个人因素之外，残疾人所处的社会环境也会对残疾人心理的形成产生重要影响。这些因素包括能否形成尊重保护残疾人的社会氛围，残疾人能否享有平等的受教育机会，能否获得充分的就业机会，能否拥有恋爱、婚姻和组建家庭的权利等。

（1）在社会支持方面。一个社会中，如果残疾人的合法权益能够受到完全的保护，其人格和能力能够得到社会其他成员的认同和尊敬，处于良好的社会氛围之中，残疾人就容易形成开放乐观的心理状态，否则就会导致负面的情绪积累，形成阴暗封闭的心理。但是，社会中的许多健全人对待残疾人的态度往往是回避、漠视、轻视甚至是歧视。视残疾人为无用者，认为残疾人跟自己有很大的区别，不愿意与残疾人交往。这就导致残疾人生活封闭，严重缺乏自信，不愿意参与社会生活的问题较为突出。残疾人在这样的社会氛围中很难形成良好的心理状态，找不到自己的位置。

（2）在受教育方面。现代社会中教育对一个人参与社会生活、获得经济收入和社会地位的重要性不言而喻。如果残疾人不能获得平等的受教育权，必然导致这一群体较低的社会竞争力和社会地位，从而影响到残疾人的就业、婚姻和家庭生活。缺乏受教育的机会也会对残疾人的视野、思维、认知和心理产生不良影响，这也是导致残疾人心理问题的重要社会因素。目前，总体上看，我国的残疾人并没有享有与健全人平等的受教育机会。第二次全国残疾人抽样调查的数据表明，我国残疾人口的受教育水平仍然比较低。较低的残疾人口受教育水平意味着相当部分的残疾人没有机会去学校学习，也就没有机会延长自己的活动半径，自卑和抱怨心理由此产生。

（3）在获得就业机会方面。获得一份满意的工作，有稳定的经济收入来养活自己和家庭成员是人人向往的事情，残疾人也不例外。残疾人获得工作的机会，一是国家通过颁布相关法律，以立法的形式保障部分残疾人能够获得一份工作；二是残疾人通过自身努力获得工作。由于残疾人群受教育机会少，文化素质低，难以找到一份适合自己的工作。特别是在以市场竞争为主的劳动力市场中，那些没有接受过高等教育的残疾人进行职业竞争是很困难的。第二次全国残疾人抽样调查显示，残疾人的就业水平低于社会平均水平。多数残疾人没有独立的经济保障，这在很大程度上影响到他们个人及家庭的基本生活。没有工作就没有稳定的收入来源，意味着残疾人的恋爱、婚姻和家庭都会受到严重的影响，这也是残疾人消极自卑、怨天尤人等心理产生的主要原因。

（4）在恋爱、婚姻与家庭方面。婚姻是一个人的基本权利。恋爱、婚姻到组建家庭是人人向往的幸福生活，残疾人也有婚姻的愿望和强烈的感情需求。但总体来说，他们的婚姻状况并不理想。究其原因，不外乎以下几个方面：第一，相当多的非残疾人在对待残疾人群体婚姻的问题上有各种歧视和偏见，在择偶中首先就将残疾人排除在外，致使相当多的残疾人只能在同类人之间选择配偶，压缩了残疾人的择偶空间。第二，婚姻意味着两个人在一起生活，共同负担家庭的各项支出。从消费层面来看，经济基础依然是决定婚姻的根本因素。残疾人的经济状况普遍是比较差的，他们选择配偶的机会受经济因素影响就很明显。第三，由于受到自身各种残疾的限制，他们的活动空间有限，甚至走不出自己的家庭或社区，这也限制了他们的择偶机会。

第二节　残疾人心理特点

残疾人可以分为肢残残疾人、视障残疾人、听障残疾人和智障残疾人等类别，此外还有一些身有多种残疾的综合性残疾人。这些残疾人在共通的心理特征之外，每一类残疾人还具有独特的心理特点。社会工作者应根据不同类别残疾人的心理特点，进行有针对性的专业介入，以取得较好的效果。

一　肢残残疾人心理特点

残疾人中肢残残疾者占有较大比例。肢残残疾（Physical Disability），是指人的上下肢、躯干部分发生病变或残损，从而明显影响人的日常行为动作的身体残疾。肢残残疾包括上肢或下肢因伤病或发育异常所致的缺失、畸形或功能障碍，脊柱因伤病或发育异常所致的畸形或功能障碍，中枢周围神经因伤病或发育异常造成的躯干或四肢的功能障碍。

肢残残疾人在感知、注意、记忆、思维等认知过程方面与常人并无明显的区别，但由于本身形体的损伤，某些能力的丧失和随之而来的社会角色、经济收入等的改变，以及社会上某些不正确的价值观所带来的不公正的态度，使得肢残残疾人在个性特征方面存在着不同于健全人的特点，这些特点主要通过一对对矛盾的过程呈现出来。

（1）独立性与依赖性。独立意识是指个体希望摆脱监督和管教的一种自我意识倾向。作为一个心智健全的人，肢残残疾人也有强烈的独立意识。他们喜欢独立地观察、认识、判断事物，独立地思考和行动；渴望独立地安排自己的学习和生活；喜欢与同龄人聚在一起探讨问题、交流思想、更新认识；不喜欢别人过多地指责、干扰和控制他们的言行。但是由于行动困难带来的学习、就业问题，以及由此而带来的经济上不能独立等问题，使他们需要依赖别人的帮助才能解决某些力不从心的实际问题，但又不愿让人们看到他们的依赖性，这就体现出独立性与依赖性之间的矛盾。

事实上，只要条件允许，肢残残疾人可以从事许多想从事的工作和活动，从中得到成功和奋斗的乐趣。在雅典残奥会上为该国夺得 4 块金牌的传奇式射击选手乔纳斯·雅各布森是瑞典射击协会会员，平时和健全选手一起训练，而且还总是打得比别人都好。他说："如果将残疾人打入另类，才真会有问题。我们和健全人真的没有很大不同。我们其实并不想让别人管得太多，我们能照顾好自己。"

（2）孤独与交往。人际交往能力是在交往过程中不断提高的。肢残残疾人因自身行动不便或社会环境的制约，活动机会少，容易产生孤独的感觉。事实上，肢残残疾人渴望与人交往，他们希望参与各种活动，寻找、建立和谐的人际关系，希望获得友谊并满足自己精神上的需求。从心理学上讲，每个人都是天生的自我中心者，每个人都希望别人能承认自己的价值，支持和接纳自己，残疾人也不例外。

（3）自尊与自卑。自尊是个体健全心理的支柱，自尊既包括对成就或自我价值的个人感觉，也包括他人对自己的认可与尊重。肢残残疾人同样也有尊重的需求，希望别人按照他们的实际形象来接受他们，并认为他们是有能力的。当他们赢得了人们的尊重时，其内心也会因自己价值的体现而充满自信。但是，当他们的这种需求得不到满足时，就会比健全人更容易产生沮丧和自卑的情绪。

（4）情绪与理智。情绪是人对事物的态度的体验，快乐、愤怒、恐惧、悲哀是情绪最基本的四种表现，人的一切活动无不烙上情绪的印迹。肢残残疾人由于形体上的缺陷，容易过多地注意自己，对别人的态度和评论比较敏感，情绪反应强烈。另外，肢残残疾人因为行动不便，社会活动少，他们有更多的时间去思考问题，在很多事情的处理上更为理智和稳重，善于谋定而后动，思路也非常清晰。情绪与理智成为在肢残残疾人身上并存的矛盾特征。

二 视障残疾人心理特点

视障残疾（Visual Disability）是指由于各种原因使视觉器官或大脑视觉中枢的构造或功能发生部分或完全病变，导致双眼不同程度的视力损失或视野缩小，甚至丧失的残疾，视功能难以像一般人一样在从事工作、学习或进行其他活动时应用自如。根据我国"视力残疾标准"，双眼中好眼的最佳矫正视力低于 0.05 或视野半径小于 10 度的人属于视障残疾人。

健全人主要是通过视觉、听觉、触觉、嗅觉、运动觉等途径感知外界的刺激（信息），其中大约 80% 的信息通过视觉途径获得。眼睛是人类获取知识，输入外界信息的一个重要器官。视障残疾人或是完全看不见，或是仅能看见模糊的事物形象，接受外界信息主要是依靠听觉、触觉、嗅觉、运动觉等途径，与健全人大相径庭。人们常称眼睛是"心灵的窗户"，对于视障残疾人来说，心灵这扇"窗户"关闭了，他们所面对的是一个黑暗的世界，这必然会对他们的整个心理活动产生重大的影响。

（一）视障残疾人的听觉特点

由于视觉缺陷，视障残疾人对听觉的依赖性很大，有时候还利用听觉功能的优势而糊口谋生。由于经常使用听觉，视障残疾人的听觉注意力更集中，听觉的感受性也较高，对声音的分辨更细致，听觉记忆会比常人更发达一些。这是视障残疾人生理机能补偿和实践锻炼的结果，并非视障残疾人的听觉天生十分灵敏。听觉对视障残疾人的认识活动，对他们的日常生活、学习和自身生理缺陷补偿有着重要意义，其作用比起有视觉的人要大得多。明眼人用视觉认识的许多事物，视障残疾人要凭听觉来识别和判断。如视障残疾人通过自己走路发出的声响或拐杖叩击地面发出的声响便可判断路面的性质，并以此判断自己所在的位置。碰到自己熟悉的人，通过语声即可认出来者何人，在哪一个方向并距离自己多远；从语调可判断此人当时的情绪、健康状况及对自己的反应等。

(二) 视障残疾人的触觉特点

触觉是外界物体接触皮肤表面所引起的感觉。对于明眼人来说，触觉远不如视觉和听觉在感知世界中的作用大，但对于丧失了视觉的视障残疾人而言，触觉和听觉成为他们认识事物的重要工具。视障残疾人往往会主动地利用自己的皮肤，特别是自己的双手，凭借触觉获得事物的表象来认识事物。

视障残疾人具有较高的触觉感受性，通过触摸会感受到许多正常人感受不到的东西。外界物体对人的皮肤的轻微刺激，视障残疾人比正常人更敏感。因此他们通常依靠触觉分辨物体的各种不同属性（如大小、形状、结构、温度、光滑度、硬度、重量、比例、距离、方向等）。视障残疾人几乎在用手代替眼睛"看"外物，手可以使视障残疾人感知到除物体颜色、亮度等之外的许多东西。他们把自己触摸所得的印象与过去认知的事物比较，从而形成一系列触摸表象，再加上听觉表象和其他表象的分析综合，从而形成对事物的概念来认识事物的属性特征。视障残疾人利用触摸优势，通过凸起的盲文，用手便可阅读这些文字，这也是他们学习文化知识和表达自己思想的主要工具。[①]

(三) 视障残疾人的语言和思维

语言是人们交流思想、获取知识的重要手段。人们掌握语言后，心理发展水平即会大为提高。语言获得和巩固，一般要由看、听、说、写这几项活动共同来完成。对于视障残疾人而言，他们的视觉机制受到损害，在模仿和学习语言时只能依靠听觉，使用的词汇也就缺少感性基础和完整准确的形象，因此获得的词汇往往较为空洞。

视觉正常人的思维活动往往以抽象思维和形象思维为主，但无论何种形式的思维，语言和感性经验均发挥着十分重要的作用。视障残疾人由于这两个因素的缺乏，必然会影响其思维活动的顺利进行。由于缺乏感性经验，视障残疾人对某一事物（尤其是新接触到的事物）的分析、概括只能建立在自己听到、嗅到、触摸到的经验的基础上，形成的概念往往不准确，而且难以进行合乎实际的判断和推理。"盲人摸象"的寓言就是典型例子。视障残疾人缺乏感性经验导致的另一后果是形象思维的贫乏。例如，有的视障残疾人认为苍蝇和蜜蜂是一样的，因为他们都是能飞的昆虫；还有的认为苹果是圆形的，于是就把圆形玩具等也都说

---

① 王辅贤编《残疾人社会工作》，北京大学出版社，2008，第 58～59 页。

成是"苹果",因为它们都是圆的。

至于后天失明的成年视障残疾人,他们的思维特点与正常人并无明显区别。他们既可以借助于失明前的视觉表象进行形象思维,又可借助于词语和概念进行抽象思维。有研究表明,在没有视觉的条件下,他们的空间表象的形成和思维的发展都可能达到高度完善的程度。

(四) 视障残疾人的心理特点

视障残疾是一种比较特别的残疾类型。由于视觉的重要性和独特性,其他生理器官对它的补偿功能往往较为有限,因此,视障残疾人对于外界的感知和认识较其他类型的残疾人更为狭窄和片面,这就导致他们的多种心理反应更为强烈。

第一,孤独与自卑的心理体验在视障残疾人中表现得非常显著。人类的知识和信息中大约有80%是通过视觉途径获得,视障残疾人由于不能通过视觉进行有效的学习和模仿,信息来源极其有限;再加上行动受限制,看不到自身行为的结果,因而总是很被动,这些都影响了视障残疾人与其他人的交往。因为看不见,很多视障残疾人经常处于唯恐有失的焦虑状态中,怕别人讨厌自己,怕给别人添麻烦,不愿与其他人交朋友,长期把自己关在家里。他们强烈地感到别人的疏离,久而久之,孤独感就会油然而生,并且随着年龄的增长日益增强。

视障残疾人由于生理缺陷,几乎都经历过自卑的痛苦。他们在学习、生活和就业等方面所遇到的困难不仅比健全人多得多,较之于其他类型的残疾人也更为艰难。很多残疾人从他人,甚至是亲人那里得不到正确的帮助,有的还会受到歧视或遗弃;社会上一些人对视障残疾人的认识和评价也比较低,这些都会使他们产生严重的自卑感。很多视障残疾人不相信或认识不到自己的能力,认为自己的存在毫无价值,自卑、沮丧乃至于厌世。

第二,缺乏安全感与依赖性。由于无法获得足够的信息,视障残疾人需要更长的时间,在别人的帮助下才能够熟悉乃至逐渐掌握自己周围的环境。如果他们处于一个陌生的环境中,往往会显得手足无措,甚至是恐慌。视障残疾人较其他类型的残疾人更为缺乏安全感,他们常常会因无法了解而害怕。也正是这个原因,视障残疾人的依赖性比较明显。他们认为自己应该得到他人的同情和保护,害怕别人冷眼看待自己,对同情和愿意帮助自己的人表现出极大的信任,把他们作为精神的依托和依赖的对象。这种依赖的心理使得很多视障残疾人不愿独立,一旦发生事情,首先想到的不是自己试着解决问题,而是寻求别人的帮助,甚至不能承担自己基本的责任和义务。

第三，强烈的情绪波动。视障残疾人的情绪波动比较剧烈，表现为情绪大起大落，行为忽左忽右的极端现象。有些视障残疾人性格脆弱，很难控制自己的情绪和行为。如在做一件事情的时候，稍有收获就兴高采烈，一旦遇到挫折，就心灰意冷，觉得自己无能和失败，甚至对自己产生绝望的感觉。

第四，片面性和主观性。视障残疾人由于视觉障碍，感知事物不完整，对于接触到的事物认识不充分、不准确，所以看待事物往往出现片面性和主观性的特点，先入为主，不易更改。对于新鲜事物的认知，他们很难相信别人抽象的描述，更愿意相信自己感受到的具体形象，尽管这种感受可能是不完整的。这种心理状态表现在行为上，就会出现偏执、固执的行为特征。

当然，由于社会和个人因素的综合影响，上述心理特征对于视障残疾人而言并不是必然的。如果能够从生理缺陷所带来的负面心理状态中走出来，他们往往会表现出比健全人更加坚毅、勇敢和百折不挠的特点。历史上许多取得突出成就的视障残疾人已经证明了这一点。

三　听障残疾人心理特点

听障残疾（Hearing Disability）是指由于各种原因导致双耳不同程度的永久性听力障碍，听不到或听不清周围环境声或言语声，以致影响日常生活和社会参与。听障残疾按照发生时间可分为先天性耳聋和后天性耳聋，按照发生原因可分为感音性耳聋（听神经受损）和传音性耳聋（声音传导通路损伤）。

（一）听障残疾人的非语言沟通

以多种形式进行非语言沟通，是听障残疾人进行人际交往的一个显著特点。一个人生活在社会群体中，作为社会群体的一员，必然要与群体的其他成员发生交往、产生互动，这是由人类群体的社会性特点决定的。人与人之间的这种交往和互动是通过沟通实现的，沟通在本质上来说是信息的传递过程，这种信息的传递是通过一系列符号实现的。根据所使用符号系统的不同，人与人的沟通可分为语言沟通和非语言沟通，语言沟通是沟通的主要手段。听障残疾人由于失去了运用有声语言进行沟通的优势，因而非语言沟通便成为他们进行人际沟通的主要形式。听障残疾人的非语言沟通对于听障残疾人之间和听障残疾人与正常人交流信息、表达情感，对于他们的学习、日常生活有重要意义。[1]

---

① 　王辅贤编《残疾人社会工作》，北京大学出版社，2008，第62页。

（二）听障残疾人的思维

由于思维与语言的关系密切，听障残疾人的思维特点在很大程度上取决于他们的思维对语言的依赖程度。讨论听障残疾人的思维特点时，也必然要涉及思维操作是否可以脱离语言的问题。听障残疾人没有语言系统也能够进行逻辑思维，但是掌握语言系统（手势语言）对于他们解决问题或完成学习任务有极大的帮助。正常人的思维发展可以划分为三个主要阶段：直觉行动思维、具体形象思维和抽象思维，听障残疾人的思维发展也大体经历了这三个阶段。前两个阶段的发展，听障残疾人并不比同龄正常人落后，只在第三个阶段显出落后，因为第三个阶段的思维与掌握抽象概括的语言关系更为密切。

美国亚利桑纳州大学的埃尔德雷奇博士对听力残疾的儿童所做的研究表明，听力损失并不必然地阻碍认知的发展，甚至有些听力残疾儿童表现出比同年龄的听力正常儿童更高水平的认知功能。由此看来，听障残疾人在没有掌握语言时，其思维以直观形象的方式为主反映客观现实，所以用非语言材料对其进行测验时，并不显出比正常人落后，但抽象思维有较大的困难。随着对语言的掌握，知识经验的积累，听障残疾人思维水平也将逐步提高，可以接近或达到普通人的水平。

（三）听障残疾人的个性特点

个性是个体社会化的结果，它在一定的社会关系中形成、发展起来，又在一定的社会关系中表现出来。听力丧失并不能从本质上改变人的社会关系，也不能改变社会关系对个性形成的影响，只能说耳聋和由耳聋引起的语言障碍，会给他们的某些心理特征的形成带来一定的影响，从而使心理特征的某些方面显示出一定程度的带有普遍性的特点。

对于听障残疾人的个性研究，目前多见于对他们的个性特征的罗列。美国学者梅多认为："个性特点的罗列，总是表明比正常人有更多的顺应问题，他们表现出行动固定化、自我中心、缺乏内部控制能力、冲动和易受暗示的特点。"日本大桥正夫认为听障残疾人在思想交流上有困难，社会经验狭窄。因此，他们在社会的、情绪的各个侧面的行为特征，一般来说显著落后于正常儿童。主要的特征表现为畏首畏尾、过分盲从等等。我国台湾学者何华国在列举听力障碍学生的行为特征时提到："如果学生无法听，他的人格与行为问题便可随之而生。他也可能为寻找补偿而显得特别浮躁。有的学生也会经常表现出退缩、固执或害羞的行为。"我国一些从事特殊教育的人员，从各自接触到听障残疾人的实际表现中，概括出一些听障残疾人的个性特点，诸如孤僻、自高自大或自卑、急躁、主观片面、猜疑心强、自私等。

四　智障残疾人心理特点

智障残疾（Mental Handicapped）指的是智力明显低于一般人的水平，并显示适应行为障碍的残疾类型。智障残疾包括：在智力发育期间，由各种原因导致的智力低下；智力发育成熟以后，由各种原因引起的智力损伤和老年期的智力明显衰退导致的痴呆。世界卫生组织（WHO）和美国智能迟缓协会（AAMD）根据智力商数（IQ）及社会适应行为划分了智障残疾的等级。

一级智障残疾（极重度）：IQ 值在 20 或 25 以下。适应行为极差；面容明显呆滞；终生生活全部需由他人照料；运动感觉功能极差，如通过训练，只在下肢、手及颌的运动方面有反应。

二级智障残疾（重度）：IQ 值在 20～35 或 25～40 之间。适应行为差；生活能力即使经过训练也很难达到自理，仍需要他人照料；运动、语言发育差，与人交往能力差。

三级智障残疾（中度）：IQ 值在 35～50 或 40～55 之间。适应行为不完全；实用技能不完全，如生活能部分自理，能做简单的家务劳动；具有初步卫生安全常识，但阅读和计算能力很差；对周围环境辨别能力差；能以简单方式与人交往。

四级智障残疾（轻度）：IQ 值在 50～70 或 55～75 之间。适应行为低于一般人的水平；具有相当的实用技能，如能自理生活，能承担一般的家务劳动或工作，但缺乏技巧和创造性；一般在指导下能适应社会；经过特别教育，可以获得一定的阅读和计算能力；对周围环境有较好的辨别能力；能比较恰当地与人交往。

（一）智障残疾人认知过程的特点

1. 感觉和知觉

感觉和知觉是直接反映现实的过程。感受性慢和范围狭窄是智障残疾人的典型特征。通常人们感知外物时，要与以前大脑中储存的生活经验相联系，建立起复杂的动力定型和条件联系。智障残疾人大脑功能弱化，从而很难像常人一样迅速形成复杂的条件联系，面对同样的情景，智障残疾人所感知到的东西有限。感知上的狭窄性妨碍智障残疾人在新的地方和不熟悉的环境中定向。正常人观察到所发生的一切并立即分辨出主要的东西，智障残疾人却很久不能理解周围的一切，经常在新的环境中迷茫。

智障残疾人的区分能力薄弱，他们在认知时很难区分出相似的物体，往往把事实上不一样的物体看成是同样的物体。同时，他们知觉心理过程的积极主动性很差。智障残疾人不会仔细观察、寻找或找到某一物体，不会有选择地观察周围世界的某一部分。在感知物体时，不会把自己的视线从感知当时不需要，但色彩鲜艳而吸引人的方面移开，他们往往在一个地方呆呆地滞留很长时间。

2. 语言和思维的发展

智障残疾人在语言上，无论是语言的领悟还是表达，发展水平都比正常人要低。语言贫乏且不正确，他们长期不能区分周围人们语言的声音，长时间不能掌握新的词汇和词组。他们从周围人的讲话中区分出相对应的字词意义的过程要比正常人慢得多。智障残疾人常常说出许多别人不懂的单词和语句。在语言表达中，由于积极性词汇贫乏，他们很少使用形容词、动词和连接词，对一些抽象的词语含义很难掌握。

智障残疾人的思维发展水平也较低。他们的思维是在感性认识不完整、语言发展不良、实践活动有局限的条件下形成的。由于感知上的缺陷，智障残疾人的思维具有具体性，受一些单个的直观形象的支配，不能理解隐藏在表象背后共同的、本质的东西。概括能力的薄弱是智障残疾人思维的基本特征。与此相联系，智障残疾人的思维具有较明显的刻板性，他们不善于用类化的方法解决新的问题。智障残疾人思维的调节能力和自我反思能力很弱，他们经常不考虑自己的行为，不能预见自己行为的后果。他们很少发现自己的错误，有时会坚持某一想法而到偏执的程度。

（二）智障残疾人情感与意志过程的特点

智障残疾人的情感长期不能分化，他们所感觉到的往往只是满意与不满意，在程度上没有多少细微的差别，情绪表现方式单调。同时，智障残疾人的情感经常与外界所给予的刺激不太相符。他们或者对生活中的重要体验极其肤浅和表面，心境转移快；或者会因极小的事情而引起过分强烈的感情和过分持久的体验。智障残疾人情感上的另一个特点是情感调节功能减弱，在情感反应上有时会表现出许多病态特点，如情绪紊乱、情绪亢进、感情淡漠等。

智障残疾人往往意志比较薄弱。在行为上有较强的依赖性，不主动，不善于管理自己的行动，不会抗拒任何引诱或影响，不会按照一些比较遥远的目的去安排自己的行动。他们容易受到暗示，不加分析地接受周围人的驱使或建议。他们的很多行为带有盲目性，有时根本不考虑行为活动的意义等。

（三）智障残疾人的个性特点

智障残疾人在个性上有明显的特点。这些特点可以表现为意志、情绪、理智、对现实的态度等各个方面。由于大脑某些部位受到损伤，其个性表现是很复杂的。如由于脑外伤而造成的智障残疾人常常表现出病态的自尊、暴躁、易激动等特点；患过脑炎而留下后遗症的残疾人往往有易受暗示、轻浮、漠不关心、易激动等特点。因而对于智障残疾人的个性特点很难一概而论，需在具体实践中，结合每个患者在认知、情感、意志上表现出的不同特点进行观察与分析。①

第三节　针对残疾人心理的社会工作介入

残疾人群体在心理方面既有某些共同的特征，又因残疾类别、残疾时间和残疾程度的区别而表现出不同的心理特点。研究表明，多数残疾人都不同程度地存在心理障碍，需要社会工作的专业介入，以帮助他们摆脱心理困扰，解决问题。

一　残疾人心理社会工作介入的主要内容

残疾人由于生理方面的缺陷，往往更容易在心理上产生一些困惑和障碍，其心理问题的检出率更高。如徐方忠、冯年琴采用症状自评量表对 129 名初中和高中听力残疾学生的心理健康状况进行评价，结果表明：听力残疾中学生心理健康状况比一般中学生明显差，躯体化、强迫、偏执是最普遍存在的心理问题。国外学者 Kirk 和 Gallagher 的研究表明：残障者人格量表的表现，常有固执性、自我中心、缺乏自我控制、冲动性、挫折容忍力较低、易受他人暗示等人格特征。李强等人对天津理工学院聋人工学院 158 名聋哑大学生进行测量，结果表明聋哑大学生症状自评量表（SCL - 90）的得分高于全国常模，心理问题检出率也明显高于非残疾人群体。众多研究都说明残疾人的心理健康水平普遍低于非残疾人。但是，当残疾人出现心理问题时，往往找不到提供心理支持和心理服务的途径。调查表明，残疾人中觉得给予自己最大的精神支持的是亲人或伴侣的占大多数，只

---

① 王辅贤编《残疾人社会工作》，北京大学出版社，2008，第 68～70 页。

有很少一部分认为是社会给予最大精神支持。绝大多数残疾人有烦恼时向亲人诉说，仅有很少的残疾人选择向残联诉说。[①]

上述情况表明，残疾人群体确实存在较普通人更为严重的心理问题，并且缺乏倾诉与求助的渠道，必须通过有效的途径加以缓解。社会工作作为一门以社会弱势群体为工作中心，在心理干预和调适领域有独特视角和优势的学科，应该从专业责任出发，关注残疾人的心理健康，积极介入残疾人心理问题，通过对残疾人的心理疏导，引导他们正确对待自己、他人和社会，塑造残疾人自尊自信，理性平和，积极向上的心态。

残疾人心理社会工作介入，就是要在残疾人服务中，运用社会工作专业理念和技巧，促进残疾人的正常发展，培养其健全人格；预防残疾人的各种心理障碍，消除引起心理压力和各种不良心理的因素。

残疾人心理社会工作介入的主要内容包括以下几个方面。

（1）通过有效的交流与沟通方法，协助残疾人及其家庭面对残疾事实，鼓励他们表达感情；帮助残疾人了解自我，正确认识和对待残疾带来的影响，能够逐渐地认同和接纳自己。

（2）提供心理学知识，帮助残疾人及其家庭增强社会适应能力，提高心理素质。

（3）协助政府相关部门对残疾人就业问题进行心理辅导；解决残疾人由于各方面原因导致的压力而产生的个人情绪问题、人际关系问题、教育问题与家庭矛盾。

（4）特殊时期的创伤心理援助，如后天致残出现的心理问题的疏导、求职的心理准备和受挫后的引导、重大自然灾害中的紧急心理援助等。

二　残疾人心理社会工作介入的特点和路径

社会工作者在介入残疾人心理问题，进行心理干预和治疗的时候，必须遵循的首要原则是要将残疾人视为跟我们一样的正常的、完整的人，而不是有缺陷的人。以全人视之，是社会工作者干预工作的基本理念。社会工作者只有深刻地理解了这一理念，才能从根本上理解并接受残疾人，才能让案主感受到无歧视和被

---

① 李祚山、张文默、叶梅：《残疾人心理健康服务体系的构建及实践研究》，《重庆师范大学学报（哲学社会科学版）》2010 年第 4 期。

尊重，顺利地建立专业关系。

（一）残疾人心理社会工作介入的特点

1. 重视残疾人的家庭环境

大多数残疾人是长期生活在家庭环境中，家庭环境及家庭成员对待残疾人的理念、态度必然会对残疾人的心理状态和干预效果产生重要影响。残疾人在感情上和经济上大都对家庭有着较深的依赖性，而家庭对残疾人的态度大致可以分为两类。一类是视残疾人为家庭的拖累和耻辱，对其漠视、冷淡甚至虐待，这必然给残疾人本来就受创的心理带来更深的伤害；另一类是视残疾人为弱者，对其的感觉以同情或可怜为主。这类残疾人在家庭中一般会受到父母的怜爱和兄弟姐妹的关照，但并不等于说残疾人在家庭中有较高的或真正平等的地位，实际上，这种关怀或怜爱正反映出残疾人在家庭结构中劣势的地位和被同情、被援助的弱势处境。

因此，残疾人心理社会工作介入不仅要针对残疾人个人，也要重视其家庭成员的心理状态。社会工作者要通过积极的了解、有效的沟通，帮助残疾人家庭成员树立正确的对待残疾人的态度，为社会工作者有效地介入残疾人心理创造较好的家庭环境。如残疾人的父母应该接受足够的教育，以保证他们不向自己的孩子提出过高或过低的要求和期望。

2. 特殊沟通技巧的运用

在与残疾人进行交流时，首先要注意一些共通的问题，这些问题包括：语言的尊重，避免可能产生误解的词语和句子；表达工作者的同理心；较多地表示对案主的肯定与支持等。除此之外，各类残疾人在生理上的特殊性要求社会工作者在与其沟通过程中要注意一些特殊沟通技巧的运用。如视障残疾人看不到表情和手势，工作者在与其交流中要特别注意语言的速度、语气的轻重缓急等。

3. 发挥残疾人的主观能动性

社会工作者要运用各种方法鼓励残疾人发挥主观能动性，回归社会主流。强调自主和参与是残疾人社会工作的重要内容。残疾人心理介入的主要目的，是使残疾人不要纠结于自己失去了什么，而致力于不断思考自己还拥有什么；形成豁达大度、乐观积极的思维方式及处事方法；帮助他们利用自己拥有的资源，积极参与社会，实现自己的人生价值。

4. 努力帮助后天性残疾人完成角色转换

一般而言，后天性残疾人产生负性情绪和心理障碍的频率较先天性残疾人要高出许多。当一个健全的社会成员因某种原因残疾后，他原来在社会、家庭中所扮演的一系列角色都会发生变化。残疾人因此表现出情绪低落、反应迟钝、抑郁、焦虑或者急躁、愤怒的心理特征，严重者还会产生情感障碍，出现强迫性情绪、情感脆弱、情感倒退等反应。社会工作者要通过角色支持与矫正等方法帮助后天性残疾人建立正确的角色观念，帮助他们接受、认同新的角色；学会用与新角色相适应的行为、语言完成与他人的交流或参与活动。社工可以通过对残疾人进行角色扮演训练，提高残疾人转换社会角色的能力，增加对不同社会角色的心理体验；可以将状况相近的残疾人组成小组，让他们相互之间交流自己的内心感受、对残疾的看法、生活训练的经验等。

5. 遵循特殊的工作理念

对于残疾人而言，最大的痛苦往往不是来自身体功能障碍本身，而是来自他人异样的眼光和过分热情的关怀，难以用健全人的视角对待他们。社会工作者在介入残疾人心理活动时，除了遵循社会工作的基本理念和原则外，还必须秉持一些特殊的理念。

> 他们和我一样都是真正的、完全的"人"，只是他们有一些身心障碍。要以对待健全人的方式来对待他们，给予他们应有的尊重和理解。
>
> 把焦点放在他们所做的事情上，只有在他们真正有需要的时候提供帮助。
>
> 消除残疾人永远要依赖于别人的错误认识，他们是社会的公民，有权同大家一样享用社会资源。同时，经过训练后，他们也能发挥自身的潜能。
>
> 尽可能使用手势、图片、表情等非语言动作，让他们了解。
>
> 仔细聆听他们所说的话，认真理解，而不要装懂。
>
> 恰当的奖励与鼓励，让他们觉得自己被重视。①

（二）残疾人心理社会工作介入的路径

社会工作的三大直接方法是个案工作、小组工作和社区工作，这三种方法在残疾人心理介入中有着独特的视角和作用。

1. 个案工作

社会工作者运用个案工作方法，对有心理问题的残疾人，通过一对一的专业

---

① 马洪路主编《残疾人社会工作》，中国社会出版社，2010，第133页。

辅导，评估其问题，帮助残疾人及其家庭减轻心理压力、挖掘潜能，鼓励帮助他们接触外部环境和积极乐观地生活，并整合案主所拥有的资源，使其能尽快就业和融入社会。

个案工作要达成助人的目标，必须顾及残疾人案主在求助过程中的特殊心理需求。在具体工作中，个案工作者对残疾人心理的介入主要包括四个方面的内容。

（1）情感方面的介入。残疾人案主由于生理上的残疾，他们中的很多人心理上都很自卑和脆弱。在介入过程中，个案工作者首先要帮助他们恢复自尊和自信，提高他们处理情感问题的能力。工作者要努力营造一种安全的、开放的氛围来倾听案主的心声，让案主倾诉自己的所思所想和经历，这样的宣泄有助于案主的心理健康。

（2）认知方面的介入。个案工作者可通过认知重建来改善案主的情绪和行为，提升其解决问题的能力。在治疗的过程中，个案工作者首先帮助案主了解他的自我认知和信念，以及这些认知和信念对他的生活所起的作用与影响。然后再与案主一起探讨造成他的困惑与问题的想法，并为改变这样的想法做出努力。

（3）行为方面的介入。在案主的认知得到改善后，个案工作者可以通过系统脱敏等方法对案主进行行为治疗，使案主逐步消除原有不良情绪，最终达到正常状态。

（4）环境方面的介入。残疾人案主的心理问题往往是与环境互动的结果，因此，问题的解决必须和环境的改变联系在一起。个案社会工作介入不仅要着力于案主本身心理问题的解决，而且也关注环境对人的影响。社工要加强对环境的介入，通过整合各种社会资源，对案主心理的恢复产生积极的影响。

2. 小组工作

将小组社会工作运用于残疾人的心理干预之中，是指小组工作者根据残疾人的不同状况组织开展小组活动，通过小组互动与方案实施达到残疾人的成长与社会目标的完成。社会目标模式、治疗模式和互动模式三大小组工作模式运用于残疾人的心理干预中，能更好地实现对残疾人的引导。

社会目标模式侧重于使残疾人获得社会责任感的价值体验。在活动过程中，参与小组的残疾人被看成一个统一体，通过集体思考、讨论、协作共同完成预定目标。在这一过程中，残疾人的民主意识和参与社会变迁的责任心得到发展和提升，适应社会生活的能力也得到了提高。

治疗模式侧重于引导残疾人实现有效自我认知。在该模式中，小组是进行治疗的媒介。社工运用专业知识和技巧，促进残疾人在沟通和互动过程中增进自我认识，实现行为的转变。治疗模式的特殊性使其在引导残疾人完成自我认识的过程中更多地采用交流和沟通的方式进行，引导其他成员共同努力去帮助某一成员进行自我角色定位，更好地实现自我认知。在小组过程中，残疾人可以学习如何更好地与人沟通，从而影响其个人的价值观念、态度及行为。同时，在小组中通过不同经验的分享，可以丰富和增长经验和见识，改善人际关系。社会工作者也要努力为残疾人创造一个良好的小组治疗环境，并为其提供心理康复和行为指导。

互动模式侧重于锻炼残疾人融入社会的能力。残疾人在小组中学习如何有效地整合利用社会资源、获取社会资源和适应社会环境并利用社会资源实现既定目标。在整个小组活动过程中，社会工作者要帮助残疾人学习共同思考、团结协作、共同面对环境，既提高成员与他人配合解决问题的能力，也可以用团队的力量来共同解决问题。

将小组社会工作模式引入残疾人心理问题的干预中，突破了传统的残疾人心理干预模式，为更好地实现残疾人的社会化，增强其社会责任感，培养其积极主动的社会角色意识提供了许多有益的借鉴。

3. 社区工作

社区工作是以整个社区及社区中的居民为服务对象，提供助人的、利他的服务的一种社会工作专业方法。运用社区工作方法介入残疾人心理问题的重点在于帮助残疾人走出封闭的自我，学习、参与人际交往和社会活动。具体来说，社区工作可以从三个方面帮助残疾人。

第一，为残疾人发掘及调动服务资源，以满足残疾人的需求。社区工作者可以运用调动资源、创造新资源、社区联络等专业方法，加强对残疾人的照顾和支援，从而为残疾人的心理问题解决创造一个良好的资源和人员环境。

第二，促进残疾人的权益保护。社区工作者可以采取倡导和社区教育的方法。前者是为一些备受忽视的残疾人争取合理的照顾和利益；后者是要教育社区民众体会一些身处困境的残疾人士的痛苦，以消除他们对残疾人存有的偏见和歧视，从而争取更多的社区人士对残疾人扶助工作的支持和参与。

第三，进行心理支持和引导，在上述良好的社区环境中，社区工作者要引导残疾人积极参加社区活动，使他们感受到关爱和温暖，在摒除疏离感的同时，对本社区产生认同感和归属感。在活动中，残疾人的心理会逐渐开放，社会参与感和认同度提高，有助于他们摆脱自卑，恢复自信，建立信念，直至达到良好的心理状态。

三　化解残疾人心理问题的方法

由于特殊的生理条件，残疾人比正常人更加敏感，也更容易受到心理压力的伤害。因为种种因素的限制，要化解残疾人的心理问题不是一蹴而就的，需要社会工作者及全体社会成员从各个层面共同努力。

第一，要从心理层面帮助残疾人克服自卑心理。自卑感是绝大多数残疾人普遍具有的心理障碍，也是化解残疾人心理问题必须首先关注的因素。克服自卑感，关键在于弄清造成自卑感的根本原因。通常认为，对于社会评价的不正确理解和认知是产生自卑感的重要原因。可以说自卑感的形成与家庭影响、学校教育、社会要求和评价以及个人的生理、心理等多种因素密切相关，尤其是早期家庭环境和学习环境的影响更大。此外，先天遗传因素和生理健康状况，往往也是残疾人自卑感的起因。因此，注重残疾人的心理感受，对其多用肯定、认可的评价，避免进行不正确的比较，将有利于他们克服自卑，保持良好的心境。

第二，引导鼓励残疾人进行功能补偿。如前文所述，残疾人身体器官的功能补偿既具有可行性，同时又会对残疾人的生活和心理状态产生至关重要的影响。如果残疾人能够通过康复行动减轻残疾程度，恢复一定的生活工作能力，对于他们摆脱心理障碍，建立自信心具有积极意义。社会工作者要帮助残疾人在正确认识人体具有补偿功能的基础上建立起坚强的信念，为功能补偿进行坚持不懈的训练。工作者要积极肯定残疾人在这一过程中取得的点滴进步，鼓励他们参加力所能及的活动，在实践中体验成功的快乐，并和他们一起分享喜悦之情。

第三，为残疾人的心理健康创造良好的社会环境。政府相关部门和社会团体应大力宣传人道主义思想和现代文明社会的残疾人观，倡导理解、尊重、关心、帮助残疾人的良好社会风尚，营造残疾人平等参与社会生活的社会环境，这是维护残疾人心理健康，发展残疾人事业的重要条件。同时还要重视从立法和执法角度保护残疾人的合法权益，引导残疾人接受现实，鼓励其自尊、自信、自立和自强。

第四，在教育层面提高特殊教育水平，保障残疾人受教育权。教育是残疾人开发智能、增进心理健康的重要手段。在信息和知识的时代，教育是残疾人以最少的社会成本，补偿自身缺陷，实现社会价值的最佳途径。针对残疾人生理障碍问题，一些轻度肢体残疾人在家人和同学的帮助下，可以就近和正常学生一起学习；对于患有视力、听力、言语、智障残疾的人，政府应责成相关部门开办各类残疾人特殊教育学校，提高残疾儿童的受教育水平，积极发展残疾人康复教育；要加快发展以职业教育为主的残疾人高中阶段教育，推进残疾人高等教育和成人教育发展；发展基本覆盖所有残疾人的特殊教育网络，开展以就业为导向的技能培训，为残疾人受教育提供多样化的帮助和服务。

第五，提高残疾人就业率是化解残疾人心理问题的基础保障。就业是残疾人走出封闭的心理状态、参与社会生活、实现自我价值的最重要途径。当前我国残疾人就业率偏低，就业机会少，大多数残疾人仅能从事对技能要求简单的职业，如某些轻工业和服务性行业。基于上述实际情况，国家和社会必须进一步完善有关法规和扶持政策，帮助残疾人就业。如在城乡推行按比例安排残疾人就业制度；支持社会各类经营实体举办福利企业；在某些为残疾人提供服务的机构雇用力所能及的残疾人工作；兴办智力和精神残疾人庇护工厂，对适合残疾人生产的产品实行专营保护；鼓励残疾人自主创业等。

残疾人不是残废人，身残志坚是许多残疾人共有的品性。通过政府、社会各界的关心和帮助，许多残疾人可以拥有和健全人一样的心理状态和生活水平。

四 分类残疾人心理社会工作介入

在残疾人心理社会工作领域，除了面向所有残疾人的一些共通的理念和方法外，针对不同类型的残疾人，社会工作在心理干预中也有不同的侧重点。

(一) 肢残残疾人心理社会工作介入

肢残残疾人大致可以分为轻度肢残残疾人和重度肢残残疾人两个群体。由于伤残程度不同，社会工作对这两个群体的介入方式也是有所区别的。

对于具备大部分工作和生活能力的轻度肢残残疾人群体，社会工作者首先要关注他们的生理康复训练问题。该群体的康复训练对他们的心理影响很大，这项工作做好了，肢残残疾人可以终身受益，心理问题的解决也能得到切实保证。社会工作者要配合相关专业人员开展工作，按照残疾者病变、畸形的具体情况，制作合适的矫形、辅助器械，使其及早结束卧床生活而开始运动器官的活动。残疾人可以在此基础上参加适当的工作，组建家庭，平等地参与社会生活，从而在心理上得到安慰。在这个基础上，社会工作者运用专业方法与其进行交流与沟通，帮助其协调社会资源，解决心理问题，往往会取得较好的效果。

重度肢残残疾人由于全部或大部分失去了劳动能力，无法通过自己的力量获得自立，因此，在不放弃康复训练的前提下，对其心理干预的内容要侧重于两个方面：其一是通过有效的沟通和交流，帮助残疾人接受既定的现实。同时，鉴于该类残疾人在认知和智商等方面是相对正常的，社会工作者要尽可能地引导其发挥脑力的优势，从事力所能及的活动，促使其认识到生命的意义和价值。其二，社会工作者要积极调动社会资源，通过政府、社会和残疾者个人的支持网络，尤其是家庭和社区的力量，尽量帮助残疾人解决生活问题，解除其后顾之忧。

（二）视障残疾人心理社会工作介入

视障残疾人可以说是生活在黑暗中的群体，失明或视力低下导致其对环境信息获得的丧失和对环境有效控制能力的丧失。但通常认为，视障残疾人是具有自立能力的，视障残疾人的心理问题往往表现为自卑、缺乏自信心、人际交往意愿不足及缺乏交往能力等。一些研究表明，视障残疾人如果能够克服心理障碍，奋发自强，积极参与社会，其成就与价值将不逊色于健全人。视障残疾人的特点决定了社会工作者在对这一类别的残疾人进行心理介入时重点是帮助案主克服自卑感，认识到自己的能力和价值，建立自信心。

在介入方法上以个案工作和小组工作为主。在社会福利企业、盲人特殊教育学校和眼科康复医疗机构等视力残疾者较多的地方，小组工作是帮助他们消除自卑心理、增强参与社会自信心、提高生活自理能力的非常有效的工作方式。在介入过程中，社会工作者应该秉持专业理念，相信残疾人有能力去阐述问题、解释问题乃至解决问题；相信残疾人有能力参与社会生活、自立自强；并要将上述理念传输给残疾人本人，帮助其克服自卑感，建立自信心。在此基础上，社会工作者还需要进一步设计活动方案，进行角色扮演等，帮助案主扩大人际交往的范围，学习人际交往的方法，适应社会生活，以至于达到正常的生活和工作状态。

除此之外，社会工作者还要帮助视障残疾人获得他们需要的特殊用品用具，如盲杖、盲表等；帮助他们通过训练获得一些生活技能，如识别人行道上的盲道设施，辨听十字路口安装的盲人过街音响等；帮助他们获得接受教育和就业的机会，如帮助盲人开展按摩服务等；组织视障残疾人参加各种有益的社会活动；参与生活环境的无障碍改造。这些做法和服务有利于增强视障残疾人对社会工作者的信任度，有利于专业关系的建立，进而有利于对他们的心理进行干预。

社会工作者在与视障残疾人沟通时应该注意以下问题：第一次见面可以尽量多地告知对方关于你的信息，让案主有信任和安全感；来到他们的身边和离开他们的身边一定要有声音或动作示意；对案主讲话时先说他的名字，提示正在对他说，并保持正常的语调和语音与他们讲话；指示方位要清楚准确，如"在你左前方一米左右"，而不是"在这里"；不断向案主解释你所看到的一切或他关心的物品；鼓励使用剩余视力；要做案主的"眼睛"，而不是做他的"手"。

（三）听障残疾人心理社会工作介入

对于听障残疾人，由于"聋"与"哑"一般是相伴随的，因此，对听障残疾人的心理干预首先需要解决沟通的问题。对有听障残疾的案主，社会工作者应该有以下特殊的考虑：

清楚并直接地说话，不要夸张地大喊大叫，因为他能看到你的行为；

当这个人可能依赖读你的嘴唇来理解谈话时，不要捂着你的嘴；

借助你的手和身体来做手势和表达，以便帮助你传递口语信息；

合适的时候，安排一位手语翻译员，使和那些主要使用手语的案主沟通最大化；

如果沟通不如你想象的有效，记下这些信息并通过书写来沟通。

在能够与听障残疾人有效沟通的前提下，社会工作者可以通过自己的方式，详细了解案主的背景资料和存在的问题，运用提供资讯、心理支持、协调资源等方法，帮助案主摆脱心理上的痛苦，学着走向社会。在这一过程中，社会工作者需要根据案主的不同背景和心理状况制定具体的工作方案。但有一些具有普遍性的方法是必需的，如社会工作者要尽可能地为案主及其家人提供可靠的医疗、生活、教育和工作信息；要认真地倾听，鼓励案主袒露心声，释放悲伤，接受感情爆发；要能够有效地运用同理心的技术，感同身受地体验案主的主观想法与情绪；对案主进行正面肯定，提供心理支持；鼓励案主参与计划与活动的讨论，提出解决问题的办法等。

（四）智障残疾人心理社会工作介入

由于智障残疾人部分或大部分缺乏独立思考的能力，甚至不能形成自我意识，因此，对于该群体的介入也不同于其他类别的残疾人。

其一，如果是对于一般的工作对象，社会工作者面对其心理问题，往往要着重挖掘深层次的、错误的想法，通过交流沟通来纠正其不合理信念，达到改变心理和行为的目的。但智障残疾人的整个心理水平都是低下的，不能形成完整的人格，甚至只能由生物本能来支配自身的行为，无法进行正常的交流。所以，对于智力障碍的工作对象，社会工作者应该用他们能接受的、最直白的语言直接指出其问题行为背后想法的错误性。特别是当案主是重、中度智障者时，可以不与案主探讨"为什么错了"，而直接进入"做错什么了，应该怎么做"。

其二，社会工作者介入案主心理往往首先需要弄清楚案主需要什么，但智障残疾人经常不能明确地说出自己的内在需求，无法进行有效沟通。这就需要社会工作者通过仔细的观察和了解来获得有效信息，为下一步的介入工作奠定基础。

其三，智障残疾人的观念往往简单而固执，形成和改变某种观念都比较缓慢。社会工作者在帮助其转变时，需要不断地强化正确的认知，运用各种物质奖励和精神奖励塑造其正确的行为，有时还需要辅以实践练习。

其四，智障残疾人的人际交往范围不仅远不如健全人，即便是与其他类别的残疾人比起来也很狭窄。他们对亲近熟悉的家人或抚养人有更多的依赖性。这些人对待智障残疾人的思想、观念和行为将会对其心理感受产生非常直接的影响。很多智障残疾人的家人或抚养人往往认为他们傻，只要让他们吃饱穿暖就可以了，其实，即使是最重度的智障残疾人也有基本的获得关爱的需要。社会工作者要注重与案主的家人或抚养人进行积极的交流与沟通，教育他们以合适的方式表达关爱，在满足残疾人物质需求的同时也满足他们的精神需求，帮助残疾人心理的成长。

作为社会上的特殊弱势群体，残疾人的生活道路比健全人艰难许多。如果没有良好的心理素质，他们就很难适应社会，获得幸福的生活。社会工作的专业理念和方法在介入残疾人心理问题方面能够发挥特殊的优势，取得较好的效果。但残疾人问题是一个社会问题，仅靠社会工作者的努力并不能完全帮助他们走出心理阴影。残疾人心理问题的解决需要全社会的配合、支持和协助，需要相关政策、社会保障体系、社会医疗体系的支撑。只有这样，才能给残疾人的生存和发展创造一个有利的社会环境，真正帮助他们走出心理障碍。

对肢体残疾人士抑郁情绪的干预①

一　案例描述

基本情况

刘某，女，小时候得了小儿麻痹症，腿有点跛，身体较虚弱。高中毕业后，曾在一家福利工厂做财务工作，因单位效益不好下了岗，后来找了好几家单位，都是因为残疾而遭到拒绝。

刘某结婚后由于经济条件不是很好，一直和母亲住在一起，但是母亲和刘某的丈夫之间经常出现摩擦，因此，她很希望能有自己的房子，这样就可以避免家庭矛盾。再加上儿子也大了，应该给他提供一个较好的学习环境。

于是，她很努力地找工作，终于找到一家私人企业，工资不高，而且工作很辛苦，从财务到供销，老板都让她一个人负责，最后她累倒了。经医院诊断她患上了子宫肌瘤，手术后整整在床上躺了一个月。虽然身体恢复了，但她像变了个人似的——原本充满活力的她，现在没有了精神；原来对谁都热情的她，现在却谁也不理，好像世界上只有她一人似的；衣着邋遢，不修边幅；什么也不愿意干，整天躺在床上；有时因为芝麻大点的事就可能嚎啕大哭，家人都以为她身体不舒服，带她去医院检查，也没有查出什么疾病，家人感到茫然。后来费了很大周折，才被医院确诊为抑郁症。

刘某服用了抗抑郁药物后，病情得到了控制，但是情绪仍很低落。

二　问题分析与评估

社工严某，是某区的残疾人社会工作人员，工作经验丰富，而且对该区残疾人员的情况比较熟悉，当她了解到这一情况后，决定利用社区的力量，帮助刘某走出抑郁的困境。

1. 搜集资料

首先，社工严某整理已有的资料，大致了解了刘某的基本情况，如她的残疾和她与家庭的关系；同时去了刘某被确诊为抑郁症的那家医院，查了不少有

---

① 张福娟：《残疾人社会工作案例评析》，华东理工大学出版社，2010，第107~116页。

关抑郁症的资料，如抑郁症的症状表现、起因以及如何治疗，特别是有关心理方面的资料。

其次，社工严某和刘某所在的居委会取得了联系，访问了她的邻居、亲友和同事，了解她患病前后的表现。大家一致认为刘某虽然有点残疾，却是一个能干要强的人，为人热情，有爱心，现在她遇到了困难，应该及时给予帮助，使其身心得到康复。

最后，社工严某进行了家访。

访谈对话如下。

社工：我们了解了刘某的病情，很希望能帮助她，你们能不能和我谈谈她的一些具体情况啊？

刘某母亲：我女儿的命太苦了，自小就得了小儿麻痹症，留下了腿有点跛的后遗症，身体又弱。不过她要强得很，尽管上学的时候受到别人的歧视，但坚持上完了高中。政府好，让她进了福利工厂当会计。工作解决了，婚姻又遇到了问题，谈了好几个朋友，有一个和她相处得很好，但由于她的残疾，男方家里就是不同意，硬拆散了他们。嫁了现在的丈夫，婚姻问题解决了，可不久她又下了岗。女婿人不错，可脾气不好，工作不稳定，还出了事。她下岗后找了好几家单位，都不要她，只好做一些临时工。最后进了一家私人企业，可太辛苦了，工资又不高，起早摸黑，忙得连家也顾不上，儿子的学习也没人管。到头来还得了病，病刚好起来，现在又得了抑郁症，什么也不管了，唉……

社工：那您有什么打算？

刘某母亲：能有什么打算呢？只要不再出其他问题就好了。

刘某丈夫：（一脸的忧虑，闷了半天才开口）我们结婚这么多年，一直都是她维持着这个家庭。我运气不好，工作不稳定，本想和别人合伙开车，多赚点钱，承担更多的家庭责任，可事与愿违，还是让她操心，把她累垮了，这个家也就……现在儿子大了，学习也不好，她一直很后悔只顾工作，没能多关心儿子，结果耽误了儿子的前途。她希望儿子能上大学，不要像她那样，错过了上大学的机会。现在这个样子，你也看到了，家里乱七八糟，她要么躺在床上一动不动，要么坐立不安，魂不守舍。为一件小事就能哭半天，或者在一件小事上磨蹭半天，或者对什么事情都不感兴趣，或者数落自己的不是，我不知道还会有什么事发生，真希望你能帮帮我们！

社工：我会尽力的。

刘某儿子：（瘦瘦的，看起来少年老成，眼里充满了忧郁）妈妈太累了，经常见不到妈妈，我很想她，可她就是忙。我学习不好，让她操心，我希望她多关心我。现在我不会逃学了，只要妈妈病好了，我会好好努力的。

社工：你能这样想、这样做，对你妈妈的病是很有帮助的！

（社工再看看刘某，她愁眉苦脸，面色暗淡无光，说话无精打采，很少看见她笑）

社工：能谈谈你当时的状况吗？

刘某：患病之初，我不认为自己有病，只认为自己做错了事。严重失眠使我非常痛苦，每天凌晨两三点钟就醒了，思前想后，翻来覆去。有时索性起来，在屋里走来走去，或者去户外走，甚至想大喊几声，但又怕别人听见认为自己精神有问题。后来发展到整整整夜地睡不着觉，躺在床上思考自己的过去，思考自己的失误，好多做错的事都回忆起来了。想得很累了，但还是想，经常卧床，躺得腰痛还是愿意躺着。你不知道那真是痛苦。

社工：哦，是呀！这事放在谁身上都会感到很痛苦的，你当时在想些什么呢？

刘某：……

2. 问题评估

社工严某对已搜集到的资料做了分析归类，认为刘某的病因主要有以下几个。

（1）自身的残疾。由于腿跛，刘某不仅自小就受到别人的歧视，而且在婚姻大事上也屡受挫折，使她形成了既好强又自卑的心理。

（2）家庭的矛盾。母亲和丈夫的矛盾是引发刘某抑郁症的重要因素。家庭和睦对她来说非常重要。

（3）儿子学习上的失败。儿子学习不好，让她感到内疚，认为是自己只顾工作，没有好好照顾儿子造成的。

（4）社会大环境的压力。这些年我国经济体制发生了巨大变化，许多国有单位不再由国家提供资金，而是自负盈亏，福利工厂在市场竞争中处于劣势地位。像刘某这样的残疾人，不得不处于失业的境地，为了再就业，她必须付出比别人多很多的努力。

（5）身体的疾病。患上子宫肌瘤是刘某抑郁症的导火索。她认为自己不再像从前那样有用了，成了家里的负担。这种负疚的心理煎熬着她，唯一让她坚持下去的支柱失去了，导致她对生活失去了信心。

（6）认知上的误区。刘某是个有责任感的人，因而病中的她易于将家里的不良遭遇都归因于自己的过失，从而引咎自责。大病初愈，她精神状态欠佳，容易多疑、焦虑、敏感，引起抑郁症。

三 辅导目标

辅导的根本目标在于适度满足案主的基本需求，帮助其改善所处的环境，在借助社会力量支持的基础上，勇敢地面对挫折，增强其有效处理问题的能力，树立健康快乐的生活目标。根据辅导的目标，社工严某确定了具体的辅导内容。

（1）建立信任关系，降低刘某的焦虑和不安，使其能宣泄心中的情绪；

（2）进行抑郁症病情知识教育，使刘某和家人了解抑郁症及其起因，树立信心，再配合以药物治疗，在生活和心理上给刘某以积极支持；

（3）和刘某谈心，让她自己认识到问题的症结；

（4）鼓励她参加社区活动，增加和别人交流的机会，以提高自信心；

（5）提供社会支持，充分利用她的特长，为其安排适当的工作，使之回归健康向上的社会生活。

社工严某把具体目标分为五个环节实施。

第一环节：建立信任，引导叙述，使其宣泄

有了第一次接触，社工严某这次很快与刘某家人交谈起来。在和他们的交谈过程中，社工严某真诚地表示：希望和他们做朋友，如有事情，任何时间都可以找她。

虽然刘某的家人很欢迎社工严某，会和她聊聊天，但是刘某还是很沉闷，很少说话。

有一次，社工严某注意到刘某家里有许多书，而且她的家人也曾说过刘某很喜欢看书，于是社工严某决定把书作为和刘某进一步交流的切入口。刘某在谈到喜欢的书的时候，果然情绪好了一些，也愿意多说几句话。

社工严某与刘某家人约定每周来三次，在接下来的家访中，社工严某每次都让刘某及其家人感到可亲、可信，而且有点儿意外的惊喜。刘某渐渐敞开了心扉，和社工严某谈得越来越多。

第二环节：进行抑郁症病情知识教育，树立信心，提供支持

社工严某花了不少工夫把有关抑郁症的资料综合在一起，刻录成光盘。包括抑郁症的概念、症状表现、起因、治疗方法、国内外抑郁症的患病情况，以及几个抑郁症痊愈的案例分析。在刘某及其家人观看的过程中，社工严某对每一部分都做了详细的解释，同时引导他们讨论。在知识教育时，社工严某真诚的态度、宜人的话语，使刘某对抑郁症知识的接受非常顺利。

最后，他们把所讨论的内容和刘某联系起来，特别是在如何提供支持方面，刘某的母亲、丈夫和儿子提出了许多可行的建议，并制订了落实计划，要求社工严某帮助进行监督。通过交谈，刘某及其家人看到了希望，也有了信心，他们感谢社工严某为他们所做的一切。

第三环节：进行朋友式的谈心，引导他们认识问题所在

通过几次交谈，社工严某和刘某家可谈论的话题就多了起来，刘某也有了一些变化。社工严某分析了这些情况，决定还是从书入手，并为她提供了很多书籍。在建议刘某自己看书之前，社工严某通常从其中选读一段，激起刘某看书的兴趣，以后刘某每看完一本书，社工严某就主动给她更换。

接下来的日子里，社工严某把每周来三次改为每周两次，但每次和刘某交流的时间延长了。除了读书，她们也谈各自的感想、各自的生活。她们谈话的场地也发生了变化，由家里扩大到了居民晨练区。这样，她们的话题范围扩大了很多，内容也增添了不少。刘某谈到了她以前许多快乐的事，有她母亲、丈夫、儿子，还有邻居、朋友。谈话中，社工严某适时地提了一些问题，刘某也很自然地做了解释。在对话中，她若有所悟，有时候她会不好意思地笑笑。渐渐地，她改变了过去幼稚的想法。

第四环节：协调环境，参与活动，提高自信

社区作为居民生活的环境，对人们的影响非常重要。特别是像刘某，她腿有点跛，社区里的人对她的态度不同，有的是同情，有的是歧视，有的是可怜。当得知她患有抑郁症时，小区里不少人对她还有点疏远，因而她和家人也

不愿多和其他人交往。

社工严某在初访前就考虑到这种情况，因而她首先和刘某所在的居委会取得了联系，请他们在工作中给予支持。在工作过程中，每次家访她都尽量和周围邻居接近，为刘某家和邻居的交往创造条件。特别在播放抑郁症光盘的时候，社工严某也促使邻居了解并正确认识抑郁症，希望他们有正确的态度对待刘某。

在此基础上，当社区开展一些适合刘某的活动时，社工严某都鼓励刘某参加。有一次，为迎接国际特奥运动会的召开，社区组织了特奥知识竞赛活动，社工严某推荐刘某参加。比赛时，家人、邻居、朋友和亲戚都来助威，最终她获得第一名。领导给她颁奖时，很多人为她鼓掌，她手捧奖品，高兴地什么话也说不出来，她感受到了人们的关爱。

社工严某通过与小区居民的交往并进行说服和解释，使人们彼此相互理解和谅解，相互尊重和关爱。同时也提高了刘某及其家人的自信心。

第五环节：提供支持性帮助，使其回归社会

刘某的状况有了很大的改变，已基本恢复正常，可让社工严某唯一感到犯难的是她家的经济状况。要解决刘某的问题就要帮助其找到一份合适的工作。恰在这时，上海市政府为了落实有关残疾人的政策，在上海地区设置800多个岗位专为残疾人服务，有残疾的人优先上岗。带着这个好消息，社工严某马上来到刘某家，让她赶快报名参加考试，刘某一家人对此感激不尽。

由于刘某有丰富的工作经验，又会骑车、开车，在报名的人当中文化程度较高，助残服务社马上录取了她。刘某全身心投入工作，并把以往的工作经验用到助残工作中。自参加工作以来，她没有再犯病，其所服务的居民都夸奖她，她也一直受到上级部门的表彰和奖励。当人们问她为什么能做的这么好时，她说：吃过苦的人才能理解过苦日子的滋味。我生病的时候得到了许多人的关爱，所以我要为需要帮助的人服务，回报社会。

整个工作过程中，社工严某以诚相待，全心全意为刘某服务，娴熟运用各种方法，适时地调整策略，从而发挥了刘某的才能，让她参与到社会工作中，使她成为一个热心、开朗、积极向上、乐于助人的优秀助残员，使案例获得圆满成功。

第八章　残疾人康复社会工作

康复服务是一项为残疾人提供的特殊服务，使其恢复和发展从事正常生活的能力。随着社会的发展和人类文明的进步，康复的内涵不断丰富扩大。在工作实践中，康复概念有广义和狭义之分。最初的康复仅指医学康复，即狭义康复。广义康复也就是"全面康复"包括"医学康复"、"教育康复"、"职业康复"、"社会康复"。

第一节　残疾人康复的内涵与特点

一　残疾人康复内涵

康复内涵的扩大反映了残疾人事务范式的转变，即由传统的"个体型残疾"向"社会型残疾"转变，社会工作的工作模式也由"残疾的医疗模式"转变为"残疾的社会模式"。

个体型残疾认为，残疾是一种病患，残疾人所经受的问题是他们自身伤残的直接结果。专业工作人员的主要任务是通过医疗与救助的方式使残疾人适应残疾后的特殊条件。社会型残疾认为，残疾是人为制造出来的，关注残疾不应只局限于身体上的限制，而应关注自然环境与社会环境施于某些团体或某几类人的限制，专业工作人员应该在全社会进行调整，从个人目标、补偿疗法转变到改变环境。社会型残疾提出的意义在于，残疾人是社会的组成部分，与社会的其他成员一样享有个人发展或参与社会发展的权利，促进残疾人全面康复、回归社会生活是残疾人事务的主要方向。康复的内涵伴随着社会型残疾这一社会观的建立而逐渐清晰，康复的定义也越来越明晰。

1942 年，在纽约召开的全美康复讨论会上给康复下的定义是："所谓康复，就是使残疾者最大限度地恢复其肉体、精神、社会、职业和经济能力。"

1969 年，世界卫生组织（WHO）医疗专家委员会给康复下的定义是："康复是指综合地和协调地应用医学的、社会的、教育的和职业的措施，对患者进行训练和再训练，使其活动能力达到尽可能高的水平。"

1981 年世界卫生组织医疗康复专家委员会为康复下的权威性定义是：康复是指应用各种有用的措施以减轻残疾的影响和使残疾人重返社会。康复不仅是指训练残疾人使其适应周围的环境，而且也指调整残疾人周围的环境和社会条件以利于他们重返社会。在拟定有关康复服务的实施计划时，应由残疾人本人、他们的家属以及他们所在的社区参与。

2006 年联合国《残疾人权利公约》指出：康复是采用医学、工程、心理、教育、职业和社会等各种手段，使残疾人的身体、感官、智能、精神和社会生活等方面功能达到最佳水平，以增强其自理能力，融入社会，提高生活质量的活动。

从以上定义可以看出，康复的内涵包含以下三方面含义。

首先，功能训练。康复工作的最基本内容是保存和恢复人体的功能，包括运动、感知、心理、语言交流、日常生活、职业活动和社会活动等方面，重视功能的检查和评定，采取多种形式进行功能训练。

其次，全面康复。致力于帮助残疾人从生理上、心理上、职业上和社会生活上进行全面的、整体的康复。除此之外，还包括从社会因素着眼，建立有利于残疾人康复的社会条件，使残疾人享受与健全人同等的权利。

再次，回归社会。任何人都无法脱离社会而存在，康复要协助残疾人通过功能的改善而重回主流社会，积极参与社会生活，履行社会职责，共享社会成果。

二 残疾人康复的主要目标与政策措施

（一）残疾人康复的主要目标

残疾人由于身体、智力或精神健康上的问题与缺陷，以及客观环境的影响，在外表、行为和生活上或多或少会有与一般人不同的地方。例如，身体残障人士的衣着、行动方式与常人不同，精神健康患者的神情、动作、语言显得比较另类。严重的残疾人往往也没有正常的家庭，无法照料自己的生活，更没有工作机会和平常的人际交往。这些异于常人的"非常规性"个人行为特质是残疾人康复的真正障碍。以之为基础,在残疾人事务工作领域一直存在着"标签化"的工作方法,即将某些残疾人的行为视为异常,并用某些所谓"正常"的方法去治疗,这实际上并不合适,因为工作人员认为非正常的行为,在工作对象看来却完全正常。因此,"不正常"是工作人员的界定。

1972 年"正常化"概念的提出,标志着残疾人康复的理念进入了一个崭新阶段。"正常化"是指:尽量运用文化中最常规性的途径,以尽量达到或维持文化中最常态性的个人行为与特质。[①] 尽管不同文化背景下有不同的"正常"标准,但是"正常化"的理念在残疾人康复领域的价值值得肯定。由此,残疾人康复的主要目标是:通过"常规性"的途径实现"常态性"的个人行为与特质。"正常化"提出以"常态性"的个人行为特质作为康复服务目标,就是要尽量减轻或改变残疾人这些异于常态的生活和个人表现方式,并学习社会上最普遍被接纳的行为和生活方式,比如利用外貌和服装的修饰去避免突出残缺的状况、学习独立生活和社交技能、争取公开就业等,使他们不再因有异于一般人而被歧视或分隔,完全融入社会中过正常的生活。[②]

"常规性"的康复途径包括四个方面:第一,让残疾人进入普通的社会体系及享用普通服务;第二,让各类康复服务的最终目标与为普通人而设的服务相同;第三,各类康复服务的内容和活动与普通人的社会服务相同;第四,提供康复服务的工作人员的素质不低于服务于普通人的工作人员的素质。[③]

需要指出的是,"常态性"的方向并不是最理想的生活和行为,而是最普遍的生活和行为。"正常化"也并非把残疾人变为"正常人",而是使用常规性途径去达到常态性的行为和特质。如果常规性途径无法达到常态性行为,应该辅以其他有效的非常规性服务和设施。残疾人的能力和缺陷因人而异,每个人所能达到的状态不尽相同,常态性的行为和特质只是目标和方向,并没有一致的标准。更为重要的是,"正常化"积极鼓励残疾人发挥自身特点和能力,去实现"常态性"的生活。例如,失去上肢的残疾人学习运用双脚照顾自己,这就是一种非常规性的行为去促进自我照顾和工作这些"常态性"生活的行为,同样符合

---

① 卓彩琴编《残疾人社会工作》,华南理工大学出版社,2008,第 140 页。
② 卓彩琴编《残疾人社会工作》,华南理工大学出版社,2008,第 141 页。
③ 卓彩琴编《残疾人社会工作》,华南理工大学出版社,2008,第 142 页。

"常态性"的诉求。

（二）残疾人康复的政策措施

在残疾人康复中推行正常化的原则，以期达到"常态性"的目标，在康复政策层面需要构建残疾人的普通学习、公共交通、文娱及社区设施等开放性的体系，实施回归主流的服务政策，满足残疾人士的特殊需要。2011 年 6 月 8 日我国出台的《中国残疾人事业"十二五"发展纲要》中明确规定了与残疾人康复相关的政策措施，体现了"常态化"目标的政策措施主要有以下几个方面。

（1）教育层面。将残疾人义务教育纳入基本公共服务体系，继续完善以特殊教育学校为骨干、以随班就读和特教班为主体的残疾儿童少年义务教育体系，加快普及并提高适龄残疾儿童少年义务教育水平。普通高中、中等职业学校要创造条件招收残疾学生。普通高校要创造条件扩大招收残疾学生规模，为残疾学生学习、生活提供便利。

（2）就业层面。切实落实按比例就业政策，党政机关、人民团体、事业单位及国有企业带头安排残疾人，促进更多残疾人在各类用人单位按比例就业，逐步建立残疾人按比例就业岗位预留制度；政府开发的适合残疾人就业的公益性岗位，应优先安排残疾人就业；落实完善残疾人就业促进税收优惠政策，鼓励用人单位吸纳残疾人就业；通过资金扶持、小额贷款贴息、经营场所扶持、社会保险补贴、税收优惠等措施，扶持残疾人自主创业和灵活就业。加强残疾人职业教育培训和职业能力建设。以就业为导向，鼓励各级各类特殊教育学校、职业学校及其他教育培训机构开展多层次残疾人职业教育培训。各地公共就业服务机构和基层劳动就业社会保障公共服务平台免费为残疾人提供有针对性的职业介绍、职业指导等就业服务。

（3）文化层面。各类公共文化场所免费或优惠向残疾人开放，提供设施及信息交流无障碍的服务。群众艺术馆、文化馆、乡镇综合文化站、社区文化中心（街道文化站）、特殊教育学校、残疾人组织、社会福利机构、社会残疾人服务机构等组织残疾人开展形式多样、健康有益的群众性文化、艺术、娱乐活动。各级公共图书馆应设立盲人阅览室，配置盲文图书及有关阅读设备，做好盲人阅读服务。扶持以特殊教育学校为主的残疾人特殊艺术人才培养基地。

（4）体育层面。公共体育设施免费向残疾人开放，为残疾人参加体育健身活动提供便利。社会体育指导员要积极组织、帮助残疾人参加体育健身活动。社区和社会福利机构、特殊教育学校、康复机构、托养服务机构等残疾人相对集中的基层单位要结合康复训练、职业培训、特殊教育等，广泛开展残疾人群众性体育健身活动。

（5）无障碍设施层面。制定实施无障碍建设条例，依法开展无障碍建设。完善无障碍建设标准体系，新建、改建、扩建设施严格按照国家相关规范建设无障碍设施，加快推进既有道路、建筑物、居住小区、园林绿地特别是与残疾人日常生活密切相关的已建设施无障碍改造。将信息无障碍纳入信息化相关规划，更加关注残疾人享受信息化成果，参与信息化建设进程。制定信息无障碍技术标准，推进通用产品、技术信息无障碍。

除此之外，残疾人"常态性"的康复目标还包括社会保障、扶贫、法制建设和维权等方面的政策措施。

三　残疾人康复的主要内容与基本途径

（一）残疾人康复的主要内容

在我国现阶段开展的残疾人康复主要涵盖两方面内容：一是为各类残疾人普遍提供康复服务；二是开展以肢体残疾人、脑瘫儿童、智力残疾儿童和聋儿为重点的康复训练。

1. 残疾人康复服务

（1）康复医疗服务。主要为残疾人提供诊断、功能评定、康复治疗、康复护理、家庭康复病床和转诊服务等。

（2）训练指导服务。主要包括为需要进行康复训练的残疾人制订训练计划、传授训练方法、指导使用矫形器和制作简易训练器具、评估训练效果。

（3）心理支持服务。通过了解、分析、劝说、鼓励、指导等方法，帮助残疾人树立康复信心，正确面对自身残疾，鼓励残疾人亲友理解、关心残疾人，支持、配合康复训练。

（4）知识普及服务。为残疾人及其亲友举办知识讲座，开展康复咨询活动，发放普及读物，传授残疾预防知识和康复训练方法。

（5）用品用具服务。根据残疾人的需要，提供用品用具的信息及选购、租赁、使用指导和维修等服务。

（6）转介服务。掌握当地康复资源，根据残疾人在康复医疗、康复训练、心理支持及用品用具等方面不同的康复需求，联系有关机构和人员，提供有针对性的转介服务，做好登记，进行跟踪服务。

2. 残疾人康复训练

（1）肢体残疾康复训练对象为偏瘫、截瘫、脑瘫、截肢、小儿麻痹后遗症、骨关节疾病等运动功能障碍者，训练内容包括运动功能训练、生活自理能力训练和社会适应能力训练三个领域。

（2）脑瘫儿童康复训练对象为 14 周岁以下，由于脑损伤或脑发育障碍所致的以运动障碍和姿势异常为主要表现的残疾儿童，训练内容包括运动功能、姿势矫正、语言交往和生活活动四个方面。

（3）智力残疾儿童康复训练对象为 14 周岁以下，由各种原因所导致智力发育低于同龄儿童平均水平，同时伴有明显的社会生活适应困难的儿童，训练内容包括运动、感知、认知、语言交往、生活自理和社会适应六方面的能力。

（4）盲人行走导向训练对象为有康复需求的试点地区盲人。训练内容包括盲人独行训练、随行指导、导盲用具配用、心理咨询、知识普及和转介等，帮助盲人消除行走恐惧心理，实现安全、有效、自然、独立的行走。

（5）成年智力残疾人康复训练对象为有康复需求的试点地区成年智力残疾人，训练内容包括生理自理能力训练、简单劳动能力训练、社会适应能力训练。

（6）聋儿康复对象为 7 周岁以下有残余听力的聋儿，通过语言训练得到康复，开口说话。

（7）有关精神病防治康复工作、低视力者配用助视器及视功能训练、麻风畸残者康复训练等按相应方案实施，并将其纳入康复训练与服务规划之中，便于在调查、建档、指导和训练工作中统一安排实施。

（二）残疾人康复的基本途径

残疾人康复的基本途径有机构康复、社区康复、上门服务。机构康复是指利用先进的设备和较高的专业技术，对残疾人开展身体功能、心理疏导、社会适应等方面的康复，一般在综合医院的康复科或专门康复机构（康复医院或康复中心）进行，例如脊髓损伤中心，脑卒中后遗症专科医院等。社区康复主要利用基层社区内的卫生、民政、教育、残联等有关部门和一切可利用的人力、物力、设施等资源，为残疾人提供就近就便的多种康复训练与服务，例如我国为精神病人和智障青少年设立的"工疗站"就是一种典型的社区康复，在国际社会康复领域得到普遍赞誉。上门服务是介于机构训练和社区康复训练与服务之间的一种服务形式，指医疗或康复机构和社区的康复资源，为辖区残疾人提供上门的康复训练与服务，例如康复工作者定期到偏瘫的残疾人家庭探访，提供相应的康复指导等。

结合残疾人康复的基本内容与途径，开展康复工作的若干原则如下：第一，树立以残疾人为本的理念，坚持"残疾人优先"原则，消除社会上对残疾人的歧视和偏见，激励残疾人的自强自立精神，建立一种和谐的社会生活氛围。第二，建立健全法律法规，保证残疾人享有与健全人一样的物质文化生活条件。根据政府制定的相关法律、法规和政策解决残疾人特殊的医疗、住房、社会交往等方面的困难。坚持社会化的工作方法，广泛动员社会力量，调动社会资源，共同开展残疾人康复工作。第三，消除家庭中、社区里和社会上的物理性障碍，使残疾人获得生活起居的方便，并享受社会的公共设施服务。第四，帮助残疾人实现经济自立，保障其在经济生活中不受歧视；对不能实现经济自立的重度残疾人，帮助他们得到社会给予的经济保障。第五，鼓励和促进残疾人参与社会的政治生活，保障其政治权利。

四　残疾人康复的特点

鉴于残疾人生理、心理和精神方面的特殊性，以及残疾人问题的广泛与复杂性，残疾人康复具有以下特点。

长期性　由于残疾人的身心障碍是长期的甚至是终生的，所以对康复的需求也是长期和普遍的。残疾人康复常常伴随残疾人一生。

多样性　残疾人康复的具体类型可以分成八类：白内障复明、低视力康复、听力语言康复、肢体残疾康复、精神残疾防治与康复、智力残疾儿童康复训练、成人智力残疾者的训练与服务、盲人康复和训练与服务。

复杂性　残疾人在机构中的康复治疗周期不仅比其他疾病治疗的周期长，而且康复的项目也更为复杂。例如：上肢截瘫患者的康复要进行利手交换训练，配合侧健上肢完成日常生活活动，并活动肩肘关节等关节，进行残存肌肉的肌力训练。安装假肢后，要先学会熟练地穿脱假肢，然后再进行使用假肢的训练，主要有开闭手、屈肘、锁肘、开肘、物体的拿放移动、日常生活的穿脱衣服、开门、打电话。此外，心理康复、职业康复、社会康复等后续工作必须紧跟医疗康复。

专业性　残疾人康复工作是一项涉及康复治疗、物理治疗、运动疗法、作业疗法、言语康复、心理康复疗法的专业性工作，此外还要开展康复服务、康复工程、职业康复和社会康复等服务。康复工作是一种讲究目标的专门技术，需要依靠各种性质特殊的专业技术，遵循严格的专业程序，借助专业人士的介入。

第二节　残疾人康复社会工作

一　残疾人康复社会工作概念

残疾人康复社会工作在发展的过程中，不断受到相关理论和实践的影响，其中最重要的是社会康复学。社会康复学主张用社会学理论和方法来研究残疾人和其他康复对象的康复问题，是康复医学和社会学交叉的产物，其主要观点为：社会因素对残疾人生存状况和回归社会有重要影响，要致力于解决残疾人的家庭问题和个体问题，并由此派生出社会康复的概念。社会康复是从社会因素着眼，通过建立有利于残疾人康复的社会条件来使残疾人康复的一系列活动。社会康复概念的提出为残疾人康复社会工作在实践中的发展提供了契机。康复服务走出了治疗领域，走向了医院和机构之外更为广阔的环境，例如：社会、社区、学校等。更重要的是，社会康复促进了社会工作者与医务工作者的配合，社会工作在诸多领域内开展的针对残疾人个人或者家庭的专业工作已经取得了良好效果。

关于残疾人康复社会工作的概念在我国尚未有统一的界定。学者马洪路认为"残疾人康复社会工作就是把社会工作原理、方法和技巧运用到康复工作中去，协助残疾人恢复和发展他们的潜在能力，实现他们在现代生活中的社会适应功能"。[①] 学者王辅贤认为 "残疾人康复社会工作是根据平等、参与、共享的理念，从社会的角度采取各种有效的措施为残疾人创造一种适合其生存、创造、发展、实现自身价值的环境，并使残疾人享受与健全人同等的权利，达到全面参与社会生活的目的"。[②] 这两种界定反映了国内对残疾人康复社会工作界定的趋势，前者突出社会工作的特征，后者突出社会康复的特征。本书认为：残疾人康复社会工作是根据社会工作基本理论，遵循社会工作的伦理思想，使用专业的方法为残疾人实施全面康复的系统性福利服务，达到改善残疾人的生存状态，提高其生活质量，帮助他们重新参与社会生活的目的。

提供康复服务的专业人员涉及广泛的领域：医生、护士、临床心理学家、物理治疗师、职业治疗师、语言治疗师、听力治疗师、工艺美术老师、特殊教育师

---

① 马洪路：《残疾人社会工作》，中国社会出版社，2010，第 63 页。
② 王辅贤：《残疾人社会工作》，北京大学出版社，2008，第 97 页。

以及社会工作者等。残疾人康复社会工作与其他服务提供者的不同主要体现在三点：第一，坚持"助人自助"的服务理念，社会工作者帮助残疾人的根本目标是使其自立与自我发展。第二，秉承社会工作的价值理念，平等、接纳、尊重、爱的伦理要求在社会工作为残疾人服务的过程中充分体现。第三，注重社会功能实现的服务重点，相比治疗师大多着眼于残疾人躯体的物理功能，社会工作者的服务致力于残疾人的社会康复。

二 残疾人康复社会工作的特征

随着现代康复医学的不断发展，强调残疾人平等参与社会生活的康复社会工作与医疗、职业、教育等康复服务共同配合，协调发展，逐渐形成了一套比较完善的社会康复理论体系和实践方法。社会工作者以专业的工作方式，在康复机构和家庭、社区康复服务中开展本土化的残疾人社会工作实务，得到了普遍认可与热情支持。残疾人康复社会工作区别于一般的康复服务，具备以下特征。

（1）崇尚专业的价值观。价值观是社会工作的灵魂，是社会工作的精神动力。承认个人本位、尊重个人和群体的差异、相信案主的潜能、投身于社会正义和社会中所有人的经济及精神福利过程等核心价值观在残疾人康复社会工作中得到充分的贯彻。专业社会工作对康复对象尊重、能力重建、鼓励自立、个别化服务等工作方式是一种"社会工作式"的以人为本。

（2）充分利用社会支持网络。由于自身的特殊性，残疾人单靠自身力量很难维持和恢复正常的生活，康复的过程需要广泛的支持，既包括亲人、邻居、朋辈的非正式支持，也包括政府、社区、民间非营利组织、志愿者提供的正式支持。社会工作"人在情境中"视角将残疾人置身社会支持网络中开展康复工作，动员不同的主体投入残疾人康复的社会支持网络中。康复社会工作除了在职业、教育、康复领域发挥作用之外，更注重建立残疾人相互支持网络，帮助他们克服因身体行动不便或听力、语言、视力等障碍造成的社会交往不力。

（3）与多部门、多专业密切配合。残疾人的康复不仅要实现身体功能的康复，更重要的是实现重返社会的最终目标，而非"社会隔离"。这需要社会工作者在政府的统一领导下，与多部门、多组织、多专业的人员通力合作，广泛动员社会力量，充分利用康复机构资源中心的力量和各种社会资源，依靠全社会的力量共同推进康复工作的开展。

（4）建立个案工作服务机制。在实际工作中，残疾人个体的需要常常被忽

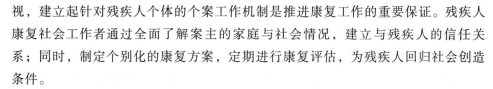

视，建立起针对残疾人个体的个案工作机制是推进康复工作的重要保证。残疾人康复社会工作者通过全面了解案主的家庭与社会情况，建立与残疾人的信任关系；同时，制定个别化的康复方案，定期进行康复评估，为残疾人回归社会创造条件。

（5）注重评估调查和具体实践。评估调查是社会学理论和社会工作的精髓，也是解决残疾人问题的起点。残疾人康复社会工作特别强调对服务对象的调查研究，注重服务的过程和治疗。社会工作者不仅要倾听服务对象的诉求，更要与其家人保持沟通与交流，既要尊重服务对象个人的想法，又要权衡各方面的意见。

三 残疾人康复社会工作的主要方法

由于残疾人家庭和残疾人本身问题的复杂性、广泛性，现代康复体系中，专业化的社会工作方法运用得越来越广泛。从直接提供服务层面来看，残疾人康复社会工作的方法包括社会工作的三大方法，即个案工作、小组工作、社区工作。从间接提供服务层面来看，包括社会政策、社会工作研究等。

（一）个案工作方法

个案工作是指运用专业的知识、方法和技巧，通过专业的工作程序，帮助有困难的个人或者家庭发掘和运用自身及周围的资源，改善其与社会环境之间的适应状况。[①] 个案工作强调"一对一"的方式，以科学的理论、独特的能力和助人的热情提升残疾人个人及其家庭的福利水平。

个案工作主要在基层医疗康复机构与社区层面开展，由于社会工作本身的发展局限，开展个案工作在人员和机制层面仍然有不少的阻力和困难。阻力主要根源于传统的残疾观和康复观，例如：住院病人对治疗的强调、医院或者康复机构管理体制的弊病等。但是，近年来"生物—心理—社会医学模式"作为一种新型康复模式的重要意义为越来越多的人所认识，残疾人康复社会工作在个案层面也越来越受到重视，在实践中被逐渐尝试使用。

残疾人康复社会工作的个案工作主要在以下几个层面展开。

（1）评估。残疾人康复对象住院后，要对其家庭史、生活状况、过去的相关经验、适应中的难题，以及他们的家庭沟通状况、家庭关系的调整和对成员需

---

① 全国社会工作者职业水平考试教材编写组：《社会工作综合能力》，中国社会出版社，2010，第68页。

求的回应等不同方面进行评估，协助残疾人及其家属解决残疾人住院期间的家庭和社会问题，以便其安心治疗。

（2）个案会议。社会工作者与医生、护士、心理工作者、功能训练人员以及康复工程技术人员一起讨论，通过共同确认一些与特定医疗状况有关的问题和处理方法（社会工作者将进行心理社会评估），制定具体的康复治疗和训练方案，为残疾人回归社会创造条件。

（3）介入。对一些进入医院后，身体遭受突然变化的残疾人进行心理疏导。对于这些个体及其家庭，需要及时进行危机介入。危机介入通过提供信息、情绪支持、帮助订立可实现的目标、发现积极的结果，找到生命的意义，为社会康复的获得打下基础。

（4）资源对接。利用个案方法实现康复机构与社区康复资源的对接，例如协助从康复机构或医院回到社区的残疾人进行进一步的治疗和康复，为残疾人及其家属提供情绪和教育性的辅导，帮助有需要的残疾人配置合理的辅助器具，个案随访，职业咨询，个案管理等。

需要强调的是，个案工作的方法注重与案主建立信任的专业关系，致力于案主本身的潜能和积极性，将案主与其家庭紧密联系，充分调动案主内部和外部资源，达到帮助案主成长、发展的目的。

（二）小组工作方法

小组工作是经由社会工作者策划与指导，通过小组活动过程与组员之间的互动和经验分享，帮助小组组员改善其社会功能，促进其转变和成长，以达到预防和解决有关社会问题的目标。[①] 残疾人群体一般由于身心方面的障碍而缺乏与社会交往的机会，残疾人个体之间往往是割裂的，事实上，"同病相怜"的同质性是小组工作方法在残疾人康复社会工作中运用的基础。实践表明，残疾人因问题的共同性和相似性，比较容易对小组产生认同感；小组模式能够提供残疾人自我改变和"被肯定"的社会场景；小组联系能够打造残疾人增能的社会支持网络；成员之间的相互依存和相互影响对他们的全面康复具有推动作用。

小组工作在残疾人康复社会工作中可以开展的实践包括以下几方面。

（1）评估。由社会工作者、医生、护士、康复训练技师、心理工作者、康

---

① 全国社会工作者职业水平考试教材编写组：《社会工作综合能力》，中国社会出版社，2010，第92页。

复工程技术人员共同参加小组工作，共同针对某一类型的残障病人开展工作。

（2）建立小组。将住院残疾人按照残疾人类型（或病种）分成活动小组，例如我国台湾地区著名的白化病儿童患者支持小组——"月亮的孩子"，我国上海东方医院先天性心脏病儿童支持小组——"开心俱乐部"等。由社会工作者组织相关残疾人开展互助小组活动，成员间相互提供信息、建议、鼓励和情感上的支持。

（3）小组活动。组织残疾人的家属围绕共同感兴趣的问题开展自助小组活动。"对照顾者的照顾"本质上是为了推动残疾人全面康复。残疾人家属常常因为残疾人的缺陷而内疚、自责、不安和愤怒，在别人歧视面前还会有失落、羞耻和无奈感。残疾人家属互助小组可以减轻他们的痛苦和压力，也可以分享照顾的经验。例如：精神残疾者家属互助小组不需要社会工作者的带领，小组成员自愿自发地分享照顾精神病患的经验和方法就是一种有益的探索。

（三）社区工作方法

社区工作是以社区为对象的社会工作介入手法。它通过组织社区成员参与集体行动去界定社区需要，合理解决社区问题，改善生活环境及生活质量。在参与的过程中，让社区成员建立对社区的归属感，培养自助、互助与自决的精神，提高与增强他们在社区参与及影响决策方面的能力和意识，发挥其潜能，以形成更有能力、更和谐的社区。[1] 社区是人类生活的重要领域，从社区角度进行干预，解决社会问题，具有重要意义。为残疾人提供专业服务的社区工作与残疾人康复服务密切联系起来，形成了特殊的社会工作模式——社区康复。

1. 社区康复的概念

20 世纪 50 年代以后，英美等国开始反思院舍模式的弊端，提出将老年人、精神病人和孤儿放到社区中去照顾，出现并形成了社区照顾模式。社区照顾模式是社会工作者动员社区资源，运用非正规支援网络，联合正规服务所提供的支援服务与设施，让有需要照顾的人士在家里或社区中得到照顾，过正常的生活的活动。由于残疾人福利经费的短缺，社区照顾与残疾人服务的结合催生了一种全新的康复模式——社区康复。社区康复（CBR）是 1976 年世界卫生组织提出的一种新的、覆盖面广、有效的、经济的康复途径。2004 年国际劳工组织、联合国

---

[1]　全国社会工作者职业水平考试教材编写组：《社会工作综合能力》，中国社会出版社，2010，第117 页。

教科文组织、世界卫生组织在社区康复的《2004 联合意见书》中阐明社区康复是以社区为基础的康复，是残疾人康复、机会均等、减少贫困和社会包容的一种战略。社区康复通过残疾人和家属、残疾人组织和残疾人所在社区以及政府的相关部门和公共卫生、教育、职业、社会机构及其他机构共同努力执行。

我国残疾人数量多、分布广、经济条件差的特征，与我国社区结构的稳定性和强大的内聚力，再加上中国传统文化的影响，决定了我国的社区康复理论和实践不能照搬欧美发达国家的模式，必须探索符合我国国情的社区康复工作方法。首先必须确立社区康复的基础地位，然后才是康复机构的建设，否则康复机构缺乏依托，很难发挥作用。因此《中华人民共和国残疾人保障法》确定了康复工作的原则是：以康复机构为骨干，社区康复为基础，残疾人家庭为依托。

我国社区康复的概念是：在城乡社区，积极调动和协调社区内有关部门和人员，包括残疾人及其家属，充分开发和利用社区的资源，在医疗、教育、就业等方面，为残疾人及其他康复对象提供有效、可行、经济的全面康复服务，从而促使他们在社会生活及家庭生活中自尊、自信、自强、自立，积极参与社会生活。

2. 社区康复的方法

社区康复采取全面康复的模式，也就是说，从残疾的预防，到残疾人的医疗康复、教育康复、职业康复、社会康复，都是社区康复要完成的任务。社区康复的方法和步骤包括以下几个方面。①

（1）建立社会化康复服务的网络。我国社区是按照行政区域划分的，这就决定了政府对社区康复的主导地位，故应由政府统筹安排，各有关部门协调配合，建立社会化康复服务体系，利用初级卫生保健网络、民政基层社会保障网络，建立社会康复转诊和支持系统。

（2）开展社区康复调查。这是制定社区康复服务方针的先决条件，主要调查内容有：社区概况的调查，包括社区地理环境、社区人口情况、社区人工环境、可利用的社区机构和网络、社区人群对残疾人所持态度和残疾人住户分布等；社区康复对象的调查，包括康复对象的一般资料、残疾类别和数量、对康复的需求及其社会状况。

（3）确定康复服务人员并开展培训。包括挑选合格的社区康复服务人员、确定数量、开展有计划的培训。

---

① 马洪路编《残疾人社会工作》，中国社会出版社，2010，第111页。

（4）提供社区康复服务。包括对康复对象需求的诊断，初次康复评定，选择适宜的训练项目，指导进行康复训练，定期康复评定，选用及制作康复器材，康复用品信息的提供、供应和维修等。

（5）提供全方位的转介服务。随着社区康复广泛深入发展，社区康复也会由仅依靠社区内资源发展到需要社区以外各层次资源支持。因此，应建立转介支持系统，包括确定社区康复转介中心，对康复对象的需求提供针对性转介服务，掌握转介服务的资源和信息。要求转介人员应具备疾病、残疾及康复的基本知识，及时进行转介登记和随访转介效果，以改善转介服务。

（6）普及健康知识并传授康复技术。应纳入经常性社区健康教育内容，以增强社区公众自我保健和防病防残的意识。社区有关部门应结合自身工作特点开展宣传教育，编写健康教育和康复训练的科普读物，使基层康复人员、康复对象及其亲友能正常应用康复知识和训练方法，开展自我训练为主的康复训练。

第三节　残疾人分类康复社会工作

一　残疾人康复类型

在实务工作中，康复的概念有广义和狭义之分。狭义康复仅指医学康复，广义康复则有现代康复的内涵，即上文论述过的"全面康复"，包括"医学康复"、"教育康复"、"职业康复"、"社会康复"，"心理康复"，本书亦用此涵义。

（一）医学康复

医学康复是指通过治疗、改善、恢复残疾者的各项身体功能，使其减轻能力障碍，获得最大限度的日常生活能力，为其重新参加社会生活提供身体方面的必要条件。[①]

医疗康复领域的社会工作，属于医疗社会工作。医疗社会工作者与医生和其他医护人员合作，共同推动残疾人的康复。这个领域的社会工作者不仅需要掌握社会工作的技巧和方法，同时必须掌握一定的医学基础知识。社会工作者在医疗康复领域内开展的工作，与医生康复工作的"医疗"色彩相比，带有更多的

---

① 卓彩琴编《残疾人社会工作》，华南理工大学出版社，2008，第133页。

"复原"色彩。目前香港和台湾的医务社会工作与康复相关的基本服务项目，可以作为内地的参考。主要有以下几类：协助病人了解与适应病情或医疗，给病人与家属提供相关的医疗资讯，纠正和调整病人的不当行为，协助病人利用医院的有关设备，将病人转介给其他相关的医疗或社会福利机构，辅导家属如何照顾病人，协助病人制订最终的治疗计划。

（二）教育康复

教育康复是对残疾人实施全面康复的一个组成部分，是教育与康复医学的产物。主要对象是机构中和城乡社区的各类残疾人，在残疾类型上包括肢体、智力、听力、语言、视力等类的残疾人，在年龄上包括从婴幼儿、学龄前到学龄期的残疾儿童、青少年，以及部分成年（含老年）残疾人。教育康复主要有两类，一类是对肢体功能障碍和其他有需要的残疾人进行的普通教育，包括从初级到中高等教育；另一类是对盲（含低视力）、聋、哑、精神或智力障碍的残疾儿童少年进行的特殊教育。教育康复主要在各地各级盲校、聋哑学校、启智学校以及社区康复站点开展。

教育康复的开展有利于培养、发展和提高残疾人群体的社会适应能力和生存能力，减轻家庭、社会的压力。特殊教育的积极意义体现在：特殊教育担负弥补残疾人生理机能缺陷的任务，为他们的全面发展负责；特殊教育为残疾人提供精心组织的精神陶冶，弥补他们本能或机能上的缺失。教育改变人生，特殊教育通过对残疾人生理与心理的双重补偿，增强他们的生活信心，培养他们面对未来的技能，最终实现全面康复。

（三）职业康复

职业康复是指在残疾人现有的生理康复和心理康复的基础上，训练和培养其职业能力，为其获得并保持适当的职业，使其重新参与社会生活的活动。职业康复是残疾人全面康复中的重要环节，通过就业，残疾人获得经济和地位上的独立，恢复某些原本已经失去能力的器官的功能，更重要的是，增强成就感和自信心，顺利地融入社会生活。

职业康复作为一项科学性与应用性很强的活动，它的内容随着职业康复的发展逐步得到完善。具体来说，职业康复主要包括以下内容。

（1）咨询。即职业咨询，针对残疾人个体的特殊情况与职业相关的适应性，进行综合考察，帮助残疾人解决职业中出现的问题。特别考虑残疾与障碍对个体职业活动的影响，由于残疾人可以选择的领域比较狭窄，所以更要注意残疾人对职业的适应能力。

（2）评估。即职业评定，目的是评定残疾人的作业水平和适应职业的可能性。职业评定是一个综合过程，涉及身体、心理和职业适应性，具体包括残疾人的兴趣、个性、气质、价值观、态度、身体能力、耐力、学习和工作的适应性等评定。可以帮助残疾人诊断和预测其职业发展的可能性，并为科学的职业指导、训练与制订职业康复计划提供依据。

（3）培训。培训是帮助残疾人从事职业活动的基础。就业前培训，主要是就残疾人从事相关职业的基础知识和技能进行培训。上岗前培训，主要就残疾人即将从事的职业所要求的知识和作业技能，及一定的工作态度进行培训。职业培训能够开发残疾人职业潜能，提升残疾人就业的积极性。

（4）就业指导。基于身体及社会交往等方面的原因，残疾人比较缺乏就业信息。就业指导包括将劳动力市场、就业方向等信息提供给残疾人；同时，对残疾人就业领域中出现的问题提供跟进服务，从而帮助残疾人选择职业、选择职业课程、提高职业效率。

（四）社会康复

社会康复是残疾人康复的最高境界，主要是指从社会的角度，通过各种康复手段，为残疾人创造一种适合其生存、创造、发展、实现自身价值的环境，使残疾人能和正常人一样在社会人群中生活交往，使残疾人享受与健全人同等的权利，达到全面参与社会生活的目的，而不是与社会隔离。

社会康复相对于"生物医学模式"封闭或半封闭的处置，是一种新型的"生物—心理—社会医学模式"。社会康复更强调残疾人的自主生活权利、社会生活和个人兴趣的满足。我国目前推行的"社会化、综合性、开放式"管理和康复模式符合科学性，体现人道主义，是一种卓有成效的社会康复模式。

针对残疾人的社会康复方案一般包括五个方面的内容。其一，协助康复医师正确地诊断、有效地医治，以维持残疾人康复后的健康状况和自我照顾能力；其二，要考虑残疾人康复后应有的基本医疗设施并进行转介服务，包括地方性的医疗单位、残疾老年人和残疾儿童的疗养所及福利机构设施；其三，家庭照顾方案的实施，康复社会工作者要与康复医师、护士等定期到残疾人家庭探访，提供康复指导；其四，要与有关机构协调，开展一切必要的和可能的社会服务项目，促进残疾人有效利用医疗设施，同时补充医疗服务的不足；其五，提供社会工作的其他专业服务，包括合法权益的维护及提供职业培训和特殊教育的机会与条件，切实解决残疾人社会适应问题，满足他们的社会福利需求，帮助他们重新参与社会生活。[1]

（五）心理康复

残疾人身体上的障碍常常导致不同程度的心理障碍，社会功能也受到不同程度的损害。情感的淡漠、思维的贫乏、意志的薄弱、行为的迟钝、欲念的空芜等，使他们难以就业。因此，心理康复是全面康复的关键。

心理康复是运用系统的心理学理论与方法，从生物—心理—社会角度出发，对患者的损伤、残疾和残障问题进行心理干预，以提高残疾患者的心理健康水平。心理康复对于帮助残疾人恢复身体功能、克服障碍，以健康的心理状态充分平等地参与社会生活具有十分重要的意义。

心理康复所依据的是康复心理学。康复心理学起源于美国。1956 年美国心理学会成立了第 22 分会——康复心理分会。其目的是宣传与残疾和康复有关的心理学知识，培养高素质的研究与临床工作者，以及提供临床服务、研究、教学和管理等。随着社会的发展，心理康复服务逐步从机构走向社区和家庭。心理康复社会工作者在工作中主要研究残疾人及其家属的行为、经历、态度，评定康复治疗的有效性，评估残疾人及其所处的环境，设计和实施康复方案，并控制整个实施过程。临床康复心理实践主要处理各种社会、心理和实际问题，诸如社会活动状态、情绪好坏、家庭关系、日常生活、就业和独立生活等。

二 残疾人教育康复的社会工作介入

根据世界卫生组织的大康复理念，康复动力不仅包括残疾者本人，还包括他们的家属，以及他们所在的社区。同时社会工作"人在情境"中的理念，要求在开展服务的过程中，将服务对象及其周围的因素纳入工作范围。因此，社会工作介入的内容不仅包括残疾人个人，还应该包括残疾人的家人、为残疾人服务的其他康复工作者、相关的社会组织和服务机构。残疾人教育康复社会工作的介入包括以下几方面。

（一）特殊教育过程的诊断、评估、鉴定

特殊教育是教育康复的主要途径和手段，特殊教育虽然是教育工作者的专业

---

[1] 全国社会工作者职业水平考试教材编写组：《社会工作实务》，中国社会出版社，2010，第 170 页。

领域，但是社会工作的介入可以使该工作更具科学性、更有效。特殊教育教学设计过程一般包括五个步骤：第一步，发现与鉴定——推荐、筛选、确定特殊教育对象；第二步，教育诊断——分析其教育的基础、学习潜能与障碍以及环境等有关因素；第三步，教育安置——根据学生的残障程度，在最少限制的环境下，做出恰当的安置；第四步，实施教学——在教育诊断的基础上，制订实施个别教育计划，提供相应的服务；第五步，教学评价——评估教学的成效，并作为调整教学方案的参考。[①]　社会工作在整个过程中都可以发挥积极的作用。特别是第一和第二步，科学的诊断、评价和鉴定是确定残疾人对象、教育目标、安置形式和教学方案的基础。社会工作者需要和家长、儿科医生、教师和各种专业人员组成诊断小组开展工作。

特殊教育的评估不应只局限于残疾人的医学诊断（包括身高、体重、呼吸、血压、视力、听力等生理指标）、心理测试和行为评估（包括感知能力、记忆能力、思维能力、智力、情绪的稳定性、个性倾向、社会适应能力和心理健康水平）、学绩考察（主要是不同学科的学习成绩和学习能力），还应该包括残疾人之外的家庭、学校和社区的因素，以及这些因素对残疾人的影响。社会工作者是开展诊断工作不可或缺的人员。社会工作者可以通过个案会谈、家庭访谈、个案管理、社区调查等方法开展工作。一般的程序包括以下几项。

（1）个案访谈。通过个案访谈，建立残疾人的个人生活史档案，特别是收集残疾儿童成长发育过程中的相关资料。

（2）实施诊断测验。教育诊断是科学深入的评价程序，持续的个案工作机制可以对个别儿童的学习能力及环境因素做个别化的临床检验和持续性的评估。

（3）家庭访谈。在家庭访谈中，通过系统的观察，利用叙事、游戏等专业疗法，对儿童的行为有更为深入的了解。特别注意观察残疾儿童、家长、兄弟姐妹、伙伴间的互动状态，获得对残疾儿童更多的认识。

（4）个案会议。把家庭资料、观察资料、测验结果汇总之后，通过个案会议或者小组会议，进入适当的安置和特殊教育程序，建立起个案管理机制。

（二）对残疾人的身心辅导

由于教育康复的最主要对象是残疾儿童及青少年，因此社会工作者除了配合教育工作者进行残疾人的基础文化科学知识及劳动、职业技能训练外，还要特别

---

① 卓彩琴编《残疾人社会工作》，华南理工大学出版社，2008，第159页。

加强学龄前和学龄期残疾儿童身心全面发展的课外训练。社会工作者一方面要注意对残疾儿童开展引导式教育，将功能康复与教育康复、心理康复融为一体，将游戏和日常活动融入残疾儿童的每一天，改善其运动、认知、语言、社交、自理水平，消除症状，提高社会适应能力，培养良好的素质和生活习惯，为走向社会做好准备。另一方面还可以开展多种性质的小组工作，建立起残疾儿童和健康儿童之间的互助体系。例如："聋健合一"的康复训练，就是关注聋哑儿童的求知欲和好奇心，将聋哑儿童和健康儿童置身相同的环境中，通过有声语言和各种音响的刺激，帮助残疾儿童视觉、触觉以及运动器官的代偿能力得到最大程度的发挥，一些儿童的残存听力可以得到开发和利用，帮助其语言能力顺利形成和发展，思维能力也相应提高，同时与健康儿童一起活动的过程，也使他们的思想和行为得以强化，这对聋哑儿童的全面康复、回归社会显然是有利的。

对无法到机构中接受服务的成年残疾人，积极开展咨询服务或者家庭探访，可以通过个案工作，引导康复人员正确认识残疾和正确对待自己、对待周围环境。用接纳倾听他们心灵的呼声，用同理心消减他们的焦虑，用专业技巧使他们由残疾引起的心理异常或消极状态得到改变、调解、修补或治疗，协助他们达到心理发展的正常状态或者可能达到的最佳状态，从自卑、悲痛、愤怒过渡到平静面对现实，发挥主观能动性，克服不利因素，努力顽强，达到康复的状态。

（三）对残疾人父母、家属的辅导

社会工作者要关注对残疾人父母与家属的辅导工作。首先要引导他们正确认识和对待残疾人。残疾人父母和家属常常把残疾看做"羞耻"、"倒霉"甚至是"作孽"，有负罪感、自责感，甚至无望感。因此在对待残疾儿童的时候常常会出现两个极端，一个极端是歧视残疾儿童、不平等对待儿童，甚至虐待；另一个极端是过分溺爱、过度呵护。大部分家庭对残疾家庭成员的康复和发展缺乏信心，更谈不上采取积极行动。家人和周围人的态度反过来强化了残疾人不良的自我意识，他们更加消极、自卑、退缩，这不利于康复和自身能力的提高。社会工作者可以帮助这些家庭处理有关残疾的情绪问题，帮助他们从逃避、怕解释、怕别人不接纳，过渡到主动回应别人的关心、欣赏甚至积极参与适当的社会活动。家人的情绪常常是反复的，期间会有灰心或逃避，社会工作者要鼓励支持，帮助家庭积极面对，接纳残疾的现实。例如：用澄清的专业方法帮助残疾人家人正视残疾的问题。在具体的服务方面，社会工作者可以通过"社区照顾"、"居家托养"等方式，用自己的专业技巧为残疾人家庭提供支持。社会工作者还需要向残疾人父母、家属普及康复知识，提高他们的康复训练技巧，从而帮助残疾人。社会工作者还肩负着向残疾人教育康复相关的工作人员，例如特殊学校的行政人员、政府有关部门的工作人员、志愿者等普及残疾人的心理、生理、教育等基本知识的重任，以便更好地与残疾人及其家长沟通。

三 残疾人职业康复的社会工作介入

残疾人职业康复通过协助残疾人获得适当的职业适应能力，从而能够进行劳动就业。劳动就业就个体层面而言，不仅是残疾人走向社会、参与社会的重要标志，同时可以使残疾人获得独立的经济地位和收入，使残疾人原已失去的某些器官的功能得到某种程度的恢复，还可以增强残疾人的成就感和自信心，从而融入社会。就社会层面而言，残疾人参加劳动生产有利于社会的稳定和经济的发展，提高社会的福利水平。

我国残疾人职业康复从宪法层面切实保障了残疾人的就业权利，《残疾人保障法》、《残疾人就业条例》等相关法规规定了对残疾人进行就业帮扶、就业渠道拓宽、企业单位招用残疾人员工、下岗残疾职工保障和再就业等相关政策和措施。社会工作在残疾人职业康复中可以积极发挥专业特长，开展特殊的工作，促进残疾人职业康复的实现。纵观残疾人职业康复的过程，社会工作介入主要可以在以下几方面开展。

（一）就业前的咨询与评估

社会工作生态系统理论认为，残疾人的求职困境不仅是残疾人个人的问题，更重要的是因为残疾人与其所处环境的不良互动，例如：残疾人自身缺乏信心所导致企业对残疾人的歧视等。因此，社会工作者在残疾人就业前的咨询和评估中要特别注意对其所处环境进行生态评估与分析，以促进就业者与工作环境相互适应。就业前除了要对残疾人的身体状况、技能素质和可能从事的职业要求进行比较之外，还要对残疾人从业心理进行全面评估，例如就业的信心、对职业和岗位的兴趣、人格特质与职位的合适程度、抗逆力状况等。就业前的咨询还要解答残疾人在就业后的劳动报酬和保护条件、工伤问题的处理等问题。残疾人就业的支持网络状况也在评估范围之内，残疾人的家庭、所在的社区对其就业的态度、可以提供的帮助和资源都是社会工作者可以利用的有力资源。

（二）对残疾人的治疗和训练

一旦确认残疾人适合某项工作，社会工作者要承担适应性训练的责任。训练不仅包括工作技能的训练，还包括心理训练，包括耐挫能力、正确的自我认知、合作自信的工作态度等，使其在能力和心理上做好充分的准备工作，顺利适应岗位的要求。社会工作者在对残疾人进行治疗和训练时，特别要注意残疾人的个体差异，并提供持续性的支持。每个人都有自己的故事，残疾人生理的特殊性造成了其特殊的心理状态，在就业之前退缩、畏难、缺乏自信的心理会常常存在，社会工作者要充分地理解他们、肯定他们、鼓励他们。在职业训练过程中可能需要更多的时间和耐心，社会工作者要无条件地支持他们，允许他们有更多的尝试，正视存在的问题，与残疾人"一起工作"，从而为残疾人将来的职业生涯做好充分的准备。

（三）就业后的随访和持续支持

残疾人的就业与一般正常人的就业不同，会面临更多的困难和问题，需要更多的支持和帮助。社会工作者对残疾人的服务还包括在其就业后的跟踪式随访，及时了解就业后遇到的问题，并设法解决，例如：残疾人与同事工友的人际关系处理问题、残疾人工作过程中与环境的适应问题、残疾人与领导层的沟通问题等。社会工作者既要对残疾人做发展型的工作，帮助他们建立良好的工作环境，又要解决某些制度上的问题。这种随访和支持是贯彻社会工作与残疾人"一起工作"的原则，也使残疾人感到自己始终被支持、被关注、被理解。

（四）研究雇主心态，做好协调工作

虽然我国法律规定了残疾人就业的相关权利，但是雇佣企业对残疾人就业的心态各异。社会工作者必须正确客观地判断用人单位最关心的利益是什么，因为用人单位中不乏是为了某些利益而参与支持残疾人就业活动的，这些雇主对于残疾人的真正需求和利益的保障并不关心。当残疾人的相关利益受到损害时，他们常常由于自身的弱势地位而无法与雇主进行谈判。社会工作者此时应该扮演协调者的角色，积极协调残疾人、用人单位、社区、社会等多方的利益，社会工作者的协调能力和资料收集方面的专长可以使协调工作更加有效的开展。特别是工作过程中出现的意外伤害赔偿问题，社会工作者要通过相关的法律规定、政策，开展专业工作，协助工伤认定，同时进行适当的转介，协助有关的调查工作。

除了残疾人职业康复过程中社会工作的介入工作之外，开展社区就业逐渐成为社会工作介入职业康复的新途径。国内外的经验表明，在社区建设的过程中能够产生大量的工作岗位，这些岗位一般技术含量低，工作方式灵活，能够吸纳较多的残疾人就业。一般社区内就业交通便利，距离较短，可以照顾到残疾人身体

行动不便的特点，适合有竞争条件的残疾人就业。许多大城市开始探索"庇护工厂"、"工疗站"等形式，这些都是可行的社区就业模式。社区中的社会工作者是社区就业的主要推动者，可以在社区内进行广泛宣传，让居民共同关心残疾人的就业问题；社区内能够接纳残疾人工作的部门，社会工作者要优先安排残疾人就业，同时做好协调工作；在社区内的"工疗站"等组织，社会工作者可以开展个案工作、小组工作等专业活动，为残疾人排忧解难，实现他们与社区的和谐共荣，最终达到全面康复。

四　残疾人社会康复的社会工作介入

社会康复是残疾人全面康复的组成部分，动员社会各界"在社会的层次上采取与社会生活有关的措施，促进残疾人重返社会"。社会康复政策性强、注重调查、协调性高的特征，特别需要社会工作的介入。

社会工作的介入工作主要在以下几个层面开展。

（一）组织残疾人参加社会活动

1. 提高残疾人社会地位

组织残疾人参加各种有益的社会活动，可以提高他们参与社会的能力，改善生活质量。社会工作者组织残疾人参加社会活动时，首先要鼓励残疾人树立自尊、自信、自强、自立的信念，在残疾人犹豫、担心、害怕的时候给予充分的理解和支持，在活动的组织方面倾听残疾人的意见和建议，发动他们对活动的开展献计献策；其次还要动员社会力量尽可能帮助残疾人，搭建普通居民和残疾人之间沟通的桥梁，使他们顺利参加共同组织的活动。例如：在社区教育中开展尊重残疾人、帮助残疾人的社区公德教育活动。

在机构和社区中，社会工作者应该把残疾人参与活动作为一个重要的任务，运用专业的小组工作和社区工作方法提供专业化的服务。例如：开展社区居民与残疾人的联谊活动等。

组织和帮助残疾人参与社会活动，在提高残疾人社会地位的情况下还可以帮助他们获得特殊教育和劳动就业的机会，社会工作应始终把其作为目标来完成。只有当残疾人真正获得独立生活的条件和能力，才能更好地参与社会生活。

2. 发挥残疾人的创造性

残疾带来的困难虽然伴随残疾人的一生，但是"残"而"不废"应该成为残疾人和社会工作者的追求。许多残疾人低估自己的创造能力，认为自己"是个废人"、"没有用"、"这辈子就这样完了"。在这种情况下，社会工作者需要及时介入，恢复他们生活的信心和勇气，不仅要使其树立乐观积极的心态，还要发挥创造性的才能。

社会工作者要注意不同性别、不同年龄的残疾人在回归社会欲望上的差异。残疾青少年是社会工作者开展工作的重点。他们往往对生活有希望也有勇气。社会工作者必须帮助他们形成豁达大度、乐观积极的思维方式和处事方法，真正达到思想和信念的转变，启发残疾人不要总是想失去了什么，而应该思考自己还拥有什么，帮助他们利用自己拥有的，积极参与，发挥创造力，实现人生的价值。在遇到挫折时，社会工作者要疏导他们的受挫情绪，肯定他们的积极自我，努力创造奇迹。

3. 推动建设无障碍环境

建设好有利于残疾人的无障碍环境，对于帮助残疾人克服外界障碍的影响、促进残疾人参与社会生活、建设文明优美的社区环境具有重要意义。社会工作者要对社区内残疾人经常出入的社会服务场所、设施等，根据他们的实际需求因地制宜地改造，方便他们参与社会生活；对于无障碍设施要加强维护和管理，确保正常使用；在新建的住宅、公共设施和道路设计中，要将无障碍理念和措施认真予以体现和落实。社会工作者要学习基本的聋人手语，对不同性质的残疾人运用不同的沟通技巧，例如：对方可以依赖读唇语来理解谈话时，社会工作者不能捂住自己的嘴巴；社会工作者还要帮助有条件的残疾人学习使用互联网获取和交流信息，资助贫困残疾人加入社区求助系统。

除此之外，社会工作者还应为残疾人家庭的无障碍设计与改造提供必要的服务。社会工作者要学习相关的知识，例如：淋浴设备的安装，方便轮椅的操作，防滑地面的铺设，出入门、过道、卫生间的改造等。同时，社会工作者要尊重残疾人的自决权，根据其实际的要求解决问题。对于一些经济上有困难的案主，社会工作者要调动周围的资源，积极为其争取援助，实现环境的改造。

（二）构建社会支持网络

残疾人社会支持网络中存在着性质不同的支持主体，他们是残疾人社会康复重要的协助力量。社会工作者以残疾人为中心，可通过联系他们的亲戚、朋友、邻里和志愿者，构建起支持网络，解决其问题，满足其需要。残疾人的社会康复需要构建以下四个支援网络。

（1）个人网络。主要是针对服务对象个人的现存人际关系以及其所置身的环境内具有发展潜力的成员，例如家庭成员、朋友、邻居，通过与其建立联系和提升他们的助人能力，让这些成员来协助服务对象。具体做法是：社会工作者集中服务对象个人现存的有联系且有支援作用的成员，动员与服务对象关系密切的重要人提供支援，维持和扩大服务对象的社交关系和联系。例如：在我国，国家对残疾人的支持力度和范围还相当有限，家庭成员一般在残疾人个人网络中的作用无可替代，几乎提供残疾人所有的情感性支持，满足其自尊性支持、物质性支持、工具性支持和无语性支持，所以社会工作者对一些存在错误认识和观念的家庭要进行家庭辅导，协助其接纳残疾人、理解残疾人，同时鼓励残疾人与亲朋好友的交往，残疾人的人际互动在很大程度上可以消除抑郁、孤独感，形成健康、积极的心理。

（2）志愿者联系网络。对于社会中拥有极少个人关系的服务对象，可将他们与可以提供帮助的志愿者建立联系，建立一对一的帮助关系。具体做法是：社会工作者在社区内外主动寻找和动员愿意成为志愿者的大学生、社区党员、辖区单位的职工，通过合理配置，让志愿者和服务对象建立联系，提供帮助和支持。例如：社区内和机构内的孤残儿童、孤残老人是缺乏个人网络支持的最弱势的一部分，而社区内同样具有一批热心公益的志愿者，社会工作者可以作为联系人在他们之间建立桥梁，让志愿者为孤残儿童和孤残老人提供物质和精神照顾。

（3）残疾人互助网络。社会学习理论、团体过程理论、同辈群体理论都认为：把面对相同问题或者具有相似兴趣、能力的人聚合在一起，帮助他们建立联系，通过练习社交技巧、游戏等方式，可促进他们相互帮助、相互支援。具体做法是：社会工作者为那些有共同问题、相同背景和兴趣的服务对象建立起朋辈支持小组或互助小组，加强同组之间的支持，促进信息的分享和经验的交流，增强其解决问题的能力。例如：建立残疾儿童"全新暑假"小组，在暑假中将缺乏照顾的残疾儿童召集起来，帮助他们建立同辈群体，构建互助网络，使他们通过与玩伴的沟通、社会规范的学习、手工活动、体能训练，提高认知能力和协调能力，社会工作者在其中扮演使能者、教育者等角色。

（4）社区服务协助网络。社会工作者在社区中发挥的作用是资源整合、资源共享和资源流通。社区中的邻里、社区商店的员工、物业公司职员、保洁员、保安员等在为服务对象提供支援上扮演着重要角色，是协助残疾人社会康复的社区服务资源。他们可以用最自然、最快捷的方式为服务对象提供支持。具体做法是：社会工作者通过举办各种活动召集和推动社区服务体系成员了解服务对象，强化他们和服务对象之间的关系，有效降低正规服务的烙印效果。例如：社会工作者号召社区服务体系中的志愿者开展多种多样的扶残助残活动，包括根据残疾人的康复需求提供上门服务，依托每个街道的"心连心"社区援助站，为特困和重残者提供医疗、生活等方面的保护帮助；开设求助电铃，让常年在家的近邻为自理能力差的残疾人提供帮助。

 案例分析

职业康复案例

本案例是社会工作者参与残疾人职业康复的案例。在该案例中，社会工作者通过职业康复和个案工作的流程，利用专业的个案工作方法帮助案主进行职业康复训练。

一 接案

李某，女，年满14岁。2005年因为交通事故受伤，当即昏迷，造成脑外伤出血，并伴有双下肢运动感觉障碍，胸骨骨折脱位。手术后完全性截瘫，双下肢迟缓性瘫痪，二便功能障碍，坐位平衡功能低下，移乘功能低下。大部分生活不能自理。2006年父母将其送至康复医院进行治疗，通过中医、针灸、理疗、水疗等康复措施，李某的生活自理能力大大提升，大部分生活能够自理，半年后出院。2010年，李某父母为其进一步学习和生活考虑，来到康复机构求助，希望得到机构的专业社会工作服务。

二 预估

通过与案主及家人的会谈，了解案主的基本情况如下。

（1）案主家庭和睦，案主是家中独女，在其受伤后，父母一直悉心照顾。案主的家庭条件较好，且医疗费用由交通事故的肇事方承担。

（2）案主受伤前，在学校品学兼优，同时喜欢舞蹈。出院后，父母也一直聘请家庭教师辅导其文化课。

（3）案主性格活泼开朗，但是受伤后，由于无法再继续练习舞蹈，不时抑郁。但是由于其年龄尚小，心理未成熟，对今后也没有清晰的认识。

（4）案主家人对其残疾十分难过，但总是积极鼓励女儿，此次主动求助就是希望能够帮助其及早规划职业生涯，实施职业康复训练，回归社会，实现自立。

三 计划

本机构的职业康复社工与案主及其家庭交流多次，并与其主治医生、运动治疗师、作业治疗师进行个案会议后，认为案主性格开朗、聪明可爱，有良好的学业基础和学习能力。虽然没有在学校完成义务教育，但是其父母为其提供的家庭课业辅导，使其没有中断学习，知识水平和同龄人差异不大。案主无法继续舞蹈训练，心态上虽有抑郁，但总体上积极，受伤后发展了绘画、电脑等兴趣，具有良好的职业技能潜能。职业康复社工计划对其进行职业规划并设计开展相关的职业训练。社工针对案主好奇心强、记忆力好的特点，将案主绘画、上网、游戏的兴趣向计算机操作转移，进而进入网页设计、动画设计、Word、Powerpoint、Photoshop 等专业技能的学习。

四 介入

职业康复社会工作的介入首先要使案主树立信心，案主由于身体的限制，在学习过程中可能会遇到身体不适、学习进度慢等困难，社工要注意其心理压力的排解，同时案主年龄尚小，要提升学习的趣味性。其次，对案主的职业培训要结合其身体状况，运用模块式训练方法，由浅入深、分块教学、加深理解，鼓励案主参加计算机等级考试，取得相应的职业资格，为今后就业打下基础。再次，社工帮助案主建立人际关系支持网络，参加网络上相关的兴趣小组，增进其与他人的沟通交流能力，加速其社会融入。最后，与其父母保持联络，帮助父母掌握与案主沟通交流的技巧，主动倾听案主的烦恼，为案主提供情感支持。

五 结案与评估

经过一年时间的职业康复，案主已经通过国家计算机二级考试，并且开始学习网络的相关知识。案主常常主动与社工联系，讲诉自己的学习生活状况，对自己今后实现就业、回归社会充满信心。在此案例中，社工充分利用家人的支持，鼓励案主参与交流，增强其社会交往能力，为其重新参与社会创造条件，为实现社会康复打下基础。

第九章　残疾人社会工作基本模式

　　模式主要指的是从经验中提升出来的、一种相对固定并且具有普适性的工作方式。① 社会工作模式通过外在的、系统的方式将上述方面展示出来，也就是说，社会工作模式不仅包含着基本的理论观点，也包含着理论应用的处置原则、实务技巧等内容。因此，理论预设、基本场景、解决方案（处置原则与实务技巧）便构成了社会工作模式的基本要素。②

　　对于残疾人社会工作来说，社会工作模式主要包括优势视角模式，家庭残疾人社会工作介入模式，机构残疾人社会工作介入模式以及社区残疾人社会工作介入模式。

第一节　优势视角模式

一　优势视角概念及特征

（一）优势视角的概念

　　视角是人们看问题的切入点，是人们的思维架构和思维模式。"优势视角"（Strength Perspective）是一种关注人的内在力量和优势资源的视角，把人们及其环境中的优势和资源作为社会工作助人过程中所关注的焦点。优势视角基于这样一种信念，即个人所具备的能力及其内部资源允许他们能够有效地应对生活中的

---

　　① 朱眉华、文军主编《社会工作实务手册》，社会科学文献出版社，2006，第139页。
　　② 文军：《论社会工作模式的形成及其基本类型》，《社会科学研究》2010年第3期。

挑战。

优势视角的基本假设包括以下几方面。

首先，优势视角相信人可以改变，每个人都有尊严和价值，都应该得到尊重。

其次，优势视角认为每个人都有自己解决问题的力量与资源，并具有在困难环境中生存下来的抗逆力。即便是处在困境中备受压迫和折磨的个体，也具有他们自己从来都不曾知道的与生俱来的潜在优势。

再次，优势视角认为在社会工作助人实践过程中，关注的焦点应该是案主个人及其所在的环境中的优势和资源，而非问题和症状，改变的重要资源来自案主自身的优势，个人的经验是一种优势资源。

（二）优势视角的特征

首先，优势视角强调关注残疾人的优势，强调对残疾人尊重。从积极的、优势的角度看待残疾人的潜能和显能，有助于社会公众对残疾人群体的正确认识，也有助于消除公众对残疾人群体的各种偏见。

其次，优势视角有助于残疾人对自身前景的乐观预期和展望，激发其在困境中奋斗的信心。优势视角强调对残疾人优势的关注和挖掘，通过把残疾人潜藏的优势呈现给公众，使社会公众改变对残疾人能力低下的错误观念，开始以积极的乃至赏识的态度来对待残疾人，这种对残疾人态度和行为的改变，将使得残疾人个体对自我的认识和看法也开始持有一种积极的乐观的评价，这对于残疾人及残疾人工作是十分有益的。

再次，优势视角模式拉近了受助者与助人者及社会工作者间的距离。受助者与社会工作者之间的平等，使得受助者的见解、看法或感受能够被充分关注，有利于为残疾人提供服务的机构及其工作人员，从残疾人的真实需要出发来制定各项面对残疾人的政策和福利，从而使涉及残疾人的政策、措施能真正解决残疾人的问题。

二　优势视角在残疾人康复社会工作中的应用

残疾人康复工作集中于残疾人的生理特征，把残疾人看做部分或全部失去以正常方式从事活动的能力、不能在某些社会生活领域发挥正常作用的人。社会工作以"助人自助"、"能力提升"等基本理念介入残疾人康复工作。包括：强化、调动其积极性，发挥其潜能，以期使残疾人的功能丧失减低到最低程度；最大限度地提高残疾人的生理功能；增进残障者对于困难情境的自我处理和自我照顾能力以及向他人倾诉和沟通的能力。

具体来说，优势视角下残疾人康复中的社会工作介入主要包括以下几方面。

第一，优势视角下残疾人医学康复社会工作介入。优势视角下的残疾人医学康复主要以改善与恢复残疾者的身体功能为出发点，使其减轻能力障碍，获得最大限度的日常生活能力。社会工作者在其中的主要任务和职责是："（1）协助残疾人及其家属，了解与其康复有关的社会经济和情绪的关系，以促使残疾人及其家属善于利用康复设施。（2）协助康复医疗部门有效使用各种设施，为残疾人提供充分的服务。（3）参与康复医务人员的教育、训练，推广康复工作计划，讲授人类行为、家庭动力以及社会资源等方面的知识。（4）参与康复医疗部门重要的行政决策，参加各项康复调查研究工作，以提高康复服务的范围和水平。"[1]

此外，为提高残疾人心理素质，优势视角理念还需要社会工作者通过"助人自助"的手法，配合康复工作者，让残疾人在医疗康复中认知自己、提升战胜残疾的自信心，从而激发潜能、融入社会；同时"开发和利用社区内网络资源，开展社区康复工作训练计划，指导社区康复工作，以充分满足残疾人及其家庭的需要"。[2]

第二，优势视角下残疾人教育康复社会工作介入。在优势视角理念下，残疾人教育康复主要包括以下几种方式。

一是鼓励残疾人接受教育。残疾人教育康复是指对肢残人进行普通教育，对聋哑人、盲人、智障人士进行特殊教育而采取的一切措施。[3] 从残障人的角度看，接受特殊教育是他们应该享有的一项基本权利。"通过接受代偿性训练，可以在一定程度上补偿丧失的那部分感官功能，为进一步接受教育创造条件，以便积极参加正常的社会生活。"[4] 从社会的角度看，教育是提高人力资本的主要因素，对残疾人进行教育康复与训练，可使他们获得基本的生活能力和一定的谋生能力。社会工作者要以社区为依托，通过宣传、引导等方式，最大限度地鼓励残

① 姚尚满：《我国残疾人社会工作的理论及方法探讨》，《山西高等学校社会科学学报》2006 年第 9 期。

② 张宇莲：《社会工作实务（下册）》，上海社会科学院出版社，2005，第 148～150 页。

③ 张宇莲：《社会工作实务（下册）》，上海社会科学院出版社，2005，第 148～150 页。

④ 张宇莲：《社会工作实务（下册）》，上海社会科学院出版社，2005，第 148～150 页。

疾人接受教育。

二是完善残疾人教育方式。社会工作者要参与到残疾人教育活动中来，积极完善当前的残疾人教育方式。对于普通教育，要灵活安排课程教学，适时对内容做出增补或修改，提高教材质量；对于特殊教育，要依据残疾人的身心特性和特殊需要实施教育。对盲聋哑和智障学生的课程设置、教育教具、教学方法及入学年龄等，都要依据其特性和实际需要而定。

第三，优势视角下残疾人职业康复社会工作介入。残疾人职业康复以职业为中心，通过职业评估、教育、培养、就业安置、咨询等工作，协助残疾人具备合适的职业适应能力，为残疾人提供参与社会生活的方式。①

在优势视角下，社会工作者要通过专业手法，围绕职业培训、评估等提高残疾人职业适应能力，主要包括就业咨询和评估。首先，残疾人就业前的咨询。社会工作者要针对残疾人的从业心理、对职业和岗位的兴趣进行评估，解答他们有关从业后的劳动报酬及保护条件的问题，使其有信心就业。其次，残疾人的适应性培训。一旦确认残疾人适合某项工作，社会工作者要对残疾人进行心理训练和技能训练，目的是使其能较为顺利地适应岗位的要求，增强残疾人的工作信心。再次，残疾人就业评估。一旦残疾人就业后，社会工作者还要对其就业现状、适应工作能力等方面进行跟踪调查，切实满足残疾人的工作需求。

第四，优势视角下残疾人社会康复社会工作介入。残疾人社会康复是优势视角理念的最终目标。优势视角在残疾人社会康复中一方面强调残疾人自己的不懈努力，另一方面则依靠社会为其提供尽可能的帮助。

社会康复工作的内容包括：保障残疾人生存的权利，使其在住房、婚姻家庭等方面得到公平的待遇，有适合其生存的必需条件；消除家庭、社区和社会的物理性障碍，使残疾人享受社会的公共设施服务，在生活起居方面获得方便；消除对残疾人的歧视和偏见，激励残疾人自强自立，建立和谐的社会生活环境；鼓励残疾人参与社会的政治生活，保障其政治权利；组织残疾人与健全人一起参加社会文化、体育和娱乐活动，通过交往，形成全社会理解、尊重、关心和帮助残疾人的良好风尚。②

---

① 张宇莲：《社会工作实务（下册）》，上海社会科学院出版社，2005，第 148~150 页。
② 马洪路：《中国残疾人社会福利》，中国社会出版社，2002，第 89~91 页。

第二节　家庭残疾人社会工作介入模式

一　家庭残疾人的内涵与特点

（一）家庭残疾人的内涵

顾名思义，家庭残疾人是指以家庭为所属单位的残疾人个体。一般来说，家庭是指以婚姻和血缘为纽带的基本社会单位，包括父母、子女及生活在一起的其他亲属。家庭成员共同居住在一起，共同进行生产和消费，而且根据血缘关系（亲与子，兄与弟之间的关系）相结合。所以，家庭也是人类社会的生物再生产单位。

要理解家庭残疾人，首先要理解残疾人家庭。

对于家庭内的残疾人而言，大部分已不具备生产甚至生活能力，所以需要家庭成员的理解和支持。现实生活中，来自残疾人亲人的爱和奉献是无与伦比的，也是无可替代的。

第一，尽管资源贫乏，但残疾家庭通常会尽其所能。但是很多家庭成员缺少有效帮助其残疾亲人的知识和技能，他们需要得到相关的信息。

第二，残疾家庭要对残疾亲人进行日复一日的照顾，通常非常艰难，但是如果他们能够得到更多恰到好处的援助、设施和支持，就会容易很多。他们需要实际的协助和支持。

第三，残疾家庭面临照顾亲人的压力时，容易沮丧并且心力交瘁，他们需要情感支持。出于人道主义精神，很多残疾家庭都为克服困难尽了最大努力，但代价往往是自己和亲人的生活都陷入极度贫困。把残疾人从家庭中转移到别处，在某些情况下也是个不错的选择。但是，因为资源匮乏，这个方法往往不切实际，而且在很多时候并不是人们喜欢看到的结果。

第四，残疾人家庭之外的全职护理比较昂贵，而且往往需要持续一生。因此，在没有钱的情况下，很少有家庭能够做到为残疾亲属提供全职护理。

第五，人们在离开家庭的时候，尤其是在童年时期离开家庭的时候，通常就会和家庭断了联系，家庭也不太愿意再次接纳他们。同样的，当残疾人与其亲人或社区变得陌生时，他们一般也更愿意待在自己熟悉的地方。

第六，如果能够得到当地的帮助，家庭通常愿意继续照顾他们的残疾亲属，而不是把他们送到别处。残疾人本人也许更希望如此。因此，支持残疾人家庭是所有残疾服务的根本，应努力将残疾人留在家庭，或是在不得不将其送到别处时，尽量让其保持与家庭的联系。[①]

（二）家庭残疾人的特点

家庭残疾人的特点主要表现在以下几个方面。

（1）孤独感：这是残疾人普遍存在的一种情感体验。残疾人在生理上或心理上有某种缺陷（如聋哑人言语障碍、肢残人和盲人行动障碍），在社会上常常受到歧视，活动的场所太少，不得不经常待在家里，久而久之，孤独感就会产生，随着年龄的增长，孤独感的体验会日益增强。

（2）自卑感：这是每个家庭残疾人都有的一种情感体验。残疾人在生理上或心理上的缺陷使他们在学习、生活和就业方面遇到的困难比普通人多得多，虽然身处家庭成员的包围之中，但是从亲属那里得不到足够的帮助，甚至遭到厌弃或歧视，这样就会产生自卑情绪。他们在婚恋、家庭和就业等问题上比普通人困难得多，可能加重自卑的情感体验。

（3）敏感、自尊心强：由于他们身上的残疾容易使自己过多地注意自己，因而对别人的态度和评论都特别敏感，尤其是容易计较别人对他们不恰当的称呼。如称他们为"残废人"，会引起普遍的反感；盲人反对别人称其为"瞎子"；瘫痪病人忌讳称其为"瘫子"等等。如果别人做出有损于他们自尊心的事情，他们往往难以忍受，甚至会立即产生愤怒情绪，或采取自卫的手段加以报复。

（4）情绪反应强且不稳定：这种特点在许多残疾人身上都相当突出。如聋哑人情绪反应强烈，而且多表现于外，容易与别人发生冲突；盲人情绪反应则多隐藏于内，虽然情感体验很激烈，但情绪表现不十分明显，而且爆发性情感较少。

（5）富有同情心：残疾人对自己的同类有特别深厚的同情心，不是同类的残疾人却很少交流，如盲人很少与聋哑人交流，更少通婚，不是因为其没有同情心，而是因为残疾类型不同，交流起来很不方便。

---

① 优才频道，《支持社区中残疾人的家庭》，2011 年 3 月 23 日，http：//ibbs. ci123. com/post/7675. html。

二　家庭残疾人社会工作主要内容

家庭残疾人社会工作的服务内容主要有以下三类。

（一）临床式服务与具体式服务

（1）临床式服务包括：咨询辅导、社会个案工作和小组工作，如残疾人家庭关系咨询、残疾人婚姻辅导、残疾人教育方案制定、残疾人就业协助，等等。

（2）具体式服务包括：残疾人经济补助，住所、食物、信息提供等有形的服务等。

（二）以残疾人家庭问题作为服务内容的区分①

（1）夫妻关系紧张、离婚、分居等

（2）亲子关系的障碍

（3）有关残疾人的单亲家庭

（4）身体和智力障碍、慢性疾病、艾滋病患者

（5）残疾儿童虐待和疏忽

（6）婚姻暴力

（7）残疾老人虐待与老人照顾

（8）与残疾人家庭成员有关的问题，如化学性物质依赖（酒瘾、药瘾）、情绪与行为、意外伤害等

（9）和残疾家庭福利有关的服务，如经济援助、残疾老年人服务、在宅服务和法律服务等

（三）以残疾儿童福利为取向的服务内容

（1）支持性服务：包括个案工作、小组工作、家庭治疗、家庭倡导、社区心理卫生教育、保护性服务、情绪治疗等；

（2）补充性服务：包括在宅服务、日托等；

（3）替代性服务：包括寄养照顾、中途之家、教养机构、领养等。

三　家庭残疾人社会工作主要方法

当前中国内地的家庭残疾人社会工作方法处于非专业社会工作方法与社会工

---

① 本点内容依据张文霞、朱冬亮《家庭社会工作》，社会科学文献出版社，2005，第235页整理。

作方法混杂状态。[①] 对家庭残疾人社会工作来说亦是如此，政府部门的家庭残疾人社会工作依然是行政式的教育、指导、组织和管理模式，比较专业的社会工作方法在一些开设社会工作专业的学院开始倡导，非政府组织尤其是面向社会开设咨询服务的机构，也有了较专业的社会工作理念，群众性团体组织也越来越认同社会工作的专业理论与价值观，重视并学习实践社会工作的专业方法。

在家庭残疾人社会工作中运用的工作方法主要包括家庭残疾人个案工作、家庭残疾人恳谈、残疾人社区工作以及残疾人家庭治疗。

（一）家庭残疾人个案工作

家庭残疾人个案工作具有个案工作的一般特点，但其服务对象不同、服务领域不同，又必须有一些专门的知识。家庭残疾人个案工作的服务对象是家庭内的残疾人，所以家庭残疾人个案工作要把重点放在家庭的角色关系上，以残疾人家庭整体作为援助对象，帮助其家庭成员角色的调适。举例而言，对一个由于生理问题而致残的残疾人案主来说，在医生那里，可能会注重其身体方面的缺陷所导致的行动不便，甚至对家庭成员的影响；在心理学家那里，可能会分析是他的心理疾病引起了家庭关系的紧张。而如果他到家庭福利机构来求助，社会工作人员分析的着眼点可能就是：是否因为家庭关系的紧张，比如夫妻不和，受到离婚的威胁，却又不愿意离婚等，焦虑和烦恼引起心理疾病，这样以心理障碍为焦点，就是家庭残疾人社会工作的特点。家庭残疾人个案工作的另一个特点，就是从社会制度的角度来帮助家庭整体。家庭是社会的基本单位，是残疾人人格形成不可缺少的因素，对残疾人而言，家庭是自己稳定的避难所，家庭给他以安定感，家庭和残疾人是密不可分、息息相关的，家庭关系是长久的，残疾人在角色实行上的障碍，将直接影响家庭生活，使家庭生活陷于混乱的状态，而混乱的家庭生活又反过来影响着每个家庭成员，所以，帮助家庭中的残疾人，也就帮助了家庭整体，恢复了家庭的功能，健全了整个家庭制度。

家庭残疾人个案工作利用了个案工作的一般原则和方法，即个案工作的一切知识都是家庭残疾人个案工作的基础。"个案工作以案主的需要为主，启发案主的潜能，增强其面对自己问题的动机，自动地解决自己的问题"。[②] 家庭残疾人

---

① 孙正娟：《专业家庭社会工作：未来家庭的需求》，《湖北社会科学》2003 年第 4 期。

② 国家职业资格考试网，社会工作师：《家庭社会工作的方法（三）》，2010 年 12 月 16 日，http：//zyzg. 100xuexi. com/detail. aspx？id = 1622932&ExamId = 6668。

个案工作也同样启发残疾人的潜能，使残疾人自己自动解决问题。

除一般个案工作的基本原则外，家庭残疾人个案工作在实施时还有其特殊的原则。家庭残疾人个案工作主要帮助残疾人调适角色，使其能够顺利履行应尽的职责，所以在家庭残疾人个案工作中，要特别强调残疾人家庭的动态关系，家庭成员角色分配是否合理，外界的期望角色与残疾人自我认同是否相符，找出妨碍其角色实行的原因，启发残疾人自己面对问题。如果残疾人家庭中每一个成员都能担当起自己的责任，那也就意味着家庭残疾人个案工作的任务已经基本完成，但还要帮助残疾人家庭成员去评价他们的进步情形，体验新的共同生活，意识到彼此感情融洽的重要性以及家庭生活的连带性，这是家庭残疾人个案工作比较独特的地方，也是非常重要的。

（二）家庭残疾人恳谈

家庭残疾人恳谈是一种群体工作，由社会工作者、心理医生和护士等人共同参与，服务对象则是残疾人家庭的全体成员。家庭残疾人恳谈是一种非常重要的工作技巧。恳谈技巧因残疾人的文化背景、心理特征而异。家庭残疾人恳谈以心理学、社会学、行为学为理论依据，认为通过残疾人家庭成员的恳谈和互动，可以有效解决某个家庭成员心理或行为的适应问题，同时有利于残疾人家庭成员的互动和发展。因此，家庭残疾人恳谈一是为了广泛深入地寻找困扰残疾人的家庭因素，了解并评价残疾人家庭成员的互动反应及角色关系，改善成员间的不良关系；二是为了协助残疾人及其家庭认清问题所在，作出明智的选择，增强把握现实的能力。

（三）残疾人家庭治疗

《张氏心理学辞典》对家庭治疗的定义是："家庭治疗法的基本假设是：案主人际关系适应不良，起源于他与家人不能和睦相处，所以要改善个人的人际关系，应先从他的家庭着手。此法使用时通常有一男一女两位治疗者协同进行，案主的家人包括父母子女在内，由治疗者引导，使家庭中的成员彼此把自己的态度、意见和积压的感情都表露出来，如此不但可解决问题，也可增进家人彼此的了解。"[1]

而彭怀真在《婚姻与家庭》中认为：家庭治疗是一种团体治疗，是专业人

---

① 社工师最新指南：《家庭社会工作的方法（五）》，社会工作师考试，http：//www.51test.net/show/820373.html。

员把家庭视为一个整体，整个家庭是一个个案，其中可能有一个特定案主，治疗者对全家（而非仅案主）进行治疗。[1]

从家庭的角度看，残疾人家庭治疗可以被定义为"尝试去改变残疾人家庭中的关系，以促进家庭和谐的一种方法"。从个人的角度看，残疾人家庭治疗的焦点是从残疾人动力转移到家庭动力，残疾人个人的问题出自家庭，应该将治疗的中心放在家庭，而不是残疾人个人的症状。

综上所述，残疾人家庭治疗是以残疾人整个家庭而非某个特定的残疾人为治疗目标，着眼于残疾人整个家庭成员之间的互动和沟通关系，促进成员之间的理解，从而解决问题达成残疾人家庭和谐的一种治疗模式。

残疾人家庭治疗主要涉及以下要素：①目的：改变残疾人家庭沟通和互助关系，使残疾人心理症状改善，使得残疾人家庭成员有征兆的行为消失于无形；②系统：残疾人家庭由几个不同部分组成却相互依赖与影响，所以治疗者要介入残疾人家庭系统，使其产生好的改变；③回馈：指系统调整的历程；④适用对象：残疾人家庭中所有的成员。残疾人家庭治疗的核心观点是：残疾人的行为是在与家人的互动过程中产生的，残疾人的问题其实只是家庭系统问题的表征而已，所以治疗时需将残疾人及其家人一起纳入进来一并治疗。

第三节　机构残疾人社会工作介入模式

一　机构残疾人社会工作内涵与特点

（一）机构残疾人社会工作内涵

科尔曼认为，最基本的行动系统模式是社会系统内最低限度必须有两个行动者，而且每人都控制着能使对方获利的资源。由于双方的利益均依赖对方控制的资源，作为有目的的行动者，他们通过特定的结构进行互动，并相互依赖。[2] 因此，从理论上讲双方若想建立稳定的合作关系，机构必须具备两个条件：①吸纳社会工作者的能力。②有吸纳社会工作者的需求。社会工作者也需要同时具备两个条件：①具有机构需求的专业素质。②具有求职意愿。其中与制度联系最为密

---

① 彭怀真：《婚姻与家庭》，巨流图书公司，1996，第265页。

② 侯钧生：《西方社会学理论教程》，南开大学出版社，2006，第421页。

切的因素是机构具备吸纳社会工作者的能力。

领域不同，社会工作在其中的发展路径也将会有所区别。时立荣指出了可为专业社会工作提供载体的四类非营利组织：①"草根内生式"，指中国社会内部自发形成的民间自治组织，具体是指民间自治组织和民办非企业单位。②"行政举办式"，指中国政府行政管理体制内的官办非营利组织，具体指现行行政管理体制内的事业单位，是最不符合西方定义的非营利组织，但目前其地位、功能和实力占绝对优势，是今后社会领域行政改革的主要对象。③"脱壳衍生式"，指按照组织社会化和制度规定的社会期待，由政府力量推动的从原来行政体制内逐渐脱离出来的一种组织生成形式，它经历了中国特有的从"单位制"到"社会人"的转变过程，如学术性学会等。④"外化移植式"，指几乎直接吸收西方社会的组织模式而存在的非营利组织，是中国社会外部制度化压力的产物。①

从福利国家和发达地区的经验来看，非营利组织属于可提供社会工作者进行职业服务的重要社会载体，它们大多是从早期的慈善组织发展而来，具有较高的社会认同度，同政府公办的服务机构一起构成了社会福利服务的传输体系，并在很大程度上成为这一体系的主体，通过政府购买服务的形式向社会提供专业化的服务。从中国社会工作者的发展角度而言，对此类型的专业性社会服务机构进行培育，为社会工作者提供平台和载体，实现真正的社会管理应是其长远努力的方向。但就我国具体情况来看，当前组织还无法成为专业社会工作者的发展载体。

综上所述，各类非政府组织机构应是当前专业社会工作最为可行的介入领域之一，也是最具有实际意义的介入领域。

机构残疾人社会工作就是残疾人机构内的社会工作，相对于其他的残疾人社会工作领域，机构残疾人社会工作的活动内容要复杂得多，主要包括残疾人健康咨询、心理辅导、法律援助等。机构残疾人社会工作的主要承担者有相关的新闻媒体、电台（比如中央电视台的《焦点访谈》、《今日说法》以及其他一些地方电台所开设的健康咨询热线、心理辅导栏目等），不纳入政府行政编制的社区（村）委员会和相关的民间团体、协会，残疾人法律援助中心、残疾人反家庭暴力法庭等。随着行政体制改革的推进，一些政府行为逐渐淡化的与残疾人相关的企事业单位，政府办的残疾人团体也将被视为机构残疾人社会工作的主要承

① 王思斌等：《社会工作专业化及本土化实践》，社会科学文献出版社，2006，第233页。

担者。

（二）机构残疾人社会工作特点

1. 宗旨体现社会工作价值观

在机构宗旨上，体现的社会工作理念主要是助人自助、整合资源、服务残疾人，为建设和谐社会贡献力量；坚持"机构为本、资产为本、以人为本"的服务理念，立足于机构残疾人需要，有效运用社会资源，提供优质、专业的社会服务，提升残疾人生活品质。

2. 服务对象以残疾人群体为主

机构社会工作是支持和保护残疾人群体必不可少的重要力量，这是因为：①社会工作对弱势群体的援助是建立在专业性基础上的具操作性和技术性的帮助。②社会工作人道主义的专业传统、利他主义的专业导向、促进社会正义的专业责任感，使其对弱势群体的援助具有更微观、更具体、更人性化的特点。③社会工作追求社会公正，通过服务、宣传、影响社会政策等方式帮助残疾人，把维护残疾人的合法权益置于重要位置。④针对残疾人社会资本缺乏的处境，社会工作者可以为残疾人联系某些社会资源，帮助受助者在合法的条件下获得某种物质上的支持。

3. 服务活动公益性

机构社会工作的公益性缘于其组织性质，服务机构既不是政府组织，也不是以营利为目的的企业，它之所以能够存在和发展，完全取决于其公益性质，即它以服务于社会、公众及残疾人为目的。

二　机构残疾人社会工作主要内容

限于经济与社会的发展状况，我国机构残疾人社会工作的内容主要涉及两方面。

（一）残疾人心理辅导

心理辅导的目标是消除心理社会刺激因素，改善情绪状态，提高治疗遵从性和生活质量，帮助建立有效的社会支持体系。目前，残疾人心理辅导采用的方式主要是小组工作。"将小组社会工作运用于残疾人的心理干预之中，是指小组工作者根据残疾人的不同状况和小组目标组织开展小组活动，通过小组互动与方案实施达到残疾人的成长与社会目标的完成。通过团体之间的生活经验分享和感受聆听，让残疾人感受到自己是被关注的个体；通过共同合作达成目标，使其感受到自己的能力和团体对其的关注；通过小组过程使残疾人学习遵从适应社会需要的行为规范，培养其社会责任心，鼓励其在今后的社会生活中担当起积极而有用的社会角色。将社会目标模式、治疗模式和互动模式三大小组工作模式运用于残疾人的心理干预中，能更好的实现对残疾人的引导，带领其走出心灵误区，更好的实现人生价值。"①

1. 运用社会目标模式，使残疾人获得社会责任感的价值体验

社会目标模式来源于系统论和社会学的观点，强调社会系统与人和群体间是相互作用和相互影响的。② 个人和群体是否出现功能失常或问题，与社会系统的功能是否正常有关，而人和群体的行为又会影响社会系统的正常运转，因此个人问题的解决必须通过社会变迁的途径来实现。它以关注社会整合和人参与社会不以主观意志为转移为工作重点，通过人的能力和意识的提高去影响和改变社会。"由于残疾人这一群体的特殊性，因此在设计参与方案的过程中必须考虑残疾人的身体状况和小组活动的可行性，分组过程中尽量注意男女比例的搭配，根据残疾人的实际身体状况进行分组，以保证小组活动的有效开展。在活动过程中，小组成员被看成一个统一体，通过集体思考、讨论、协作共同完成预定目标，通过小组集体的力量达成小组目标。在这一过程中，小组成员的民主意识和参与社会变迁的责任心得到发展和提升，增强了其自尊心，并提高了这一群体适应社会生活的能力。"③

2. 运用治疗模式，引导残疾人实现有效自我认知

"治疗模式也称临床模式，小组是一种为治疗个人问题或矫正个人有问题的行为或态度的手段，治疗模式以行为修正理论和社会化理论为基础。"④ 小组是进行治疗的媒介，社会工作者运用专业知识和技巧，在促进残疾人的沟通和互动过程中，增进自我认识，实现行为的转变。治疗模式的特殊性使其在引导残疾人实现自我认识的过程中更多地采用交流和沟通的方式进行，引导其他成员共同努力去帮助某一成员进行自我角色定位，更好地实现自我认知，社会工作者要努力

---

① 张璇、周玉婷、张永红：《小组社会工作在残疾人心理干预中的运用》，《法制与社会》2010 年第 3 期（下）。

② 中国就业培训技术指导中心：《婚姻家庭咨询师：基础知识》，中国劳动社会保障出版社，2009。

③ 张璇、周玉婷、张永红：《小组社会工作在残疾人心理干预中的运用》，《法制与社会》2010 年第 3 期（下）。

④ 史柏年：《社会工作系列教程：小组工作》，社会科学文献出版社，2003。

为其创造一个良好的小组治疗环境，并为其提供心理康复和行为指导。在治疗过程中，某位残疾人可通过回忆、反思、探讨的方式进行生活的回顾，并提出自己对未来生活的构想，小组中的其他残疾人讨论，提出意见和建议，帮助其更好地认识自我、了解自我、充实自我。其间，涉及许多相关的治疗技术，家庭疗法对于促进残疾人健康心理的养成有非常重要的作用，这要求家庭成员的积极配合和协助方能达到良好的效果。在治疗过程中，残疾人学习如何更好地与人沟通，从而使个人的价值观念、态度及行为发生转变，成为家庭和社会中负责任的积极角色。同时，在小组中通过不同经验的分享，可以丰富和增长经验与见识，改善人际关系。

3. 运用互动模式，锻炼残疾人融入社会的能力

互动模式既关注残疾人也关注环境，它强调通过残疾人、小组和社会系统之间的开放和相互影响，以增强残疾人和社会的功能。在这个过程中，小组代表一个小社会，每个残疾人成员都具有一定的社会价值，可以成为其他残疾人成员的有效支持系统；成员之间是一个互助的系统，在小组中，每个成员都是其他残疾人解决问题、实现潜能和建立信心的资源。

小组活动的开展更加关注小组环境与社会环境之间的关系，而不是残疾人本身。为了实现某一社会目标，残疾人学习如何有效地整合利用社会资源、获取社会资源和适应社会环境并利用社会资源实现小组的既定目标。在整个小组活动过程中，残疾人学习共同思考、团结协作、共同面对环境，既增进与他人配合解决问题的能力，也可以用团队的力量来共同解决问题，从而实现残疾人的再社会化。残疾人在这个过程中感受到自己是被关注的，而不是独立的个体，从而更加积极主动地承担社会责任，更好地实现对心理问题的干预，从而产生积极情绪，更好地实现社会价值。

残疾人的心理问题日益社会化和普遍化，怎样更好地实现对残疾人的心理引导、帮助其更好地融入社会也越来越受到关注。将小组社会工作模式引入残疾人心理问题的干预之中，突破了传统的残疾人心理干预模式，为更好地实现残疾人的社会化，增强其社会责任感，培养其积极主动的社会角色意识提供了许多有益的借鉴。当然，残疾人问题是一个社会问题，单靠一些简单的活动并不能帮助其完全走出心理阴影，它需要全社会的配合、支持和协助，以及相关政策体制、社会保障系统、社会医疗体系的大力支撑，只有这样，才能给残疾人的生存和发展创造一个更加有利的社会环境，真正帮助其走出心理障碍。

（二）残疾人法律援助

首先，充分发挥社会团体对残疾人法律援助的作用。我国的残疾人社会团体成立时间较早，组织结构比较完整，各社会团体的基层组织对相应的残疾人群体了解较多，联系也比较紧密，如果能充分发挥他们在法律援助中的作用，无疑会扩大法律援助对象的范围。我国现在各社会团体也提供一定的法律援助，如一些残疾人群体的法律咨询。但是一方面各社会团体自身法律资源不足，往往是心有余而力不足，另一方面政府设立的法律援助机构给予的指导和协助也比较少。所以，可以从两个方面加强社会工作在残疾人法律援助上的作用：一是利用高校的人力资源帮助社会工作团体提供残疾人法律援助。二是政府的法律援助机构要加强与社会工作团体的联系，为社会工作的残疾人法律援助提供一定的指导和协助，社会工作团体也可以为法律援助中心的工作提供信息。政府法律援助机构是专门的法律援助机构，在法律援助各项工作的实施和开展上比社会工作团体有更多的经验，法律援助中心可以开展一些针对社会工作人员的培训，让他们对我国残疾人的法律援助制度和法律法规有更深入的了解，便于社会工作团体组织开展工作。

其次，加强基层法律社会工作者在农村地区残疾人法律援助工作中的作用。农村地区的残疾人法律援助是我国法律援助工作的薄弱环节。法律援助制度建立以来，更多的是在经济发达地区和大部分城市开展，农村的残疾人法律援助工作进展缓慢，供需关系严重失衡。目前，中国残疾人法律援助资源分配不均衡，越是经济发达的地区基层法律援助机构越完善，而越是贫困地区，由于人员经费问题，机构越缺乏。农村残疾人法律援助远远不能满足残疾人的需求。一方面，法律援助资源短缺。另一方面，农村贫困人口多，法律援助的需求量很大。所以，在广大农村，法律援助的供需矛盾仍然十分突出，还有许多需要法律援助的残疾人被排除在可提供的法律援助体系之外，面临无法实现自身合法权益的不利处境，引起了不断上访等社会不稳定现象，成为社会的不和谐因素。所以，对农村地区的残疾人法律援助工作可以从以下两方面着手：一是由法律援助中心定期组织负有法律援助义务的社会工作者到农村地区提供残疾人法律援助，这样不仅可以解决一部分法律援助问题，还可以为基层法律工作者提供一定的培训和指导。二是乡镇司法所等基层政府司法部门要加大在农村地区残疾人法律援助的宣传，为基层法律工作者提供更好的法律援助工作环境，人们只有了解了一项制度才可能更好地接受和利用这项制度。

三　机构残疾人社会工作主要方法

（一）机构残疾人个案工作

首先，个案工作可以帮助机构内的残疾人适应机构生活。残疾人进入机构后，会面临生活环境、生活规律、交往方式等情况的改变。这时，社会工作者要及时地跟进，为他们提供适应情况的评估，并根据评估结果和残疾人的不同需求分别予以处理，例如，对情绪低落的残疾人进行安抚，对行为异常的残疾人进行心理辅导，对社交有障碍的残疾人进行人际沟通的训练等。这样可以帮助残疾人尽快地了解和熟悉机构的生活，为新入住残疾人提供社会支持。其次，可以采用个案管理的方法为有心理、情绪、行为问题的残疾人提供咨询和辅导。将个案管理的理念和方法运用到社工服务中来，通过个案会议的形式，充分调动与个案相关的人员的积极性，整合各方资源，为残疾人提供综合照顾服务。

机构残疾人个案工作的辅导技巧，运用较多的是怀旧和生命回顾。怀旧即是让残疾人回顾他们过往生活中最重要、最难忘的事件或时刻，从回顾中重新体验快乐、成就、尊严等多种有利身心健康的情绪，从而找回自尊和荣誉。这一方法被一再证明对调整残疾人心态十分有效。生命回顾是指通过生动缅怀过去一生成功和失败的经历，让残疾人重建完整的自我，鼓励残疾人将人生的经历尽可能详尽地倾诉出来，以达到内省的目的。生命回顾与怀旧不同的是，它是对整个人生的回顾，而不只是回顾生命中最重要的时刻和事件。因此，它更系统详细，也更能让残疾人面对自己的人生境遇，体味人生的价值和意义。生命回顾的方法已被成功地运用于治疗老年病，特别是那些患有抑郁症的残疾人。生命回顾和抗抑郁药物的配合治疗，被临床证明对老年抑郁症疗效明显。

（二）机构残疾人小组工作

在残疾人机构中社会工作者可以为有共同需要和问题的残疾人开展社交康乐等小组活动。对于有共同需要和问题的残疾人，通过小组的形式，让残疾人在游戏和讨论中和谐共处，体验团队精神，分享和交流心得，解决共同问题。如可针对视障残疾人开展互助小组；针对有共同爱好的残疾人开展手工艺小组、读报小组、乐曲小组等社交康乐性小组活动等。同时，社会工作者介入后，还能重新发掘残疾人的潜能和余热，强调残疾人活动要自主参与、自主管理和自我发展，改变了以往残疾人机构工作人员大包大揽的局面，让残疾人能够充分参与到机构生活中，增进了残疾人和工作人员间的沟通，促进了良好关系的建立，从而能帮助残疾人恢复自尊、自信，达到自我成长的目的。[①]

（三）机构残疾人社区工作

首先，整合社会资源，为残疾人提供义工服务是机构社会工作者的一项特别工作。社会上有一些团体和个人很热衷于来残疾人机构为残疾人提供服务，他们是残疾人机构可利用的宝贵资源。首先社工要充当组织者，通过主动联系，同机构形成相对稳定的合作关系，并通过需求和能力评估，为义工和残疾人进行互助组合。其次，社会工作者可扮演培训者和资源提供者的角色，协助残疾人接纳义工服务，并对义工进行培训，指导他们学会与各种残疾人沟通的方法，提供他们所需要的残疾人的基本资料以及开展服务所需要的一些资源等。社会工作者也可以建立起一套义工管理的规范，包括义工的申请、登记、培训、督导和奖励等，从而初步形成社工、义工的联动机制。

其次，组织机构中有能力的残疾人参与社区活动，为社区建设发挥余热。如可以让那些有文化的残疾人到社区开展讲座，宣传安全知识、法制知识等，还可以让残疾人到社区中去执勤，为社区的安全工作做贡献。让残疾人积极参与到社区的活动中去，对于他们的心理、精神都是很大的鼓励，有助于丰富他们的业余生活。

总之，在我国正在进行的社会福利体制改革的大背景下，将社会工作专业运用到残疾人机构之中对于转变传统残疾人机构的理念，提升其服务质量，改善残疾人的生活品质具有重要意义。将社会工作专业引入传统的残疾人机构之中，通过专业工作方法、理论知识以及价值观的影响，可以为传统的残疾人机构注入生机与活力，使其成为现代的、专业的残疾人服务机构，从而更好地满足残疾人多层次的需求。

第四节　社区残疾人社会工作介入模式

一　社区残疾人社会工作内涵与特点

（一）社区残疾人社会工作的内涵

社区残疾人社会工作是指依托社区、充分利用社区资源为残疾人服务，不断

[①]　周绍宾：《养老机构中的社会工作》，《中国社会导刊》2007 年第 18 期。

满足残疾人日益增长的物质需求与精神需求，促进残疾人平等参与社会生活的一项工作。① 社区残疾人社会工作是伴随我国城市社区建设而新开辟的工作领域，是社区建设的重要组成部分，同时也是我国残疾人事业为适应经济和社会发展而拓展的业务领域。

（二）社区残疾人社会工作的特点

（1）以社区为基地，由社区组织领导，社区成员全面参与。社区残疾人社会工作是在社区范围内进行，是社区经济和社会发展事业的一个组成部分。因此，由社区负责计划、组织和领导，全社区参与，依靠社区资源（人力、物力、财力）开展社区残疾人社会工作。

（2）依靠社区原有的卫生保健、社会保障、社会服务网络等多方共同协力开展康复服务。社区残疾人社会工作既是社区的卫生保健工作，又是社区的社会福利和社会服务工作，要求社区的卫生、民政、社会服务等部门共同参与，密切配合，形成合力，开展工作。②

（3）按照全面康复的原则为社区残疾人提供医疗、教育、职业、社会等方面的康复服务。在执行社区残疾人社会工作时，一方面要充分发挥社区的潜力，在社区力所能及的范围内尽量为残疾人进行身心的功能训练，帮助上学和就业，促进残疾人回归社会、融入社会；另一方面要充分地利用和发挥当地康复中心、康复医院、学校和省、市、县的残疾人康复服务指导中心（部、站）等康复技术资源的支持作用，尽量使社区的残疾人得到全面康复。

（4）社区残疾人社会工作就地就近，方法简单易行，技术实用有效，器材因陋就简、就地取材，对象为社区残疾人、老年人、慢性病患者，训练时间经常、持久。

（5）充分发挥残疾人本人、残疾人家庭和残疾人组织（如残联、残疾人协会等）在社区残疾人社会工作中的作用。在社区残疾人社会工作中，要求必须有残疾人及他们的家属、残疾人组织代表参与决策、计划与实施。因此，社区康复有很强的针对性，能真正做到"按需康复"，能真正解决残疾人的实际困难，满足残疾人需要。也只有这样，才能充分调动残疾人参与康复的积极性，增强康复效果。

---

① 于燕燕：《社区居委会工作手册》，中国法制出版社，2006，第186页。
② 赵悌尊：《社区康复管理者手册》，华夏出版社，2008，第34页。

二 社区残疾人社会工作主要内容

社区残疾人社会工作的内容涉及残疾人生活的各方面，基于残疾人的特点，在提供一般的社区服务工作时，还需要结合他们的特点开展针对性的特殊服务。总的来说，社区残疾人工作包括以下六个方面：①建立社区残疾人协会，并发挥密切联系残疾人，反映残疾人意愿，带领残疾人积极参与社区建设和社会生活的作用；②保障残疾人的基本生活，为残疾人提供帮扶服务；③以家庭为基础，开展残疾人社区康复；④培养残疾人积极向上的生活情趣，丰富残疾人的文化生活；⑤建设社区无障碍环境，方便残疾人参与社会生活；⑥维护残疾人的合法权益。

在实际工作的开展中，每个社区的情况不同，服务工作开展的侧重点也有所不同。一般来说，社区残疾人工作应该包括建立新的残疾人观、建立社区残疾人协会、进行社区残疾人康复、帮扶残疾人、残疾教育、残疾人就业等几个重要内容。

（一）建立新的残疾人观为残疾人服务必须具备以下七种观念

（1）残疾人与健全人一样具有与生俱来的公民权利，包括生存的权利、康复的权利、受教育的权利、劳动的权利、娱乐的权利、爱与被爱的权利、得到各种社会补偿的权利，并尽自己应尽的义务。

（2）通过现代社会提供的各种补偿手段，各类别的残疾人能够以适合自己的方式接受教育，掌握知识与技能，认知世界。

（3）残疾人在现代社会提供的各种条件下不再是社会的负担，而是社会物质财富与精神财富的创造者，是推动社会前进的一股力量。

（4）"残疾"不是造成残疾人问题的根本原因，主要是社会为残疾人提供的条件不够，因而使"残疾"成为一个问题。为残疾人提供各种补偿条件，使残疾人无障碍地接受教育、参加生产劳动、参与社会生活，在事实上享有公民权利和责任，是政府与社会的责任，是社会文明、进步的标志，是我国人权普遍化原则的体现。

（5）"残疾"是人体的一种遗憾，所以要加强残疾预防，但残疾并不构成人性的差异、奋斗精神的差异。相反，由于残疾的磨炼，残疾人往往具有更加坚强的意志，更加宽容的胸怀，更加渴望社会祥和、稳定、繁荣。

（6）残疾人的残疾是为人类文明、社会进步付出的代价。要善待残疾人，构建残疾人和健全人相融合的关系，做到人人平等、人人参与、人人共享，这是我国社会发展的方向。

（7）实现"平等参与"的局面，是政府、社会与残疾人双向的责任，缺一不可。残疾人要发扬自尊、自信、自强、自立精神，在社会实践中发展自己，实现人生价值。

（二）社区残疾人维权工作

残疾人既是普通公民，又是特殊群体。作为普通公民，他们享有宪法、法律、法规所规定的所有权利。作为特殊群体，国家还针对残疾人的特殊情形制定了专门的法律、法规，以便充分地保障残疾人的合法权益。同时，残疾人是困难而脆弱的群体，更容易受到伤害和不公正对待，在社区维权工作中要把残疾人作为重点对象予以关注。

对于生活在社区的残疾人，为维护其合法权益应做到以下两方面。首先，有关法律服务机构及其人员和社区居委会、社区残疾人协会要向残疾人普及法律知识，帮助他们掌握法律武器，提高其依法保障自身权益的意识。让他们了解普通公民能够享有的基本权利包括政治权利、劳动权利、公平分配权、物权、继承权、知识产权、契约自由权、债权、请求权、人格权、身份权、婚姻自由权以及生命权、社会和文化权、发展权、健康权，同时要特别组织学习《中华人民共和国残疾人保障法》，让他们了解残疾人特别享有的社会福利权、社会救助权、社会保险权、社会优抚权等社会物质帮助权，以及机会平等权、身份平等权和社会平等权。其次，要让残疾人了解当其合法权益受到侵害时应当如何申请法律援助。社区居委会和残疾人协会要特别关注未成年人或者无行为能力的残疾人的权益保障问题，一旦发生权益受侵害事件，应及时向当地的法律援助机构反映情况、协调、推动法律援助机构提供优质、高效的法律服务。社区要落实对残疾人的优惠扶持措施，关心那些残疾情况较重、经常留在家中的残疾人，比如重度精神病患者，以免发生意外。

（三）社区残疾人无障碍环境建设

1988 年由建设部、民政部与全国残疾人联合会共同批准发布《方便残疾人使用的城市道路和建筑物设计规范》。1989 年，我国第一个无障碍设计规范在大城市和沿海开放城市试行。自此后，无障碍环境建设才在中国开始被公众所了解。无障碍社区环境建设在今天看来已经取得了一定的效果，但是在整个中国范围来看，其发展仍然比较落后。

建设好有利于残疾人的社区无障碍环境，对于帮助残疾人克服外界障碍的影响、促进残疾人参与社会生活、建设文明优美的社区环境具有重要意义。

无障碍环境包括两个方面，即信息和交流的无障碍、物质环境无障碍。

1. 信息和交流的无障碍

主要是要求公共传媒应使听力言语和视力残疾者能够无障碍地获得信息，进行交流。如影视作品、电视节目的字幕和解说，电视手语，盲人有声读物等。

2. 物质环境无障碍

主要是要求城市道路、公共建筑物和居住区的规划、设计、建设应方便残疾人通行和使用。如城市的道路应满足坐轮椅者、拄拐杖者的通行需求和方便视力残疾者通行，建筑物应考虑出入口、地面、电梯、扶手、厕所、房间、柜台等设置残疾人可使用的相应设施和方便残疾人通行等。社区无障碍设施是残疾人走出家门、参与社会生活的基本条件，也是方便老年人、妇女、儿童和其他社会成员的重要设施。建设社区无障碍环境是社会文明的体现。

3. 国际通用的无障碍设计标准①

(1) 在一切公共建筑的入口处设置取代台阶的坡道，其坡度应不大于 1/12；

(2) 在盲人经常出入处设置盲道，在十字路口设置利于盲人辨向的音响设施；

(3) 门的净空廊宽度要在 0.8m 以上，采用旋转门的需另设残疾人入口；

(4) 所有建筑物走廊的净空宽度应在 1.3m 以上；

(5) 公厕应设有带扶手的座式便器，门隔断应做成外开式或推拉式，以保证内部空间便于轮椅进入；

(6) 电梯的入口净宽均应在 0.8m 以上。

我国在建筑设施无障碍建设方面，社区中新建或改建住宅、公共设施、道路时，主管部门、业主及工程技术人员要严格执行《城市道路和建筑物无障碍设计规范》等有关强制性标准中对无障碍设施建设的要求。对已建成的无障碍设施要加强维护和管理，确保正常使用。社区内残疾人经常出入的其他社会服务场所、设施等，要根据他们的实际需求因地制宜地进行改造，方便残疾人参与社会生活。在信息和交流方面，社区居民委员会和社区残疾人协会要帮助服务行业人

---

① 中华人民共和国中央人民政府网站——残疾人服务：《国际通用的无障碍设施设计标准》，2009年5月7日，http://www.gov.cn/fwxx/cjr/content_1307089.htm。

员学习、掌握基本聋人手语；帮助有条件的残疾人学会使用互联网，获取和交流信息；资助贫困残疾人加入社区求助系统，为聋人、盲人设计和安装方便他们使用的光、声信号生活用品等。

（四）大力开展社区志愿者助残活动

残疾人是一个特殊而困难的群体，需要全社会的理解、尊重、关心和帮助。中华民族有扶残济困的优良传统，广泛动员社会力量开展志愿者助残是运用社会化工作方式扶助残疾人的一种有效形式。开展志愿者助残活动，为残疾人提供经常的、切实有效的帮助，既能解决残疾人的实际困难，帮助他们平等地参与社会生活，也有助于"奉献、友爱、互助、进步"的志愿者精神在全社会传播和发扬光大，有助于良好社会风尚的形成。

三　社区残疾人社会工作主要方法

在社区内开展残疾人社会工作，基本方法包括以下几步。

第一步：成立组织。成立本社区的"残疾人社区康复领导小组"，由社区领导、社区民政部门或社区服务部门、卫生部门或社区医院和卫生院、文教部门负责人、社区红十字会、妇女协会、青年协会等群众团体代表、残疾人代表、志愿人员代表等组成，负责筹划、组织、领导本社区康复工作。

第二步：拟订计划。进行调查研究，制订本社区开展社区康复工作的计划。"残疾人社区康复领导小组"召开会议，学习上级有关部门关于残疾人康复工作的指示和计划，听取社区内有关部门汇报残疾人情况，召开残疾人或其家属代表的座谈会，了解本社区残疾人对康复工作的需求，在此基础上制订出开展社区康复工作的计划。

第三步：培训骨干。选拔培训基层康复员，基层康复员的职责是指导和监测残疾人进行家庭康复训练。一般每两千人口设一名基层康复员（兼职性质），在农村可由农村卫生员或农村医生担任，在城镇街道可由红十字卫生员或街道居委会骨干担任。选拔基层康复员要具备以下条件：①热心群众工作，在本村或本居委会有一定的群众基础；②自愿从事残疾人康复工作；③初中以上文化程度，能听懂和看懂简易的辅导材料；④年龄 17～55 岁；⑤身体健康，能坚持工作。基层康复员的培训可采取集中或分散的方式进行，集中 5～7 天时间办班（每天上课），或分散在 3～4 周时间办班（每周上课 2 或 3 次，每次半天）。培训内容主要是如何普查残疾，查出残疾者，如何根据残疾人的情况选择康复训练方案和指导具体训练等。

第四步：普查残疾，分初查和复查。初查：由基层康复员进行，在分管乡村或社区范围内，挨家挨户按《残疾初查表》的项目进行询问和登记。初查的目的是要查出哪一户哪一家有残疾人。复查：由社区医务人员与基层康复员一起进行，按《残疾复查表》的项目对在初查中初步查出的残疾人进行上门复查。复查的目的是确定残疾种类、残疾严重程度、康复需求等，为制订康复计划提供依据。

第五步：开展康复训练。主要是家庭康复训练。首先选定一名残疾人的家属作为"家庭训练员"，负责每天指导和帮助该家庭中的残疾人在家进行功能锻炼。功能锻炼的方案由基层康复员选定，再将所列方法教会家庭康复员，然后由家庭康复员指导残疾人进行练习。一般每天练习1或2次。基层康复员每周1或2次上门访问，观察、了解康复功能训练的情况，给家庭训练员和残疾人提供指导。在家庭训练的基础上，如有条件也可以开展社区康复训练站的功能训练。在人口比较集中、残疾人比较多的社区可设置社区康复训练站，配置简单的功能训练器材，由值班（兼职或专职）人员进行简单的指导和服务，住在附近的残疾人可以自己步行，或坐轮椅，或由家人扶持到站进行功能训练。

第六步：发展、提高。在小结、评估的基础上进一步发展和深化社区康复工作，提高工作水平和效益，并把行之有效的好经验加以推广。

案例分析

社区为本的康复工作①

一　服务理念

以社区为本，希望康复工作通过弱能者本人、其家庭成员、邻里、社区领袖，以至整个社区的参与，达至社区整合，为有需要的弱能人士提供照顾及支持。

二　服务对象

屯门良景村成为计划的试点。该村是新落成的公共屋村，总人口约有52000

---

① 摘自范明林编著《社会工作理论与实务》，上海大学出版社，2007，第223页。

人。所住的居民多属优抚安置情况。当中，单身老人、伤残人士、精神康复者和单亲家庭等占大多数。

由于工作队人手有限（一个受训社工、一个福利工作员及一位文职人员），故只能集中服务单身老人及伤残人士。除以上两类服务对象外，智障人士也为本计划的服务对象。

三　计划的目标及工作焦点

期望通过有效的工作使以下几方面有正面的改善：

（1）弱能者的行为及社会功能；

（2）弱能人士家庭对生活的满意程度；

（3）弱能人士与邻里间的关系；

（4）社区对弱能人士的接受程度。

配合以上目标，有以下几项工作重点：

（1）个人训练：为弱能者提供简单的自我照顾技巧及康复技巧训练，协助其发展个人才能。

（2）义工的培训及发展：通过不同形式招募一群对康复工作感兴趣的人士，并为他们提供基本训练，使他们能为弱能者作定期探访或提供服务。而义工对象则可来自不同年龄及不同阶层。

（3）建立及强化社区内的非正式网络：协助弱能人士建立社交网络，也协助其家庭成员建立互助网络。

（4）策动社区资源：社区资源包括地区领袖、社区设施、经济支援等，期望通过不同资源的互相配合使弱能者的需要及困难得到满足及解决。

四　工作策略

1. 第一阶段

工作队首先在区内自我宣传。故此，在服务尚未正式推行前，先成立了地区指导委员会，委员会成员包括区议员、区市政局议员、社会福利署代表、特殊学校校长、中学校长、学前训练中心主任、社团领袖等。委员会的主要任务是协助策略工作、提供意见、寻找经济上支援等。由于委员来自不同服务单位，故能从多方面收集意见。

指导委员会之下设有一个工作小组，小组成员除了几位受聘的工作队职员外，也有仁爱堂（协助机构）不同部门的代表。工作小组主要是发掘服务对象、策划工作策略和推行服务等。

工作小组成立后，服务也正式推行。工作队首先在区内招募了一群青年同仁于屋村内进行逐户的问卷调查，目的是发掘一些潜在的服务对象。在了解区内情况的同时，也随便向居民宣传工作队的工作。除了通过问卷调查的方式找出服务对象外，工作队也得到房屋署的协助，他们提供了一些弱能住客的资料。

工作队根据问卷调查所得的初步资料进行家访，目的是更加深入了解服务对象的残障情况及需要，在此阶段，工作员通过分期的家访已与服务对象建立了初步关系。

与此同时，工作队也开始于村内招募一些家庭主妇参加义工小组。最初，参加者的主要心态是消磨时间，其次是认为弱能人士及独居老人值得同情，加上服务对象也是区内居民，有些甚至是她们的邻居，故此也十分愿意为区内弱能人士提供服务。工作员为组员提供服务技巧的训练，传授一些康复知识。其后，组员开始随工作员上门进行家访以了解服务对象的需要及生活情况。组员也开始举办一些康乐活动，邀请受探访者参加，从而彼此建立了初步关系。组员也为个别有需要的弱能人士及独居老人解决一些日常生活上的困难，如购物、协助就诊、家居清洁等。

除了吸纳区内妇女加入义务工作行列外，工作队也通过区内宣传以求吸纳一些青年义工，其中主要是主动与区内中学接触，最后工作队成功地招募了一批青年学生，参加者的主要动机是出于对弱能人士的同情，认为他们是受社会忽略的一群，故愿意为他们提供服务。

工作队发展青年义工小组的方向与发展妇女义工小组的方向有所不同。妇女义工小组成员多来自所服务的屋村内，她们对所属的屋村有归属感，故容易培养互助精神。而青年义工小组的成员多来自村外，他们对所服务的屋村认识不深，加上处于不稳定时期，可能只会作短期的参与，故此，该小组的发展方向便集中于举办一些社区教育工作，通过不同类型的活动使社区人士有更多的相互了解。

除了青年及妇女义工外，工作队也发掘了一些有潜能的老人义工协助参与活动及推行工作。发展老人义工的主要原因是服务对象中有不少独居老人，而老人与老人之间会有更多话题可以分享，而且更易于明白彼此的需要。因此，训练年长领袖对服务推行有很大帮助。

专业人士的策略对地区康复计划的推行也相当重要，尤其是在伤残人士的康复过程中，专业意见很重要。因此工作队也尝试邀请一些区内的医生、物理治疗师、牙医等协助举办一些康复活动，并为有需要的弱能人士提供免费的专业指导及治疗。

综合而言，工作队推行服务的最初阶段主要集中于发掘服务对象及了解他们的需要，从而发展有效的人力资源为有需要人士提供适切的服务。

2. 第二阶段

这个阶段的主要工作策略是，协助服务对象建立社区支援网络；推行社区教育工作，使区内人士对弱能人士有更多了解；强化区内社区资源的联系。

在此阶段，服务对象已较以往更主动寻求援助及愿意开放自己，因此，工作队开始协助他们组织及建立支援网络。对于弱能人士而言，社区支援网络可包括弱能者之邻居、友群、提供服务的志愿小组及团体等。由于工作队所服务的伤残人士以单身占多数，所以要在所住范围内建立社区支援网络。

首先，工作队以座（一幢楼）的形式为伤残人士成立互助小组，故小组成员皆来自同一大厦。小组的目的一方面是协助组员扩大其生活及社交圈子，另一方面是借此培养组员互助精神。而小组内并非所有组员皆为伤残人士，也有健康情况颇佳者。由于组员乃属同一大厦居民，接触机会较多，所以有急需时更易于互相帮助。而事实证明这种类型的小组很受服务对象欢迎，而且在小组中更能发掘一些有服务潜质的组员，有些更能主动地协助组员解决生活上的困难。工作队除了协助伤残者彼此建立互助网络外，也协助他们在邻舍层面建立互助基础，所以便有"互助钟"计划的出现。目的是替村内一些伤残人士及独居老人安置一个求救钟，当事主在家中有危机或意外事情发生时，可即时通过互助钟发出求救讯号通知其邻居，务使以最快时间得到援助。当然，在安装此设置之前先要使邻居对此装置的目的及意义有所了解，才能发挥其效用。而一般邻居均表示愿意在听到紧急求救钟响起时加以援手。由此可见此安排较能从邻舍层面协助伤残者建立互助网络。

要使社区人士对弱能人士有更多的了解及接受，社区教育工作十分重要。工作队在区内也以多种形式推行社区教育工作，例如康复资料展览、征文比赛、标语创作比赛、同乐等等。工作队也了解到单靠一些单元的康乐活动未必能够使参加者对弱能人士认识加深，故此，工作队也注重一些较为深化的教育性活动，意即活动会较有连贯性，不单只着重认知，更着重伤残人士与健康人士的共同参与。

要使社区人士对弱能人士有更多认识及了解，从而接受他们，视之为社区内正常的一分子，这是一个长远的教育工作。而接受教育的对象应是任何年龄的社区人士而非只是成年人。对弱能人士建立正确态度可以是自少培养的，因此工作队尝试与区内小学联络，邀请学校合作，鼓励小六同学参加一些伤残人士和健康人士的活动，通过资料介绍，实地探访及共同相处以了解弱能人士的情况。而参加者经过亲身接触后自然会有更深刻的印象，他们或许会将讯息传给他们的家人或朋友，这种放射方式能更有效地传递信息和起到教育的目的。

工作队在此阶段更主动地联络区内不同类型的服务机构，并邀请他们合力提供一些为弱能人士而设的服务。最初这些机构均以合作的形式提供试验性的服务，例如青年中心的义工小组尝试为伤残人士举办户外活动，也有一些机构的义工小组为独居老人及伤残人士进行家居清洁。这些服务及成功的例子和良好的经验往往使这些机构更愿意日后继续为弱能人士提供服务。

3. 第三阶段

计划的第三阶段可说是服务的巩固期及检讨期。在此时期，工作员开始训练服务性小组自行策划服务及按服务对象需要制定小组的年度工作计划，并且训练小组自行独立运作。很明显，小组于此时已能完全掌握服务对象的特质和需要，且能够独自推行一些定期性的服务。

通过表扬计划褒奖一些出色的义工，使他们的互助精神提升至更高层次，从而也肯定了他们过去所作出的贡献。而服务对象及义工们除了在计划终结时分享感受外，也可对整个计划的检讨工作提出具体意见。

五　困难

（1）康复工作中往往涉及许多医疗方面的专业知识，而这些专业知识也并非一个社会工作者所能拥有，尤以在了解伤残人士在康复方面的需要时，专业的医疗工作者的介入是最适切的，而其家庭成员、邻里、朋友，甚至义工们也只能提供一些简单的照顾和精神上的支持。因此一个康复工作队是很需要加入一些医疗专业人士的。

（2）服务推行初期，由于工作员的流动性大，故工作队一直未能跟服务对象建立良好关系，加上试验计划受时间限制，所以工作员所面对的工作压力很大。

（3）由于此乃非政府津贴资助的计划，而赛马会的赞助费中也没有预计工作队有自己的办公室或中心，因此工作员只能借用其他服务单位的地方，这使服务对象很难与工作员联络或接触。有时候，因为场地未能作妥善安排，使一些服务需要被搁置。

（4）此计划需同时兼顾三类不同性质的服务对象，导致资源分散。

六　总结

社区为本复康计划可说是一种非设施为本的工作取向，而服务对象所需要的大部分资源也可以从社区的不同层面得到满足。可是社区能否为有需要的弱能人士提供照顾，则基于社区对弱能人士的接受及所愿意承担责任的程度。因此，社区教育工作是十分重要的。只有社区对弱能人士的需要重视，他们才能获得资源分配，才能够得到平等的参与，个人潜质才能得到最大发挥。

第十章　残疾人社会工作方法与技巧

我国残疾人社会福利政策涉及残疾人事业的各个领域，而残疾人的特殊困难决定了落实残疾人福利政策并非易事。基于残疾人福利服务工作具有与健全人服务不同的特殊性和复杂性，应将残疾人社会工作作为残疾人福利服务的重要手段，不断实践社会工作方法以适应残疾人服务的发展。

第一节　专业社会工作三大方法运用

社会工作的三大传统方法包括个案工作、小组工作和社区工作，这些工作方法在残疾人社会工作领域都有应用。

一　个案社会工作方法

残疾人个案工作是针对残疾人所做的个案社会工作，是将个案社会工作知识技巧、态度和价值观应用于残疾人个体或家庭，是社会工作者以一对一、面对面的社会工作方法，协助残疾人寻找有效的途径来处理生理和心理失调问题，从而促进其健全人格的发展，增进其对社会适应的过程。

（一）残疾人个案工作的内容

由于残疾人个案工作服务对象不同，残疾人个案工作的内容包括两部分。一是对残疾人本身提供的个案辅导，主要是康复训练，包括医疗康复、教育康复、社会康复、职业康复等。二是对残疾人家庭开展的个案工作，如向家庭其他成员提供心理辅导以应对其长期照顾家庭中残疾人而出现的心理不适，教授家庭成员对残疾人的护理和沟通技巧，帮助家庭申请经济援助，帮助家庭申请义工人员的帮助以缓解家庭成员在长期照顾中的压力等。

（二）残疾人个案工作的基本程序

残疾人个案工作是一个有计划地协助残疾人调适心理、恢复身体功能和解决家庭问题的过程。这一过程包括接案、收集资料、分析诊断、制订计划、介入、结案等六个步骤。

1. 接案

当有残疾人向社会工作者求助时，社会工作者首先要确定该求助者是否属于本机构的残疾人。比如，属于职业康复的残疾人，应由职业康复部门的社会工作者来接案；如果是脑瘫儿童，则应由与脑瘫相关的社会工作者负责与申请者会谈。若残疾人的问题不属于社会工作范围，则社会工作者应向求助者解释并帮助其联络相应的机构；若求助者的问题属于本机构和社会工作者范围，则应及时接案。

2. 收集资料

社会工作者在这个阶段的工作就是通过各种途径收集残疾人的资料，主要有以下几种途径。

（1）与残疾人或相关人士会谈。相关人士可以是残疾人的亲属、社区邻里以及单位和学校的领导或同事等。通过残疾人或相关人士的直接描述可以获得第一手资料，掌握残疾人的致残原因或病因、家庭问题及社会资源等，进而对经济、法律、劳动条件和家庭伦理道德等问题进行专题或综合研究，帮助其解决困难。

（2）家庭探访。为进一步了解残疾人家庭生活状况等重要的个人资料，社会工作者可与残疾人的家庭建立初步关系，经常进行家庭探访，实地观察和了解残疾人的生活方式、家庭状况、经济条件、生活环境和家人对残疾人的态度等。

（3）电话、网络、信件联络。随着社会发展，沟通的方式十分丰富，社会工作者也可以采取电话、网络等通信设备与残疾人保持及时联络，询问其康复进展状况。

3. 社会诊断

残疾人的社会诊断，就是把通过会谈、探访或其他方式所得的关于残疾人的人格特质、家庭、社会情况等资料，以客观的态度，经过综合分析与比较研究，评估残疾人的生理、心理和生活环境中的有利因素和不利因素，对残疾人问题的性质、原因和影响做一个周密分析，从而诊断残疾人问题的症结所在。

4. 制订计划

社会工作者根据分析诊断的结果与残疾人共同研究，共同商量，制订出一个具体计划书。计划书的主要内容是关于解决问题的途径、方法、步骤，包括近期目标和远期目标以及计划完成的方式与时间。社会工作者在制订计划的过程中应遵循尊重残疾人意见的这一基本原则，即以残疾人为中心。

5. 介入

介入是社会工作者协助残疾人正式解决问题的实施过程，有两种方式：一种是给予直接服务，称为直接介入；一种是给予间接协助，称间接介入。社会工作者要尽量从残疾人中及周围了解残疾人已有能力和可以利用的资源。在大多数情况下，社会工作机构提供的资源较单一，无法满足残疾人的需要，这需要社会工作者为残疾人发掘、调动和协调更多的社会资源。

6. 结案

社会工作者应提前告诉残疾人结束的时间，一般是在倒数第三次会谈时告诉残疾人。相应的，最后三次会谈的内容主要围绕结案来展开，主要处理"回顾过去"和"展望未来"两项工作。

二 小组社会工作方法

残疾人小组社会工作是指社会工作者根据不同的需要组建不同的社会群体，利用群体动力和群体工作的策略和方法，通过小组工作者的引导，小组成员间的经验分享、情绪支持和相互讨论，产生行为改变和恢复正常功能，最终促进残疾人功能恢复与能力发展的专业服务。

（一）残疾人小组工作的目标

残疾人小组工作的目标就是协助小组成员发展他们的能力，给小组成员放松身心与创造、分享、表达自我的机会。小组工作的原则要和大目标一致，但因各领域的小组需求不同，小组发展的目标也有差别。残疾人小组工作的目标主要有以下几种。

（1）让小组成员了解残疾人致残的原因、残疾的表现，以及身体康复的知识和过程。

（2）协助残疾人及其家属克服心理困扰，提供情绪支持，提升其社会心理功能。

（3）帮助残疾人认识自我、了解自我，努力发掘个人优势与潜能，提高个人能力。

（4）加强小组成员之间的联系和信任，使成员之间建立友谊，提供相互支持。

（5）促进残疾人及其家属与康复医院、学校、社区的沟通与理解，更有效地利用社会资源。

（6）促进社会公平，消除社会歧视，创造有利于残疾人康复和回归社会的外部环境。

（二）小组工作的类型及特性①

根据残疾人及其家属的需要以及小组工作的特点，可以将残疾人小组分为很多种类型，每种类型有不同的目标、工作重点、沟通方式以及运作模式（如表10-1所示）。

表 10-1　残疾人小组类型及其特性比较

小组特性	残疾人小组类型			
	治疗小组	教育小组	自助小组	社会改变小组
目标	协助成员改变或改进其社会心理功能	引导组织学习康复知识和制订康复计划	协助组员相互帮助和支持	消除社会歧视，改变社会环境
社会工作者角色	专家、权威人物、改变者、使能者	促进者、引导者、信息提供者	促进者、引导者	宣传者、引导者、促进者
工作重点	组员的问题呈现、原因剖析、介入策略	康复知识的传播和康复计划的制订	组员的觉醒和自助能力的发展	成员价值观的重塑、社会改变行动计划
维系动力	组员期待改变的愿望和组员之间的支持	组员的现实需要和学习愿望	组员的潜能和自助互助能力	社会责任感、使命感和平等意识
沟通模式	社会工作者对组员的引导	社会工作者引导，成员间互动	社会工作者引导，成员间互动	社会工作者引导，成员间互动
组成成员	面临共同问题的残疾人或其家属	有共同需要的残疾人或其家属	有一定自助互助能力的残疾人或其家属	致力于残疾人事业的工作者、志愿者或具有一定影响力的残疾人
自我披露程度	高度	低度	低度或中度	低度

---

① 卓彩琴、谢泽宪编《残疾人社会工作》，华南理工大学出版社，2008，第76页。

（三）残疾人小组工作的实施模式

残疾人小组工作的实施模式是对残疾人社会工作的一种经验积累和提升，可以用来直接指导残疾人小组工作的开展和实现小组工作的目标。涉及残疾人小组工作的实施模式有许多种，其中社会目标模式、交互模式和治疗模式为小组工作的三大基本模式（如表 10－2 所示）。

表 10－2　残疾人小组工作的实施模式

	社会目标模式	交互模式	治疗模式
目标	消除社会歧视、改善社会环境、利用社会资源	通过组员互动，使个人和社会的功能都得到增强	通过小组帮助个人达到心理、社会与文化的适应
成员	致力于残疾人事业的工作者、志愿者及残疾人	有一定自助互助能力的残疾人或其家属	有较严重心理障碍和人格障碍的残疾人及其家属
社会工作者角色	倡导者、引导者、使能者、资源提供者	协调者、使能者	治疗师
实践原则	民主参与、组员自决、组员共识、小组任务完成	启发组员思考、订立明确契约、充分利用社区资源	充分准备，明确治疗方法和技术，准确评估
优势	强调个人问题和社会结构问题的解决相关联；接近社区工作，可以充分利用社区资源	突出助人自助的信念，有利于组员发挥能动性和自决意识	有丰富的治疗体系，效果明显
限制	过分依赖意识形态，缺乏系统性，忽视个人独特需要	对个人期望和个别化的关注不够，社会工作者的权力不足	限制了组员的潜能和能动性的发挥
理论基础	缺乏理论支持	系统理论、场域理论、沟通理论	精神分析、行为认知、人本主义

三　社区社会工作方法

残疾人社区工作是指依托社区、充分利用社区资源为残疾人服务，不断满足残疾人日益增长的物质与精神需求，促进残疾人平等参与社会生活的一项工作。社区建设的开展使残疾人不仅得到了更多、更好的服务和照顾，也给他们创造了更多参与社会生活和实现自我价值的机会。

（一）残疾人社区工作的意义

社区是残疾人工作的落脚点，只有把社区残疾人的工作做好，残疾人事业才能扎下根，才能提高残疾人的生活质量，促进残疾人平等参与社会生活。由于自身残疾状况和经济条件的限制，残疾人对社区的依赖程度远远超过健全人群。残疾人的康复、教育、培训活动绝大部分在社区中进行，残疾人的扶贫救助、就业指导，离不开社区扶持和帮助。建立残疾人的社会保障体系，需要社区发挥作用，残疾人之间、残疾人与社会的信息沟通和交流，要求社区提供必要条件，残疾人的文化体育娱乐大多由社区安排。由此可见，残疾人社区工作的开展，能够积极推动残疾人事业的发展，有利于残疾人社区生活的改善。

（二）残疾人社区工作的基本原则

中国残联、民政部等14个部门《关于加强社区残疾人工作的意见》明确了社区残疾人工作的基本原则。

（1）坚持以政府为主导，社区为依托，有关部门密切配合，社会各界共同参与的社会化工作方式。社区残疾人工作要在党和政府的领导下，充分发挥有关部门的职能作用，调动社区内企事业单位、机关团体、部队、中介组织和居民群众等各种力量共同参与，形成推进社区残疾人工作的合力。

（2）将社区残疾人工作纳入社区建设总体规划，融为一体、同步发展、共建共享。要从本地区社区建设的实际出发，将社区残疾人工作融于社区建设之中，统筹规划，整合资源，发掘潜力，拓展服务能力，做到社区残疾人工作与社区建设协调发展，使残疾人与健全人一样共享经济、社会发展成果。

（3）建立以社区居民委员会为核心、社区残疾人组织为纽带、社区服务机构为基础的工作机制，促进残疾人平等参与社会生活。发挥社区居委会的自治组织作用，充分利用社区残疾人协会联系残疾人的优势，以人为本，落实社区为残疾人开展的各项服务工作，夯实基础，逐步建立符合市场经济条件下的社区残疾人工作机制，推进残疾人事业持续健康发展，调动残疾人的积极性，提高残疾人参与社会生活的能力。

（三）社区残疾人工作的主要内容

当前我国社区残疾人工作的主要内容包括以下几方面。

（1）建立社区残疾人协会，并发挥密切联系残疾人、反映残疾人意愿、带领残疾人积极参与社区建设和社会生活的作用。"哪里有社区，哪里就有残协"，社区残疾人协会主席由社区居民委员会成员担任，副主席由优秀残疾人或残疾人亲友担任，聘用有能力的残疾人从事联络、协管等工作。发挥社区居委会的自治组织作用，充分利用社区残疾人协会联系残疾人的优势，调动残疾人的积极性，鼓励残疾人自治互助，提高残疾人参与社会生活的能力。积极开展社区康复工作，不仅要依靠社区卫生服务机构，也要充分发挥社区内各有关组织如残疾人协会，工、青、妇组织等，志愿人员、残疾人自身及其亲友的作用，形成社区参与的良好工作机制。

（2）保障残疾人的基本生活，为残疾人提供帮扶服务。残疾人服务社区化就是要以社区为依托，以社区福利机构为补充，调动社区各方力量，充分利用社区内各种社会资源，在社区当中为残疾人提供生活、就业、医疗、教育、文化等多元化多层次的服务，以满足残疾人物质及精神层面不同的需求，改善残疾人的生活质量。社区是残疾人生活的根本落脚点，也是政府及相关部门提供社会服务的基层组织和根本载体。实现残疾人服务的社区化，不仅能够为残疾人提供便捷、经济、有效的服务，而且立足社区、依托社区能够使服务提供方更加清楚地了解和掌握残疾人的真正需求，根据残疾人的需求提供相应的服务。

（3）以家庭为基础，开展残疾人社区康复。残疾人社区康复能够充分利用社区资源，动员社会力量，是残疾人在家庭和基层康复机构得到康复训练和服务的一种康复形式。社区康复的形式具有就近就地、经济适用、简便易行等特点，已成为残疾人康复一种新型、经济、有效的服务形式。社区中应当建立专门的康复机构，同时为社区医疗机构和社区活动场所配备康复训练一体的辅助器具，为残疾人就近提供康复服务。

（4）培养残疾人积极向上的生活情趣，活跃残疾人文化生活。残疾人社区参与能使残疾人在参与社区公共事务和社区各项活动中表达自己的意见，从而影响社区权力的运作，使残疾人自身与社区之间建立协调发展、和谐有序的平衡关系。另外，参与社区事务以及社区各项活动能够促进残疾人自身社会化的实现，从而增强他们生活、沟通、协作等方面的能力，使他们更加容易适应社会生活，提高生活质量。

（四）残疾人社区工作的实践模式①

1. 地区发展模式

地区发展模式也称为社区发展模式。它作为一种社会工作的介入手法，认为

---

① 卓彩琴、谢泽宪编《残疾人社会工作》，华南理工大学出版社，2008，第115页。

在一个社区中存在多种问题，由于社区内人际关系复杂，所以以民主方式解决问题的能力不足。基于这种认识，地区发展模式旨在增进社区居民之间的自主和互助，通过社区居民之间的互相沟通和广泛参与，共同解决社区面临的问题，满足社区的需要，改善社区环境和生活，从而增加居民对社区的归属感。

在地区发展模式下，残疾人社区工作过程的目标可分为：

（1）残疾人居民对社区问题意识和关心的增强；

（2）残疾人居民积极参与社区事务；

（3）残疾人居民与其他居民之间互相合作的加强；

（4）包括残疾人在内的社区"领袖"和人力资源的发展。

地区发展模式的策略最大特点就是"让我们一起共同商量问题的解决"，它鼓励社区居民的广泛参与，让社区居民自己去界定及解决面临的问题。在地区发展模式中，社区工作者为残疾人与居民的彼此交往和互动创造机会。协助他们分析社区的现有状况，发现他们所共同面临的社区问题，帮助残疾人居民发掘自身潜能，使得他们能够主动有效地去解决问题。具体的策略包括：鼓励社区中不同的残疾个人和团体进行广泛的沟通和交流，使其参与社区事务；协助残疾人居民在不同问题上达成共识，以达到解决问题的效果等。

2. 社会规划模式

社会规划模式也称为社区计划或社会策划模式。它认为每个社区都存在一系列问题，如贫困、社区安全、居民住房、青少年违法等。这些问题影响了社区的正常发展。而社区工作者的任务就是利用自己的技术和能力，采取理性程序化的服务设计去解决这些实质性的问题，服务于有需要的社区居民。该模式强调的是以一个专业技术过程去解决实质性的社区问题，理性、精心的策划方案和有控制的变化是其核心。

社会规划模式的目标源于社区问题，强调的是一种任务目标，其着眼点是特定存在的问题，即以解决社区实际问题为主要的工作取向。在社区规划模式下，残疾人社区工作所选定的具体任务目标均和残疾人居民生活中存在的问题密切相关，如贫困问题、医疗问题、就业问题、健康问题等。

社会规划模式的基本行动策略是"让我们去了解问题存在的真实情况，并且采取有效的措施及手段予以解决"。换言之，社会规划模式的基本策略就是搜集残疾人社区生活问题的相关事实，采取逻辑性和系统性的步骤，客观分析，制定出可行的合适的服务方案。

3. 社会行动模式

社会行动模式又称为社区行动或者冲突模式。该模式视社区为一个权力和特权阶级的组合，存在着处于不利地位的弱势群体。在权力者的社会控制下，他们属于社会的边缘，遭遇忽视、压迫或剥夺等社会不公平的对待。这种弱势群体要组织起来，与他人联合，通过集体行动，采用非正规的途径及运用冲突对峙的策略，向较大的社会争取资源，获得公平的对待，以改善自己的生活状况，实现自身作为居民的权益。

社会行动模式的目标可以分为过程目标和任务目标。过程目标是要增强残疾人群体的参与意识，提高他们解决问题和维护自身权益的能力。任务目标是要通过组织群体行动，对社区权力、权益及资源进行重新分配，变革不公平的主要政策和制度，伸张残疾人居民的权益，使其获得应得资源，从而改善社区环境，也使得其切身需要得到满足。从总体上说，社会行动模式以任务目标为主，其根本在于结合社区力量，以寻求社区权力和资源的再分配，使处于弱势的残疾人居民能够改变自己的处境。

社会行动模式的基本行动策略可以陈述为"让我们组织起来去战胜我们的压迫者"。具体策略包括对话性行动、抗议性行动、对抗性行动和暴力性行动。

第二节　残疾人社会工作资源整合方法

残疾人社会工作内容复杂，业务涉及范围广，同时，残疾人社会工作从管理和实施上是多元性的，既包括由政府部门承担的义务，又包括由社会团体等社会力量承担的工作。残疾人社会工作的开展就是通过社会工作人员与政府部门、社会组织的合作，充分挖掘社会资源，帮助残疾人补偿自身缺陷，克服环境障碍，使他们平等地参与社会生活。

一　残疾人联合会工作整合

《中华人民共和国残疾人保障法》第八条规定：中国残疾人联合会（以下简称"残联"）及其地方组织，代表残疾人的共同利益，维护残疾人的合法权益，团结教育残疾人，为残疾人服务。中国残疾人联合会及其地方组织依照法律、法规、章程或者接受政府委托，开展残疾人工作，动员社会力量，发展残疾人事业。残联工作整合主要包括以下几部分。

（一）服务功能

残联代表广大残疾人的共同利益而开展工作，以为残疾人服务为宗旨，通过直接的和间接的、综合的和单一的、长期的和暂时的、有偿的和无偿等多种方式、手段来为残疾人服务。这种服务功能具体体现在为残疾人排忧解难上。作为人类社会中特殊困难的群体，残疾人存在的困难是多方面的，困难程度因国家政治、经济发展水平不同而各异，比如有抢救性的康复医疗，为求生存和展示自身价值而需要的劳动就业，为了精神满足和心理平衡而需要接受教育、参与文化体育艺术活动，以及男婚女嫁、组建家庭等。

（二）管理功能

残联还承担着残疾人事业的管理工作，主要表现在：围绕残疾预防和康复、特殊教育、劳动就业、文化体育、社会服务、福利生产等任务，开展调查研究、舆论宣传、制定规划、组织实施等。残联的管理功能能否得到充分发挥，能否收到理想效果，关键是看能否主动争取政府各职能部门的协调和指导，走社会化管理的道路。残联在整个国家中的位置可以通过一句话来表达：在服从国家整体利益大局的前提下，在可能解决的问题面前，残联是"促力"；在机关、团体、企业、事业、社区、邻里与家庭间，它是"纽带"；而在残疾人面前，它又成了"桥梁"。对于政府有关部门，残联始终是处于协调、帮助、疏通、合作的位置，而不是"越俎代庖"。总之，残联必须在社会经济协调发展中寻找自己的位置，不能超前，也不可滞后，不能完全是"官"，也不可完全是"民"。

（三）协调功能

残联应当充分发挥主导作用，联合政府各职能部门，将残疾人工作纳入部门职责，形成合力。宣传部门、新闻出版部门、广播电视局应合力做好关爱残疾人、保障残疾人合法权益、鼓励残疾人自强自立的宣传工作；教育部门应认真贯彻执行《残疾人教育条例》，重点做好残疾人的义务教育和职业教育工作，同时保障残疾人平等接受高等教育的权利；民政部门应着重做好残疾人的生活救助和康复救治工作；劳动和社会保障部门则应狠抓落实残疾人按比例就业，与教育部协调做好残疾人的职业培训工作，与税务工商部门、经济贸易委员会、银行、财政部协调做好残疾人就业的政策优惠、资金支持工作；卫生部门应与民政部联手抓好残疾人的社区康复服务，与环保部门、计划生育委员会等相关单位合作搞好残疾预防工作，降低后天致残率及出生残疾率；法制办公室、司法部门、公安部门应协调做好残疾人的立法、法律维权、法律援助工作，通过法律途径切实保护残疾人的合法权益；建设部门应在现有基础上进一步推进无障碍环境建设，为残疾人更好地参与社会生活提供便利；文化、体育部门则应大力采取措施丰富残疾人的精神文化生活，发展残疾人体育事业，宣扬努力拼搏、残而不废、自强不息的精神。这些工作的推进都不是单个部门所能独立完成的，需要残联从中发挥协调促进的作用，各个成员单位在各尽其责的基础上通力合作，共同推进残疾人事业的发展。

（四）资源整合功能

在我国，残疾人社会工作基本上由政府部门承担。民政部门负责对社会上生活有困难的残疾人进行定期或不定期的救助；卫生部门负责开展各项致残疾病治疗和防治工作；教育部门负责举办对残疾人进行特殊教育的学校；文化、体育部门负责推动各项残疾人的文化体育活动；卫生、民政和残联等部门负责推动各类残疾人的康复工作；劳动和民政部门负责安置残疾人就业等等。同时，也有一部分残疾人社会工作是由社会团体和基层组织承担的，如工会、共青团、妇联、街道、乡镇及企事业单位等。残联就是要把这些部门和机构的资源整合起来，优化配置，更好地为残疾人服务。

资源的整合不仅包括人、财、物的整合，还包括思想和政策整合。社会政策是协调社会生活中各主体之间的关系、增进社会整合、促进社会进步的重要机制。同样，社会政策的制定和实施对残疾人事业的发展提供有力的制度保证和制度支持，有着举足轻重的作用。因此，残联要通过其工作促进残疾人康复、社会保障、教育、就业、文化、环境等多方面的社会政策体系的建立和完善。

二 康复服务机构工作整合

《中华人民共和国残疾人保障法》第十五条规定：国家保障残疾人享有康复服务的权利。第十六条规定：康复工作应当从实际出发，将现代康复技术与我国传统康复技术相结合；以社区康复为基础，康复机构为骨干，残疾人家庭为依托；以实用、易行、受益广的康复内容为重点，优先开展残疾儿童抢救性治疗和康复；发展符合康复要求的科学技术，鼓励自主创新，加强康复新技术的研究、开发和应用，为残疾人提供有效的康复服务。

（一）残疾人康复服务的主要内容

一般来说残疾人康复包括四个方面。

（1）生理康复。主要针对残疾人在生理、人体结构上，某种组织、功能丧失或者不正常，全部或者部分丧失了以正常方式从事某种活动的能力这种情况进行的康复。残疾人上述能力的丧失也成为部分残疾人逃避社会职责的理由。因此，生理康复可为社会康复提供有利条件。

（2）心理康复。这是全面康复的核心，残疾人都有不同程度的心理障碍，导致社会功能也受到不同程度的损害。情感的淡漠、思维的贫乏、意志的薄弱、行为的迟钝等，使他们难以就业和进行社会交往。因此，心理康复的好坏是社会康复的关键。

（3）职业康复。是指残疾人在现有的生理康复和心理康复的基础上，训练和培养他的职业能力，变单纯的社会消费者为对社会有所贡献者。

（4）社会康复。这是残疾人康复的最高境界，通过各种康复手段的运用，使残疾人像正常人一样在社会人群中生活交往，而不是与社会疏离。

（二）残疾人康复的途径

残疾人康复的基本途径有三种：机构康复、上门服务和社区康复。机构康复是指利用先进的设备和较高的专业技术，对残疾人开展身体功能、心理疏导、社会适应等多方面的康复，一般在综合医院的康复科或专门康复机构（康复医院或康复中心）进行。上门服务是介于机构训练和社区康复训练与服务之间的一种服务形式，指利用医疗或康复机构和社区的康复资源，为辖区残疾人提供上门的康复训练与服务。社区康复主要是利用基层社区内的卫生、民政、教育等有关部门和一切可利用的人力、物力、设施等资源，为残疾人提供就近方便的多种康复训练与服务。

（三）康复服务整合

残疾人康复服务的整合包括两个方面：一是机构的整合，将机构康复、上门康复和社区康复有机结合起来，达到最好的康复效果；二是将残疾人生理康复、心理康复、职业康复和社会康复整合起来，形成康复的全面覆盖。实现康复服务机构工作整合需要多方面努力。

1. 政府多部门合作

政府对于残疾人康复服务具有重要责任，民政部门管辖范围内的社会福利涵盖了残疾人福利的内容；卫生部门组织、管理下的卫生体系，尤其是社区卫生服务体系，是提供社区康复服务的重要载体；劳动和社会保障部门的社会保障工作涉及残疾人医疗、就业以及最低生活保障等事项。因此，残疾人"预防、医疗与康复"的结合离不开残联、劳动和社会保障部门、卫生部门、民政部门的共同推进。"多部门合作"是残疾人康复的必要基础,只有在多部门共同合作、相互协调的基础上,才能真正动员社会化主体参与残疾人康复的工作,并对此项事业的开展进行指导和支持。

2. 依靠社区整合康复服务

残疾人社区康复工作是残疾人社会服务社区化的表现。残疾人社区康复能够充分利用社区资源,动员社会力量,使残疾人在家庭和基层康复机构都能得到康复训练和服务。社区康复的形式具有就近就地、经济适用、简便易行等特点,已成为残疾人康复一种新型、经济、有效的康复服务形式。社区康复的实施要依靠残疾人、残疾人亲友、残疾人所在社区以及卫生、教育、劳动就业、社会保障等相关部门的共同努力。

社区整合康复服务包括以下几方面内容。

第一,残疾人社区康复可以整合社区卫生服务网络的现有资源,无需另行投资设立残疾人社区康复专业机构体系。残疾人社区康复应整合到社区服务以及社区卫生服务之中,通过整合提升社区各种资源在康复功能评定、康复治疗、家庭康复病床、流动康复医疗服务、康复功能训练等方面的利用率和工作效率。以社区为依托,形成社区居民委员会、社区服务中心、社区卫生服务机构相结合的网络,充分利用企事业单位、残疾人活动场所等现有资源,做好"预防、治疗、康复"三位一体的工作。社区医生作为提供服务的重要人力资源,要起到龙头作用。残疾人社区康复还可以整合老年人、慢性病患者的社区康复共享资源,不必专设独立的体系。凡是可以共享的资源都应当被充分利用,这样才能使已有的康复设备、专业人员、服务体系充分发挥潜能,社区康复服务的效率也可以在系统潜能的充分发挥中获得提升。[①]

第二,残疾人社区康复可以整合多方社会力量。社区康复模式强调国家责任和社会责任,能有效克服传统医学康复模式过分注重个人责任和家庭责任的弊端;多元化主体的参与,为残疾人全面康复提供了更多的资源基础。社区康复节省财力、人力,又可减轻残疾者的家庭与社会负担,具有重要的社会效益和良好的经济效益。以社区为依托的康复模式充分调动了多元化主体参与残疾人康复事业的积极性,有力地整合了多部门、多主体资源,为残疾人的全面康复和参与社

---

① 李莉:《残疾人社区康复模式探讨——从社会保障实施社会化的视角》,《河南师范大学学报(哲学社会科学版)》2007 年第 6 期。

会生活提供了更多机会。

我国经济发展水平较低，人民生活水平不高，加上残疾人家庭困难，制约了社区康复的发展。残疾人社区康复筹资困难，常常陷入"无源之水"的尴尬境地。从投资的成本效益看，残疾人社区康复成本比专业医学康复成本低且效益高，是一项值得投入的公益事业。各级政府应明确在这项事业上的筹资责任，否则残疾人社区康复将处于无法牵动或者无力延续的状态。"可持续性"的筹资机制应具备资金来源稳定的特点，这就要求各级财政在残疾人社区康复方面进行专项投入，并形成规范、持久的投入机制。在此基础上，可考虑各种实现筹资社会化的方式，比如寻求各类基金会支持、组织社会公众募捐、发行福利彩票等等。在残疾人有高端康复服务需求的情况下，可根据残疾人个人和家庭的支付能力收取费用并提供相应服务。此外，有必要成立专门组织、选用专门人员负责社会化筹资事宜，以保证社会化筹资渠道的长期稳定性。

第三，残疾人社区康复服务支持网络。要在社区为每个残疾人建立信息档案，进行联网管理，以便开展追踪式服务并确保资源的有效合理利用；要加强政策引导，建立和完善残疾人社区医疗保健服务网络，鼓励残疾人尽可能多地利用基层卫生服务；确定若干残疾人定点医疗单位，使残疾人可以享受到更多的医疗优惠措施，建立数家残疾人慈善医院，为患重大疾病的特困残疾人提供免费的医疗服务；引导社会或慈善组织为贫困残疾人开展捐赠和无偿服务活动，在社区定期或不定期开展义诊活动，向残疾人提供免费或价格低廉的医疗服务；支持社区兴办残疾人康复、职业技能培训及日常照顾机构；在社区组织开展丰富多彩的文化体育活动，促使残疾人融入社区生活，形成社区群众关爱残疾人的社会氛围。

三　社会相关团体工作整合

政府是残疾人事业发展最为主要的责任主体，但不是唯一主体，从福利多元化角度看，残疾人事业发展的主体也是多元的。主体的多元化，主要表现在全社会都关注和推进残疾人事业的发展，特别是在残疾人事业的经费来源上走多方筹集的道路。只有社会各界共同努力参与到残疾人事业中来，完善、全面的残疾人保障机制才有可能得以实现。

（一）我国残疾人工作的相关团体

在我国，专门从事残疾人工作的一切组织所组成的目标一致、相互关联的整体，称为残疾人组织体系。如残疾人联合会是从中央到地方直至基层的残疾人协会，形成了全国性的纵向残疾人组织体系，即条条体系。除残联之外，残疾人福利基金会、残疾人体育协会、残疾人康复协会、盲人按摩学会、民办社会福利院等非政府组织在不同程度上为残疾人事业的发展起到了资金、技术等方面的支持作用。在一个地区范围内，所有残疾人组织，它们总体目标相同，而具体职责各异，但在开展工作的过程中，相互联系，相互影响，相互配合，相互促进，以致整合为区域性残疾人组织体系，即块块体系。

当前我国残疾人社会工作多元化主体由政府、社会团体、企事业单位、社区、家庭等多方面构成。

（1）政府。政府是残疾人事业发展政策的制定者、管理的监督者及服务的购买者。政府要出台有利于残疾人本人工作与生活，有利于残疾人事业发展的法律、法规与政策；要把残疾人事业发展作为公共事务管理中的重要内容来抓；要为残疾人事业发展加大财政投入，让相关部门和机构专门为残疾人服务。

（2）社会团体。社会团体是残疾人事业发展和残疾人服务专门化和专业化的执行者和实施者。在政府的支持和指导下，各类服务型机构根据自身的专业特点，为残疾人的生活、工作、康复、社会参与等，提供专业化的服务。

（3）企事业单位。企事业单位是残疾人事业的热心支持者和赞助者。企事业单位有钱出钱，有力出力，为残疾人事业发展献爱心，以提供资金、活动场所、便民服务和助残帮残等支持，为残疾人事业做贡献。

（4）社区。社区是残疾人事业发展的基本单元。残疾人事业发展状况如何，归根结底还是要看残疾人的生活、工作、康复等在社区的落实状况如何。社区是残疾人社会参与和社会融合最为直接、最为集中的区域，社区残疾人工作做得如何，很大程度上决定了一个地区残疾人事业发展水平的高低。

（5）家庭。家庭是残疾人的港湾，也是残疾人最为基本的工作场所，残疾人在家庭中的生活和照顾情况如何，也直接决定和影响残疾人事业发展的程度。为此，家庭也是残疾人事业发展的重要主体之一。

（二）社会团体整合的港台经验

在港台地区，非政府组织一直是提供残疾人社会福利服务的主力军，政府则是出资购买服务或提供资金资助。

1. 香港

香港社会服务联会与香港康复联会是代表及协调香港120个非政府康复团体和残疾人及其家人自助组织的民间统筹机构。一方面，与政府各部门及相关法定机构合作策划和发展康复服务，促进政府与受资助团体的咨询及沟通，另一方面，扮演监察的角色，倡议和推动有关政策、法律及服务的改善，维护残疾人士的权益和福利。社会服务联会与复康联会关注的政策领域，除了社会福利和社会保障之外，亦涉及医疗、卫生、教育、职训、就业、住屋、交通运输、信息科技、康复器材、文娱康乐、体育艺术、公众教育及立法等，以确保残疾人士在上述各方面的平等待遇，实现"均等机会、社会融和"的整体政策目标。

香港的康复福利服务主要由社会福利署提供的约50家非政府机构营办，提供的服务包括各种类型残疾人的住宿服务（包括中途宿舍、长期护理院、辅助宿舍等）、日间服务（包括精神病康复者训练中心、弱智人士展能中心、弱智人士家居训练及支持服务、社区精神健康联网服务、残疾人士社交及康乐中心、残疾人士家长/亲属资源中心、长期病患者社区康复网络中心、残疾人士社区支持计划等）、学前服务（包括特殊幼儿中心、兼收残疾儿童中心、早期教育及训练中心、残疾幼儿暂托服务、地区言语治疗服务等）、就业服务（包括庇护工场、辅助就业、在职培训计划、创业才能计划、综合职业康复中心、综合职业训练中心等）。此外，还有其他一些与残疾人士相关的专项服务，包括精神病患者及严重弱智人士病床、精神科目日间医院及门诊、儿童体能智力测验、特殊教育及融合教育、职业评估及技能训练、展能就业、复康巴士、社会保障援助及伤残津贴等。

除了上述各类康复服务外，香港特区政府近年亦开始为约40个残疾人士自助团体提供资助，以促进残疾人士融入社会；并设立5000万的"香港展能精英运动员基金"，以资助伤残运动员练习和参加国际赛事，发展重点体育项目，提供运动员生活津贴及退役伤残运动员就业辅助。

2. 台湾

台湾各级机关和民间组织法规体系较为完善，服务观念较强。台湾残疾人组织基本上属于民间性质，略带公助色彩。台湾残疾人组织十分活跃，有极大的自主性、独立性。资金支持主要通过公益项目招标方式进行。官方还为台湾无障碍协会和实施无障碍的单位提供培训资金及建设资金。台湾残疾人机构的生存主要依托基金会。全台湾每个残疾人组织背后都有自己的财团法人，向社会募集资金。经费来源多层面，除官方资金外，还有民间团体捐助、服务项目收费、营业收入、爱心人士捐赠等。由于竞争激烈，各家机构的服务手段也是多样化的，十分关注人性，针对残疾人的不同特点有的放矢。多家机构把残疾人康复、教育、就业进行一体化管理和运作，有效地提高了残疾人适应社会的能力。

（三）社会相关团体工作整合

政府是残疾人事业发展的责任主体，社会各界是残疾人事业发展的重要力量，唯有发挥好政府的责任主体作用，整合社会各界力量，才能更好地推动残疾人事业发展。因此，残疾人服务要向社会化的方向发展，其中政府及相关部门应该发挥主导作用，社会其他组织如企事业单位、非营利组织、个人等应参与到残疾人事业当中，共同承担责任，为残疾人事业的发展奉献一份力量。

首先，充分利用民间力量，扩大残疾人社会福利资金的来源。政府应当重视开辟民间福利资金的来源，包括支持民办福利事业、发行福利彩票等等，用较少的投入去吸引更大的民间财力，共同促进残疾人福利事业的发展。其次，鼓励社会各界兴办残疾人福利机构，改变政府对福利机构采取包揽、包办、包管的管理体制，导致缺乏竞争意识和危机意识，高成本、低效益经营，有限的资源没有得到充分发挥和利用。在为残疾人提供服务的领域中，有必要转变政府职能，变"包揽一切"为"适当放权"，实现由单一的政府主体向多元化主体演变，充分发挥家庭、社区、慈善企业、非政府组织的积极作用。

第三节 残疾人社会工作技巧

一 残疾人需求评估

需求评估是社会工作实务的首要步骤。残疾人群体由不同类型的残疾人组成，有不同程度、不同性质的残疾。作为一个特殊的困难群体，它有共同的需求；作为不同性质和不同残疾程度的残疾人，又有特殊的需要。因此，残疾人需求评估是一个复杂的过程。

（一）残疾人需求的多样性

从共性来说，各类残疾人都需要劳动就业、康复医疗、教育培训和参与社会的环境等。但各类残疾人和不同程度的残疾人又有特殊的需要，如就业问题，聋哑人适应性较强，而盲人局限性较大，比较而言按摩医疗工作较为适合；再如无障碍环境，坐轮椅车的残疾人需要在公共场所有坡道，而盲人需要在十字路口有同步音响指示牌，便于过马路。还有在交往中聋哑人需要手势语，而盲人需要盲文等等。了解残疾人的特殊性，就能掌握残疾人需求的多样化，从而提高残疾人工作的针对性，形式多样地做好服务工作。社会的变迁使人们对生活水准的要求不断提高，残疾人群体对服务方式、数量和质量的要求也相应在提高。残疾人的客观需求促进了残疾人服务理念的转变，并最终促进残疾人服务的不断革新和完善。社会发展促使社会价值观念的转变，也引起了残疾人服务的价值观念转变。残疾人服务价值观念的转变不但为残疾人创造了更加公平的社会环境，而且使残疾人工作和残疾人服务更加立足于残疾人的利益，因而能够更加契合残疾人生活的各项需求，促进残疾人服务的完善。

（二）需求的测量

埃费指出，根据主体特性，需求分为三种[①]：社会成员界定的需求，是社会成员基于调查而进行的需求表述；照顾者界定的需求，是由社会工作者等专业人士完成的信息调查而报告的需求；实务人员推断的需求，指基于政府的行政管理者、社会政策制定者、社会研究者等人士分析人口普查、社会福利设施使用、被治疗者的个人及家庭环境等资料而发现的需求。从残疾人社会工作的角度来看，我们应当将残疾人自身表达的需求和从社会工作专业角度测量的需求结合起来，再根据整个社会政治、经济和文化的背景，对残疾人的需求作合理的评估。

（三）需求的评估

需求评估旨在发现需求不足，必须把握需求不足的原因。一是明确原因分析的不同视角。社会达尔文主义注重从个人视角说明需求不足或贫困问题，强调应该采取措施激励当事人对自己负责；社会结构论认为需求不足主要在于社会的短缺和困难，因而是社会引发了需求，这种需求有时可视为一种剥夺，并在物质资源、精神或情感、认知、人际、机会、人权、生理等方面得以体现；"人在环境"视角认为，人类追求人与环境的适应以满足需求、欲望，只有在人与环境关系中理解这两个因素，才是合理的；"生态视角"则强调"整体主义"及人与环境互动，包括不同因素之间的因果互动，难于采用线性视角和简单互动梳理问题的原因机制。二是发现需求不足的可能原因，并梳理原因之间的逻辑关系。三是把握可变原因。如果原因机制中的核心原因可以改变，就要设法发现促进其变化的手段；当核心原因不可改变时，就应退而求其次，发现次关键原因。四是抓住可控原因。即把握社会工作者依靠自身可以促成改变的原因，因为只有这种改

---

① 顾东辉：《社会工作实务中的需求评估》，《中国社会导刊》2008 年第 22 期。

变才有其实务意义。因此，社会工作实务中的需求评估首先要发现需求不足，然后把握其原因机制，再进一步发现各个原因的可变性及可控性，从而为社会工作计划的制订提供基础。

二　专业信赖关系的建立

专业信赖关系是在工作过程中工作者与案主所建立的相互尊重、相互信任、彼此合作的一种工作关系，是社会工作成败与否的关键。良好的专业关系开启了一个窗口，借助它，工作者看到案主的内心世界、案主的生活，而案主则看到自己小世界之外更广阔的世界。在专业的信赖关系中，工作者和案主互动，彼此分享解决问题的忧与乐，完成对彼此所应扮演角色的期望，共同获得成长。

（一）专业信赖关系建立的意义

人类的成长及人格的养成，主要是在个人与重要他人的关系中，通过学习并内化他人的观念、情感、价值观与行为模式等，形成自己的人格。一个自我功能有缺陷的人，他的学习过程会和儿童的学习过程相类似，即在父母或重要他人适度的爱与期待气氛下，逐渐内化他人的教导而发展自己的能力。因而，充满爱、接纳、鼓励、信任等特性的关系，能够给案主一个有意义的纽带，激发案主的学习动力，以促进案主运用这一协助，接受工作者的影响，学会更有效地对待自己、对待他人、对待生活。案主还可以将这一协助经验内化，增进自我功能的整合与发展，获得更为深刻、全面的自我认识，从而产生自信及自助的力量感。

（二）专业信赖关系的主要内容[1]

（1）满足案主需求的关系。工作者以促进案主的成长、发展，并培养较好的适应性为己任，并且提供满足需要的资源与服务。

（2）激发案主新动力的关系。工作者提供温暖、支持且富有安全感的关系，消除案主的焦虑不安等情绪，帮助他将全部精力用于积极的改革和调试的努力之上。

（3）整合与他人相处的关系。工作者以沟通的、关怀的与支持的方式，让案主有归属感，经过同工作者建立良好的关系，重新肯定自己是社会的一分子，并将从这个关系中所获得的经验，运用到其他的人际与学习关系上。

---

① 隋玉杰：《社会工作：理论、方法与实务》，中国社会科学出版社，1996，第77页。

（4）互助的关系。在工作者与案主态度与感受互相传送的过程中，协助案主理清自己的态度和情感，并学习这些互助的经验，以减少人际关系的障碍。

（5）真实的关系。工作者以真诚的态度面对案主，也鼓励案主真诚地表达自己，并要能协助案主认清现实性与非现实性的认知与期待，以避免错误的期待和印象，促使服务过程顺利而有效进行。

（6）互补的关系。工作者与案主对双方角色有着共识。作为案主，就必须坦诚而开放地表达自己的问题与困难，而工作者则必须能关怀、接纳其表达，并提供必需的资源。

（三）移情与反移情

移情可能存在于任何专业关系中，案主将其所需特质投射到工作者身上，以获得安全、被支持的感受。移情有正向和负向两种。无论正向的移情，如情绪的依恋和理想化，还是负向的移情，如敌意、愤恨等，绝大部分是案主幼小时潜意识的感情投射，但有时也是案主对工作者合理的人格反映。若工作者肯定这些不是自己意识或潜意识行为所引发，而是案主自动产生的，则意味着他们是案主以往或目前生活中与他人关系的表征，对了解案主和协助案主自我了解，有深切意义。我们说移情是干扰，但不是说它们无意义，而是指不经过适当的处理，将使专业关系遭到破坏。

专业工作者非但不应该忽略或逃避案主对他的移情，而且要有目的地及时发觉并运用到对案主的情绪和社会适应态度的转变上，协助案主认清专业关系的目的，以及现实所能达到的目标，使案主的移情有效地释放，并给予充分或适当的支持与澄清，以增加案主对自己行为的评量，减除案主内在的非现实情感，从而促进专业关系的建立与发展。

三 社会工作者与残疾人沟通技巧

对人尊重的态度和同感的理解是需要通过语言来传递或表达的，因此，沟通双方运用语言的能力和艺术是取得良好沟通效果的关键。

（一）运用好沟通的符号

1. 语言符号

第一，把话说得悦耳，悦耳的声音会令人心情舒畅。第二，把话说得清楚，必须让人明白所要传达信息的意思，这就要求沟通者思维有条理，吐字清晰，把意思说明白。第三，把话说得准确，要完整地表达句意，说话用词尽量科学准确。第四，把话说得恰当，说话必须符合特定的身份和场合。第五，把话说得巧妙。例如，如何说好第一句话？怎么才能开启对自己有利又令对方愉悦的话题？一般的原则是寻找对方的兴趣谈话区域和自己的有知区域，而要避开对方忌讳的区域和自己的无知区域。

2. 身体语言

身体符号包括人的眼神、面部表情、身体的姿势、动作及仪表等。专家认为，在人面对面的信息沟通中，有 65% 的社会意义是通过身体符号传递的。身体符号具有无伪装性的特点，人可以言不由衷，但强装笑脸总要露出破绽。人们可以通过恰当的身体符号向沟通对象表达自己对对方的尊重、接纳、关心，更可以通过细心地观察对方的身体符号解读其内心世界。

3. 环境符号

环境符号是指能够传递信息的时间和空间因素。时间在传递信息中具有不可替代的作用。与人约会姗姗来迟，传达给对方的可能是不认真、时间观念不强、对对方不重视等信息，进而会引起对方很多的心理活动：失落、不信任、不愿意合作等。空间因素是指人与人之间的距离、位置以及沟通场所的气氛。谁都知道远远的打招呼表示热情友好，与人擦肩而过没有任何表示说明彼此的敌意或冷淡。一般而言，人与人之间相隔 0 厘米～15 厘米是亲密距离，其寓意是亲密而热烈；15 厘米～75 厘米是个人距离，寓意是亲切友好；75 厘米～215 厘米是社交距离，寓意是严肃而正式；215 厘米以上是大众距离，表明彼此之间没有心理的联系，但在一些特殊的场合如拥挤的公共汽车上则是例外情境。由此可见，应该视交往对象的关系把握与人沟通的距离。

（二）支持性技巧

支持性技巧是指工作者通过身体及口头语言的表达，令案主感到被尊重、被理解、被接纳，从而建立信心的一系列技术。支持性技巧主要有专注、倾听、同理心、鼓励等。

1. 专注

专注是指工作者面向案主、愿意和案主在一起的心理态度。在某些人生的重要时刻，有人陪伴是非常重要的。当工作者以专注的神情面对案主，案主就会感觉“他与我同在”、“他在专心地陪伴我”，这无疑会给案主带来心理上的支持，增强面对困难的勇气和信心。

专注行为的品质，反映着工作者知觉的敏感程度，优秀的个案工作者都会注重培养自己专注的能力。专注技巧既表现为通过生理上的专注行为来表达心理上的专注，也表现为心理上的专注带动生理上的专注。

生理上的专注行为主要表现为如下几个方面。

（1）面向案主：工作者以一种参与的态度面对案主，这种表现意味着"我愿意帮助你"、"我愿意留在这儿陪你"。

（2）上身前倾：坐在椅子上，上身略微前倾。前倾的姿势意味着"我对你和你说的话感兴趣"、"我对你是友好的"。

（3）开放的姿势：双手放开而不是抱住双肩。

（4）良好的视线接触：会谈中工作者应与案主保持稳定、坦诚的视线接触，而不是眼睛盯在别处或四处巡视。

2. 倾听

主动倾听是指工作者积极地运用视听觉器官去搜集案主信息的活动。专注与倾听是不可分开的，是同一种行为的不同侧面。完全主动的倾听包括三方面的内容。

（1）倾听案主的话语信息。工作者在会谈中的一个重要职责就是鼓励案主多说话，自己多倾听。工作者的倾听不是盲目的，而应该是有目的的，在倾听时要注意分辨案主叙述中的经验部分、行为部分和情感部分。

（2）观察案主的身体语言信息。有声语言不可能完全独立地传递信息，总有身体语言相伴左右，人在说话时，脸上总有一定的表情或手势、动作，身体语言往往起着对有声语言的辅助和强调作用。比较于有声语言，身体语言在传递信息中有更大的优势，如身体语言可以独立传递信息，从案主双腿不停抖动的动作就可以知道案主内心的紧张和不安。而且，身体语言还可以起到戳穿有声语言伪装的作用。因此，作为个案工作者，在会谈中必须仔细观察案主的身体语言信息。

（3）解读案主其人。倾听的最深层意义是要解读案主这个人——包括他的生活、行动及与其问题相关的内容。工作者用眼睛观察了案主的身体语言，耳朵倾听了他的话语信息，这还不够，还必须在此基础上动用自己的大脑，迅速地进行思考判断，解读案主整个人。

3. 同理心

同理心是指工作者进入并了解案主内心世界，并将这种了解传达给案主的一种技术与能力。同理心包括情绪同理和角色同理两个层面的内容。情绪同理即同感，是指工作者如同亲身体验感受案主的感受，是一种受他人状况感动的能力；

角色同理是指工作者了解案主的情境、参考构架及观点的能力，角色同理要求工作者尽量放下自己的参考构架和文化背景，站在案主的角度去理解案主的问题及其相关的行为。

同理心作为一种会谈技巧，由三要素组成：一是觉知的能力，包括被感动的能力和理解能力。要想同理案主，就得先了解案主、懂得案主、理解案主。正确觉知的基础，首先是培养自己对事物的敏感性，提高感受能力。二是语言表达能力，包括说话能力和身体语言能力。一般来说，陈述句和征询式、不确定式的语气效果比较好。三是传达的及时性，同理心的传达必须是及时的，迟到的表达可能完全失去意义，提前、急于的表达，会影响同理的准确性、正确性和全面性。什么是传达的最好时机，这要依具体情境而定，需要工作者去自行把握。

4. 鼓励支持

鼓励是指工作者通过恰当的话语和身体语言，去鼓励案主继续表达他们的感受和看法的技术。鼓励的技巧可以起到让案主表达、支持案主去面对和超越心理上的挣扎、增强案主自信及建立彼此信任的专业关系的目的。鼓励应该在工作者觉察了案主的退缩行为之后运用。工作者通过专注与倾听，发现案主沉默、逃避目光接触、避免直接对话、吞吞吐吐等情形时，应当给予及时的鼓励。鼓励案主继续表达可以用话语如"请继续"、"你说得很好"，也可以用身体语言支持，如身体前倾、微笑地注视、点头、用手示意、眼神鼓励等。

（三）引领性技巧

引领性技巧是指工作者引导案主具体、深入地探索自己的经验、处境、问题、观念等的技巧。运用引领性技巧的目的是促进案主在相关主题上做出较为具体、深入、有组织性的表达和探讨，增进工作者对案主的认识和了解。引领性技巧主要有澄清、对焦、摘要等。

1. 澄清

工作者引领案主对模糊不清的陈述作更详细、清楚的解说，使之成为清楚、具体的信息。澄清也包括工作者解说自己所表达的不甚清楚的信息。沟通本来就是困难的事情，每个人的内心都是一个独特的世界，各自拥有不同的生活空间，不是通过几句话就可以了解的。个案工作者与案主之间不是一般的人际沟通，而是要深入地互动，工作者必须对案主有较全面、深刻的了解才能真正按照其需要提供帮助。

2. 对焦

对焦是指将游离的话题、过大的谈论范围，或同时出现的多个话题收窄，找出重心，并顺其讨论。对焦可以使会谈减少跑题、多头绪的干扰，使会谈能够集中在相关主题上进行深入、具体的讨论。但工作者在运用对焦时应注意与鼓励技巧的冲突，鼓励技巧的理念主张让案主多说话、尽量表达自己，这就免不了会出现谈话漫无边际的情况，因此，对焦技巧的运用不可生硬，应视偏离主题的程度及所持续的时间，来决定在恰当的时机进行对焦。

3. 摘要

工作者把案主过长的谈话或不同部分所表达的内容进行整理、概括和归纳，并作简要重点的摘述。摘要技术的运用，可以帮助案主理清自己混乱的思路，突出案主在想法、感受、行为、经验上的特点或模式，促进案主对自己有较清晰的了解。另外，工作者做完摘要后，还应向案主查证摘要是否准确，容许案主否定、接纳或更正工作者的摘要。

（四）影响性技巧

影响性技巧是指工作者通过影响案主，使其从新的角度或层面理解问题或采取方法解决问题的技巧。影响性技巧主要有提供信息、自我披露、建议、忠告和对质。

1. 提供信息

工作者基于专业特长和经验，向案主提供所需要的知识、观念、技术等方面的信息。提供信息包括提供案主不知晓的新信息和帮助案主改正已有的错误信息。工作者在提供信息的时候首先要了解案主的知识背景，分析其对信息的敏感度和接纳能力，选择适当的方式。

2. 自我披露

选择性地向案主披露自己的亲身经验、处事方法和态度等，从而使案主能够借鉴他人的经验，作为处理自己问题的参考。自我披露可以引导案主从其他的角度去思考问题，或参考别人的方法解决自己的问题；自我披露还可以为案主树立坦诚沟通的榜样，工作者的坦诚开放、与人分享自身的经历和感受的做法，会感染案主使其愿意表露自己的内心世界；自我披露对促进工作关系也十分有利，工作者的自我披露可以拉近与案主的心理距离，发展融洽的工作关系。

3. 建议

对案主的情况、问题有所了解和评估后，提出客观、中肯和有助于解决问题的意见。作为专业的助人活动，在个案会谈中，工作者通过对案主问题及相关信息的了解，总会发展出具体的解决案主问题的思路，工作者应该向案主提出这些意见。但是，工作者首先需要考虑清楚意见或方法的可行性、背后的理念及理论的正确性。而有时如何向案主提出这些建议比方法本身的意义还要重大，如果工作者生硬地强行要求案主按照自己的意见做，违背案主个人意愿，反倒会造成不进反退的后果，因此如何向案主提建议非常重要。

4. 忠告

工作者向案主指出案主行为的危害性或案主必须采取的行动，例如："如果你还是每天翻查你丈夫的包，他会觉得自己不被尊重，会严重影响你们夫妻之间的感情。"忠告通常是针对一些比较严重的事件或行为，但是，是否严重是一种价值的、道德的判断，是很主观化的。因此，工作者一定要反复斟酌自己的判断，而忠告之后，工作者应该耐心地讲清道理，提供案主不知晓的知识和视角，使案主有所领悟。

5. 对质

对质是指工作者发觉案主的行为、经验、情感等有不一致的情况时，直接发问或提出疑义的技术。通过对质，工作者可以协助案主觉察到自己的感受、态度、信念和行为不一致或欠和谐的地方。

 案例分析

社区残疾人增能服务个案分析

一　基本资料及背景

1. 基本资料

张某，男，25 岁，2010 年 3 月因为精神健康出现问题被家人送往杭州市第七人民医院进行治疗，经过一段时间的治疗后回到家中。因曾经患有精神疾病张某失去了工作，和朋友也失去了联系，家人怕他出意外，出于关心常把他一个人关在家里，不允许他外出。医院医生在回访中了解到张某的情况，发现张某的情绪不太稳定。张某说，自己很孤独，大家都很害怕他，他被大家抛弃了。

2. 背景资料

在本案中，张某因为精神健康出现问题，通过杭州市第七人民医院的医生进行专业鉴定后基本可以认定为精神残疾。残疾人社会工作是围绕残疾人个人、家庭、群体以及相关的社会组织和社区开展的专业性助人活动。在整个服务介入过程中，张某本人、张某的家属、同事、朋友、医生及医院、社区居委员、邻居等相关系统交互作用、相互影响，社会工作者应整合社区内所有资源为张某提供帮助与支持。

二　社会工作者的工作重点

（1）针对张某自卑、缺乏安全感、孤独的心理状态，社会工作者应着力增强其生活的自信心和积极性。

（2）改善张某与父母的关系，改变家长不允许外出的简单处理方式，增强家庭系统的支持。

（3）改善张某与朋友以及同事的人际关系，建立起与外界沟通的渠道。

三　问题分析

与其他群体的社会工作相比，残疾人社会工作具有它的特殊性，这种特殊性表现在以下两个方面。

（1）残疾人及其群体自身的特殊性。除了受社会及自然条件的限制外，残疾人及其群体更由于自己的身心缺陷或损伤而难以像健全人一样生活，他们所遭受的痛苦和不幸是双重的。如案主张某因为精神疾病，导致失业，失去亲人朋友的关心，甚至连行动自由都受到限制。

（2）残疾人社会工作过程的特殊性。大多数情况下，残疾人社会工作者都是身心健全者，他们一般很难具有与残疾人相似的生活经历或创伤遭遇，因此，社会工作者在具体的实务过程中，对服务对象的"同理心"的表达以及服务需求适切性的考虑，远远比对其他群体的社会工作服务要困难得多。在工作中如果处理失当的话，对残疾人伤害所造成的后果也更加严重。正因为上述特殊性的存在，残疾人社会工作就更需要政府、社会的帮助，更需要专业人员所提供的各类服务。

四　服务计划

残疾人社会工作的方法有心理辅导、个案工作、寻找资源、转介等具体方式。选择合适的行动为残疾人提供服务非常重要，这些行动包括三个层面，它们之间构成一系列从微观到宏观的介入方法。

（1）让残疾人充分运用其可以运用的资源和能力。工作人员尽量从残疾人及其周围环境中去了解服务对象自己已有的能力和可资利用的资源，帮助残疾人改变态度或学习某些技术和方法去解决问题。具体的工作方法有几种。

①辅导，即工作人员解释某些看法及教导残疾人，使其建立自我意志和发挥潜在能力去解决问题。社会工作者加强对张某的辅导工作，使其充分认识到自身的价值，努力克服自卑心理，重新建立自信心。

②支持，即帮助残疾人认识自己所处的环境里可以运用的资源及途径。为解决残疾人的困难，工作人员提供援助服务，如残疾人家务助理、残疾人短期照顾等，帮助他们渡过难关。在这期间，工作人员要不断地给予鼓励和支持，使残疾人从中获得经验和能力去面对困难。本案中的支持系统主要是家庭成员之间的相互支持与关怀，使张某在家庭中感受到温暖与安全感，感受家人的接纳与尊重。

③保护，这是一种强化的支持，以防止残疾人受到伤害。保护的方式可以有多种，工作人员应该就残疾人的具体情况采取不同的禁制及安全措施，以避免伤害出现，比如在迫不得已的时候送残疾人至院舍照顾，以及在一般情况下安排亲友、家务助理及健康护士护理和照顾病弱的残疾人等。在本案中表现为让张某恢复行动自由，更好地与外界接触，更快地恢复其社会功能。

（2）减低残疾人运用资源的环境阻力和矛盾，残疾人在求助过程中会因为周围的人事和环境的许多阻碍与误解而得不到足够支援，如残疾人的家庭成员对其应接受怎样的服务有不同意见、机构人员对残疾人情况并不了解等，工作人员的介入就是要调解这些矛盾和澄清误会，使残疾人获得应有的支援和帮助。

（3）发掘并有效运用社区资源。在大多数情况下，残疾人需要的帮助较诸于社会服务机构所能提供的资源为多，因此，工作人员要为残疾人发掘及调动更多的服务资源，以满足残疾人的需要。

五　服务过程和效果评估

社区康复有关理论认为，残疾人社区康复是一个系统工程，除了涉及残疾人本身的身体康复、功能的发挥外，还涉及残疾人的社区融合，社区对残疾人看法和态度的转变，是一个包容了残疾人身心、生活、社交和环境等多方面内容的概念。社区康复包括两个部分：一是针对残疾人群体的康复活动，主要是改变残疾人原先的闭塞现状，加强他们与外界的沟通和连接；二是针对社区居民的社区康复宣传，主要是向社区居民宣传社区康复知识，帮助他们认识和理解残疾人和社区康复，尊重和支持残疾人，为残疾人群体营造一个良好的社区环境，构建一个充满"关爱"、"支持"与"理解"的社区支持网络。这样才能帮助残疾人更好地融入家庭、融入群体、融入社区，才能使残疾人感受到来自家庭、来自朋辈、来自社区的关怀和温暖，才能为残疾人营造一个更美好、更温馨、更舒适的社区氛围。

（1）联系张某的医生，了解更多张某疾病方面的资料，并希望医生多关注张某的病情发展，并与社会工作者保持联系。

（2）帮助张某家人改变对精神疾病的误解，改善家长的处理方式，让张某的家人了解与外界沟通对于张某的重要性，增强家庭系统的支持作用。

（3）社会工作者为张某进行情绪疏导，鼓励他自我肯定、自我认同，肯定自己的价值，增强其自信心。

（4）社会工作者开展一系列同龄人的小组辅导，在活动中鼓励张某与他人相处，增加张某交友的可能，提高其社交技巧，为他以后在社会中与人友好相处做好准备。

最终，社会工作者对个案辅导进行过程评估、成效评估和满意度评估，均取得良好效果。

第十一章 残疾人社会工作实务过程（上）

与很多学科越来越专门化的发展趋势不同，社会工作始终强调总体模式。社会工作者需要在众多领域接受训练和学有专长，以有效地处理个人、家庭、小组、组织和社区所面临的问题。在总体的社会工作实务模式下，社会工作实践类似于全科医学实践，医学中的全科实践者被训练来处理广泛的医疗问题，社会工作者也被训练处理广泛的社会和个人问题。社会工作者不是传统上的个案工作者、小组工作者或者社区工作者。实际上，每一个社会工作者总是被期望在所有层面都能有效地发挥作用，并因此需要在所有方面接受训练，以便他们能够用一定的程序评估和干预个人、家庭、小组和社区所面临的问题。而这一程序便是社会工作实务的通用过程，具体包括接案、预估、计划、介入、评估、结案、督导这些基本环节。残疾人社会工作实务也不外乎包括这一系列具体工作。本章重点探讨残疾人社会工作实务过程前期与中期的接案、预估、计划、介入这四项基本工作。

第一节 残疾人社会工作接案

"接案"是社会工作助人活动的开端，是社会工作者与残疾人开始接触，了解其需要，帮助其逐渐成为服务对象并接受服务的过程；是社会工作者与残疾人通过沟通达成共同解决问题初步协议的整个助人过程的开始。

一 残疾人社会工作接案的核心步骤与技巧

残疾人社会工作接案工作是一个需要运用专业技巧的结构化过程。接案阶段的主要步骤包括准备、会谈、记录、决定工作进程等。

（一）准备

"凡事预则立，不预则废。"接案前的准备是保证接案会谈顺利进行的重要前提。残疾人社会工作接案准备工作包括："备案主"、"备心理"、"备提纲"以及"备事务"。

1. "备案主"

"备案主"是指在接案之前对残疾人的基本情况、残疾人的来源等信息事先做一个初步了解。

（1）研读案主的基本资料

接案前事先研读服务对象的基本资料，具体包括性别、年龄、残疾类型、残疾程度、就业或就学情况、家庭背景等。记下不清楚的地方，以便在面谈时进一步了解情况。

（2）了解案主的来源

一般而言，案主的来源包括三类。

①主动求助。所谓主动求助，是指一个人、家庭或团体带着超出他们能力之外而不能解决的问题主动前来寻求帮助。这种服务对象通常比较了解社会工作机构相关服务信息，他们知道机构能够为他们提供什么服务。因而，机构提供的服务与他们的期望两者之间具有较大的一致性。

例如：一位工伤导致截肢的残疾人求助某职业辅导机构，求助的主要目标是找到一份工作，那么这样的案主很明显是主动求助者。

②转介。即社区内的相关机构（如街道办事处、居委会）或者其他社会工作机构发现案主存在个人、家庭或群体问题而影响到了正常的社会功能发挥，本身无法为其提供服务，转介其他机构。由于服务对象的需要具有多样性，而社会工作机构服务都有其自身的限制，并不能提供服务对象所需的全部服务，从而要求其他机构的社会工作者介入来帮助他们解决问题。

例如：一位工伤导致截肢的残疾人求助某职业辅导机构，请求机构帮助其向原单位索赔，并享受工伤保险待遇。由于原机构的服务范围可能限于就业领域，则将其转介给另一家残疾人维权组织，对于在残疾人维权组织的社会工作者而言，这样的案主来源则是"转介"。

③由社会工作者主动接触而成为服务对象。社会工作者通过外展服务、街头咨询、流动救助站等方式主动接触服务对象。对于被社会工作者认定为服务对象

的人来说，没有主动求助或者说没有求助动机并不等于他们就不需要服务、不想得到服务。面对此类服务对象时，工作者的重要工作和任务是消除他们对机构和社会工作者的不信任甚至怀疑，引导他们接受服务。

例如：某残疾人救助和保护中心的社会工作者从保护残疾人生存权、受教育权、参与权和发展权出发，设立了街头巡回流动救助车，随时发现有需要救助的残疾流浪者，向他们介绍宣传中心的服务，引导残疾流浪者使用中心的服务，使他们能够享受教育和发展性的培训。这样的案主来源就是由社会工作者主动接触而成为服务对象的。

（3）了解案主是否接受过服务

如果是其他机构转介来的服务对象，社会工作者则应阅读以前服务机构的记录，以便在会谈时有的放矢地与其沟通交流。

（4）探查案主是否有特殊事项需要谨慎小心处理

比如案主是否有精神健康方面的问题，并为此做好预防工作，必要时可以邀请相关专家一起与服务对象见面。比如针对聋哑人，社会工作者如果不会手语，可考虑邀请精通手语的专家一同接案；针对一些重度智力残疾的案主，则要考虑是否要请特殊教育领域的专家一同会谈。

（5）调查案主的社会网络

通过调查案主的社会网络来了解其社会功能及社会处境方面的情况，具体的调查走访对象包括案主的家人、邻居、朋友、居委会以及相关的社区、组织、单位等。社会网络本身不但可以直接给案主提供帮助，他们所提供的有关案主的信息也可以帮助社会工作者对案主有更深入的了解。

2. "备心理"

残疾人社会工作接案前的"备心理"包括三部分：一是理解一般残疾者及其家属的心理情绪反应；二是社会工作者自身的心理省察；三是社会工作者准备期的"同理心"。

（1）理解残疾人及其家属的心理

无论是先天性的，还是后天的意外，残疾的发生对于残疾者本人及其家庭的生命周期来说都是一个转折点。相关研究表明，残疾人家庭相较一般家庭，大都呈现沮丧、悲伤、自卑、忧郁等负面情绪。残疾人及其家属对残疾这一悲剧事件的情绪心理反应一般包括以下几个阶段。[1]

①怀疑期。常见的反应如："到底这是不是真的？"尤其是在诊断确定以前，这种怀疑与不确定感更加强烈，不相信眼前的一切是真实的。

②隐私与归属感丧失。面对残障的事实，感到自己有什么东西被剥夺。

③退化时期。生理与心理虚弱，情绪和行为上有严重的依赖倾向。

④恐惧与焦虑时期。害怕失去的焦虑症状，失去对自己身体运作的控制能力。

⑤愤怒与沮丧时期。常见的反应如："为什么？""为什么是我？"愤怒和抱怨很多是源于其无助的感受，被动、冷漠，对自己和他人不抱希望，这时期也容易出现攻击性和戏剧化行为。

⑥认同期。在经历慌乱、愤怒之后，一个新的认同感开始浮现，残疾人及其家属开始接受残疾的事实，并慢慢适应接下来的生活。

残疾人的家庭一般都经历了一个从刻意逃避，怕解释、怕别人不理解和不接纳，到主动回应别人的关心、欣赏，甚至积极参与社会活动的心路历程。从感到无能、无知、无助，以致整个世界失去希望，到寻求适当的服务，面对现实，家人的情绪会有反复，其间仍可能感到灰暗或逃避，甚至用自欺欺人的方法来自我安慰，无可奈何中只能继续寻找方法来帮助残疾者。社会工作者在接案前就应充分了解一般残疾人及其家属的心理状态，并评估其可能处于哪一心理阶段，以便接案时做出合适的反应。

（2）社会工作者的自我心理省察

社会工作者的自我省察是指对自己的觉察与反省。社会工作者的工作就是与案主互动的过程，由于在生长背景、生活环境、社会地位、个人经历等方面不同，社会工作者与案主在价值、自我概念、对问题的看法、需要、期望等方面可能存在着不同。就残疾人社会工作的接案而言，社会工作者首先应反省一下自己有没有对残疾人有误解：比如认为残疾人一般有暴力倾向、残疾人要永远依赖别人、教育及训练残疾人是浪费社会资源等。

社会工作者在与残疾人案主会谈前，就应该理解残疾人虽然有时会以大叫、摔打东西等行为来表达自己的情绪和感受，但残疾人的暴力倾向并不比一般人大，他们并不是要故意伤害别人，只是他们的沟通能力比一般人弱；80%左右的

---

① 马洪路编《残障社会工作》，高等教育出版社，2007，第195页。

残疾人只要经过适当的培训和教育，不但能自我照顾，出外工作，还可帮助别人。残疾人和普通人一样，是社会的一分子，有权享用社会资源，同时，经过训练后，残疾人也能发挥潜能。

(3) 准备期的同理心

"同理"是社会工作实务的重要技巧，同理心被比喻为"将自我放进案主的心里，通过案主的体会来看世界"。在初次会谈前，社会工作者就应具备同理心来提高对案主可能的问题、思考、感觉或他自身表达出的感受和描述的情形等的敏感度。

在接案前的准备阶段，社会工作者的同理心主要是在有限的信息中进行一种尝试性的遐想，设想案主在会谈时可能想些什么或者其感受如何等，这样可以让社会工作者在初次会谈时比较自然、迅速地进入案主的世界。所以，在正式会谈前的同理心本质上是一种心理准备，这种准备旨在理解案主可能的所思所想，自信地以更开放的心态去面对案主和接受多种可能发生的情况。

3. "备提纲"

"备提纲"是指在做好相应的案主信息与心理准备之后，社会工作者在正式接案会谈前应拟定好初次面谈的提纲，具体包括面谈的内容和顺序等。案主由于自身面临一些困难以及对社会工作者不了解，初次面谈时难免紧张，而社会工作者也可能会因初次会谈中出现一些突发问题而措手不及。所以，在正式会谈前拟定一份比较详细的会谈提纲是必要的。面谈提纲可以帮助工作者理清工作思路，从而在面谈时有备无患，且能够有序并有效地与服务对象进行沟通，探讨他们的问题，澄清有疑问的地方，并提供切合服务对象需要的服务。

接案面谈提纲的主要内容包括:[①]

(1) 进行自我介绍，向案主说明自己的专长等;

(2) 简要向案主说明本次会谈的目的和内容，以及双方各自的角色和义务;

(3) 介绍本机构的功能和服务、相关政策（如保密原则）和工作过程等;

(4) 征求案主对会谈安排的意见，了解案主对机构和社会工作者的期望;

(5) 询问案主是否有需要紧急处理的事情，以便提供协助。

虽然已拟定会谈提纲，但在会谈中，社会工作者需根据"以案主为中心"的基本原则，灵活处理上述会谈提纲的内容。会谈中尽量协助案主表达对自己问

---

① 史柏年编《社会工作实务》，中国社会出版社，2010，第27页。

题的看法。社会工作者通过专注和聆听，向服务对象传递一个信息，即社会工作者只是协助者，案主才是会谈的中心。

4. "备事务"

接案前的"备事务"是指在与案主进行接案会谈前，应就一些会谈的必要条件，比如会谈时间、会谈地点、会谈环境、会谈所用器材、会谈时的穿着进行合理的安排。

（1）安排会谈时间

会谈时间的安排一般应征求案主的意见，充分考虑案主的需求，以体现尊重原则。如果案主在工作时间无法请假进行会谈，那么会谈时间就要安排在休息时间，比如中午、晚上或者周末。社会工作机构往往实行弹性工作制，以便社会工作者安排会谈时间。另外，工作者也应严格守时，不要迟到。

（2）安排会谈地点

接案会谈的地点安排与上述的时间安排一样，也应尊重案主需求。一般的会谈地点除了社会工作机构的办公室、会谈室以外，也可灵活安排在案主家里、社区活动中心、案主工作场所附近、医院、咖啡厅、茶馆等，总之以方便案主为原则。另外，针对残疾人社会工作的接案会谈，还要考虑一些特殊问题。比如针对肢体残疾行动不便的案主，应考虑会谈地点有没有无障碍设施；对于盲人或一些轻度智力残疾者，会谈地点应尽量安排在案主熟悉的、凭自身能力一般可以到达的地点；对于重度残疾人，会谈地点则最好安排在案主生活的场所，比如案主家中、疗养院、康复机构等。

（3）会谈环境的布置

如果会谈安排在社会工作机构中，那么在机构中会谈要考虑环境布置，以方便会谈进行。比如，会谈场所应舒适、安静，隔音效果良好，具有私密性和安全感，以使会谈能够顺畅进行而不被干扰。机构的桌椅应考虑残疾人的身体特点，家具应简洁舒适，比如可准备一些靠垫，方便案主使用。

会谈场所的空间安排也要尽量使案主感觉自由、舒适和随意，以便他们能够与工作者无拘束地进行沟通和交流；环境布置应简洁、温馨，不要有太多装饰以免分散案主的注意力；桌椅摆设要有利于方便与服务对象的讨论和沟通，通常工作者与案主的位置在角度90°~130°、距离1~1.5米比较合适，这种位置能够让双方听到和看到对方的话语、声音、表情和身体语言，同时又保持一种舒服的个人空间。

（4）相关工具器材准备

社会工作者在进行接案会谈前，还要考虑是否需要准备一些工具或器材。比如笔、纸、笔记本等必要的记录工具；相机、录音笔、摄影机等必要的辅助记录器材；问卷、量表等必要的评估工具等。如果是家庭会谈，还可为一起前来的儿童准备一些玩具。另外，针对残疾人案主的生理特点，考虑是否需要一些特殊辅助器材，比如助听器、盲人打字机、盲人读物等。

（5）会谈时的穿着准备

会谈时穿着的总体原则是得体大方，既体现专业形象，也不应太过讲究与正式，否则会造成距离感。社会工作者应留意案主的文化背景、价值观念及自己在对方心目中有一个什么形象。初次会谈的衣着，不应与案主的阶层相差太远，不应该过于正式，比如假设目标案主属于社会中下阶层，成套的西服对于接案会谈而言就不太适合。当然会谈时的穿着也不能太过随意，比如宽大的 T 恤、破洞牛仔裤、拖鞋、超短裙、超短裤等，这些显然都是不适宜的。一般而言，如果机构有统一的服装，社会工作者可着统一工作服。如果没有统一着装要求，社会工作者最好穿中性色彩、偏保守款式的衣服，总之，给服务对象一种整洁、大方、成熟以及可以信任的感觉。

（二）会谈

社会工作者与案主面对面的会谈是残疾人社会工作接案阶段的第二步工作。会谈是社会工作者与案主沟通的常用工作方式，是贯穿于社会工作实务过程各个阶段的重要工作环节。会谈是社会工作者与案主之间，以案主为中心，面对面地讨论问题的过程，同时也是一种有意识、有目标的人际互动过程。接案阶段会谈的核心目标是通过社会工作者与案主面对面的交谈与互动，以确定是否建立专业协助关系。

1. 接案会谈的主要任务

（1）界定案主问题

社会工作者与案主会谈的过程其实就是一个沟通的过程，任何人包括社会工作者在内都不是能解决所有问题的全能专家。在接案会谈中，社会工作者通过沟通技巧的运用，初步了解案主所关注的问题，即案主当前最大的困惑是什么。社会工作者通过问题界定，主要了解：案主为什么来求助？案主认为自己到底存在什么问题？案主认为问题的范围、持续时间、产生原因以及严重程度如何？

（2）了解案主需求

案主的需求其实是与案主的问题紧密联系的。针对案主现阶段的问题，他希望从与社会工作者的接触中获得什么？案主希望产生什么结果？

（3）澄清或引导各自的角色

在初次会谈中，工作者不仅应清楚自己的目的和角色，也应向案主进行简要说明，通过沟通，减少或消除期望上的差异，使双方能坦诚相见，相互信任。具体包括：案主对自己的角色期望，社会工作者对案主的角色期望以及社会工作者对自身的角色期望等。另外，社会工作者接案会谈是社会工作者与案主建立关系的开始，社会工作者应帮助并引导案主逐渐接受自己的受助者角色。具体的方法包括详细地讲述、观看录像、观察社工为其他案主服务的过程等。

（4）介绍机构的相关政策和伦理原理

会谈时，工作者有必要给案主介绍机构的主要情况，比如服务内容、基本规则（如收费、预约和服务时间等）及相关伦理原则，在明确社会工作者、机构和案主之间的权利义务关系的同时，也可以进一步确认案主的期望与机构的服务是否相契合，否则工作者应为案主安排转介。

2. 接案会谈的主要技巧

在与残疾人案主进行接案会谈时，只要在客观上不存在社会工作者与案主的沟通障碍，社会工作者一般可遵循下列基本接案会谈技巧。

（1）自我介绍

接案会谈是社会工作者与案主的第一次正式会面，社会工作者应热情地招呼案主，并主动进行自我介绍。对案主的称呼最好征求案主本人的看法，一般情况下用正式的称呼。

例如："王女士，您好，我是张晓丽，南京市希望社区服务中心的社工，您可以叫我晓丽，您有什么困难吗？我们一起来聊聊好吗？"

（2）发问

接案会谈是社会工作者与案主之间有目的的人际互动与沟通过程，社会工作者需要通过会谈了解案主的基本资料、案主的问题与需求、意见、态度等，这些信息都需要通过言语沟通的形式来获取。发问是会谈中的重要技巧。

会谈提问时工作者应避免过多提封闭式问题，多用开放式问题鼓励案主自由表达自己的想法。会谈过程中提出的问题，可分为两大类，即实质性问题和功能性问题。实质性问题，是指为了所要了解的实际内容而提出的问题，可分为：事实方面的问题，如属于个人特征和属性的问题，如姓名、性别、年龄、职业、学历、婚姻状况等；行为方面的问题，如"你去找过工作吗"，"最近有没有学什么"等；观念态度方面的问题，如"你觉得自己是不是受到了不公平的对待"，"你认为政府应该为残疾人做什么"。

功能性问题，是指在访问过程中为了对访问对象施加某种影响的问题。它可分为：一是接触性问题，如"你近来工作忙吗"，"身体好吗"，"工厂效益好吧"等。提出这些问题，不是了解这些问题本身，而是为了在会谈开始前寒暄一下，消除紧张气氛，打开案主的话匣子，进入正式会谈。二是过渡性问题，例如："你的工作很忙，回到家可以轻松一下吧"，这就自然地引导案主从谈工作问题转向生活问题。

（3）倾听

"会问"与"善听"是影响会谈沟通的两个重要方面，倾听也是接案会谈的重要技巧。

在社会工作者与案主的沟通过程中，倾听首先要有正确的态度，认真、虚心地听取案主的倾诉，聚精会神，一丝不苟，边问、边听、边记，如果案主的回答不是社会工作者想要的，应采取适当方式进行解释、引导和询问，而不能无礼地打断对方。

其次，倾听应是有感情地去听，社会工作者应恰当运用同理技巧，对案主的倾诉做出感情移入式的反应。如案主谈到成绩时为其高兴，谈到困难时替他着急，谈到不平事为之义愤，谈到挫折时为其惋惜。总之，会谈的过程不仅是语言信息交流过程，而且是感情交流过程，社会工作者应该做到与案主喜怒哀乐皆共鸣。

最后，倾听时应对案主的叙述做出恰当的反应。反应可分为两类：一是无反射反应，即对案主的叙述不插话、不表态、不干扰，保持沉默，专心地听。一般地说，在案主努力记忆、积极思考时，或在几种可能性中做出选择的时候，最好采取无反射反应。二是有反射反应，即不时用"对"、"是"等语言信息，或者用点头、肯定的目光和手势等非语言信息鼓励对方继续谈下去。在涉及人名、地名、时间、各种数据和重要观点时，可采取复述一遍的办法做出反应；在叙述过长或过于零散时，对案主的叙述做简要归纳并请被访问者认可，也是一种很好的反应方法。

（4）恰当运用语言与身体语言

会谈时社会工作者的语言要力争做到"一短两化"。即话语尽量简短，并做到通俗化和口语化。一次成功的会谈，应该是社会工作者用简短的提问换取充分的回答。工作者的语气应柔和，给人温和可亲的感觉。工作者应留意案主的语言表达方式，运用他们所能理解和接受的语言进行交流，而不应使用术语、书面语言和种种"官话"，但也应避免模仿案主的口音和表达习惯，这样他们可能会觉得受到严重的冒犯。此外，语速应适中，语速太快，案主可能听不清楚；反之则容易走神，影响会谈效果。

在人际沟通中，不仅语言可以传递信息，人的外貌、行为姿态、面部表情等非语言信息也能传达一定的信息。因此，在会谈过程中，既要重视语言信息交流的技巧，又要重视非语言信息交流的技巧。社会工作者应十分注意自己的身体语言如目光应温和地注视案主；脸部表情应表里如一，对案主的表达进行同理反应；身体姿态应开放、轻松、自然。如站立时，双手自然下垂而不宜手臂交叉抱于胸前；端坐时，身体微前倾，手自然放在腿上，或拿笔纸记录。总之都应向案主传递着尊重、接纳、关怀和专业的素质。

（5）结束会谈

当会谈临近结束时，工作者应对本次会谈简单进行小结，在理清双方思路的同时，也可以进一步确定工作关系是否要建立，包括下一次会谈的时间和可能涉及的主题，或者工作者可布置一些家庭作业，让案主完成一定的任务，约定下次会谈时了解任务完成情况。

会谈时间不宜过长。一般以一两个小时为宜，工作者应尽量遵守约定的时间，避免拖沓。但也应避免由于时间到了而匆忙收场，虎头蛇尾，这样容易使案主产生不被尊重的感觉。

如果通过接案会谈没有确立双方的专业关系，工作者也应礼貌地表示感谢和友谊，希望以后有需要时可随时来机构求助。

（三）记录

从接案开始，社会工作者就要把与案主从接触到一起工作的过程全程记录，将资料进行归纳整理，以为后继服务提供依据和改进服务之用。

进行接案会谈后，工作者应将会谈的内容和结果进行记录。记录的内容包括会谈目的、会谈过程、对会谈的总体评估、对以后会谈的建议等。

（四）决定工作进程

在初步接触和会谈后，双方要决定下一步需要采取的步骤。有以下几种可能。

1. 终结服务

当如下情况存在时，社会工作者可考虑终结服务。

（1）机构缺乏合适的工作人员。比如针对言语残疾人，机构中没有社会工作者懂手语，而其他沟通方式又很不顺畅，这时可考虑终结服务。

（2）案主或其问题不在机构正式或经常的职责、使命或功能范围之内。如针对精神残疾者，一般的社会工作机构可能无法接案。

（3）当案主没有受助愿望时：这样的情况在流浪乞讨残疾人身上经常发生。

（4）案主的问题已经解决时：比如残疾人案主想找工作的需求已经得到满足。

（5）服务对象对问题的看法和期望与社会工作者所能提供的服务不相符，社会工作者所能提供的服务不能解决问题，服务对象没有充分的动机投入必要的时间、力量和资源。①

2. 转介

转介是指在征得案主同意的前提下，将案主从当前社会工作者或机构这里转给适合其问题处理的其他机构或工作者那里接受进一步的服务，以协助案主获得帮助的工作方法。

当案主的期望与社会工作者或机构的功能不相契合，而案主有受助愿望时，社会工作者可考虑转介。比如某残疾人康复机构的社会工作者如果在接案会谈时评估案主的需求与机构的服务不相符，可针对案主的不同需求进行转介。主要希望解决婚恋问题的残疾人案主可转介于婚姻家庭辅导机构；主要希望解决就业问题的残疾人案主则可转介于职业辅导机构；如果残疾人案主有严重的精神健康方面的问题，则需要转介给心理咨询师乃至脑科医院。

3. 进入下一工作进程

如果案主和社会工作者对相关问题、需求、工作重点等达成共识，服务对象愿意继续接受服务，那么就进入下一个阶段，对问题的轻重缓急与先后顺序进行讨论，社会工作者与服务对象可以签订一个初步的服务协议。具体内容包括：

---

① 史柏年编《社会工作实务》，中国社会出版社，2010，第32页。

①对案主问题与需求的初步界定；②机构和社会工作者可以提供的服务；③相互的角色期望；④暂定的工作时间。服务协议的形式可以是书面的，也可以是口头的，主要目的在于双方有一个目标与约束，以便使后续工作富有成效。

二　残疾人社会工作接案的注意点

由于残疾人特殊的生理、心理特点，社会工作者在接案时除了遵循上述残疾人社会工作接案的步骤与技巧外，还应关注以下几个方面。

（一）甄别残疾类型与程度

残疾人在生理、心理、人体结构上，某种组织或功能丧失或不健全，包括视力残疾、听力残疾、言语残疾、肢体残疾、智力残疾、精神残疾、多重残疾等多种类型。不同的残疾类型从程度上又划分为轻度、中度及重度。不同残疾类型，不同残疾程度的残疾人，他们的生理体验与心理感受是不同的。另外，对于不同类别的残疾人，社会工作者与之进行有效沟通的方法与技巧也不同。所以，对于残疾人案主的残疾类型与残疾程度的了解与认知是接案的一个基本前提。

（二）识别案主需求

在残疾人社会工作中，案主的需求是多样的。他们可能希望相关组织为他们提供康复服务；可能希望社会工作者帮他们维权，争取相关的工伤赔偿；可能希望社会工作者及机构提供就业服务，进行职业培训或者职业介绍；可能希望获得平等的教育权利；也可能是案主的残疾导致了一些家庭问题，希望获得相应的婚姻家庭辅导服务；还有可能是残疾这一特殊的关键事件导致残疾人本身或其家庭成员负面的心理体验，案主希望获取心理咨询相关的服务。社会工作服务其实就是以案主的需求为中心，案主的需求决定了社会工作后续一系列工作环节的开展。

（三）方便案主

残疾人社会工作与其他领域的社会工作相比的特殊性在于案主是生理功能缺失的残疾人，大部分残疾人在相应的能力（行动、认知、表达等）上与普通人有一定差距。所以以案主为中心的社会工作尤其要考虑残疾人案主特殊的生理状态，相应的接案工作的安排一切以方便案主为原则。比如对一些行动不便的残疾人（肢体残疾人、视力残疾人等），应考虑会谈地点的无障碍设施情况，以及案主能否凭自身能力到达。对于重度残疾人，会谈地点则最好安排在案主家中、疗养院等案主日常活动的场域。另外，社会工作者还需要考虑接案会谈时是否需要一些特殊辅助器材，比如盲人打字机、盲人读物、助听器等，以方便沟通。

（四）处理好个人接案与家庭接案

在残疾人社会工作中，求助者不一定是发生问题的案主，即残疾人本人，不一定是进行个人接案。求助者也有可能是残疾人的家属，尤其是一些无完全民事能力的特殊类型的残疾人，如智力残疾人、精神残疾人、残疾儿童等。这些群体由于缺乏顺畅的自主表达能力，他们的家人可能成为主动的求助者，在此种情况下，社会工作者与残疾人家属的会谈、沟通就成为了解案主情况最主要的渠道，即进行家庭接案，通过与案主及其家人的一起努力，帮助解决残疾人本人及其家庭的问题。同时，社会工作者要主动出击，寻找探查一些需要帮助的潜在案主，让他们接受社工的帮助，改善当前的生活状态。

第二节　残疾人社会工作预估

社会工作者通过接案与案主初步建立了关系，与案主达成了初步的服务协议后，需要搜集案主的资料，并对案主的问题、案主社会系统状况、案主和环境互动等进行综合分析，暂时性地形成对案主问题性质、成因、程度等的初步评估结论，为下阶段的工作提供依据，这一过程被称为社会工作预估。预估就是收集资料和认定问题的过程，是把所有有关服务对象的资料组织起来并使其具有意义的专业实践活动。预估是社会工作的关键环节。残疾人社会工作的预估主要包括资料搜集、分析、问题认定以及报告撰写等基本环节。

一　资料搜集

预估阶段的资料搜集工作与接案阶段的资料准备的不同点在于，此阶段的资料应更为详尽与具体，这是社会工作者形成对案主问题正确认识和判断的基础。资料搜集的内容具体包括以下几个方面。

（一）案主个人资料的收集

1. 案主的基本资料

案主的年龄、求学与就业经历、生活中重要的人物、相关的社会系统等。

2. 关于残疾的具体特点

案主属于哪类残疾？残疾程度如何？残疾时的年龄是多少？是年幼致残还是年长致残？致残原因是什么？

3. 案主的主观体验

案主如何看待自己的问题；问题持续的时间、频率和强度；案主自己觉得问题产生的原因有哪些，可能导致哪些后果；案主曾经为解决问题所做的努力、获取的资源、使用的方法等；案主对解决问题的期望。

4. 案主的生活能力

具体包括：①身体机能；②感知能力；③自理能力；④沟通技能；⑤社交能力；⑥家居生活能力；⑦学习能力；⑧职业技能。

5. 案主的生活质量①

（1）健康状态：残疾人自我健康评价、医疗器材的运用、医疗需求、医疗经验。

（2）情感状况：残疾人的家庭关系、自我形象、情绪处理与控制能力。

（3）物质状况：包括个人物品、金钱和空间的拥有，就业机会和收入来源。

（4）自我决定：包括日常生活起居安排、闲暇时间运用和社交关系三个方面的自决机会。

（5）个人发展：学习实用技术的机会、个人兴趣与潜能发展和对将来的期望。

（6）人际关系：包括人际关系的建立、发展多元的社交生活、发展异性亲密关系以及对恋爱婚姻的看法等。

（7）社会融入：指残疾人是否能像正常人一样在社区内生活，无障碍地使用社区设施、交通工具，机会均等并有机会参与各项社区活动和社会服务。

（二）案主环境资料的搜集

基于社会工作的社会生态系统视角，人生来就有与环境和其他人互动的能力，个人的问题是生活过程中的问题，对个人问题的理解和判定也必须在其生存的环境中进行，人们遇到的许多问题不完全是由个人原因引起，社会环境是导致问题的重要因素，所以社会工作为案主提供帮助的着眼点不能仅放在个人的身上，要从与之相关的不同系统的角度来分析问题。在预估阶段，社会工作者需要详细搜集服务对象生活环境的基本资料，具体包括以下方面。

1. 案主的家庭状况

家庭是个人生活最重要的场所，在个人的生命和生活中起着不可替代的作

---

① 马洪路编《残障社会工作》，高等教育出版社，2007，第243页。

用。它不仅提供亲密的情感联结和归属感，而且是个人生活照顾和支持的来源。残疾人首先生活在家庭里，作为社会工作者，重要的工作是尊重与了解残疾人家庭，找出家庭中帮助改变的力量和动力，才能更好地为残疾人提供服务。对家庭的了解可以从以下几个方面入手。

（1）家庭成员的基本信息，具体包括性别、年龄、文化程度、职业、健康状况、有无残疾等。

（2）家庭的基本情况，具体包括家庭收入状况、住房情况、家庭人口数、家庭人口同住情况等。

（3）家庭关系与家庭成员的角色，比如夫妻关系、亲子关系、手足关系和与上代家庭成员间的关系，以及各类家庭关系中每位家庭成员的角色期望与角色扮演情况。

（4）家庭规则，包括家庭成员如何进行分工，如何解决分歧、冲突，家庭的权威关系，家庭决策，家庭成员如何表达期望、需要、情感等。

（5）家庭情感，主要表现为家庭凝聚力，即家庭成员之间的紧密性情感连接，太过紧密或松散都会影响家庭功能的发挥。在残疾人家庭中，凝聚力体现为对残疾家庭成员的接纳程度。比如，如果母亲深爱自己的残障孩子，会承担较多责任，甚至会牺牲个人的需要，有时则会操纵子女的生活。反之，如果父亲不接受一个残疾子女，会导致他从亲子关系与夫妻关系中脱离，出现孤立、不参与、不合作甚至排斥的现象。

2. 案主所处的社会环境

案主处在特定的社会生活环境中，受到社会阶级、民族、文化传统、宗教信仰等社会因素的影响。案主所处的社会环境除了家庭外，还包括学校、工作单位、同辈群体、社会机构、社区等。社会工作者在预估阶段需要对社会环境进行考察。

社会工作者应考察：案主周边的社会支持系统有哪些？相关社会环境对案主需要的满足程度如何？案主如何看待自己周边的环境？社区环境与社会体制对残疾人的支持程度如何？这些资料的搜集，有利于工作者全面了解案主问题及成因，并找到相关环境中关于案主问题解决的有利和不利之处。

二　资料分析

资料搜集的成果是获得了一些零散的关于案主的原始资料。但是资料本身并不会说话，它们在很多时候甚至是支离破碎的，所以，必须对原始的零散的资料进行整理与分析，从而从中获得更多有用的信息。资料分析的具体方法包括以下几个。

（一）资料审查

原始资料在记录过程中，可能出现虚假、遗漏、自相矛盾等问题。资料审查的目的是消除原始资料中的这些问题，保证资料的信度和效度。

1. 信度审查

信度审查就是看资料是否可靠。进行信度审查通常有以下方法：①根据已有的经验和常识进行判断，如果与经验、常识相违背，就要对资料进行核实；②在不同的时间点上用同一种方法对同一对象先后两次或以上搜集资料，比较资料前后的一致性程度；③利用资料间的比较进行审查，如果资料是用多种方法收集的，如既使用了观察法，又使用了访问法，可将对同一事件的记录进行比较以判断资料的可靠程度；④审查资料对事实的描述是否准确，特别是有关的事件、任务、时间、地点、数字应准确无误。

2. 效度审查

效度审查即有效性审查，具体的方法包括：①审查收集到的资料对于案主问题分析有效用的程度，那些偏离主题太远的资料应清除。②根据资料的内在逻辑进行核查，如果发现资料前后矛盾，或违背事物发展的逻辑，就要找出问题所在，重新进行调查。

（二）资料分类

对于繁杂零散的资料，就要进行分类编码，使资料条理化和系统化。可将资料分为以下几个类别。

（1）基本信息：案主及其周边环境的客观状态，具体包括残疾人案主个人、家庭、社区、学校、工作单位等基本情况；

（2）关键事件：发生在案主及其生活场域的特定活动，这种活动在通常情况下很少发生，比如致残事件、受歧视、残疾人自身的消极行为等；

（3）场所：关键事件发生的具体现场；

（4）时间：关键事件发生的具体时间；

（5）情境定义：案主及其周边的人如何定义案主的问题，即他们对案主问题的整体观点和看法；

（6）过程：残疾人案主的问题随时间改变的过程，或是从一种状态到另一种状态的变化；

（7）活动：经常发生在残疾人案主身上的行为，比如经常摔打东西等；

（8）策略：指针对残疾人案主问题，案主及其周边人已经采取的各种方法、方式和技巧；

（9）关系和社会结构：指残疾人案主及周边人之间通常呈现的行动模式以及案主生活场域内各种社会关系的结构。

资料的分类整理可将已经按照类别归类的资料组合在一起，使得资料类别有序、层次分明，能全面系统地反映案主及其社会环境的特征，形成完整性、系统化、主题明确的档案系统。

（三）资料排序

按事件发展顺序和过程对资料进行排序，目标是形成事件上有先后次序、逻辑上有因果联系或者有自身脉络的事件图。

（四）资料整合

社会工作者在资料分类与排序的基础上，应进一步识别资料间的关系或形态，发现资料各部分间的逻辑关系，将零散的资料组合成为一个完整的整体，从而对服务对象的需要和问题有完整的了解。

（五）形成认知

社会工作者将所获得的服务系统的资料、直觉及案主和工作者对需要与问题的认识加以整理和组织，从问题的表面深入问题的内部，通过探查问题的深层因素，找出问题形成的本质原因，形成概念性的本质性认知，解释案主问题，在此基础上寻求解决办法去改变问题情境。

三 问题认定

在掌握了丰富的资料并对资料进行整理分析以后，社会工作者接下来的任务则应探究案主的情况、问题与需要，形成问题阐述。具体工作从以下几个方面来操作。

（一）确定案主系统

在预估阶段，社会工作者应确定案主系统，残疾人社会工作的服务对象系统，一般包括残疾人个人及其家庭。另外，描述案主系统的发展阶段，即个人与家庭所处的"生命周期"的具体阶段。

（二）案主问题与需求的认定

对案主的需求与问题的认定主要是围绕着问题的性质、成因、程度、后果及对案主的影响等方面。在预估阶段，社会工作者可从以下方面认定案主的问题与需求：

（1）案主的问题是什么？

（2）问题发生的原因是什么？

（3）案主问题的严重程度及持续的时间如何？

（4）案主的问题与需求的发展变化情况如何？

（5）案主是如何看待自己的问题的？

（6）问题产生的后果是什么？

（7）案主及其社会系统应对问题的措施有哪些？

（8）有没有其他相关问题的存在？

例如：小王因工地安全条件差，设施破旧，作业的时候从梯子上不慎摔下来，脚后跟碎了，医药费花费两万多。好了之后，小王走路一瘸一拐，他向社会工作者抱怨"找工作难，相亲也很受影响"。所以，案主小王现在最迫切的问题便是残疾导致的"就业难"，他自认为"就业难"影响了生计。另外，案主也存在其他方面的问题，比如"说亲"即婚恋问题。

（三）探究案主问题尚未得到解决的原因

社会工作者应认识到，案主问题得不到解决的原因非常复杂，可能包括以下几个。

1. 案主或家庭的消极认知

服务对象对问题的看法可能就是影响他们问题解决的原因。例如，有些残疾人认为，残疾是由于自己命苦，只能认命。因此，他们很可能根本没有尝试过解决自己的问题和困难，"忍耐"是他们对待困难和问题最常用的方法。

2. 错误的问题处理方法

对问题的处理方法也会影响问题的解决。例如，对于残疾儿童的养育，有家长认为应该对孩子有更多的补偿，想方设法满足孩子的一切要求，采取"溺爱"的养育方法；也有家长"破罐子破摔"，认为残疾孩子是负担，对孩子不闻不问，采取放纵、放弃的方法。以上两种极端的方法都不能真正解决问题。

3. 资源的难以获取

案主与资源系统的联系和关系形态也会影响问题的解决。比如，残疾儿童的自理能力差，很多学校因此不愿收他们入学，这样，残疾儿童的教育资源难以获取便成为其上学难问题的重要原因。

4. 政府相关政策的缺失

政府对资源系统的政策协调也是影响问题是否顺利解决的重要因素。比如，脑瘫儿童的上学难问题，并不是因为缺少教育资源，而是需要政府有关部门制定政策，协调学校与有关脑瘫儿童康复训练的工作，解决脑瘫儿童受教育的问题。

（四）描述案主的社会支持系统的情形

残疾人案主的社会支持系统主要包括案主的家庭、朋友、亲戚、邻居、同事、工作单位、社区、医院、学校、康复机构、各种组织、政府机构等。

在预估阶段，社会工作者应评估：

（1）案主的社会支持系统包括哪些？

（2）案主与社会支持系统是如何互动的？

（3）案主的社会支持系统中有无关键性的人物？某些人在案主的生命历程中举足轻重的影响作用是如何形成的？亲密程度如何？关系长久性如何？

（4）案主的社会支持系统中哪些因素是有利于案主改变的？

（5）案主对于社会支持系统中资源的利用程度如何？

（6）如果案主缺乏有力的支持系统，如何创造这样的社会支持系统来帮助案主解决问题？

例如：外来务工人员老赵向社会工作者求助，以下是他的谈话记录。

"我今年已经58岁了，我有一个儿子已经娶了妻，并且有3个可爱的孙子，但是大孙子出生的时候患有先天性脑瘫，治疗费用昂贵。虽然我的大孙子有残疾人证明，但是没有实质性的补偿。为了给孙子治病，大夏天我也得工作，因为是临时工，儿子单位也没有什么实质性的补偿。我希望政府能够落实那些补偿政策，减轻我们的负担，相关部门也能起到监督作用，保障残疾人的合法权益。"

在本案例中，脑瘫患儿的社会支持系统主要包括：家庭、父母所在单位、医院、政府部门等。家人（包括父母、爷爷等）是案主最重要的支持力量；由于外来工的身份，其他社会力量比如单位、政府部门等，对于本案例中的脑瘫患儿的支持力量较弱。

四　报告撰写

对案主的问题认定以后则应撰写预估报告。预估报告应清楚表达对问题的认识，为社会工作者自己和案主、社会工作机构、医院、学校、政府机关等与案主有关的系统提供关于案主问题与需求的准确和详细的信息，为下一步制订介入计划提供依据。预估报告的具体结构可参考以下内容。[①]

第一部分：资料和事实

这部分主要是对问题的呈现，包括：

（1）问题的时间及涉及的人和系统；

（2）案主和问题的背景：家庭背景、教育背景和学业、就业历史等。

第二部分：专业判断

这部分主要是社会工作者对相关问题的理解、判断与评估，主要包括：

（1）对资料的理解；

（2）对案主问题的评估；

（3）对形成问题意愿的分析，对问题原因的理解和解释；

（4）判断改变的可能性和改变的益处。

五　残疾人社会工作预估的方法

（一）家庭结构图

家庭结构图又称"家族树"或"家谱图"，它运用简单的线条、符号和图形，展示案主家庭人际关系中主要人物的过去和现在，一般男性用方块表示，女性用圆来表示。它可以帮助社会工作者理解家庭模式是如何影响案主当前的情境的。家庭结构图将家庭作为一个系统来研究，不仅可以帮助案主看到他/她在家庭中所处的位置，而且可以看到案主是怎样被家庭所影响的（如图 11 – 1）。[②]

从小明的家庭结构图中可以看出，小明的爸爸妈妈、外公外婆没有因其脑瘫而抛弃他，一直在积极地对其进行治疗。但是小明的爷爷奶奶不承认这个脑瘫的孙子，几乎不与小明来往，这也导致了他们与小明父母关系冲突的局面。残疾儿童的康复需要良好的家庭氛围，所以，社会工作者需要进行介入。

---

① 史柏年编《社会工作实务》，中国社会出版社，2010，第 44 页。

② 朱眉华、文军：《社会工作实务手册》，社会科学文献出版社，2006，第 51 页。

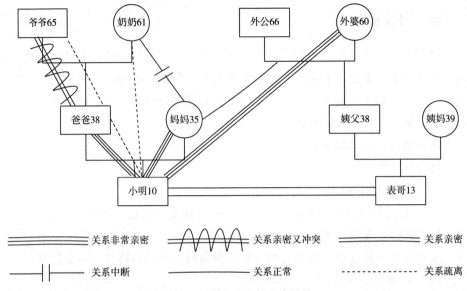

图 11 - 1　案主小明的家庭结构

（二）生态图

生态图是用图示法来展示案主的生态系统，即案主的社会生活全貌，它不仅呈现个人、家庭之内部联系，也呈现个人的社会系统与外在世界间关系的消长。在生态图中，案主的家庭系统在中间的圆圈中，其他有意义且与案主有关的社会系统也用圆圈表示，各社会系统之间的关系特征都用特定的线条来表示（如图 11 - 2）。①

从小华的生态图中可以看出，小华的母亲是其生活的主要照料者，但是他的父亲不接纳这个残疾孩子，这导致家庭关系紧张。其他社会资源，比如经常去的医院、案主的学校与同学等也是其有力的支持来源。其他亲属对小华的支持较弱，另外，其他的社会资源比如社区服务中心、志愿者服务等的获取不足。由于老师严苛型的教育方式，小华与老师的关系是压力关系。基于这样的分析，对于小华的服务，可以从其父亲的养育方式、老师的教育方式入手。另外，社会工作者也应为其争取更多的社会资源。

（三）社会网络图

社会网络图由案主认定的同心圆构成，是一幅展示案主接受援助的大小及其

---

① 朱眉华，文军：《社会工作实务手册》，社会科学文献出版社，2006，第 53 页。

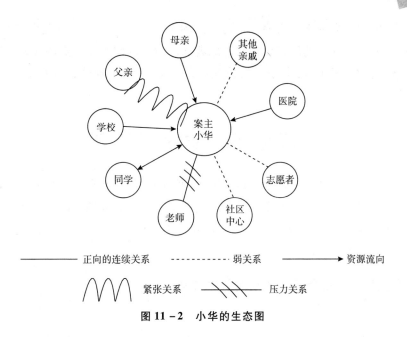

图 11 – 2　小华的生态图

对案主影响轻重的图。离中心圆越近表示支持越大，反之越小。

社会网络图有助于案主辨识他的社会支持，社会工作者也能从中发现案主可利用的社会资源。图 11 – 3 是案主王先生的社会网络图。

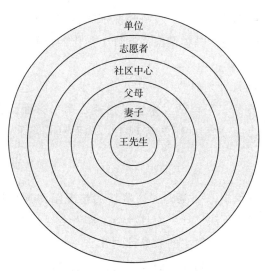

图 11 – 3　王先生的社会网络

王先生的社会网络图表明：工伤致残的王先生，家人（主要是配偶与父母）对其扶助最多，社区的康复机构与志愿者服务对其问题有了一定的介入。原先所在的单位逃避工伤赔偿责任，相关残疾补助迟迟没有到位，其社会支持是最弱的。

第三节　残疾人社会工作计划

在预估阶段，社会工作者获得了案主的详细资料，并在对资料进行分析的基础上，形成了对案主问题的专业判断。当社会工作者完成预估以后，残疾人社会工作就进入计划制订阶段。计划制订是社会工作者进行理性思考并作决定的过程，计划是介入的蓝图。

一　残疾人社会工作计划制订的原则

（一）可行性

制订计划应该考虑社会工作者和案主双方在时间、精力和资源等方面是否具备有助于计划实施的条件，即计划是否具有可行性。计划适当可行，才能保证计划的顺利实施，最终达到服务目标。

（二）个别化

每位残疾人案主都是独特的，自身情况不同，需求不一，所以计划应在预估的基础上，根据每位案主的具体情况而制订个别化的计划。

（三）正向性

社会工作者在制订计划时应尽量用正向的术语来陈述，一方面，能够对案主起到积极的暗示作用，可以激发案主的潜能；另一方面，有助于社会工作者和案主将关注的焦点集中于目标的实现上，从而利用各种优势和资源去达到目标。

（四）发展性

在计划的实施过程中，可能出现一些新的情况阻碍或促进目标的实现。另外，案主的潜能和优势无法估计，而且社会工作者会寻求更多的资源促进计划的实施。所以，社会工作者对案主的服务计划并非一成不变，应随着社会工作介入的实际情况和案主自身情境的变化而改变，具有发展性。当然计划的发展性并不是随便改变计划，而必须紧紧围绕目标的达成。

（五）明确性

社会工作服务计划的明确性是指社会工作计划应明确提出社会工作的目标，目标应能明确指出服务产出的结果。如具体目标陈述中应包含几大要素：谁、将做什么、什么程度、有什么条件、到何时为止。明确的可度量的计划，可为以后的评估打好基础。

（六）参与性

社会工作强调"助人自助"、"案主自决"，这也体现在社会工作计划制订阶段，这就要求社会工作者在制订计划的时候也要注重案主的参与性。工作者要征询案主的意见，让案主充分地参与到计划的制订中。对于一些无完全民事行为能力的残疾人，比如残疾儿童、智力残疾人，则可参考其家人的意见。

二　残疾人社会工作计划的内容

（一）服务的目标

社会工作计划的目标是指通过具体而细致的社会工作过程，解决案主存在的问题，满足案主需求，使案主个人与家庭达到某种境地或状况。制订社会工作服务目标，首先应明确服务的总体目标与具体目标。

1. 总体目标

总体目标是社会工作服务总体上要达到的结果，是一种理想的境界，其规定了社会工作的大方向。总体目标的内容通常较为宽泛，也不一定是可测量的。

例如：社会工作者的工作对象是一名残疾儿童晓峰，经过预估，社会工作者认为晓峰当前的需求是进行残疾的康复训练。这样社会工作计划的总体目标就可订为："潜能得到开发，最大限度实现社会康复。"

2. 具体目标

具体目标是指案主在行为和情境方面希望发生的具体变化的清楚表达。具体目标应是可以观察并可以进行测量的。具体目标是要达到总目标的那些较小的、增量的成果，社会工作者可以设定很多具体目标来实现一个单一的总体目标。

例如：以上案例"潜能得到开发，最大限度实现社会康复"的总体目标，可分解、细化为如下具体目标。

（1）案主的自我提高

①每天进行手指操、握拳取物等小游戏，相互按摩等提高手指的灵活性。

②每天坚持做眼保健操，画画涂色来判断位置等，以进行视力保健，提高方

位判断的准确性。

③每天学会写 1～10 个字，尝试背诵三字经或唐诗，每天一则小故事，学习基本知识。

（2）营造良好的康复环境

①通过相关小组活动或者放松练习进行家庭成员自我减压。

②丰富家庭生活，每周至少举行一次家庭活动，比如家庭成员一起出游、逛街、看电影等。

③到某月某日之前，帮助晓峰利用社区资源，比如社区康复室、康复中心。

④到某月某日之前，帮助晓峰及其家人熟知政府政策，获得康复资金、知识等。

（二）服务方案

服务方案是一种对服务过程的整体性考虑，是为实现总体目标和具体目标而精心设计的一系列行动。在订立了总体目标与具体目标以后，通常每一目标可以采取不同的方法和途径加以实现，社会工作者则要决定实现它们的方法和手段。社会工作者可运用头脑风暴法，与案主一起畅想各种具体的服务方案。

例如：社会工作者小佳正接待一位智力残疾的案主小明，经过前期的接案与预估工作，工作者希望能促使案主走出家门，来社区职业康复中心参加活动。就此具体目标，社会工作者订立了以下的服务方案。

（1）与案主父母建立良好关系，争取案主父母的理解与支持是至关重要的。

（2）邀请案主的父母到社区职业康复中心来参观，让其了解中心的服务内容，社工向案主父母提出建议，让案主加入职业康复中心的手工制作，指出案主加入中心后可能带来的变化，实际上也是为案主的父母解忧。

（3）通过家访、电话等方式，与案主父母沟通，消除案主父母的担忧，邀请案主来社区职业康复中心，让案主的父母感受到工作者的热情和负责任的态度，让案主父母可以放心案主去职业康复中心。

（4）案主成功来社区职业康复中心，社工与康复中心的同事沟通协调，安排相关的工作。

第四节　残疾人社会工作介入

社会工作计划制订以后，就需要将计划付诸行动，社会工作服务即进入

"介入"阶段。介入是社会工作者实际执行服务计划，满足案主需求和解决案主问题的行动阶段。

一 残疾人社会工作的介入模型

针对残疾人的社会工作介入，依据残疾人及其家庭的特点，可采取以下介入模型。

（一）危机介入模型

"危机是个体将事件或情境视为超过其个人资源和应对机制所能承受的一种困境。"如果不能及时缓解危机，可能导致当事人情感、认知和行为方面的功能失调。危机事件包括紧急情景事件，例如严重病症或残疾症状的发生、经历自然灾害等，也包括发展性的变动，比如退休、生育、结婚等。一个人处于危机状态的最长时间是六至八周，随后则出现新平衡状态。

在残疾人社会工作中，危机介入模式适用于刚诊断出或刚刚得知残疾的个人或家庭。比如当要帮助年轻父母接受他们的新生儿有生理障碍时，当要帮助一位由于车祸而截肢的成年人面临重大的生活变故时，或是当帮助一位80多岁而又失明的老人重新开始生活时，社会工作者可采用危机介入模式。危机介入模式一般用于危机发生后的六至八周内，属于一种短暂的介入模型，其目的是帮助个人或家庭朝着积极的问题解决和功能适应方向发展。

残疾人社会工作危机介入模式的步骤包括以下几个。[①]

（1）定义问题。仔细倾听案主的谈话，注意言语性和非言语线索，从案主角度来界定问题。

（2）确保案主的安全。通过内部状态和外部情境两个方面来评估案主在生理和心理上遭受伤害的程度，采取所需的一切预防措施以确保案主不受再次伤害。

（3）提供帮助。以耐心和同理的态度听取案主的话，让案主认为你是可信任的、真正能给予支持的人。

（4）研究应对方案。协助案主探究可行的建议和选择，以发展有效的应对机制。

---

① Juliet C. Rothman：《残疾人社会工作》，曾守锤、张坤等译，华东理工大学出版社，2008，第243页。

（5）制订计划。帮助案主制订短期计划，包括实施计划的具体步骤。

（6）获取承诺。帮助案主对计划和在计划中规划的行动做出承诺。

（二）增能模型

所谓"增能"（empowerment）又称"增权"、"赋权"，简单而言即通过各种方式提高社会弱势群体自身的能力以改变其弱势地位，即社会工作者帮助案主个人或家庭提升内在能力，改善外在环境，发展社会弱势者自我发展所需的个体增权、人际关系增权和社会参与增权。

对于残疾人社会工作而言，残疾人不应被定义为传统的"受害者"或者"失败者"，社会工作者应帮助案主获得心理、社会等各方面的能力。西方社会工作学者提出的针对残疾人案主的增权模式的指导方针包括以下几个。[1]

（1）利用能够促进问题处理、社会适应或社会变迁的步骤以及技能。鼓励案主不只是探究问题或需要，还要研究可能阻碍问题解决的不利于"增权"的情形。

（2）通过使用增权技能和确保案主的基本需求（食品、衣物、避难所以及经济和情感上的支持）得到满足来增强其改变动机。

（3）保持案主的心理舒适和自我尊重，以使痛苦的来源外向化，并减少自我谴责。

（4）教授案主技能，促进问题解决和自我能力的提高，并提供增加经历的机会。

（5）利用特别的工作技能，比如培养自我意识和教育，与案主在平等、对称以及和谐的方式下工作。

（6）合适的时候，在团体和社区内使用增权模式促进社会环境的改变。

（7）在与案主工作的时候，从专业角度将自我意识和痛苦的经历作为应该考虑的问题的一小部分，从而使痛苦的经历本身以及对案主及其家庭成员和其他相关者的影响也成为评估的一部分，并得到解决。

（8）社会工作者也应了解临床治疗的过程和方法及相关政治环境的支持。

（三）互助小组模型

面临特殊问题、经历和需要，个体通常会获得与其境况相似者的支持，互助

---

① Juliet C. Rothman：《残疾人社会工作》，曾守锤、张坤等译，华东理工大学出版社，2008，第 245 页。

小组通过小组成员的互相支持，改善组员的态度、人际关系和应对实际生存环境的能力。在西方，互助小组的工作模式为残疾人提供了连续的互助，并在满足需要、资源提供、能力教授等方面卓有成效。

针对残疾人群体，社会工作者具体可以开展下列小组活动。

1. 教育小组

教育小组即帮助小组成员补充相关知识的不足，使成员改变自己原有对问题的看法和解决方式。如组建"残疾儿童课余生活辅导小组"，增强残疾儿童对于课余生活的正确认知，促进他们建立科学的闲暇观念。

2. 成长小组

成长小组即帮助组员认识和探索自己，以求最大限度地启动和运用自己的内在资源，充分发挥自己的潜能，如针对智障儿童的"艺术体验小组"，让儿童挖掘自身的艺术细胞，培养相关兴趣、爱好或能力。又如，社会工作者可组建"残疾儿童励志成长小组"，通过相关活动，帮助组员认识到自身能力，树立自信心，调动学习与生活的积极性。

3. 支持小组

支持小组将同质的残疾人或其家属聚集在一起，组员通过交流和"同理心"的感受，相互理解、彼此支持，共同面对问题，如"脑瘫儿童家长小组"、"工伤致残者小组"等。

（四）社区康复模型

社区康复模式是指在城乡社区现有水平的基础上，积极调动和协调社区内有关部门和人员，包括残疾人及其家属，充分开发和利用社区资源，在医疗、教育、职业和社会等方面，为残疾人及其他康复对象提供有效、可行、经济的全面康复服务，从而促进他们在社会生活及家庭生活中树立自尊、自信、自强、自立的信心，积极参与社会生活。①

运用社区康复模式，社会工作者可介入的领域有以下几个。

1. 残疾预防

每一位社会成员都离不开社区的生活环境，社区是开展残疾预防最重要的场所。社会工作者通过社区宣传、社区咨询活动、社区公共卫生活动（免疫接种、早期筛查、围产期保健等）的开展，社区公共场所安全维护等介入社区残疾预

---

① 史柏年编《社会工作实务》，中国社会出版社，2010，第 245 页。

防工作。

2. 康复评定

康复评定主要指社会工作者协助相关机构采用客观、科学、准确的方法评定伤、病、残功能性障碍的性质、部位、范围、程度以及发展趋势等。

3. 康复服务

在社区康复中，社会工作者应根据各地实际情况协助社区建立健全不同类型（如弱智儿童康复、精神病康复、视力残疾康复等）和规模的社区康复站，并提供具体的专业服务。

（五）教育康复模型

教育康复又称特殊教育，主要是针对残疾婴幼儿、残疾青少年的早期干预以及义务教育阶段后的成人职业教育等教育工作。社会工作者虽然不能代替从事特殊教育服务的教师，但也可以全面介入这项工作。[①]

1. 对残疾人

社会工作者应配合教育工作者进行残疾人的基础文化科学知识及劳动、职业技能的训练，加强对残疾儿童身心全面发展的课外训练。社会工作者可在专门特殊教育机构有选择性地开展个案工作、小组工作；另外对不能到专门机构去的残疾人开展咨询服务或各种专门的辅导。

2. 对残疾人的家属

社会工作者应协助残疾人家属形成对残疾人的正确认知和态度。残疾儿童的父母及家属中有相当一部分人不能正确认知和对待残疾，将残疾看成是"羞耻"、"倒霉"或者有负罪感，过分自责，从而出现了歧视残疾儿童、不平等对待或过分溺爱、关照等不正常现象。社会工作者对此应介入，进行心理辅导并矫正其不当行为。

3. 对于残疾人工作者

社会工作者在帮助残疾人及其家属的同时，也应促使社会组织、服务机构和其他从事残疾服务事业的工作者掌握有关知识，并能够使各种专业人士的知识、技能得到增长和提高。

（六）职业康复模型

职业康复是指帮助残疾人获得并保持适当的工作，使其能够自立并重新参与

---

① 史柏年编《社会工作实务》，中国社会出版社，2010，第257~258页。

社会生活的社会工作模式。社会工作对于残疾人职业康复的具体介入领域有以下几个。

1. 职业评估

职业评估主要是指通过会谈、问卷及评估量表、短期试工等方式对职业康复者的基本状况作一个简要全面的评定，为残疾人案主的职业培训目标的设定、培训方法的选择以及就业安置形式的确定提供参考意见。

职业评估的方法包括面谈及访谈法、选择性评估法和短期试工法。①面谈及访谈主要是对案主的基本情况，包括障碍的类型及程度、就业的意愿和态度、生活自理能力以及社会适应性等方面进行评定。②选择性评估法主要是对案主的基本能力，包括智力水平、职业兴趣、专业技能、操作能力、社会适应性、生活技能等方面进行测评，在测评的基础上，结合案主本人及家人对其职业生涯规划进行职业目标的选择、职业培训计划的选取、个别化雇佣计划的制订。③短期试工法则是基于面谈和选择性评定的结果，为案主提供一些短期试工的机会，让其尝试不同的工种，了解不同的工作需求，再结合自身的职业兴趣、已有的职业技能以及潜在的职业能力水平选择最合适的职业。①

2. 职业培训

职业培训是增强残疾人就业意愿与就业能力的有效措施。社会工作者可作为资源联系者，协助残疾人案主进行就业前培训和上岗前培训。就业前培训指协助案主掌握与特定职业相关的基础知识和技能。上岗前培训是指协助残疾人掌握即将从事的职业所要求的知识和技能，以适应特别的职位要求。

除了职业技能的辅导外，社会工作者对残疾人职业培训的一个重点是塑造残疾人健全的职业道德，并培养积极的工作人格和乐观的工作态度。

3. 就业辅导

就业辅导是指社会工作者帮助残疾人获取并保持工作的过程，主要工作有以下几方面内容。

（1）建立就业网络。社会工作者在获取劳动市场的信息以及残疾人相关信息的基础上，建立残疾人就业网络，为残疾人案主选择适合其能力水平的工作。

（2）职业指导。帮助残疾人了解相关职业信息，如职业性质、对社会的贡献、报酬、能力要求、资格限定等。基于对职业信息与残疾人个体信息的认知，

---

① 徐添喜、雷江华：《残疾人职业康复实施模式探析》，《现代特殊教育》2010 年第 2 期。

为残疾人案主提供相关的信息、建议、指导和帮助。

（3）在接受义务教育后，帮助家庭贫困的残疾人向有关部门申请奖学金或其他经济补助，以完成自身的职业教育计划。

（4）帮助已在业的残疾人适应其职业生活。

（5）对于占有生产资料，能够在个人及其家庭成员，或请一两个帮工共同劳动的基础上就业的，可鼓励其自主创业，并帮助其获取相关信息及资源。

（6）对不能参与市场竞争，却又具有一定工作能力的残疾人，可在政府相关政策框架下进行分散按比例安置就业，或安置于福利企业或庇护工场就业。

（7）对那些经过职业培训后仍不能独立就业或不能在有协助的情况下就业的残疾人，可以考虑让他们在日间训练机构进行训练，在社会适应性、生活自理、自我照顾等方面进一步开发他们的潜能，最大限度地培养他们的职业能力。

二　残疾人社会工作的介入活动

针对残疾人及其家庭的特点和需求，社会工作者在对案主问题进行预估和与案主一起制订服务计划的基础上，可针对性地选择以下介入活动。

（一）认知纠偏

认知是一个人思考事物、感觉事物的方法。错误的认知往往导致案主不良的情绪，进而导致错误的行为。一些残疾人非常敏感，特别在意他人对自己的态度，并将生活中发生的各种不如意归因于"残疾"。一些残疾人缺少正确的自我认识，过度在意自己的残疾，无法发现自身的优势，开发自己的潜能，产生深刻的无能感，觉得自己一无是处，没有优点，是失败者。一些残疾人家属认为残疾是"包袱"、"羞耻"、"倒霉"而不接纳、歧视残疾子女。

残疾人及其家人应形成对残疾事实的正确认识，这是他们实现康复、融入社会的首要前提。社会工作者应帮助案主及其家人以理性的思考取代非理性的思考，学习用新的视角去看待事物，创造一些让案主更自尊、更有弹性、有更多选择的看待事物的新方法，协助案主以一种比较积极的、现实的、理性的方式来看待与感觉事物。残疾人不是"废人"，有能力与长处。只有这样，残疾人才能放下"残疾"的思想包袱，建立自信，融入社会，实现康复。

（二）家庭辅导

家庭对大多数残疾人而言是最重要的支持力量，残疾人社会工作从婚姻家庭角度可进行以下介入。

1. 情绪支持

很多残疾人家属在面对其他正常人的家庭时，往往陷入巨大的失落感和无助感之中，无法以积极的态度面对问题。比如残疾儿童的父母不仅要承受巨额的康复费用，更担心孩子以后的出路。家长长期被负面情绪所困扰，直接影响残疾儿童康复的家庭环境。为了缓解残疾人家属的压力和紧张，社会工作者可以教给他们一些释放压力的方法，积极倾听他们的焦虑和困境，并适时进行同理心的表达，指引他们更多地从积极的角度看待问题。

2. 良好家庭氛围的营造

在一些残疾人家庭中，有的成员对于残疾家庭成员的态度是负面的，如认为残疾人是"包袱"，不愿意接纳这样的残疾家庭成员，导致与其家庭成员关系紧张，家庭失衡。残疾人的康复需要良好的家庭氛围，所以此类家庭需要社会工作者介入。

3. 帮助残疾人平等享有婚姻家庭权

残疾人与普通人一样，也有爱情、婚姻、家庭的需求。社会工作者也应重视残疾人情感方面的需求，比如通过恋爱辅导、婚姻介绍等方法培养残疾人爱的能力，使其在婚姻家庭中也能获得公平的待遇。

（三）技能培训

残疾人社会工作介入的一个重要方面就是增强案主个人及家庭的能力，即对案主进行相关技能的辅导，具体包括生活自理技能、人际交往技能以及社会参与技能等。

1. 生活自理技能

针对各种类型残疾人的生理特点，社会工作者可协助开展不同类型的生活自理技能训练项目，如日常生活起居技能、进食技能、自我修饰技能、更衣技能、家务料理技能、认路技能等。通过技能训练，让一些有条件的残疾人尽量实现生活自理。

2. 人际交往技能

残疾人尤其是残疾儿童要实现康复、融入社会，必须掌握一定的社交技巧，从而以更能为社会所接受的方式来与群体互动。社会工作者通过社交技巧训练让残疾人学习一种新的应对其问题情境的能力。社会工作者应根据案主的情况和实际需要选择合适的社交技巧，进行社会技巧训练（见表11–1）。

表 11－1　社交技巧训练技术①

直接教授	对特定社交情景中适宜的社交行为规则提供口头教授
示　范	通过身体的演示而突出特定技巧的要点，让受训者在观察中学习
行为排练	对于特定社交技巧或连续性技巧以（非）口语的形式练习其要点
角色扮演	在模拟的社会情境中练习自然地运用适当的社交技巧
角色替换	在角色扮演训练中转换角色，提高受训者的同理心和理解力以及在特定情境中对他人的感觉和行动
强化和塑造	对社交技巧的适当表现或连续增进提供社会的、活动的或具体的强化
先行性操作	随着社交技巧的训练来建构情景，以确保加强适当的反应并消除不适当的反应
认知行为训练	教导一系列社交行为中正常的口语表达规则、柔和的口语表达规则和内在的想法表述规则，来提高受训者内在的口语协调技巧
家庭作业	在正常的环境下（如家庭、社区以及其他学校环境等）进行社交技巧的练习
反馈程序	以口头的或身体语言的提示来激励或引导，以帮助受训者以适当的方式来展示所训练的技巧

3. 社会参与技能

帮助残疾人自立、回归社会是残疾人社会工作的基本目标。残疾人社会参与技能的辅导可从以下几个方面展开。

（1）参与职业生活的能力：通过各种方式实现就业是保证残疾人自立自强、融入社会的基础。社会工作者可运用职业康复模式，协助案主掌握与特定职业相关的基础知识和技能，培养残疾人参与职业生活的能力。

（2）参与文体生活的能力：社会工作者可通过举办"艺术体验小组"、"社区竞技大赛"、"电影进社区"等活动满足残疾人文化体育方面的需求，同时要挖掘与培养残疾人的文体活动能力，促使其参与社会文化生活。

（3）参与政治生活的能力：社会工作者可通过向残疾人宣传参与政治生活的重要性，帮助其拓展信息渠道、政治参与渠道，提升残疾人的政治参与能力。

---

① Paula Allen－Meares：《儿童青少年社会工作》，李建英、范志海译，华东理工大学出版社，2006，第160页。

（四）资源联系

除为残疾人提供直接服务以外，社会工作者还应扮演资源联系者的角色，协助案主个人及其家庭获取相关资源。

（1）资金。主要针对家庭困难的残疾人，社会工作者可帮助其申请最低生活保障金、残疾抚恤金等社会救助资金，以保障其基本生活。

（2）设施。设施资源主要指相关康复设施或机构，社会工作者可帮助残疾人获得相关的康复设施、残疾人特殊用品等。

（3）服务。社会工作者可联系相关服务机构或志愿者为残疾人提供免费或低费的福利性服务，具体包括生活料理服务、文化娱乐服务、技能培训服务、心理辅导服务等。

（4）教育。社会工作者应运用教育康复模式，协助残疾人获取相关教育资源。如帮助一些有条件的残疾人在普通学校接受教育，或帮助残疾人到特殊教育学校就学，或帮助残疾人接受职业教育。

（5）就业。社会工作者应协助残疾人获取就业资源。除就业技能的培训外，还应构建残疾人就业信息网络平台，帮助残疾人案主获取适合他们能力水平的就业资源。

（6）法律。社会工作者应协助一些权益受损的残疾人获取相关的法律资源。

（五）环境改善

除扮演资源联系者角色以外，社会工作者还应扮演倡导者的角色，即倡导社会环境的改良，倡导社会各界营造一种有利于残疾人生存与发展的环境，具体的介入工作包括以下内容。

（1）倡导残疾人生活环境的改善。社会工作者应倡导消除家庭、社区和社会上的物理性障碍，使残疾人获得生活起居的便利，并享受社会的公共设施服务。

（2）倡导残疾人舆论环境的改善。社会工作者应倡导大众传媒与社会舆论宣扬人道主义理念，消除社会对于残疾人的歧视和偏见。

（3）倡导残疾人政策环境的改善。社会工作者应倡导并协助政府相关部门制定法律、法规、政策保护残疾人的合法权益，使残疾人享有与健全人一样的物质生活条件和文化成果。

案例分析

残疾人社会工作计划书①

背景介绍

阿全，男，25岁，大专毕业，在某机械厂做零部件安装工作，月收入2000多。家中父母均已下岗，作为独子，是家中的经济顶梁柱。某天在与朋友聚会后的路上，遇上严重的交通事故，因躲避不及，被货车轧断了双腿。醒来时，阿全已经躺在了医院的病床上。脸色惨白的父母告诉儿子，为了保全性命医生只能截去他的双腿。听到这一噩耗的阿全，像个木头人接连几天没有哭，没有吱声，什么也不做。因为这次车祸，阿全不但没有了工作，女朋友也离他而去。双重打击和难以忍受的病痛让阿全丧失了生活的信心，整天郁郁寡欢，甚至有自杀的念头。阿全的父母为了让儿子重新振作，特来寻求社会工作者的帮助。

帮助阿全的计划书

一　目标

1. 总体目标

帮助阿全正确面对自身现状，调整情绪，协助其开展康复工作，同时指导阿全适应残疾生活，提高适应和利用环境的能力。

2. 具体目标

（1）帮助阿全宣泄痛苦情绪，消除自杀意念。

（2）帮助阿全正确认识和接受残疾的现实，消除事故带来的心理困扰。

（3）协助医生开展全面的物理康复治疗。

（4）为阿全提供残疾人相关的社会信息，联络有关部门给予经济支持。

二　行动方案

根据对阿全个人及其家庭情况的预估，社会工作者发现案主能从其所处的社会环境中获取的资源有限，因而从现实情况出发运用社会工作的实务取向，从阿全自身、家庭、社会等系统介入，提出以下介入计划。

---

① 本案例改写自南京林业大学社会工作专业学生沈佳的实习报告。

1. 开展危机介入，帮助阿全打消自杀念头

（1）社会工作者应该树立危机意识，认真对待阿全的心理问题，通过心理疏导帮助阿全改变轻生想法，缓解残疾、失业、失恋的痛苦情绪，重建积极乐观的心态。这是帮助阿全开始全新生活、恢复信心的关键步骤。

（2）联络医院医生、护士、病友留心关照阿全的住院生活，鼓励其多与阿全交流沟通，如遇到紧急情况应及时汇报。

2. 帮助阿全开展全面的康复治疗

（1）与医院沟通及时了解阿全的复原情况，协助医生、护士帮助阿全合理安排物理治疗、参加复健活动。

（2）帮助阿全学习和适应残疾生活，以改善消极片面的认知，适应未来的残疾人生活。

（3）和阿全父母商议为其准备轮椅和假肢等事宜。

3. 挖掘各方资源

（1）为阿全父母提供相关心理指导，疏解得知儿子残疾的悲痛情绪，学习如何照顾残疾人生活，充分发挥父母感情支持的作用。

（2）联络相关政府职能部门，为阿全办理残疾证明，提供详细的申请残疾人生活补助补贴、就业优惠政策、工作技能培训等信息，努力保障阿全及其家庭的经济生活。

（3）联络社区街坊四邻，希望邻居在日常生活上能多照顾阿全一家，多鼓励阿全积极生活，为其营造良好的社区环境。

第十二章　残疾人社会工作实务过程（下）

残疾人社会工作实务在经历了接案、预估、计划、介入的前期准备与中期实施阶段后，便进入了后期的评估与结案阶段。此外，残疾人社会工作的督导也是伴随工作进程始终，保证社会工作效果与效率的重要工作。本章就残疾人社会工作实务中的评估、结案和督导进行介绍，另外就残疾人社会工作实务的特点做一总结。

第一节　残疾人社会工作评估

在采取了一系列有计划的介入行动之后，社会工作者需要通过系统汇集材料、总结工作方法、检查介入成效等方式对前期工作做一小结，总结经验，检查问题，并明确下一步工作目标，此过程被称为社会工作评估。

一　残疾人社会工作评估的含义、特点与类型

（一）残疾人社会工作评估的含义

社会工作者通过预估界定残疾人个人及家庭的问题和需求，与案主一起制订详细的介入计划后，进入残疾人社会工作介入阶段。当完成介入行动后，案主及其家人、社会工作者、社会工作督导和社会工作机构都十分关注以下问题：案主的问题有没有得到解决，或者在多大程度上得到了解决？案主有没有发生积极的变化？社会工作介入方法是否有所成效？社会工作服务究竟对案主有没有帮助？社会工作服务投入产出比如何？……这些都是社会工作评估必须回答的问题。

综上所述，残疾人社会工作评估是指运用科学的方法系统地评价残疾人社会

工作的介入结果，总结整个残疾人社会工作的介入过程，考察残疾人社会工作的介入是否有效、是否达到预期目标的过程。

（二）残疾人社会工作评估的特点

1. 科学性

残疾人社会工作评估并不是相关人员的主观臆断，而是一个科学的、系统化的过程。评估工作是相关人员运用相关的方法与工具系统地研究与评价过程。相关方法可以是质性研究，也可以是定量研究。

2. 持续性

残疾人社会工作评估是一个持续不断的过程，其贯穿于社会工作计划实施前、计划实施的过程中以及介入计划实施以后。社会工作过程中的每一阶段都需要进行评估，以总结工作经验，作为调整或修正下一步工作计划的依据。

3. 互动性

残疾人社会工作的评估是一个多元评估主体互动的过程。评估的主体可包括服务对象、社会工作者自身、社会工作督导、相关专家等。各方主体通过评估工作，交流对社会工作计划的看法、意见与建议，通过互动，共同促进社会工作服务的改善。

（三）残疾人社会工作评估的类型

根据不同标准，可以将残疾人社会工作的评估分为多种类型。

1. 依据评估时间

依据时间，残疾人社会工作评估可划分为事前评估、中期评估和事后评估。

（1）事前评估

事前评估是指残疾人社会工作项目或计划开始实施之前所进行的评估，也称预评估、前评估。由于在实施之前进行，因此本质上是对相关计划或项目的合适性、可行性进行分析。事前评估的作用包括：①界定服务对象的问题与需求，作为相关计划制订的依据；②研究社会工作计划的可行性，决定其是否实施；③事前评估取得的数据可作为"前测"数据，即基准线，在社会工作介入完成后进行前后对比。

（2）中期评估

中期评估是指在残疾人社会工作计划从开始到完成之间的任何一个时点进行的评估。其作用包括：①通过项目的具体实施情况，检查项目或计划设计的合理性；②评估计划实施过程中的关键事件及其影响；③分析实施过程中的困难与问题，寻求对策与出路。

（3）事后评估

事后评估是在残疾人社会工作介入行动完成后，根据事先设定的目标和实际介入情况的比较而进行的全面、系统评估。其作用包括：①回顾社会工作介入的过程，总结相关经验与教训；②对后续的社会工作计划进行预测；③检查社会工作介入是否达到了事先设定的目标；④检视社会工作计划的效率即投入产出情况。

2. 依据评估主体

依据评估主体，残疾人社会工作评估可分为服务对象评估、社会工作者自我评估、同行评估、督导评估与外部专家评估。

（1）服务对象评估

服务对象评估即案主评估，是接受社会工作服务的残疾人案主个人或其家人对相关计划进行评价，常用的方式是服务对象满意度评分。将相关计划细分为几个方面，每一方面都有五个满意度等级："非常满意"、"满意"、"一般"、"不满意"、"非常不满意"，以从服务对象的角度对相关介入活动进行评估。

（2）社会工作者自我评估

社会工作者自我评估即负责相关残疾人社会工作计划的社会工作者本人进行的自我评估。社会工作者本人对社会工作服务计划实施的整个过程较为了解，在计划施行的每一阶段都可以进行，这样有利于及时发现问题，对评估中发现的问题也有切身的体会。

（3）同行评估

同行评估指机构中从事类型相似的残疾人服务项目的其他社会工作者对计划实施进行的评价。同行评估可以促进机构内的社会工作者共同提高服务技能。

（4）督导评估

督导评估指社会工作机构的督导员对社会工作者在某一时期内工作总体表现的客观评价，以测定社会工作者在多大程度上达到其所在机构的岗位要求。督导评估可以是行政性的也可以是教育支持性的。

（5）外部专家评估

不管是社会工作者本人、社会工作同行，还是社会工作督导，他们基本都来自同一社会工作机构，因此属于内部评估。外部专家评估指残疾人社会工作计划

的实施机构聘请科研单位或专门评估机构的外部专家进行的评估。专家评估往往较为客观公正，评估结果易于被公众所接受；专家的专业评估知识也可以增进评估的科学性与规范性；而且专家评估往往集中一段时间进行，效率较高。当然外部专家评估也存在着成本较高等局限。

3. 依据评估侧重点

依据评估侧重点，残疾人社会工作评估主要包括努力评估、成果评估、效率评估。

（1）努力评估

努力评估（Effort Evaluation）即评估社会工作者为残疾人服务方案的目标所付出的努力情况，如服务方案是否按照原定计划实施，实现程度如何，受助者是否得到了适当的帮助等。具体形式又分为：方案监察（监察方案实施的整个过程）、特别研究（分析特殊个案）、记录分析（分析服务的信息留存情况，如文件、图片、语音资料等）。

（2）效果评估

效果评估（Outcome Evaluation），即考察残疾人服务方案在案主身上所产生的效果。在社会服务中，进行效果评估可以对服务对象进行访谈，可以使用标准化的评估表格对服务进行评判，也可以使用调查问卷或机构设计的专门化量表对服务对象进行调查。

（3）效率评估

效率泛指相关的效果与投入成本之间的比值。残疾人社会工作中效率评估（Efficiency Evaluation）主要指服务方案产生的效果与耗费资源之间的比例关系，即计算投入产出比。一般来说，成本的投入比较容易判断。但是，服务的效果往往难以精确计算，要借助于一定的方法进行测量。

二　残疾人社会工作评估的意义

（一）检查残疾人社会工作的介入情况

评估是一个不断搜集残疾人社会工作介入的时效性、介入的进度、介入的效果等相关资料的过程。通过对资料的分析可以起到督促社会工作者、提醒服务对象和社会工作者注意工作方向和进度的作用。评估往往是参照服务计划进行的，通过社会工作介入情况与服务计划的对比，反映出工作进度、服务效果、执行与计划是否偏离，测量案主是否发生改变以及改变的程度如何。

（二）改善残疾人社会工作服务质量

凭借着评估活动的进行，社会工作者、社会工作督导以及社会工作机构可以进行系统的资料收集，考察服务方案的执行情况，发现服务中存在的问题。当然，评估工作对于服务质量的提升并不是立竿见影的，但是对资料的收集，将有助于分析服务方案与服务对象需求之间的差异，逐步改善服务质量。显然，如果不进行任何形式的评估工作，那么，对服务质量的控制和改善将无从谈起。

（三）提升残疾人社会工作机构的影响力

评估过程也是社会工作向社会交代其在多大程度上实现了专业目标和社会功能的过程。对残疾人社会工作机构而言，它们往往需要依赖政府部门和有关方面的资助才有资源开展活动，残疾人社会工作机构有义务就资金的使用情况和服务效果向有关方面做出交代，接受资助者的审查。通过评估，既有助于使资助者弄清楚钱的使用情况，也有助于树立良好的机构形象，提高机构在公众心目中的地位，这样有助于机构获得官方和民间的支持，获得资助团体、员工和其他支持者广泛的推许，从而使机构得以进一步的生存和发展。评估还有助于建立和发展机构的支持网络，提升机构的影响力。

（四）作为社会工作者考核的依据

残疾人社会工作机构对社会工作者的绩效考核是促进组织内的正式沟通，改善组织绩效的重要手段。机构对社会工作者进行绩效考核的重要依据就是社会工作评估，通过对服务的效率、效能和质量的评估，可评价社会工作者的工作状况，作为员工奖惩的依据。

（五）发展残疾人社会工作研究

评估的过程就是系统地汇集资料、积累知识、总结经验、发现问题的过程，也是验证假设的过程。进行残疾人社会工作研究，将残疾实务工作经验汇总、总结、检验、分析，并上升到理论，可发展本土化的残疾人社会工作知识和方法，促进专业成长。

三　残疾人社会工作评估的方法

残疾人社会工作评估的方法总体上分为两大类，即定性评估与量化评估，我们重点探讨以下常用的技术和方法。

（一）单元素设计

"单元素设计"即研究的焦点是一个单一的案主"单元"，即一个人、一个家庭或者一个小组。它与"对照组设计"的区别是，在"单元素设计"当中，测量并比较同一个案主在介入之前和介入过程不同阶段的数据，而在"对照组设计"中，比较的是两组不同的案主。显然，"对照组设计"更适用于相关的社会工作或心理学的实验研究，"单元素设计"则更适用于社会工作的评估。单元素设计最基本的方法是"基础 A–B 设计"（Basic A–B Design），即建立一个对介入行动效果进行衡量的标准基线，以评估介入前后的变化，并以此判断介入目标达成程度。其中，"A"代表研究的基线阶段（baseline phase），"B"代表介入阶段（intervention phase）。通过前后测量对比，希望回答的问题是："经过社会工作介入之后，案主有没有产生积极的变化？变化的程度如何？"

单元素设计评估的基本操作步骤包括以下几个。

1. 确立介入目标

确立介入目标即在进行社会工作介入之前测量并界定案主所表现出来的问题，即所谓目标问题（target problem）。单元素设计的评估实施其实从接案阶段就已开始，即确定案主的问题究竟是什么，然后，以准确和易于理解的语言来界定案主的问题。这一过程实际上是把案主所表现出来的问题转换成社会工作介入所要解决的问题，即目标问题，然后确定介入目标。介入目标是与目标问题密切相关的一个概念，它反映了对案主的目标问题或者目标行为在频率（问题或行为发生的次数）、量级（问题或行为发生的水平或程度）以及持续时间等方面增加或者减少的期望。[①]

例如：社会工作者已经确定了一位在福利企业工作的残疾工人的目标问题是"工作态度不认真"，其最重要的表现是，每周的工作量是 40 小时，可这位案主的工作时间只有 20 小时，而且没有经过正式的请假程序。因此，帮助这位案主的介入目标就是通过提高其周工作时间来帮助他端正工作态度。

2. 选择测量工具

单元素设计中常用的主要测量工具是直接观察或采用标准化的问卷或量表。直接观察的方法适用于主动求助的案主，观察者可以是社会工作者，也可以是案主生活圈子里的人，例如父母、配偶、教师或者朋友等，也可能是案主本人。通过直接观察案主的行为，确定案主与目标行为之间的差距。

标准化的问卷或量表也是社会工作者常用的测量工具。这样的工具往往更加

---

① 库少雄：《社会工作评估——单样本设计》，《北京科技大学学报（社会科学版）》2004 年第 9 期。

简单与直观，有助于社会工作者简单方便地评估案主的进步，这种方法往往具有较高的信度与效度。

3. 建立基线

建立基线是为了确定案主在目标问题上，在进行社会工作介入之前的情况，为介入开始之后提供一个可以进行比较的基数。

例如：一位残疾人案主 W 先生在被截肢后，本来温和的他变得非常暴躁，经常因为一些小事对家人大发脾气，从此家无宁日，家庭氛围日益恶化。社工与案主父母会谈后得知，上周 W 先生至少对其父亲或母亲发了 10 次脾气，W 先生也承认这一情况。社会工作者的介入目标即帮助案主进行情绪管理，降低其无端发脾气的次数。本案例的基线则是"一周无端发脾气 10 次"。

4. 介入期测量

建立基线后，社会工作者针对案主进行相关的社会工作介入，并对基线调查期中所测量的各项目标行为和指标进行再次测量。

5. 分析和比较

将基线期与介入期的数据按测量时间排序，将每个时期的资料连接起来，制作图表，以形象化的分析方式，清晰地识别案主目标问题或行为的模式和变化，并显示案主是否成功地达到了介入目标。如果介入期与基线期的数据不同，而案主、社会工作者，或者案主周边的人认为这种变化是有意义的，那么，一般就可认为社会工作对案主的介入是有效的。

例如：根据上述例子，社会工作者介入之前（1~3 周），案主每周发脾气的次数都在 10 次以上。社会工作者于第四周开始实施社会工作介入计划，通过测量发现，案主在介入期，发脾气的次数逐渐减少，社会工作的介入就可以被评估为有成效（见图 12 - 1）。

（二）目标达成度量表

目标实现程度量表是评估案主进步及水平的方法，主要在于评估案主是否已达到了其所预设的目标及达到的程度如何。"目标达成量表"在专业关系建立阶段就已约定，在结案前根据约定来评估目标达成程度，主要分为五个层次的目标：最不喜欢的结果、低于预期的结果、预期的结果、超出预期的结果、最喜欢的结果。

例如：一位遭遇严重车祸而截肢的案主，失去了工作，一系列的打击使案主整天郁郁寡欢，甚至有自杀的念头。社会工作者对案主介入的具体目标包括：

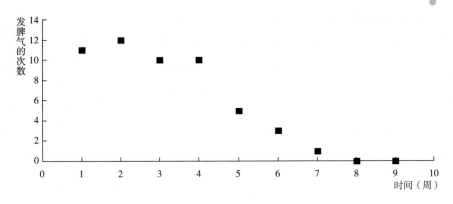

图 12 - 1　单元素设计

①帮助案主宣泄痛苦情绪，消除自杀意念，解决心理困扰；②帮助案主重新找一份工作；③帮助案主联系法律援助，争取相应的经济赔偿。

如表 12 - 1 所示，表中打钩的表示案主目标实现程度，表格内容表明：目标一达到了预期目标，目标二的达成效果最为理想，而目标三则不尽如人意。

表 12 - 1　目标达成度量表

预期结果的水平	目标一	目标二	目标三
最不喜欢的结果	案主仍整天抑郁，还有自杀念头。	没有联系到相关就业岗位。	没有联系到任何司法援助的力量。✓
低于预期的结果	案主不再有自杀的想法，但仍不改抑郁状态。	案主申请了一份工作。	联系到相关法律援助力量，正在走司法程序，判决结果未定。
预期的结果	案主开始接受残疾的事实，开始振作，不再整天郁郁寡欢。✓	案主申请了好几份工作。	司法判决结果已下，案主获得略低于所请诉求的赔偿。
超出预期的结果	案主抑郁状态消除，开始与周边人积极沟通。	案主得到一个工作机会，但由于离家较远，推掉了。	进一步争取到精神补偿金。
最喜欢的结果	案主积极振作，精神状态跟从前几乎没什么区别。	案主接受了一份满意且适合自己的好工作。✓	由于是上班途中发生的事故，案主进一步争取到了相关工伤保险金。

（三）案主满意度测量

案主满意度测量是服务对象评估的一种方法，其具体做法是案主个人或家庭以口头或书面形式（主要是填写问卷）来表达对社会工作介入的看法。这种方法操作比较简单方便，是社会工作机构了解社会工作服务质量的重要渠道。当然，这种方法也存在测量比较粗糙、评估结果的准确性程度不高的局限。另外，由于填写问卷需要一定的读写能力，问卷调查可能对于一些视力残疾、智力残疾等残疾类型的案主不适用，但可以通过询问的方式来测量，或者可以直接由案主的家人进行问卷填答。

希望社区服务中心调查问卷

您好！麻烦您花几分钟的时间做一份问卷调查，您的意见对于我们提高服务品质非常重要，谢谢！

请在您觉得合适的序号上打钩，或在空格上填写相关内容。

1. 您的性别

（1）男　　　（2）女

2. 您的年龄_____周岁

3. 您对自己/家人在本中心所接受服务的总体评价是：

（1）很差　（2）差　（3）一般　（4）好　（5）非常好

4. 您认为本中心的社会工作服务对您/家人有影响吗？

（1）完全没有影响　（2）几乎没有影响　（3）稍有影响　（4）有影响

（5）影响很大

5. 社会工作者提供的服务能在多大程度上满足您/您家人的需求？

（1）完全没有满足需求　（2）只有很少满足需求　（3）一般

（4）满足大部分需求　（5）几乎满足所有需求

6. 您觉得本机构对您/您家人最有帮助的具体服务有：_____

最没有帮助的有：_____

7. 您对本中心的服务有什么具体的意见或建议？

_____

_____

再次感谢您的配合，祝您生活愉快！

第二节　残疾人社会工作结案

结案是残疾人社会工作过程的最后一步。当评估结果显示服务项目达到了计划所定的目标，社会工作者的任务就是处理好与案主终结服务关系的各种事项。结案是社会工作中的重要阶段，是将整个助人过程总结提升的过程。

一　残疾人社会工作结案的含义与类型

（一）结案的含义

结案是当介入计划已经完成，介入目标已经实现，服务对象的问题已经得到解决，或者服务对象已有能力自己应付和解决问题，即在没有社会工作者协助下可以自己开始新生活时，社会工作者和服务对象双方根据工作协议逐步结束工作关系所采取的一系列行动。[1]

（二）残疾人结案的类型

1. 达成目标的结案

社会工作者根据每位案主的情况制订不同的服务目标，经过一段时间的服务提供，实现了既定目标，这就是目标达成的结案。

例如：社会工作者针对一位残疾儿童案主的介入目标是发现其优势、开发其潜能、提高其自信、促进其交往。在具体的社会工作介入过程中，社会工作者根据服务计划开展社会工作服务，解决残疾儿童面临的现实问题，为案主的社会康复营造良好的家庭环境。目标已实现，社会工作者就可以结束服务，顺利结案。

---

[1]　史柏年编《社会工作实务》，中国社会出版社，2010，第81页。

2. 未达成目标的结案

残疾人的社会康复往往是一个长期的过程，案主及其所处情境的改变也是一个渐进的过程，需要不懈的努力。有时，社会工作的结案可能并未达到预定的目标，具体又分以下情形。

（1）服务对象不继续接受服务而终止关系的结案，这样的情形在外展工作时常常会遇到。比如，对于一些流浪乞讨的残疾人，社会救助站的社会工作者会通过街头巡回流动救助车，随时发现有需要救助的残疾流浪者，引导残疾流浪者使用相关的服务。但是，经常会发生服务对象抗拒相关服务的情况。服务对象根本没有任何意愿和动机接受服务。这样的话，社会工作的开展也没有太大的意义和价值，社会工作者也没有理由继续维持与案主的关系。

（2）由于一些不可抗拒的因素，残疾人案主不能继续接受服务，比如案主搬家离开机构所服务的辖区，社会工作者离职等。

（3）案主的需求超出了社会工作者或社会工作机构的能力或服务范围。比如案主的需求是身体康复，而社会工作机构的服务范围是就业辅导，在这种情况下，社会工作者则应考虑转介或者结案。

二 残疾人社会工作结案的任务

1. 巩固已有改变

社会工作者可以和案主一起追溯社会工作服务过程中所发生的重要片段，分享彼此的感受，帮助案主回顾自己的问题、解决问题所采取的行动和步骤。通过过程再现帮助案主进行反省，形成对解决问题过程的自我认知。另外，关注案主的积极变化，并希望案主能在以后的生活中继续保持，肯定案主有自己独立应对问题的能力。

例如：一位后天因病失明的退休老人失去了任何独自活动的能力，案主将自己完全封闭起来，整天沉浸在失明的悲伤中。残疾人社会工作者晓君通过近半年的社会工作服务，帮助老人学会了失明后独立生活的基本能力，老人活动范围逐渐扩大，并重新感到生活的快乐。老人向晓君表示了自己已基本能适应现在的生活，已从原来自卑自怜的情绪中走出来。社会工作者的介入基本结束，案主愉快地开始了新的生活。

2. 妥善处理分离

结案即专业工作的终结，对社会工作者与案主来说即意味着分离。案主面对分离会产生诸如悲伤、失落、矛盾、痛苦、愤怒、拒绝等负面情绪。这样的情况在残疾儿童身上表现得尤其明显，他们可能直接表达出对结案的逃避情绪。有的残疾儿童害怕专业关系结束后，无法独自面对可能出现的新挑战，因而变得焦虑紧张，甚至出现行为上的倒退来延迟结案。

社会工作者在结案阶段需要妥善处理好案主的负面情绪，理性地控制自己的情感，防止过度介入而阻碍案主的成长。分离对于儿童来讲比较困难，社会工作者要理解案主对分离的感受，多用同感和正向引导的专业技巧鼓励案主面对分离。工作者应具体指出案主已经开发出的长处和资源，希望案主巩固已有的成果，并将所学到的知识和技巧运用到日常生活中。

3. 结案报告

结案时应将整个社会工作的介入过程作一总结，做结案记录并撰写结案报告。结案记录的内容包括：案主与社会工作者的基本信息、案主何时求助、求助原因、服务过程、社会工作者的评估、结案的过程等。

例：

×× 残疾人社区服务中心结案报告

案主姓名：陈某　　　性别：女　　　出生年月：1986 年 5 月

联系地址：略

联系电话：略

接案日期：2010 年 3 月 10 日　　　最后面谈日期：2010 年 6 月 15 日

社会工作者姓名：晓丽　　　　　职称：助理社会工作师

求助原因：下肢残疾者案主因找不到工作来残协办公室进行求职登记并寻求帮助，残联将其转介给社会工作者。案主有很强的负面情绪，甚至有"找不到工作就去死"的轻生念头。

服务目标：消除她的负面情绪并帮助她找到合适的工作。

服务过程：社会工作者主要与案主进行了六次正式的会谈。

第一次　时间：2010 年 3 月 10 日　　　地点：社工办公室

内容：互相认识，评估问题，确定目标，建立专业关系。

第二次　时间：2010 年 3 月 20 日　　地点：社工办公室

内容：讨论案主的工作以及她的兴趣所在，社会工作者运用专注、倾听等支持性技巧让案主疏泄情绪。

第三次　时间：2010 年 3 月 27 日　　地点：某工厂

内容：陪同案主面试，由于并不是案主感兴趣的工作，征询她的意见，案主同意先工作。

第四次　时间：2010 年 5 月 5 日　　地点：社工办公室

内容：案主辞去了工厂的工作，社会工作者与案主讨论如果没有父母照顾的话她会怎么选择，让她能认清自己的问题，给予鼓励和支持。

第五次　时间：2010 年 5 月 12 日　　地点：某打印店

内容：社会工作者帮助案主联系了一份打印店的工作，案主愿意在此工作。

第六次　时间：2010 年 6 月 15 日　　地点：社工办公室

内容：社会工作者与案主聊近一个月的工作情况与感受，案主表达了对现在工作的满意和对工作者的感谢，社工对案主表达了肯定与支持，并与案主一起展望美好的明天。

评估：

进行了几次个案辅导后，案主渐渐不再把"找不到工作就去死"挂在嘴边，并且也没有了最初的阴暗情绪，带着乐观的心态面对生活。另外，社会工作者帮助案主解决了实际的问题，即帮助案主找到了一份满意的工作，案主能够自食其力。社会工作服务目标基本达成。

结案的过程：

社会工作者与陈女士以愉快、积极的方式结束了合作。她表达了心中的感激，社工也分享了合作中的愉快和欢乐。本个案顺利结案。

社会工作者签名：　　　　　　　　　督导或负责人签名：

日期：　　　　　　　　　　　　　　日期：

三　跟进服务

跟进服务指社会工作结案一段时间后，对案主的情况进行回访的服务。社会工作者可针对案主的不同情况，安排相应的跟进服务。

跟进服务的重点是了解案主的现状与目标实现情况，以帮助工作者检视工作是否有效，并且帮助案主体会到工作者对自己的关心，增强他们维持改变的动机与信心。在时间允许的情况下，跟进服务对工作者与案主都具有重要意义。

跟进的具体方式可包括以下几个。

（1）电话跟进：工作者在结案一段时间后，与案主电话联络，了解案主结束服务后的情况。

（2）个别会面：工作者在结案一段时间后，根据约定将案主约到机构或者其他地点，或亲自到案主家中进行一对一面谈。

（3）小组会谈：工作者在结案一段时间后，将一些案主集合在一起，了解情况。

第三节　残疾人社会工作督导

如前所述，残疾人社会工作实务的过程包括接案、预估、计划、介入、评估与结案等基本流程，而社会工作督导则是保证整个工作过程的服务质量、提高社会工作者能力与保障服务对象利益的重要环节。

一　残疾人社会工作督导的含义及意义

社会工作督导是社会工作专业训练的一种方法，它是由机构内资深的工作者，对机构内新进入的工作人员、一线初级工作人员、实习学生及志愿者，通过一种定期和持续的监督、指导，传授专业服务的知识和技术，以增进其专业技巧，进而促进他们成长并确保服务质量的活动。[①] 督导员通常由机构内的资深社会工作者担当，而被督导者则包括新进社工、初级社工、实习生以及志愿者等。残疾人社会工作督导是社会工作督导的一个具体实施领域，它主要是针对残疾人社会工作进行的专业督导，其重要意义主要包括以下几个方面。

---

① 王思斌编《社会工作综合能力（中级）》，中国社会出版社，2007，第 307 页。

（一）保证残疾人社会工作机构的有效运行

残疾人社会工作通常是通过相应的机构为服务对象提供服务。社会工作机构通常是以科层组织形态而存在，"社会工作者是一个教练的'组织人'"，"与其他专业的从业者不同，在社会工作者所进入的组织中，他们的工作都要接受例行的督导"①，以保证不同部门和个人的工作能够充分协调和整合。

（二）保证残疾人社会工作案主的利益

对于案主而言，他们通过主动求助或者转介等方式到社会工作机构接受服务，他们希望接受较高质量的服务。督导虽然很少与案主交谈，但督导员通过工作员和服务对象发生间接接触，通过工作者向案主提供帮助，所以属于间接服务。有效的社会工作督导，可提高残疾人社会工作服务质量，从而满足案主的需求，维护案主的利益。

（三）促进残疾人社会工作服务人员的进步与成长

在许多情况下，学校专业知识的教育并不能满足社会工作者在残疾人社会工作实务中的需求。只有通过定期、持续、有效的督导，社会工作者才能结合服务经验体会与实践专业知识和方法，提高服务技能。另外，残疾人社会工作者的工作场景总是饱含感情色彩，社会工作者必须经常付出巨大的情感投入，同时经常伴随着自责、焦虑、沮丧以及挫折等负面情绪。所以，社会工作者需要获得督导的支持与鼓励，从而能更加有效、投入、娴熟地开展服务工作。

二 残疾人社会工作督导的功能与内容

与其他领域的社会工作督导一样，残疾人社会工作督导一般包括三项具体的功能，即行政性功能、教育性功能与支持性功能。

（一）行政性督导

"所谓督导的行政性功能，要求督导者在被督导者的招募与选择、被督导者的引导与安置、工作计划与分配、工作监督、回顾与评估、工作授权与协调等方面担负指导责任。"② 因此，行政性督导具体包括如下内容：①员工的招募与甄选；②引导与安置工作者；③拟定工作计划；④分派工作；⑤工作授权；⑥监

---

① 阿尔弗雷多·卡杜山、丹尼尔·哈克尼斯：《社会工作督导》，郭名京等译，中国人民大学出版社，2008，第28页。

② 王思斌编《社会工作综合能力（中级）》，中国社会出版社，2007，第309页。

控、检查和评估工作；⑦协调工作；⑧沟通；⑨充当受督导者利益的代言人；⑩充当行政管理的缓冲器；⑪充当改变媒介和社区的联络员。[①]

就残疾人社会工作而言，行政性督导的主要工作包括：指导新来的社会工作者如何填表，如何写报告；视社会工作者的能力、特长、兴趣而分配适当的工作；引导与催促残疾人社会工作者完成相应的残疾人社会工作计划与总结；监督社会工作者按相关指引进行工作；统筹残疾人小组社会工作与残疾人社区活动；报销相关活动的经费；评估残疾人社会工作；收集相关残疾人社会工作研究资料等。

例如：刚从学校社会工作专业毕业的小张应聘到一家残疾人社会工作机构，成为一名社会工作者。机构的督导与小张进行了沟通，帮助他进一步了解机构的使命、目标、工作范围等。通过交谈，机构的督导了解到小张在学校时，参与过残疾人就业培训的相关项目的实习，并且小张对这方面的工作也比较感兴趣，机构刚好也开展了针对残疾人的这项服务。于是督导安排小张具体从事残疾人就业辅导工作，并向他交代了工作的职责、程序和条件。在本案例中，督导针对新进社工小张履行的就是行政督导职能。

（二）教育性督导

教育功能是社会工作督导最重要的功能，旨在向被督导者传授工作上需要的知识、态度及技巧，以提高受督导者的能力，使其服务具备一定的品质。在此过程中，督导者对被督导者进行具体的指导和帮助，受督导者则通过自身的实践更深刻地理解社会工作的哲理、社会工作的价值和各项社会工作的政策，更好地掌握专业知识与技巧，整合理论与实践，促进问题解决。[②]

就残疾人社会工作而言，教育性督导的内容包括以下几方面。

1. 残疾人社会工作的专业性特征

残疾人社会工作督导的重要内容，即是向被督导者强化其工作的专业性特征。督导员应让被督导者明确：残疾人社会工作不同于传统的残疾人工作或残疾人服务，是专业社会工作在残疾人工作中的具体介入，是社会工作者运用社会工作方法帮助残疾人补偿自身缺陷，克服环境障碍，重新回归社会的专业性工作。

---

① 阿尔弗雷多·卡杜山、丹尼尔·哈克尼斯：《社会工作督导》，郭名京等译，中国人民大学出版社，2008，第61～62页。

② 朱眉华、文军编《社会工作实务手册》，社会科学文献出版社，2006，第131页。

残疾人社会工作与其他领域的社会工作一样，都必须遵循社会工作专业理念、原则和方法，体现社会工作的专业性特征。

2. 残疾人社会工作的理念

残疾人社会工作督导员应进一步向其督导对象强化社会工作的价值理念与专业伦理。价值观是社会工作核心思想的体现，社会工作者是"价值注满的人"。社会工作督导应确保被督导者持有这样的一些理念，比如，每位残疾人都有与生俱来的价值与尊严；每位残疾人都有能力追求更美好的生活；每位残疾人都渴望最大限度地平等参与社会生活，以实现自身价值；尊重残疾人对自己生活的选择权利；保守秘密，尊重残疾人个人的隐私等。对社会工作者的理念的督导是开展残疾人社会工作的基础。

3. 残疾人社会工作的实施内容

残疾人的需求是多元的，所以残疾人社会工作的实施内容也应丰富多彩。残疾人社会工作督导员应帮助被督导者在界定残疾人问题与需求的基础上，合理计划，采取相应的服务模式，针对残疾人开展有效的、富有针对性的介入活动，如认知纠偏、资源整合、家庭辅导、能力提升等。

4. 残疾人社会工作的实施方法

残疾人社会工作是社会工作对于残疾人工作的具体介入，如何结合理论与实践，根据残疾人的特点，将社会工作的专业方法与技术运用到残疾人工作中，也是残疾人社会工作督导的重要内容。比如，如何准确地界定残疾人案主的问题与需求？如何更好地与不同类型的残疾人案主有效沟通？如何自然地运用同理心，支持性、影响性等相关技术？如何有效地帮助残疾人获取相应的资源？……通过教育性督导，督导员根据自身经验，向被督导者传授社会工作的实施方法，可促进被督导员专业技能的增长，从而提高服务质量。

（三）支持性督导

如果说行政性督导中督导员扮演着管理者角色，在教育性督导中督导员扮演教师角色，那么在支持性督导中，督导员则扮演着心理调适辅导员的角色。[①] 社会工作督导的支持性功能是指："督导者向被督导者提供心理和情感上的支持，

---

① 阿尔弗雷多·卡杜山、丹尼尔·哈克尼斯：《社会工作督导》，郭名京等译，中国人民大学出版社，2008，第217页。

促使被督导者感到自我的重要性与价值感，让被督导者能轻松面对工作。"①

　　针对残疾人社会工作，社会工作者所从事的工作和所面临的问题经常是个别化或者独一无二的，要解决案主的问题，难度相当大，而社会工作者在服务过程中，是帮助案主的关键人物，责任重于泰山，如果帮助失败，很可能被认为是个人的失败。另外，意外、病痛、家庭矛盾、失业、心理失调等这些都是残疾人社会工作者所面对的问题，残疾人社会工作者的工作场景，总是饱含感情色彩，社会工作者常常为此付出巨大的感情投入。一些新进社工到现实的工作环境中后，常常发现与自己所憧憬的大相径庭……于是，在这样一些情境下，自责、焦虑、沮丧、迷惑、学无所用、无价值感、泄气等负面情绪就会产生。所以，残疾人社会工作督导必须发挥其支持性的功能，帮助被督导者增强自我功能，平衡工作情绪，缓解焦虑，增强工作信心，提高工作效率。

　　例如：社会工作专业毕业生小马进入某社区，从事残疾人服务工作。他在社区工作已经半年了，他所服务的残疾人案主的要求很多都只是领取残疾补贴等，而他的工作量又特别大。小马感到自己无法学以致用，一展身手，充分发挥自己在提供专业社会工作服务方面的特长。他认为"我做的一切，有点脑子的小职工都做得了，这些工作没有一丝专业性可言"。

　　本案例中的新进社工的想法是很多社会工作专业毕业生的困惑。理想与现实有较大差距，从而产生受挫、无价值、了无趣味等不良心态。这时，就需要对小马进行支持性的社会工作督导，帮助他纠正不切实际的幻想，认清工作现状，安抚工作情绪，使其认识到琐碎的工作中也能体现出社会工作的价值理念，运用专业方法。另外，也可鼓励小马在做好本职工作以外，发挥专业特长，开展一些残疾人小组工作等特色活动，增强工作信心。

三　残疾人社会工作督导的方法

　　残疾人社会工作督导的方法以传统的"一对一"的个别督导为主，另外，"一对多"的小组督导与同行督导也同样重要。

（一）个别督导

　　个别督导是一名督导员与一名被督导者即"一对一"的、面对面的，定期、定时进行的交流。这种会谈通常是每周一至两次，并且持续一段时间（比如数

---

① 王思斌编《社会工作综合能力（中级）》，中国社会出版社，2007，第309页。

月或者一年、两年不等）。通过个别督导，督导员诚恳倾听被督导者的倾诉；仔细研究和批阅被督导者的工作记录与报告，以发现问题，提出改进建议；督导员根据自己丰富的经验和扎实的理论知识，提供示范性的方法技术。个别督导是行政性、教育性和支持性等多重功能兼具的。个别督导是残疾人社会工作机构培养成熟社会工作者的重要方法。

例如：某残疾人就业辅导机构今年新招聘了一位社会工作专业应届毕业生小夏，以充实到残疾青少年就业辅导部。机构为帮助小夏更快地成长，为小夏安排了一位"导师"王主任。每周五下午 5 点开始，王主任都会与小夏进行个别交流。小夏会将本周工作的情况向王主任汇报，并提出自己的想法或困惑。王主任认真倾听小夏的叙述，并对小夏的工作提出自己的想法或建议，另外，王主任会结合具体的工作情境，向小夏介绍，如果他遭遇这样的情况，他会怎么办，具体可采取哪些技巧……本案例中，王主任对小夏进行的便是个别督导。

（二）小组督导

小组督导是一位督导员对数位被督导者即"一对多"的督导方式。一位督导员与数位被督导对象，以小组讨论的方式，定期（比如每周、每两周或每个月一次）举行交流会。被督导者可以有二三人或七八人不等，出于方便交流的考虑，人数不宜过多。小组督导适用于督导者少，而受督导者多的机构，较为经济。另外，小组督导能够促进社会工作者之间的互动和交流，通过群体互动，达到社会工作者自我提高的效果。

例如：某残疾人康复中心每两周举行一次小组讨论会。讨论会由一名机构的资深社会工作者老张主持，其他成员是近三年新上岗的社会工作者。在 1～2 小时的小组交流中，新进社会工作者会分享他们近来的工作感受，提出一些困惑，并交流一些经验。或者他们会就某一主题，比如"如何与智障儿童更有效地交流"进行讨论。每当讨论到一个段落，老张便会进行"段落总结"。另外，老张会在小组讨论结束时做出清晰和具体的归纳和结论，以供其他成员领悟和实施。本案例中，老张是督导员，他对新进社工进行的是小组督导。

（三）同行督导

同行督导是指具有相同需求、观点，处于同一技术层次的一群社会工作者，通过互惠或团体讨论方式进行的互动过程。同行督导中的成员可以来自不同机构，通常是社会工作者自发进行的，而非机构强制实行的。另外同行督导没有固定的督导者，一个团队中的成员以同等地位参与督导。同行督导的成员一般要求是成熟的、有经验的社会工作者，他们有能力讨论与分析问题，解决困难。在同行督导中，团体的决定仅供参与者参考。

例如：某市的社会工作协会定期举办社会工作者联谊会，同样是从事残疾人就业辅导服务的 5 名社会工作者通过联谊会而结识。为了提高服务质量，他们相约每月底进行一次小组讨论，讨论会的主持由 5 名社工轮流担任，由每次会议的主持人来安排讨论会的时间和场地。每位成员在讨论会中都有充足的时间来表达意见。另外，每三个月进行一次全面总结，成员分享在小组讨论中的收获。本案例中的社会工作者即运用了残疾人社会工作同行督导的方法。

第四节　残疾人社会工作实务的特点

残疾人社会工作实务是社会工作在残疾人工作中具体的渗透与介入过程，其包含以下一些基本特点。

一　专业性和服务性相结合

（一）专业性

残疾人社会工作不同于一般的残疾人工作或残疾人服务，其实务过程充分渗透着社会工作的专业性特征。

1. 实务基础的专业性

残疾人社会工作以社会工作专业的理论为其实务基础，比如"正常化理论"强调以服务对象为本并且为受助者提供与普通人相似的生活环境；"回归社会理论"针对院舍照顾的弊端，强调残疾人需要社区内的正规或非正规的服务和照顾，应通过社区照顾的方式帮助残疾人在自然生活环境内独立地生活；"社会网络理论"强调应运用各类正式或非正式的社会资源来帮助残疾人解决所面临的问题；"增能理论"认为应通过一定的方法帮助残疾人激发自我潜能，在一定程度上恢复他们失去的机体和社会的功能，并帮助他们进入一般的、正常的社会生活。这些理论为残疾人社会工作实务的具体开展提供了专业的理论依据。

2. 实务理念的专业性

残疾人社会工作实务的开展应遵循社会工作专业价值观与专业伦理。比如，社会工作者应相信每位残疾人都有与生俱来的价值与尊严；都有能力追求与创造出更美好的生活；都渴望最大限度地平等参与社会生活，实现自身价值；社会工作者应以"助人自助"为基本出发点，尊重残疾人对自己生活的选择权利。残疾人社会工作的价值理念与实务伦理指引着社会工作实务的方向。

3. 实务方法的专业性

残疾人社会工作与一般的残疾人服务最重要的区别就是其工作手法的专业性。社会工作者如何与案主建立关系？案主的需求与问题如何界定？针对案主的问题如何制订相应的工作计划？如何与案主进行有效沟通？如何帮助案主争取相应的社会资源？对于案主的改变如何进行评估？这些都需要运用社会工作专业的方法与技术来解决。残疾人社会工作的专业性实务方法决定着社会工作实务的水平。

（二）服务性

残疾人社会工作与一般的残疾人服务的区别在于其专业性特征，但具体而言，残疾人社会工作也是一项以服务为导向的工作，服务性也是其重要特征。

1. 残疾人社会工作实务以服务案主为核心

社会工作是以案主需求为导向的工作，残疾人社会工作实务的过程从接案、预估、计划到介入、评估与结案，都需要以案主为中心，围绕案主的需求而展开，社会工作实务的过程本质上是为残疾人案主服务的过程。

2. 残疾人社会工作实务包含着服务性的内容

针对残疾人的具体社会工作介入活动很多就是服务性的工作，比如帮助残疾人进行身体康复的服务，帮助残疾人自立的职业培训服务，帮助残疾人走出沮丧、重塑自信的心理辅导服务等。

3. 残疾人社会工作实务需要联系其他服务性资源

社会工作者在具体开展残疾人社会工作实务时，很多时候扮演着资源联系者的角色。比如，针对残疾人的生理问题，社会工作者需要帮助案主联系医疗服务；针对残疾人的生活照顾问题，社会工作者可能会帮助案主联系护理服务；针对某些心理失衡而又超出社工解决能力的残疾人，社会工作者会帮助案主联系专业的心理咨询服务。残疾人社会工作实务的顺利开展需要其他服务性工作的有效配合。

二 助人性和保护性相结合

（一）助人性

社会工作本来就是一门助人的专业，残疾人社会工作实务就是助人活动的具体开展。助人为乐，是社会工作者的基本素质，对残疾人社会工作而言尤其重要。残疾人与其他的困难群体相比处于更加弱势的地位，他们或者由于身体的残缺而形象欠佳，或者由于器官功能的丧失而交流不畅，或者由于与普遍人的差别而异常自卑。这些问题需要社会工作者以特别的耐心和敬业的态度而开展工作。而大部分社会工作者很难有同残疾人案主一样的感受。所以，残疾人社会工作实务特别需要强调助人奉献精神。

（二）保护性

残疾人社会工作实务的开展需要社会工作者发扬助人奉献的精神。但社会工作者并不是"一个人在战斗"，社会工作者需要最大程度地利用残疾人的保障性政策，为残疾人案主争取合理的社会保护。《中华人民共和国残疾人保障法》、《残疾人教育条例》、《农村五保供养工作条例》、《城市最低生活保障条例》及针对残疾人的就业政策等，都需要社会工作者在残疾人社会工作实务中加以落实。

三　个体性和社会性相结合

（一）个体性

社会工作的重要工作原则之一是"个别化"，残疾人社会工作实务也需要具体贯彻这一原则。不同的残疾人案主或家庭的残疾类型不同、残疾程度不同，个人的问题不同、需求不同、问题的严重程度不同，需要社会工作者在预估的基础上，针对性地为案主量身制订一套服务计划，对案主开展个别化的介入工作。

另外，残疾人社会工作实务需要发挥残疾人案主的个体能力，即工作者应与服务对象一起，共同解决问题。只要具备一定的条件，残疾人案主个体也应有自我选择与自我决定的权利。

（二）社会性

残疾人社会工作实务的开展需要社会工作者充分利用社会支持网络的作用。残疾人群体存在的困难与其他弱势群体不同，他们的困难除了一般的经济、教育、就业、医疗、家庭等问题以外，经常困扰他们的是由于行动不便或听力、语言、视力残疾而造成的社会交往障碍。残疾人特别需要社会各界主动地予以帮助。残疾人社会工作实务在具体开展时，社会工作者经常需要帮助案主动员各类正式与非正式的社会支持网，比如争取政府政策框架下的资金与物质支持，争取基层卫生保健的支持，争取社区服务网络的支持，争取志愿者的服务与支持，争取家庭亲属的支持等，还需要通过社会支持网络的构建，挖掘社会性资源，给各种类型的残疾人以不同形式的帮助，达到助人目标。

残疾人社会工作过程记录①

一　接案

2010 年某日，小区居委会接到居民举报说小区内有人打架，社区社会工作者随即赶往事发地点，果然有两个男人扭打在一起，另外还有一个中年妇女在拼命拉扯其中一男子的衣服，似乎在维护另外一名处于劣势的男子。工作者们立刻上前拉住三个人，并把三位带到了居委会了解情况进行调解。

据了解，这次打架事件缘由一起租赁事件。去年，来自外地的张师傅（盲人）带着自己妻子到小区里开了一间盲人推拿馆，和房东签了一年租约，不过生意惨淡一直处于入不敷出的状况。现在租约还有 4 个半月到期，房东看张师傅没有能力继续租房，另外又有其他老板想租这个房子，就强硬地要求张师傅两口子立刻退房。张师傅不肯，二人就起了冲突打了起来。在居委会里，二人继续争执不休，房东态度强硬，要求张师傅立刻退房，不然就交纳下一年的房租。

在此情况下，为了维护小区稳定和谐，保障残疾人张师傅的合法权益，社区社会工作者决定接案以解决这一问题。

二　预估

张师傅，40 岁，先天失明，但在老家学得一手推拿的好手艺，为了挣钱和妻子一起来到大城市打拼，他负责推拿，身体健康的妻子负责记账等财务事宜。两个人和亲戚朋友东凑西借地筹集到一笔钱，就在小区内租了房子，自己打理一下后推拿馆就开张了。不知是否是外乡人的缘故，推拿馆里一直生意冷清，两口子也很急，约定好借贷的钱也快要到期限了。加上房东日日催缴房租，张师傅一家每天心惊胆寒。通过接案面谈，社会工作者认为张师傅一家主要面临生意不佳、无钱交租等经济问题。而且社会工作者还了解到，虽然张师傅手艺地道，但是推拿馆在成立初就没有履行相关法律手续，属于无牌无照经营。

---

① 本案例根据南京林业大学社会工作专业沈佳同学在社区实习的观察记录整理。

因此，张师傅的主要问题集中在：

（1）非法经营推拿馆；

（2）经营不善，有手艺没生意；

（3）房租、借贷问题需解决。

三　计划

根据与当事人的谈话所了解到的情况，工作者同时与工商行政管理部门、盲人推拿协会进行了交涉，初步确定了工作目标和计划。

（1）帮助张师傅解决无牌照经营的问题。

（2）推荐张师傅参加盲人推拿协会的技能培训和考核，提升其推拿技术和帮助他领到推拿资格证书。

（3）帮助张师傅宣传推拿馆，增加生意额。

四　介入

首先，因张师傅失明，接触外界和办理手续的任务决定交给其妻子。社会工作者带着张师傅妻子走访了工商行政管理部门、税务机关、盲人推拿协会等负责人，了解各种办理要求，帮助张师傅办理各种文书手续，如工商、卫生等部门减半收取有关税费的手续、营业执照、税务机关审批的予以免征营业税和个人所得税的手续等。

其次，社会工作者带着张师傅到盲人推拿协会报名参加培训，和协会负责人沟通彼此情况。张师傅只要后期完成培训并通过考核，即能领到协会颁发的公认推拿资格证书。

再次，与张师傅、房东沟通协调，由居委会做监督，在租金和租约两方面重新协议，保证张师傅有足够的时间重新整理推拿馆生意。

最后，在小区内通过社区活动为张师傅推拿馆进行宣传，发放宣传单以及提出推拿优惠套餐等商业营运活动，提升推拿馆人气和生意额。

五　评估

通过社会工作者的介入和帮助，张师傅和房东的矛盾缓和，房东答应租约期满后给张师傅一个月的缓冲期，若能交清下半年房租就继续将房子租给张师傅。

张师傅在推拿协会里遇见很多志同道合的专业推拿师，彼此交流和分享技术经验，不但推拿手艺大大提高，而且在短期内就通过培训拿到了资格证书。社区宣传起到了良好的效果，推拿馆的生意日渐红火，张师傅一家一扫昔日阴霾，重新投入到繁忙的推拿生意中。

六　结案

经过社会工作者的努力，本次介入服务已经完成，服务目标基本实现。最后，张师傅在协议期内及时地交出房租，并继续在小区内经营红火的推拿馆。本次个案也顺利结案，张师傅一家对社区社会工作者的帮助表示十分感谢。

后　记

据全国残疾人第二次抽样调查，我国目前各类残疾人超过 8300 万，占总人口的 6.34%，涉及 2.6 亿个家庭。残疾人是一个为数众多，困难突出，需求特殊的弱势群体。关心、关爱残疾人，为残疾人提供福利，真正实现残疾人的"平等、参与、共享"，是社会各界的责任和义务。其中，开展残疾人社会工作，就是为残疾人提供帮助、提升福利的有效介入手法。

本书以专业社会工作对残疾人介入为主体，系统阐述了残疾人社会工作的概念与基本价值观，残疾人事业发展的历史与现状，致残因素预防与社会工作介入，残疾人需求与社会工作介入，残疾人心理、残疾人康复与社会工作介入，残疾人社会工作基本模式，残疾人社会工作基本方法与实务过程等内容。

本书的写作在总体上基于三个"扣紧"。

第一，扣紧专业社会工作。残疾人社会工作就是社会工作对残疾人的具体介入。因此，在章节安排和具体内容的写作过程中，本书坚持扣紧或突出专业社会工作的基本理念与专业方法，以区别于一般性的残疾人工作。

第二，扣紧残疾人事业发展。本书在残疾人事业发展的大背景下研究社会工作对残疾人的介入，较好地做到了宏观与微观的结合。

第三，扣紧学术性与实务性。残疾人社会工作是社会工作的分支学科，本书在基本学理与学术分析的基础上，力求结合残疾人社会工作实务做展开性讨论，以突出其可操作性。

本书各章编写分工为：第一章：冯敏良；第二、第十章：周进萍；第三章：李静；第四、第七章：陈静；第五、第八章：管向梅；第六章：张春娟；第九章：曲绍旭；第十一、十二章：易艳阳。

目前，残疾人社会工作的研究还刚刚起步，本书在借鉴他人研究成果的基础上做了一些探讨，欢迎读者及同行批评指正。

周　沛

2011 年 12 月 26 日于南京

图书在版编目(CIP)数据

残疾人社会工作 / 周沛等著. -- 北京：社会科学文献出版社，2012.6
（2020.8 重印）
（社会工作硕士专业丛书）
ISBN 978 - 7 - 5097 - 3124 - 6

Ⅰ.①残… Ⅱ.①周… Ⅲ.①残疾人 - 社会工作 - 研究生 - 教学
参考资料 Ⅳ.①C913.69

中国版本图书馆 CIP 数据核字（2012）第 019948 号

·社会工作硕士专业丛书·

残疾人社会工作

著　者／周　沛　曲绍旭　张春娟 等

出 版 人／谢寿光
项目统筹／杨桂凤
责任编辑／谢蕊芬　童根兴

出　　版／社会科学文献出版社·群学出版分社(010) 59366453
　　　　　　地址：北京市北三环中路甲 29 号院华龙大厦　邮编：100029
　　　　　　网址：www.ssap.com.cn
发　　行／市场营销中心（010）59367081　59367083
印　　装／三河市尚艺印装有限公司

规　　格／开 本：787mm × 1092mm　1/16
　　　　　　印 张：22.25　字 数：397 千字
版　　次／2012 年 6 月第 1 版　2020 年 8 月第 5 次印刷
书　　号／ISBN 978 - 7 - 5097 - 3124 - 6
定　　价／45.00 元

本书如有印装质量问题，请与读者服务中心（010 - 59367028）联系

▲▲ 版权所有 翻印必究